Detlef Krell

Harz

Harzreise ... wer dächte nicht sofort an Goethe und Heine? Der getragene Odenton des jungen Goethe – „Dem Geier gleich, der auf schweren Morgenwolken mit sanftem Fittich ruhend nach Beute schaut, schwebe mein Lied!" – und die kecken Tänzelverse Heines klingen wunderlich durcheinander ... gemach, gemach! Auch Theodor Fontane erzählt irgendwo vom Harz.

Ludwig Sternaux (1885–1938): Sommer im Harz (1917)

Impressum

Detlef Krell
REISE KNOW-HOW Harz

erschienen im
REISE KNOW-HOW Verlag Peter Rump GmbH
Osnabrücker Str. 79, 33649 Bielefeld

© REISE KNOW-HOW Verlag Peter Rump GmbH 2015
**2., neu bearbeitete und komplett
aktualisierte Auflage 2017**

Alle Rechte vorbehalten.

Gestaltung
Umschlag: G. Pawlak, P. Rump (Layout);
 Andrea Hesse (Realisierung)
Inhalt: Günter Pawlak (Layout); Andrea Hesse (Realisierung)
Fotonachweis: Detlef Krell (dk), Jan Pacholski (jp), Elena
 Meyer (em), Maxi Krell (mk), www.fotolia.de (Nachweis
 am Bild)
Titelfoto: der Autor (Motiv: Hohnsteinklippen im Hochharz
 am Brocken)
Karten: Catherine Raisin, Kartographie Spachmüller/
 Schwabach, der Verlag

Lektorat: Andrea Hesse
Lektorat (Aktualisierung): Ann-Cathrin Schwarzenfels

Druck und Bindung: D3 Druckhaus GmbH, Hainburg

ISBN 978-3-8317-2984-5
Printed in Germany

Anzeigenvertrieb: KV Kommunalverlag GmbH & Co. KG,
Alte Landstraße 23, 85521 Ottobrunn,
Tel. 089 928096-0, info@kommunal-verlag.de

Dieses Buch ist erhältlich in jeder Buchhandlung
Deutschlands, der Schweiz, Österreichs, Belgiens
und der Niederlande. Bitte informieren Sie Ihren
Buchhändler über folgende Bezugsadressen:
Deutschland
 Prolit GmbH, Postfach 9, D-35461 Fernwald (Annerod)
 sowie alle Barsortimente
Schweiz
 AVA Verlagsauslieferung AG,
 Postfach 27, CH-8910 Affoltern
Österreich
 Mohr Morawa Buchvertrieb GmbH
 Sulzengasse 2, A-1230 Wien
Niederlande, Belgien
 Willems Adventure, www.willemsadventure.nl

Wer im Buchhandel trotzdem kein Glück hat,
bekommt unsere Bücher auch über unseren
Büchershop im Internet: www.reise-know-how.de

Wir freuen uns über Kritik, Kommentare
und Verbesserungsvorschläge, gern auch
per E-Mail an info@reise-know-how.de.

Alle Informationen in diesem Buch sind
vom Autor mit größter Sorgfalt gesammelt
und vom Lektorat des Verlages gewissenhaft
bearbeitet und überprüft worden.

Da inhaltliche und sachliche Fehler nicht
ausgeschlossen werden können, erklärt der
Verlag, dass alle Angaben im Sinne der
Produkthaftung ohne Garantie erfolgen
und dass Verlag wie Autor keinerlei
Verantwortung und Haftung für inhaltliche
und sachliche Fehler übernehmen.

Die Nennung von Firmen und ihren Produkten und ihre Reihenfolge sind als Beispiel
ohne Wertung gegenüber anderen anzusehen. Qualitäts- und Quantitätsangaben sind
rein subjektive Einschätzungen des Autors
und dienen keinesfalls der Bewerbung von
Firmen oder Produkten.

Detlef Krell

HARZ

Auf der Reise zu Hause
www.reise-know-how.de

- Ergänzungen nach Redaktionsschluss
- kostenlose Zusatzinformationen und Downloads
- das komplette Verlagsprogramm
- aktuelle Erscheinungstermine
- Newsletter abonnieren

Bequem einkaufen im Verlagsshop

Oder Freund auf Facebook werden

Vorwort

Das höchste Mittelgebirge Norddeutschlands liegt im Dreiländereck von Sachsen-Anhalt, Thüringen und Niedersachsen. Der Harz ist eine unvergleichliche Wanderregion und eine vielfältige Kulturlandschaft mit 1000-jähriger Geschichte. Wetter-Manieren wie seine 1000 m höheren alpinen Geschwister hat der sagenumwobene Brocken (1141 m). Auf das Plateau des Gipfels führen Wanderwege, aber auch die schmalen Gleise der dampflokbetriebenen Brockenbahn. Die Wälder des Hochharzes rund um den Brocken sind mit Granitklippen gespickt: Edelsteine des Harzes und hervorragende Aussichtspunkte. Rund ein Zehntel des Harzes steht als Nationalpark unter höchstem Schutz.

In diesem Reiseführer werden die von reichem kulturellen Erbe geprägten Harzorte und eine vielfältige Auswahl von Wander- und Ausflugszielen zu allen Jahreszeiten vorgestellt. Aussichtsgipfel, Felsen, Wald- und Wiesenpfade, Radpisten, Stauseen, Flusstäler, Höhlen, die Fachwerkpracht der kleinen Städte im Vorland des Gebirges, das Weltkulturerbe 1000-jähriger Bergbau- und Architekturgeschichte und die Erlebniswelten für die ganze Familie versprechen einen immer wieder abwechslungsreichen, spannenden und erholsamen Aufenthalt in dieser im Herzen Deutschlands gelegenen Gebirgslandschaft.

Vom Hochharz führt die Reise nach Westen in die sieben historischen Bergstädte des Oberharzes. Das Netz von Teichen, Gräben und Wasserläufen der Oberharzer Wasserwirtschaft gehört zum Weltkulturerbe und ist eine bezaubernde Landschaft für Wanderungen zu Fuß oder per Fahrrad.

Goslar war Kaiserstadt. Das Stadtensemble von Romanik, Gotik und Fachwerk und das Erzbergwerk im Rammelsberg zählen zum Weltkulturerbe.

Östlich des Brockens erstreckt sich der Unterharz. Die Reise folgt der Warmen und Kalten Bode und erreicht mit dem Bodetal eines der anmutigs-

Vorwort

ten Flusstäler Deutschlands sowie die spektakuläre Felsenwelt der Rosstrappe und des Hexentanzplatzes. Schließlich folgt der Reiseführer den Dampfwölkchen der schmalspurigen Selketalbahn in einem lieblichen Flusstal, von dessen Ufern es nicht weit ist bis zur Romanik in Gernrode, dem Barock in Ballenstedt und den Bogenschützen auf Schloss Falkenstein.

Das nördliche Harzvorland ist Schauplatz deutscher Nationalgeschichte von der Wiege an. Halberstadt, Quedlinburg und Wernigerode sind farbenprächtige Perlen der für den Harz charakteristischen Fachwerkarchitektur.

Die Reformation und der Kupferbergbau prägen das Mansfelder Land östlich des Gebirges. Von Aschersleben, der ältesten urkundlich erwähnten Stadt Sachsen-Anhalts, führt die Reise nach Mansfeld, wo *Martin Luther* mit Murmeln spielte und zur Schule ging, und nach Lutherstadt Eisleben, der Geburtsstadt des Reformators.

In Stolberg wurde der Theologe und Revolutionär der Bauernkriege *Thomas Müntzer* geboren. Das Fachwerkstädtchen am Biosphärenreservat Karstlandschaft eröffnet die Reise durch den Südharz. Zunächst geht es aber noch ein Stück weiter nach Süden, über die fruchtbare Goldene Aue hinweg, zum nahen Gebirgszug des Kyffhäuser. Das thüringische Nordhausen, die Stadt des Doppelkorns, mit ihren liebevoll restaurierten Altstadtgassen und der romanischen Domkrypta, ist das südliche Tor zum Harz, von hier aus dampft die Harzquerbahn nach Wernigerode.

Auf der Sonnenseite des Gebirges liegen die niedersächsischen Kurorte Bad Sachsa und Bad Lauterberg sowie das hochgotische Kloster Walkenried. Im Fachwerkstädtchen Osterode endet diese Harzreise; hier könnte sie auch beginnen, auf dem Harzer-Hexen-Stieg, der über rund 100 km von Osterode quer durch den Harz bis nach Thale führt.

Wanderwege im Harz gibt es als bequemen Rundweg um den Urlaubsort oder quer durch das Gebirge für mehrere Tage. *Heines* „Harzreise" und *Goethes* „Faust" stecken dabei als Taschenbücher im Wandergepäck und werden gelegentlich zur Lektüre aufgeblättert. Der Reiseführer liefert Ortsbeschreibungen und Vorschläge für abwechslungsreiche Touren zu Fuß, mit dem Fahrrad oder auf Skiern, für Ausflüge mit den drei Schmalspurbahnen, mit Bus und Bahn oder dem eigenen Auto, dazu Informationen zur Anreise, Adressen und Kurzbeschreibungen von Unterkünften, Restaurants, Museen, Besucherbergwerken und Erlebniswelten. Hintergrundexkurse führen auf den Brocken und in die reiche Literaturgeschichte des Harzes, in die Zeit des Kalten Krieges, der den Harz teilte, zum Oberharzer Wasserregal, zu Harzer Frauen und zu *John Cage,* in die Natur und in den Bergbau.

Detlef Krell

▷ Der Brunnen mit dem goldenen Reichsadler auf dem Markt in Goslar

Inhalt

Vorwort	4
Exkurse	7
Kartenverzeichnis	8
Hinweise zur Benutzung	10
Die Regionen im Überblick	14

1 Rund um den Brocken   16

Bad Harzburg	19
Wanderungen von Bad Harzburg	23
Vienenburg	25
Ilsenburg	29
Der Harzer Klosterwanderweg	30
Der Heinrich-Heine-Weg zum Brocken	32
Brocken und Klippen – Wandern im Hochharz	35
Drei Annen Hohne	35
Mit Heine zum Ilsenstein	39
Vom Ottofelsen zur Steinernen Renne	41
Trudenstein, Ahrensklint und Brockenbett	41
Über den Hohnekamm ins Ilsetal	43
Klippenweg ins Eckertal	45
Schierke	49
Braunlage	50

2 Der Oberharz   62

Clausthal-Zellerfeld	67
Bergbau und Natur im Oberharzer Wasserregal	73
Bad Grund	78
Wildemann	82
Lautenthal	85
Altenau und Schulenberg	88
Schulenberg am Okerstausee	89
Torfhaus	90
Goetheweg und Torfhausmoor	91
Sankt Andreasberg	93
Am Rehberger Graben zum Oderteich	98
Aussicht von den Hahnenkleeklippen	101

3 Goslar   104

Stadtgeschichte	107
Sehenswertes	109
Unterstadt	109
Der Markt in der Oberstadt	111
Marktkirche St. Cosmas u. Damian	113
Kaiserpfalz	113
Eine Gose, zum Wohle	115
Bergarbeitersiedlung Frankenberg	116
Museum an der Abzucht, Turm am Teich	117
Bergbaumuseum Rammelsberg	117
Wandern im Okertal	119
Hahnenklee-Bockswiese	121
Praktische Tipps	122

4 Unterharz   124

Warme und Kalte Bode	128
Zwischen Sorge und Elend	128
Rund um die Rappbodetalsperre	131
Luftkurort Benneckenstein	132
Natur und Abenteuer an der Rappbodetalsperre	133
Elbingerode	135
Höhlenort Rübeland	136
Hasselfelde	138

Exkurse

Rund um den Brocken

Der Brocken	36
Zwischen Baum und Borke	48
Der Harz in der Literatur, Literaten im Harz	53

Oberharz

Das Drahtseil aus Clausthal	71
Die Oberharzer Wasserwirtschaft (-regal)	76
Die Fahrkunst der Bergleute	97
Der Harz im Regen	102

Goslar

Weltkulturerbe Kaiserpfalz Goslar	114
Wollsackverwitterung	120

Unterharz

Die Harzer Wandernadel	140
Der Harzer-Hexen-Stieg	150
Der Sachsenspiegel	160

Nördliches Harzvorland

Schloss Wernigerode	180
John Cage: As slow as possible	202
Advent in den Höfen	208
Harzer Frauen	216

Südharz und Kyffhäuser

Die Gipskarstlandschaft Südharz	280
Der Harz im Kalten Krieg	290

Kartenverzeichnis

Westharz .... Umschlag vorn
Ostharz .... Umschlag hinten
Die Regionen im Überblick 12

Übersichtskarten

Goslar und Umgebung 106
Nördliches Harzvorland 168
Oberharz 64
Östliches Harzvorland Nord......... 222
Östliches Harzvorland Süd.......... 236
Rund um den Brocken 18
Südharz und Kyffhäuser Ost 250
Südharz und Kyffhäuser West 268
Unterharz West 126
Unterharz Ost..................... 154

4 Die **Ziffern** in den farbigen Kästchen bei den **Praktischen Tipps der Ortskapitel** verweisen auf den jeweiligen Legendeneintrag im Stadtplan.

Wandergebiete und -strecken

Harzer-Hexen-Stieg 150
Wanderung am Rehberger
    Graben zum Oderteich........... 100
Wandern im Hochharz.............. 40

Stadtpläne und Lagepläne

Bad Harzburg 20
Clausthal-Zellerfeld 68
Goslar............................ 110
Halberstadt....................... 192
Ilsenburg 28
Lutherstadt Eisleben 240
Nordhausen 260
Osterode 284
Quedlinburg...................... 206
Sangerhausen 245
Sankt Andreasberg................ 94
Stolberg.......................... 254
Thale............................. 142
Wernigerode 176

Thale und das Bodetal	141
Wandern im Bodetal	144
Rosstrappe und Hexentanzplatz	145
Kloster Wendhusen	147
Gernrode	149
Das Selketal	155
Wandern und Bahnfahren im Selketal	156
Burg Falkenstein	160
Ballenstedt	162
Harzgerode	163

5 Nördliches Harzvorland 166

Hornburg	170
Wernigerode	175
Blankenburg	186
Halberstadt	192
Schach in Ströbeck	203
Quedlinburg	204

6 Mansfelder Land und östliches Harzvorland 220

Aschersleben	224
Hettstedt und Mansfeld	229
Lutherstadt Eisleben	236
Sangerhausen	243
Ausflug nach Allstedt	247

7 Südharz und Kyffhäuser 248

Stolberg	253
Nordhausen	258
Kyffhäuser	265
Kyffhäusergebirge	265
Bad Frankenhausen	266
Kloster Walkenried	270
Kurort Bad Sachsa	273
Wieda, Zorge und Hohegeiß	274
Bad Lauterberg	275
Herzberg	278
Osterode	282
Wanderungen zur Sösetalsperre	287

8 Praktische Reisetipps von A bis Z 292

Anreise, Unterwegs im Harz	294
Ausrüstung und Kleidung	295
Barrierefreies Reisen	296
Bergbau für Besucher	296
Camping	297
Einkaufen und Souvenirs	298
Essen und Trinken	298
Information	300
Kinder unterwegs	302
Klima und Reisezeit	303
Kultur- und Volksfeste	303
Medizinische Versorgung, Notfälle	304
Nationalpark	304
Routenvorschläge	305
Übernachtung	307
Wandern	308
Winter im Harz	311
Zeitungen	311

9 Land und Leute 312

Geografie und Geologie	314
Klima	315
Flora und Fauna	316
Umwelt- und Naturschutz	317
Geschichte und Wirtschaft	318
Sitten und Bräuche	320
Mundarten	321
Architektur	322
Literatur	324
Bildende Kunst	324
Musik und Theater	325

10 Anhang 326

Literaturtipps	328
Register	331
Der Autor	336

Hinweise zur Benutzung

Touristische Highlights

Zu Beginn jedes Kapitels findet sich ein **Kasten mit dem Titel „Nicht verpassen!"**, in dem einige besondere touristische Highlights der Region genannt werden. Diese Sehenswürdigkeiten sind im Text der dann folgenden Ortsbeschreibungen **gelb unterlegt.**

Autorentipps

MEIN TIPP: Mit diesem Kasten sind meine ganz **subjektiven Empfehlungen** jenseits der „offiziellen" Sehenswürdigkeiten gekennzeichnet. Dies kann z.B. ein besonders empfehlenswertes Restaurant sein oder eine Unterkunft mit außergewöhnlichem Flair.

Öko-Tipp/Nachhaltigkeit

Das grüne Schmetterlingssymbol steht für **Nachhaltigkeit:** Hotels, Gaststätten und Geschäfte, die sich durch besonders verantwortungsvollen Umgang mit natürlichen Ressourcen auszeichnen oder die z.B. nur Bio-Produkte verwenden/verkaufen, sind mit dem Schmetterling gekennzeichnet.

Preiskategorien der Hotels und Restaurants

Beherbergungen aller Art sind in diesem Buch **mit Ziffern klassifiziert,** was aber nicht mit dem offiziellen Sterne-System identisch ist, sondern sich lediglich auf den Preis bezieht. Die Angaben beziehen sich dabei stets auf die Unterbringung für **zwei Personen** in einem **Doppelzimmer** in der **Hauptsaison** inklusive **Frühstück.**

① bis 60 Euro
② 60–90 Euro
③ über 90 Euro

Herbstfahrt mit der Selketalbahn

Die Angabe von **Öffnungszeiten** bei Hotels und anderen Unterkünften beziehen sich auf Gaststätten im Haus. Für **Restaurants** gelten folgende Kategorien:

① Auswahl von Hauptgerichten bis 10 Euro
② Auswahl von Hauptgerichten über 10 Euro

Web-Adressen

Soweit vorhanden, sind für die Unterkünfte, Restaurants und anderen Einrichtungen auch die Webadressen zum Internetauftritt verzeichnet. Dort sind in der Regel ausführlichere Informationen über Angebote und Rabatte sowie Speise- und Getränkekarten mit Preisangaben einsehbar.

Hinweis: Die Internet- und E-Mail-Adressen in diesem Buch sind stets so notiert, dass **Trennstriche** nur dort erscheinen, wo sie zur Adresse gehören.

Rechtschreibung

Zitate wurden in der Schreibweise der jeweiligen Quelle belassen. Auch nicht der neuen Rechtschreibung angeglichene **Straßennamen** und **Bezeichnungen von Sehenswürdigkeiten** wurden so belassen (z.B. Straße „Am Schloßberg", aber „... in der Nähe des Schlossberges").

Die Regionen im Überblick

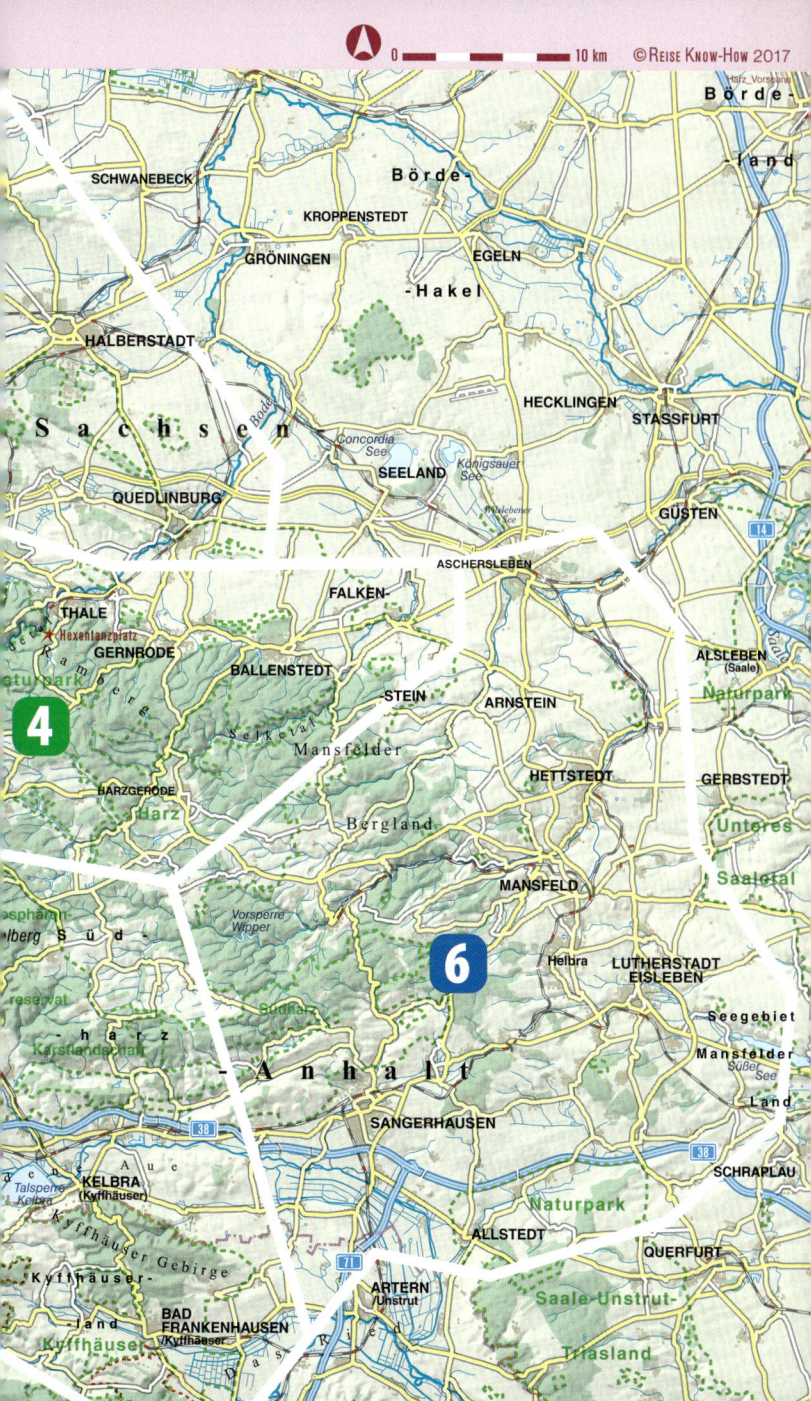

Die Regionen im Überblick

1 Rund um den Brocken 16

Vom Kurort **Bad Harzburg (S. 19)** und den Ferienorten **Ilsenburg (S. 29)**, **Schierke (S. 49)** und **Braunlage (S. 50)** führen Wanderwege durch die von Granitklippen gespickten Wälder des Hochharzes bis auf den mit 1141 m höchsten Gipfel Norddeutschlands. Der Hochharz ist die anspruchsvollste und gleichwohl familienfreundliche Wanderregion im Nationalpark Harz, die von den Harzer Schmalspurbahnen und von Buslinien erschlossen wird.

2 Der Oberharz 62

Über Jahrhunderte waren die sieben Bergstädte **Clausthal** und **Zellerfeld (S. 67)**, **Bad Grund (S. 78)**, **Wildemann (S. 82)**, **Lautenthal (S. 85)**, **Altenau (S. 88)** und **Sankt Andreasberg (S. 93)** mit dem Erzbergbau und der Verhüttung verbunden. Heute laden die einstmals Freien Bergstädte inmitten des Weltkulturerbes **Oberharzer Wasserwirtschaft (S. 73, 76)** zu Erlebnissen in der Natur, in den Besucherbergwerken und Museen sowie zum Wintersport ein.

3 Goslar 104

Kaiserstadt und Weltkulturerbe: Die niedersächsische Kreisstadt Goslar ist ein lebendiges Denkmal tausendjähriger Kulturgeschichte und mit ihrem Kunstpreis Heimstatt der internationalen Moderne. Besucher aus der ganzen Welt treffen sich am vergoldeten Reichsadler auf **einem der feierlichsten Marktplätze Europas (S. 111)**, um durch pittoreske Fachwerkgassen und entlang der beiden Stadtflüsschen, der **Gose** und der **Abzucht (S. 115, 117)**, zu flanieren, zur **Kaiserpfalz (S. 113)** emporzuschreiten sowie in das älteste noch bestehende Bergwerk der Welt, **Rammelsberg (S. 117)**, einzufahren. In **Hahnenklee-Bockswiese (S. 121)** steht eine Stabkirche, ganz aus Holz und mit wunderbarer Musik.

4 Unterharz 124

Östlich des Brockens liegen die Flusstäler der **Warmen und Kalten Bode (S. 128)**, die sich zum Bodetal vereinen und eine ganz grandiose Felsszenerie geschaffen haben. **Rosstrappe** und **Hexentanzplatz (S. 145)**, die **Rappbodetalsperre (S. 131)**, die Besucherbergwerke in **Elbingerode (S. 135)** und die **Tropfsteinhöhlen in Rübeland (S. 136)** gehören zu den bekanntesten Reisezielen im Harz und bieten sich besonders für den Urlaub mit Kindern an. Durch das liebliche **Selketal (S. 155)** dampft die Schmalspurbahn.

> Aussichtsklippe am Präsidentenweg zur Rosstrappe

5 Nördliches Harzvorland 166

Wernigerode (S. 175), **Halberstadt (S. 192)** und **Quedlinburg (S. 204)** sind die Fachwerkstädte am Nordrand des Gebirges, und jede hat ihren einmaligen Charme. Die Altstadt von Quedlinburg gehört als eines der größten Flächendenkmale Deutschlands zum Weltkulturerbe. Im kriegszerstörten Halberstadt wurde die verbliebene Altstadt hingebungsvoll restauriert. Der Halberstädter Domschatz gilt, wie der Quedlinburger, als eine der wertvollsten Sammlungen sakraler Kunst. Auf die verwinkelten Gassen von Wernigerode schaut ein märchenhaftes Schloss.

6 Mansfelder Land und östliches Harzvorland 220

In **Lutherstadt Eisleben (S. 236)** wurde 1483 *Martin Luther* geboren, in **Mansfeld (S. 229)** ging der Reformator zur Schule. Die beiden Städte im Mansfelder Land, östlich des Harzes, erinnern in vielfältiger Weise an die Reformation. Im Rahmen des 500. Jahrestages dieses herausragenden Ereignisses der europäischen Kulturgeschichte wurde im Jahr 2017 in Mansfeld gefeiert und eine Luther-Buche gepflanzt. Noch längere Zeit ist das Land mit dem Kupferschieferbergbau verbunden, davon künden Besucherbergwerke und Halden – deren größte, die Schachthalde bei **Sangerhausen (S. 243)**, ist höher als die Cheopspyramide.

7 Südharz und Kyffhäuser 248

Stolberg (S. 253), die Geburtsstadt *Thomas Müntzers*, ist ein beschauliches Fachwerkstädtchen im südlichen Harz. **Nordhausen (S. 258)**, die Stadt des Doppelkorns, markiert mit ihrem Dom und den Fachwerkwinkeln der nach dem Krieg verbliebenen Altstadt das südliche Tor zum Harz. Von hier dampft die Bahn quer durch das Gebirge nach Wernigerode. **Kloster Walkenried (S. 270)** war das intellektuelle Zentrum der Bergbaugeschichte des Harzes, jetzt ist es Museum. **Bad Sachsa (S. 273)** und **Bad Lauterberg (S. 275)** sind traditionsreiche Kurorte. Im beschaulichen **Osterode (S. 282)** beginnt oder endet der Harzer-Hexen-Stieg, ein Fernwanderweg durch den Harz bis Thale am Bodetal.

Ahrensklint | 41
Bad Harzburg | 19
Braunlage | 50
Brocken | 36
Brockenbett | 41
Drei Annen Hohne | 35
Eckertal | 45
Heinrich-Heine-Wanderweg | 32
Hochharz-Wanderungen | 35
Hohnekamm | 43
Ilsenburg | 29
Ilsenstein | 39
Ilsetal | 43
Klosterwanderweg, Harzer | 30
Ottofelsen | 41
Schierke | 49
Steinerne Renne | 41
Trudenstein | 41
Vienenburg | 25
Wöltingerode, Kloster | 25

1 Rund um den Brocken

Goethe war hier zu Fuß unterwegs, Heine auch. Der höchste Berg Norddeutschlands und seine Umgebung sind ein Wanderparadies zu allen Jahreszeiten. Wer es weniger sportlich, dafür umso romantischer mag, setzt sich in die Schmalspurbahn und folgt den Dampfwölkchen ins Gebirge. Unzählige Granitklippen erwarten Wanderer, die Felsen erklimmen und Aussichten genießen wollen.

◁ Rast auf dem Brockengipfel

RUND UM DEN BROCKEN

Vom niedersächsischen Kurort Bad Harzburg ist es der Teufelsstieg, vom gemütlichen Ilsenburg in Sachsen-Anhalt der Heinrich-Heine-Wanderweg. Über jeweils rund 900 Höhenmeter führen sie Wanderer auf den Brocken, den höchsten Gipfel Norddeutschlands. Wanderwege im Hochharz haben den Brocken stets im Blick. Granitklippen bieten beeindruckende Anblicke und Aussichten. Ahrensklint und Brockenbett, Hohnekamm und Ottofelsen, Trudenstein und Taubenklippe sind einige der Wander- und Ausflugsziele von Drei Annen Hohne, Ilsenburg oder Schierke. Braunlage und Schierke locken als Wintersportzentren ins Gebirge. Auf dem Brocken um Hexenaltar und Teufelskanzel bittet die Unterwelt zum Tanz und die Natur zur Andacht.

NICHT VERPASSEN!

- Auf den Spuren des Dichters: der **Heinrich-Heine-Wanderweg** zum Brocken | 32
- Auf schmaler Spur: eine Fahrt mit der **Brockenbahn** von Drei Annen Hohne | 35
- **Klippenwanderung** ins Eckertal | 45

Diese Tipps erkennt man an der gelben Hinterlegung.

Bad Harzburg

In dem beschaulichen Kurort (21.000 Einwohner) am nordwestlichen Harzrand ist gut Bummeln und Erholen. Schattige Ladenstraßen, der Kurpark und die Kabinenseilbahn zum Großen Burgberg (483 m) liegen nahe beieinander. Mehrere angenehme Wanderwege beginnen direkt in der Stadt. Im Süden grenzt Bad Harzburg mit dem Tal der Radau direkt an den Nationalpark, bis zum Brocken sind es 13 km.

Stadtgeschichte

Die Geschichte Bad Harzburgs geht auf die **Gründung eines Stifts** im Jahr 916 zurück; legendär ist der Bau einer Kapelle bereits um das Jahr 780. In der Zeit zwischen 1066 und 1068 entstand unter *Heinrich IV.* die Harzburg, von der noch Ruinen der Grundmauern erhalten sind. Die Burg diente zur Sicherung der nahegelegenen Kaiserpfalz Goslar. Nach wechselvoller Geschichte verkam die stolze Kaiserburg im 15. Jh. zum Raubritternest. Nach dem Dreißigjährigen Krieg wurden die Ruinen der verfallenden Anlage weitgehend abgerissen.

Mitte des 19. Jh. hatte die am Fuße des Burgberges herangewachsene Neustadt bereits einen Namen als **Kur- und Badeort.** 1892 erhielt die Gemeinde den Namen Bad Harzburg.

Nach ihrem einzigen Tagungsort benannt wurde die „Harzburger Front", ein Bündnis von antidemokratischen Formationen in der Weimarer Republik, das am 11. Oktober 1931 aus ganz

Deutschland in dem Harzstädtchen zusammenkam. Unmittelbare Ziele waren der Sturz des Kabinetts Brüning und eine Neuwahl des Reichstages.

In der Zeit der deutschen Teilung lag Bad Harzburg direkt am **Eisernen Vorhang.** Mehr als 300.000 DDR-Bürger überquerten nach dem Mauerfall am 12. November 1989 die Grenze zu einem Besuch des Westens in Gestalt des Harzkurortes.

Bad Harzburg gilt als **eines der attraktivsten Heilbäder Niedersachsens.** Reizvoll sind die Wanderwege im Westharz und bis zum Brocken, die von Bad Harzburg aus möglich sind.

☑ In der Trink-und Wandelhalle kann man zwei der sieben Bad Harzburger Quellwässer kosten

Sehenswertes

Zwischen der Seilbahnstation am Kurpark (Parkplatz Nordhäuser Straße) und dem Bahnhof liegt die sympathische **Bummelallee** (Herzog-Wilhelm-Straße), die Fußgängern vorbehaltene Flanier- und Einkaufsmeile des Badeortes. Hier findet man unter Kastanien prächtige Villen, kleine Läden und schattige Cafégärten. Bänke und Liegewiesen am Bachufer laden im **Kurpark** zur Erholung ein. Im **Haus der Natur,** das von der Schutzgemeinschaft Deutscher Wald betreut wird, gibt es das deutschlandweit größte Ameisen-Formicarium, also ein speziell für die kleinen Krabbler eingerichtetes Terrarium, wo man die Tiere aus nächster Nähe in ihrem natürlichen Lebensraum beobachten kann.

Bad Harzburg

■ **Haus der Natur,** Nordhäuser Straße 2b, Tel. (05322) 784337, www.haus-der-natur-harz.de, Di–So 10–17 Uhr, 3/1 €. Ausstellung über Naturschutz und -nutzung, Tourismus, der Luchs im Harz.

Die **Trink- und Wandelhalle** im Badepark, ein Wahrzeichen des Kurbades, wurde 1898 im damaligen Solebad Juliushall eröffnet. Hier werden zwei der insgesamt sieben Harzburger Quellwässer am Trinkbrunnen ausgegeben. An Sonnabenden um 10 Uhr beginnen an der Halle die Stadtführungen.

Mit der **Kabinenseilbahn,** deren Talstation am Kurpark liegt, gelangen die Fahrgäste in drei Minuten auf den **Burgberg.** Dort sind die Rudimente der mittelalterlichen **Kaiserburg** und die Aussicht über die Kurstadt im Harzvorland sehenswert. Wer als Wanderer lieber am Boden bleibt, nimmt den Aufstieg über den Herzogweg (2 km). Paare, die sich zwischen Himmel und Erde trauen lassen möchten, können das in einer zum Standesamt erklärten Gondel erleben. Mit dem Standesbeamten und den Trauzeugen in kleinster Runde, die Gäste warten auf dem Gipfel.

■ **Burgberg-Seilbahn,** Tel. (05322) 75370, April bis Okt. tgl. 9–17 Uhr, Nov. bis März 10–16 Uhr, Berg- und Talfahrt 4/2 €.

An der Bundesstraße B 4 Richtung Torfhaus, von der Talstation der Seilbahn 2,5 km, rauscht der **Radau-Wasserfall.** Man könnte hier sagen: die Radau macht Radau. Ihr Wasser wird einem 1859 zur Belebung des Fremdenverkehrs angelegten Wasserfall zugeführt und nach dem Absturz wieder dem Fluss zurückgegeben. Das sieht wohlgefällig aus, besonders im Winter, wenn das Wasser keinen Radau mehr macht, sondern formvollendet gefroren ist.

Wanderungen von Bad Harzburg

Mit dem Teufel zum Brocken

Vom Kurpark sowie vom Burgberg aus führen mehrere Wanderwege in den Nationalpark. Einer der attraktivsten, aber besonders strapaziösen ist wiederum der auf den Brocken, ein Teufelchen sein Markenzeichen. Der **Teufelsstieg** beginnt im Kurpark (290 m) am Märchenwald und überwindet auf 13 km 950 Höhenmeter. Erste Station nach dem steilen Einstieg über die Ettersklippen ins Gebirge ist die Nationalpark-Waldgaststätte **Molkenhaus** (520 m). Dieses traditionsreiche Ausflugslokal ist übrigens auch vom Burgberg aus zu erreichen, ohne nennenswerten Anstieg (4,5 km). Vielleicht steht gerade ein Hirsch am Trog – die Wildfütterung im Molkenhaus begeistert seit Generationen die Gäste.

Nun geht's ein Stück bergab ins Eckertal und entlang des Baches durch den Wald bis zum **Eckerstausee** (545 m). Vom See wandert das Teufelchen zur **Scharfensteinklippe** (698 m), legt dort in der Rangerstation noch eine Rast mit herrlicher Aussicht ein, um dann stracks geradeaus die letzten 443 Höhenmeter zu absolvieren (ausführlicher „Ilsenburg, Heinrich-Heine-Wanderweg").

◁ Ein Bach macht Krach: der Radau-Wasserfall

Besinnlich oder sportlich

Kleine Wanderungen zwischen 2 und 6 km bieten die in erster Linie für Kurpatienten und für Gäste mit körperlichen Einschränkungen gedachten **Terrainkurwege.** Sie sind sehr gut ausgeschildert und passieren besonders erlebenswerte Stellen im nahen Wald. Beliebt ist der Besinnungsweg (1,6 km) vom Burgberg aus um den Sachsenberg, er beginnt und endet an der St.-Antonius-Statue unweit der Burgruinen. Er folgt historischen Pfaden, die an den „Besinnungspunkten" erläutert werden.

Trainierte Wanderer können von Bad Harzburg aus zu **„Harzüberquerungen"** aufbrechen. Unter diesem Titel lädt die Touristeninformation zu jährlich etwa sechs geführten Wanderungen ein, die jeweils rund 40 km zählen. Die kleinen Wandergruppen treffen sich schon um 6.45 Uhr auf dem Großparkplatz in Bad Harzburg beim Hotel Seela (B 4, Nordhäuser Straße 5), um 7 Uhr fährt der Bus sie zu den Ausgangsorten, gegen 17–18 Uhr treffen sie dort wieder ein.

Station einer Brockenwanderung: der Eckerstausee bei Bad Harzburg

Vienenburg: Edelkorn und Eisenbahn

Das kleine Städtchen Vienenburg (10.000 Einwohner), 9 km nördlich von Bad Harzburg an der Einmündung der Radau in die Oker gelegen, hat den **ältesten noch erhaltenen Bahnhof in Deutschland**. In dem fast 900 Jahre alten **Kloster Wöltingerode** wird Korn edel gebrannt. Zwei gute Gründe, die 1306 erstmals beurkundete Stadt zu besuchen. Von Bad Harzburg oder Goslar sind es mit Auto oder Bahn nur Katzensprünge, aber selbst von Berlin aus ist Vienenburg mit der Bahn direkt zu erreichen.

Die Bahnreisen enden dann an dem 1840 erbauten Bahnhof, der zugleich **Museum** ist. In dem historischen Gebäude und auf den Freiflächen wird Eisenbahngeschichte erlebbar und ihre Bedeutung für den Vorharz dargestellt. Am 15. August 1875 machte Kaiser *Wilhelm I.* in Vienenburg Station, seitdem gibt es den „Kaisersaal", der heutzutage für Feiern genutzt wird.

■ **Eisenbahnmuseum Vienenburg,** Bahnhof, Tel. (05324) 1777, www.vienenburg-tourismus.de, Do–So 15–17 Uhr, 3/1,50 €. Originalanlagen und -gerätschaften sowie eine Modellanlage des Bahnhofs 1963.

Kloster Wöltingerode

Das Kloster Wöltingerode (2 km vom Bahnhof entfernt) wurde im Jahr 1174 von den Benediktinern gegründet und ab 1188 von den Zisterziensern weitergeführt. Seine beste Zeit erlebte es im 13. Jh., damals entstanden dort Buchmalereien, die in der Herzog-August-Bibliothek Wolfenbüttel aufbewahrt werden. Infolge der Reformation wurde das Kloster Ende des 16. Jh. in ein evangelisches Frauenstift umgewandelt. 1630 wurde es den Jesuiten zugesprochen, das hielt jedoch lediglich zwei Jahre, dann wurde es wieder evangelisch, 1643 ging es an das Bistum Hildesheim, und 1676 zerstörte ein Feuer die leerstehende Anlage. Das Kloster wurde wieder aufgebaut und bestand bis zu seiner Auflösung per Dekret durch das napoleonische Königreich Westphalen im Jahr 1809. Von 1918 bis 1993 beherbergte es die Landfrauenschule des Reifensteiner Verbandes, einem der damals größten privaten Träger von Mädchen- und Frauenbildungsstätten.

Im Kloster befinden sich ein Hotel mit Restaurant und die **Klosterbrennerei,** die im Rahmen einer Führung besichtigt werden kann (mit Verkostung).

■ **Klosterkornbrennerei Wöltingerode,** Tel. (05324) 5880, www.woeltingerode.de, Do 15.30 Uhr, Sa, So 14 Uhr, Besichtigung ohne Anmeldung, 8 €. 1 Std. Führung.

Der Kloster-Erlebnisweg (1,5 km) verbindet die interessantesten Orte des Geländes. In der Parkanlage des Klosters kann man ein **Damwildgehege** besuchen. Die **Klosterkirche** ist eine romanische Basilika. In der Zeit der Gotik entstanden der Chor mit der Nonnenempore und im Barock der Westturm, ebenso die erhalten gebliebene Ausstattung.

Beliebt und stimmungsvoll ist der **Wöltingeroder Adventsmarkt,** der jeweils am ersten und zweiten Adventswochenende stattfindet.

Bad Harzburg

Praktische Tipps

Anreise

■ **Mit eigenem Fahrzeug:** A 14, B 6.
■ **Per Bahn:** Regionalexpress Braunschweig – Bad Harzburg; HarzExpress Hannover – Halle/Saale; Regionalbahn Oker – Bad Harzburg.

Information

■ **Touristeninformation Bad Harzburg,** Nordhäuser Straße 4, Tel. (05322) 75330, Mo–Fr 9–18 Uhr, Sa, So, Fe 10–16 Uhr, www.bad-harzburg.de.
■ **Informationsstelle in der Wandelhalle des Kurparks,** Badepark, Mo–13 und 14–16 Uhr, Sa, So, Fe 9–13 Uhr. Jeden Sa 10 Uhr Stadtführung, Treffpunkt Wandelhalle.
■ **Touristeninformation Vienenburg,** Bahnhofstraße 6, Tel. (05324) 1777, www.vienenburg-tourismus.de.

Übernachtung

1 **Kloster-Hotel Wöltingerode**③, Wöltingerode 3, Tel. (05324) 774460, www.klosterhotel-woeltingerode.de, Klosterkrug② tgl. 11–22 Uhr. Komfortable Zimmer im Klosterambiente.
2 **Naturfreundehaus Bündheim**①, Bad Harzburg, Waldstraße 5, Tel. (05322) 4582, www.naturfreundehaus-buendheim.de. Vor allem für Jugendgruppen, aber auch Einzelreisende, Zwei- bis Fünf-Bett-Zimmer, Kinderspielplatz, Tischtennis, Billard, Grillplatz, hausinterner Ausschank, Angebote für Klassenfahrten; vom Bahnhof 2,5 km Fußweg.
4 **Hotel Haus Bismarck**②, Bad Harzburg, Bismarckstraße 39, Tel. (05322) 6227, www.haus-bismarck.de. Mitten im Kurort, Villa in Bäderarchitektur, komfortable Zimmer.
5 **5 Hotel Braunschweiger Hof**③, Bad Harzburg, Herzog-Wilhelm-Straße 54, Tel. (05322) 7880, www.hotel-braunschweiger-hof.de, tgl. 11.30–23 Uhr. Vier-Sterne-Hotel im Zentrum des Kurortes.

Essen und Trinken

■ **Hotelrestaurants** siehe „Übernachtung".
Mein Tipp: 3 **Waldgaststätte Kästehaus**①, Tel. (05321) 6913, www.kaestehaus.de, April bis Nov. Di–So 10.30–17 Uhr, Mitte Nov. bis März Di–So 10.30–16 Uhr. Ausflugsgaststätte oberhalb des Okertales mit Brockenblick, erreichbar zu Fuß oder mit Buslinie 866: April bis Okt. tgl. dreimal ab Bad Harzburg Bahnhof; Kamin, Veranda; serviert werden u.a. Eintöpfe, Köhlerfrühstück.
6 **Palmencafé**①, Bad Harzburg, Rudolf-Huch-Straße 21, Tel. (05322) 4805, www.palmen-cafe.de, Mi–So ab 11–18 Uhr. Kleines Restaurant im Pavillon der Wandelhalle, deutsche Küche.
Mein Tipp: 8 **Molkenhaus**①, Tel. (05322) 784 344, www.molkenhaus.de, April bis Aug. Fr–Mi 10–17.30 Uhr, Sept., Okt. tgl. 10–17.30 Uhr, Nov. bis März Fr–Mi 11–16 Uhr. Ausflugsgaststätte, erreichbar zu Fuß oder mit Buslinie 875: April bis Okt. tgl. fünfmal ab Bad Harzburg Bahnhof; mit Terrasse, Biergarten, Kiosk; ganzjährig Wildfütterung.
Mein Tipp: 9 **Waldgasthaus Rabenklippen**①, Tel. (05322) 2855, www.rabenklippen.de, Di–So 10–18 Uhr. Ausflugsgaststätte mit Brockenblick, erreichbar zu Fuß oder mit Buslinie 875: April bis Okt. tgl. fünfmal ab Bad Harzburg Bahnhof; Gerichte von Wild aus dem Nationalpark, ganzjährig Mi, Sa 14.30 Uhr Fütterung der Luchse im Schaugehege.
10 **Waldgaststätte Radau-Wasserfall**②, Nordhäuser Straße 17 (B4), Tel. (05322) 2290, www.radau-wasserfall.de, Mai bis Okt. tgl. 10–18 Uhr, Nov. bis April Sa, So 10–18 Uhr. So alt wie der Wasserfall. Deutsche Küche, Pfälzer Wein, Harzer Bier. Doppelzimmer①.
■ **Bahnhofscafé Vienenburg**①, Di–Do 9–19 Uhr, Fr–So ab 9 Uhr. Kaffee, Kuchen und Mittagessen im ältesten erhaltenen Bahnhof Deutschlands genießen.

Weitere Museen

■ **Museum in der Remise,** Bad Harzburg, Forstwiese 5, Tel. (05322) 1337/53125, www.harzklub-badharzburg.de, So 14.30–16.30 Uhr, So 10 Uhr, Mi 10 Uhr Führung. Ausgrabungsfunde an der Burg *Heinrichs IV.*, historische Exponate aus der Stadt und Region.

■ **Heimatmuseum Vienenburg,** Schulstraße 24a, Tel. (05324) 2529, www.vienenburg-tourismus.de. Exponate zu Handel, Handwerk und Gewerbe in Vienenburg.

Organisierte Wanderungen

■ **Brockenwanderung,** an sechs Sonnabenden zwischen Mai und Okt., 9 Uhr ab Haus der Natur im Kurpark Bad Harzburg, 26 km, Rückkehr gegen 16 Uhr, 2 € (mit Kurkarte gratis).

Sport und Spiel

■ **Sole-Therme,** Bad Harzburg, Nordhäuser Straße 2a, Tel. (05322) 75360, www.soletherme-badharzburg.de, Mo–Sa 8–21 Uhr, So 8–19 Uhr, 7,50/5 €, mit Sauna 12/7,50 €. Natur-Sole, Außenbecken, Sauna-Erlebniswelt, FKK-Sonnendeck.

■ **Freizeitpark Krodoland,** Westerode, Fasanenstraße 21, Tel. (05322) 877332, www.krodoland.de, März bis Nov. tgl. 10–19 Uhr, Spielscheune ganzjährig geöffnet, Familienkarte 12 €. Reiten, Swin-Golf, Spielhaus mit Außenflächen, viele Feste.

■ **Trink- und Wandelhalle,** Brunnenausschank in der Wandelhalle, Badepark, Bad Harzburg, Mo–Fr 9–13 und 14–15.30 Uhr, Sa, So/Fe 9–12.30 Uhr.

Zwischen Mai und Oktober werden von Bad Harzburg aus organisierte Wanderungen auf den Brocken angeboten

Ilsenburg

Das beschaulich am Nordrand des Harzes, im Tal der flinken Ilse gelegene Städtchen Ilsenburg (6500 Einwohner), mit seinem Forellenteich, den niedrigen holzverkleideten Häuschen mit Gärten in krummen Gassen und Fernblicken zu den Höhen des Harzes, verrät nicht sofort jedem etwas von seiner jahrhundertelangen Geschichte als **Zentrum der Eisengewinnung** und Gießerei. Schon 1545 wurde hier eine Eisenhütte mit zwei Hochöfen errichtet, und der Teich in der Ortsmitte diente als Wasserreservoir für den Antrieb des Hammerwerkes. In dem Park zwischen Teich und Schule ist darüber manches zu erfahren und die Reproduktion eines Gemäldes zu sehen: „Eisenwalzwerk Oberhammer" des Ilsenburger Malers *Robert Riefenstahl* (1823–1903). Für ihren Kunstguss war die Eisenhütten- und Gießereistadt weltbekannt. Die letzte lebendige Adresse dieser Geschichte war die fast 500 Jahre alte Fürst-Stolberg-Hütte, die 2012 geschlossen wurde. Bleibt das **Hütten- und Technikmuseum** im historischen Marienhof aus dem 19. Jh., zwischen Restaurants und Pensionen im Stadtzentrum, und so manche kunstvoll gearbeitete Ofenkachel. Der Ilsenburger **Industrielehrpfad** veranschaulicht den Weg „Vom Erz zum Metall".

■ **Hütten- und Technikmuseum,** Marienhöfer Straße 9b, Tel. (039452) 2222, www.ilsenburg-tourismus.de, Mi–Sa 13–16 Uhr. Stadtgeschichte, Hüttenindustrie, Funktionsmodelle Ilsenburger Hütten, Kunstguss vom 16. bis zum 20. Jh., regionale Malerei des 19. Jh., im selben Haus Stadtbibliothek.

Ende des 19. Jh. wurde Ilsenburg von den Harzfreunden entdeckt. Hier gibt es exzellente Urlaubshäuser, wie das am Forellenteich gelegene Landhaus Zu den Rothen Forellen – ein Fünf-Sterne-Hotel und Gourmetrestaurant –, das Berghotel Ilsenburg, das auch eine Pension im Bahnhof betreibt, oder die am Wanderweg gelegene urige Alt Ilsenburger Nagelschmiede – wieder eine Referenz an die Industriegeschichte der Stadt. Zahlreiche preisgünstige Pensionen und Privatzimmer erwarten ihre Gäste.

Für **Bahnreisende** zeichnet sich Ilsenburg, neben dem niedersächsischen Bad Harzburg, vor allen anderen Harzorten aus. Nirgendwo sonst kommt die Bahn dem Hochharz so nah wie hier, auf der Normalspur, also ohne Sondertarif.

Eine **Brockenwanderung,** mit Rückweg, ist vom Bahnhof Ilsenburg als Tagestour möglich. Und es ist die faszinierenste, das bestätigen wohl alle, die sich auf den Heinrich-Heine-Weg begeben haben und nicht verzagen, wenn sich der Wanderweg auf den letzten Kilometern doch sehr spürbar gen Himmel hebt. *Heine* ging diesen Weg talwärts, im September 1824, als er vom Brocken nach Ilsenburg abstieg ist (siehe hierzu auch Exkurs „Der Harz in der Literatur").

Ausgangsort für diese und viele weitere Wanderungen ist der **„Blochhauer"** im Ilsetal im Süden der Stadt. Vom Bahnhof sind es 2 km. Ganz in der Nähe gibt es einen großen Parkplatz, einen Stellplatz für Campingwagen, einen Laden für Wanderausrüstung, Wanderkarten und Andenken, eine öffentliche Toilette – und die Haltestelle für den „Ilsetaler", die von Mai bis Oktober zwischen Wernigerode und Drei Annen Hohne verkehrende **Buslinie 288.**

Ilsenburg

Wer sich zum Brocken hin etwas Fußweg sparen möchte, fährt mit diesem Bus bis „Ilsetal Schutzhütte". Die dem Bahnhof Ilsenburg nächstgelegene Haltestelle der 288 ist „Ilsenburg Faktoreistraße" (5 Min).

Vom „Blochhauer" aus sind zahlreiche Wanderungen möglich, wie etwa der Heinrich-Heine-Weg zum Brocken (23–26 km), zur Plessenburg (16 km), zur Steinernen Renne (18–24 km) oder zu den Ilsefällen (10 km; Angaben jeweils mit Rückweg).

> Die romanische Kirche des Klosters Ilsenburg

> Der Forellenteich von Ilsenburg

Der Harzer Klosterwanderweg

Zwischen Goslar und Thale verbindet der Harzer Klosterwanderweg über 64 km einige herausragende Stätten der Geschichte und Architektur. Die Wanderung auf naturbelassenen Wegen führt über die nur 3 km voneinander entfernt gelegenen Klöster Ilsenburg und Drübeck. Start- und Endpunkt sind das Kloster Wendhusen in Thale (s. Ortskapitel Thale) und das barocke ehemalige Augustiner-Chorherrenstift Grauhof (1714) bei Goslar (geöffnet an Sonn- und Feiertagen 15–17 Uhr). Die Route ist mit einem **Georgskreuz** (rot auf weiß) markiert.

Das **Benediktinerkloster Ilsenburg** wurde im Jahr 1018 gegründet und gehörte zu den einflussreichsten im nördlichen Harz. Ein Kleinod romanischer

Architektur ist die 1078–1087 erbaute Klosterkirche St. Peter und Paul. Im mächtigen, lichten Langhaus kann ein mit Zeichnungen versehener Gipsfußboden aus dem 12. Jh. besichtigt werden. Die Reste des Kreuzgangs und der Klausur sind ebenfalls zugänglich. Schrittweise mit der Sanierung werden weitere Räume der Klosteranlage für Besucher erschlossen. Bereits jetzt werden Konzerte und Puppentheatervorstellungen gegeben und im Kreuzhof stimmungsvolle Feste gefeiert.

Im neoromanischen **Schloss** am Westflügel der Klosteranlage soll bald ein Kunstmuseum einziehen, das Werke aus dem Hause Stolberg-Wernigerode präsentiert.

■ **Kloster Ilsenburg,** Schloßstraße 26 (15 Min. vom Bahnhof), Tel. (03945) 280155, www.kloster ilsenburg.de, April–Okt. tgl. 9.30–16.30 Uhr, Nov.–März tgl. 11–15.30 Uhr, Führungen 5 €.

Die Doppeltürme des **Benediktinerinnenklosters Drübeck** ragen weit ins Harzvorland und sind auf der kurzen und bequemen Wanderung von Ilsenburg aus beizeiten zu sehen. Schon in einer Urkunde Kaiser *Ottos I.* aus dem Jahr 960 wird das Nonnenkloster Drübeck erwähnt. Die Klosterkirche wurde an der Wende des 10./11. Jh. erbaut. Sie vermittelt einen überwältigenden Raumeindruck. Aufmerksamkeit verdienen die fein figural gearbeiteten Säulenkapitelle, die vermutliche, später angefertigte Grabplatte der Klostergründerin hl. *Adelbrin* (gestorben um 900) sowie der spätgotische Altar.

Nach den folgenschweren Eingriffen der Reformationszeit und des Bauernkrieges ging Ende des 17. Jh. das Kloster in den Besitz des Grafen *zu Stolberg-Wernigerode* über. Er ließ die Anlage sanieren und richtete ein Damenstift ein. Das Kloster Drübeck wird als Evangeli-

sches Zentrum betrieben, mit Tagungsangeboten und Gästezimmern. Die Anlage mit Klosterkirche, Klosterhof, Äbtissinnengarten, Domänengarten, Wintergarten, Haus der Stille, Café und Klosterladen ist frei zugänglich. Ein Ort der Stille und des Blickes in die Geschichte. Das Kloster liegt mitten im Ort, von beiden Haltestellen der Buslinie 288 („Ilsetaler") sind es rund 5 Min. Fußweg.

■ **Evangelisches Zentrum Kloster Drübeck,** Klostergarten 6, Tel. (039452) 94300, www.kloster-druebeck.de, Klosterkirche tgl. 6.30–19 Uhr, Führungen April bis Okt. Di–Sa 14 Uhr, So 11 und 14 Uhr, Nov. bis März nach Vereinbarung, 3,50 €, Klostercafé Di–So 11–17.30 Uhr. Gästezimmer, Buslinie 288 bis Drübeck West, vom Kloster Ilsenburg 3 km.

Der Heinrich-Heine-Weg zum Brocken

„Es ist unbeschreibbar, mit welcher Fröhlichkeit, Naivetät und Anmut die Ilse sich hinunterstürzt über die abenteuerlich gebildeten Felsstücke, die sie in ihrem Laufe findet, so daß das Wasser hier wild emporzischt oder schäumend überläuft, dort aus allerlei Steinspalten, wie aus tollen Gießkannen, in reinen Bögen sich ergießt, und unten wieder über die kleinen Steine hintrippelt, wie ein munteres Mädchen", schwärmt der entzückte *Heinrich Heine* in seiner „**Harzreise**". „Ja, die Sage ist wahr, die Ilse ist eine Prinzessin, die lachend und blühend den Berg hinabläuft", da träumt der junge Dichter sich gern hin: „Ich bin die Prinzessin Ilse / Und wohne im Ilsenstein; Komm mit nach meinem Schlosse / Wir wollen selig sein." So ist es auf dem Granitblock zum Gedenken an *Heine* zu lesen, der an den **Ilsefällen** steht, der malerischsten Stelle im wildromantischen Flusstal. Ein unwiderstehlicher früher Rastplatz auf der abwechslungsreichsten Wanderung zum Brockenplateau. 11 km sind für den Aufstieg zu absolvieren, 850 Höhenmeter, zuletzt auf dem bis zu 14 % steilen Hirtenstieg.

Unten klettert der schmale Weg noch schattig und moderat bergan, stets die gesprächige Ilse zur Seite. Die Wanderung beginnt am **„Blochhauer"**, und es gibt ausreichend Wegweiser.

Bald oberhalb der kaskadenförmigen Ilsefälle öffnet sich die Landschaft, der Wanderweg tritt aus dem engen Tal hinaus und verlässt den jungen Flusslauf, der weiter oben „Verdeckte Ilse" heißt, denn ihre Kindheit unterhalb des Quellgebietes am Heinrichsberg, etwa zwischen 960 und 560 Höhenmeter, verbringt die Ilse weitgehend verborgen unter Granitblöcken.

Der Heinrich-Heine-Weg erreicht nach rund 5 km die **Bremer Hütte,** dabei belohnt er die Wanderer mit den ersten Fernblicken zum Brocken, und kurz darauf die Schutzhütte an der Wegkreuzung **Stempelsbuche.**

Weiter geht es auf einem breiteren Weg, der **Hermannstraße,** bis zur **Hermannsklippe,** die unter den Vogelbeerbüschen hübsch anzuschauen ist, aber keine Aussicht mehr bietet. Der Wanderweg biegt nun rechtwinklig ab auf den mit Betonplatten befestigten **Hirtenstieg,** und nun geht es zur Sache. Es

▷ Ebereschen an der Hermannsklippe

Ilsenburg

folgen noch fast 400 Höhenmeter auf den letzten knapp 3 km bis zum Ziel.

Ein Aussichtspunkt am Ende des ersten Drittels dieser letzten Wegstrecke sind die **Bismarckklippen.** Der Panoramablick erfasst den Eckerstausee, die Torfhaussiedlung und das gesamte nordwestliche Harzvorland.

Mit einem Schild versehen ist eine herbeigesehnte Etappe: 1000 Höhenmeter! Wer nun doch noch eine Rast einlegen möchte, findet am **Kleinen Brocken** einen einladenden Ort, auf 1018 m über dem Meer und das Ziel schon ganz nah vor Augen. Die Sitzbänke mit Tisch für das Picknick kann man sich für den Rückweg merken, auf dem Gipfel gibt es dergleichen nämlich nicht, nur Restaurantplätze. Bald darauf überquert der Weg die Gleise der **Brockenbahn,** um daraufhin in die Zielkurve einzuschwenken. Ein paar Schritte noch, und: geschafft! Oben! 1141 m.

Für den **Rückweg** gibt es die Brockenbahn – etwa bis Drei Annen Hohne, und dort in den Bus (Ilsetaler 288, Verkehrstage und -zeiten beachten) steigen, ebenso bis Schierke oder Wernigerode, dort ebenfalls in den Bus. Als Wanderung kommt in Frage, die gleiche Strecke zurückzulaufen – angesichts der Naturschönheiten am Wege hat das gar nichts Langweiliges –, oder eine nur wenig längere Variante zu wählen, die von der Wegbiegung an der Hermannsklippe geradeaus zur **Scharfensteinklippe** (1 km) führt. Dort ist eine Rangerstation des Nationalparks, die Imbiss anbietet. Weiter dem Wegweiser folgen zu den Unteren Ilsefällen und damit wieder zum Heine-Weg. Auch ist es möglich, nach **Schierke** zu laufen (6,5/7,5 km) und dort den Bus nach Drei Annen Hohne/Wernigerode/Elbingerode zu nehmen (Linie 257). Von der Hermannsklippe bis **Bad Harzburg** sind es 9 km.

Rund um den Brocken

Ilsenburg

Praktische Tipps

Anreise

- **Mit eigenem Fahrzeug:** B 6.
- **Per Bahn:** Harz-Elbe-Express (HEX) Magdeburg – Vienenburg, Halle/Saale – Goslar; Harzquerbahn, Brockenbahn.
- **Per Bus:** Regionalbuslinie 288 („Ilsetaler", Wernigerode – Drei Annen Hohne, Di, Do, Sa).

Information

- **Touristeninformation Ilsenburg,** Marktplatz 1, Tel. (039452) 19433, www.ilsenburg-tourismus.de, Mo–Fr 9–17 Uhr, Sa 9–13 Uhr.
- **Rangerstation an der Scharfensteinklippe,** Tel. (0160) 7148827, tgl. 10–16 Uhr (mit Imbiss).

Übernachtung

- **1 Alt Ilsenburger Hof**②, Faktoreistraße 5, Tel. (039452) 9510, www.alt-ilsenburger-hof.de. Ruhig gelegen in der Altstadt.
- **2 Altstadt-Hotel**②, Wernigeröder Straße 1, Tel. (039452) 48990, www.altstadthotel-ilsenburg.de, tgl. 16–21 Uhr. Fachwerkhaus mit modernem Anbau, Biergarten, Liegewiese, Teich.
- **3 Evangelisches Zentrum Kloster Drübeck**②, Klostergarten 6, Tel. (039452) 94330, www.kloster-druebeck.de. Modern eingerichtete Doppel- und Einzelzimmer im Kloster, einige mit historischem Mobiliar, einige behindertengerecht, Frühstücks-, Mittags- und Abendbuffet zu gesonderten Preisen.
- **4 Zu den Rothen Forellen**③, Markt 2, Tel. (039452) 9393, www.rothe-forellen.de. Fünf-Sterne-Hotel, idyllisch am Forellenteich gelegen, Gourmetrestaurant Forellenstube, Seeterrasse.
- **MEIN TIPP: 5 Gasthof Vogelmühle**②, Vogelgesang 1, Tel. (039452) 99230, Di–Fr ab 14, Sa, So ab 11 Uhr, www.vogelmuehle-ilsenburg.de. Im Grünen gelegenes Mühlenrestaurant mit Pension.
- **MEIN TIPP: 6 Ferienwohnung Schließer**①, Schickendamm 5, Tel. (039452) 99193, www.gaestezimmer-schliesser.de. Kleine Ferienwohnung für zwei Personen, im Grünen, ideal für Wanderer.

Essen und Trinken

- **Hotelrestaurants** siehe „Übernachtung".
- **8 Nagelschmiede**②, Ilsetal 21, Tel. (039452) 48585, www.nagelschmiede-restaurant.de, Do–Mo ab 11.30–22.30 Uhr (in den Ferien tgl.). Ruhig im Ilsetal gelegen, großer Biergarten, 14–17 Uhr Wandererkarte, sonntags Mittagsbrunch.

Sport und Spiel

- **7 Erlebniswald Ilsetal,** Rudolf-Breitscheid-Straße 20, Tel. (039452) 290015, www.erlebniswald-ilsetal.de, Mo–Fr 12–18 Uhr, Sa/So 10–18 Uhr (während der Ferien in Sachsen-Anhalt tgl. 10–18 Uhr, bei Unwetter geschlossen), 2–20 €, Kletterwand 5 €. Klettern am Wanderausgangspunkt Blochhauer.

Brocken und Klippen – Wandern im Hochharz

Der **Hochharz rund um den Brocken** ist neben dem Oberharzer Wasserregal und den Flusstälern im Unterharz die spannendste und reizvollste Wanderregion des Gebirges. Sie zeichnet sich durch tiefe Wälder, bizarre Flussläufe und die schier unzähligen Klippen aus. Diese **Granitklippen** sind die **Edelsteine des Harzes,** ihrer Anmut wegen, die sie ihrer besonderen Härte zu verdanken haben. Von der Verwitterung weniger betroffen als ihre Umgebung, ragen sie als markante Gebilde aus dem Wald heraus. In ihrer Form erinnern sie an übereinandergestapelte Woll- oder Mehlsäcke, zuweilen an spielerisch aufgerichtete Burgen. Einige, wie die Oberen Zeterklippen, die Ahrensklint oder die Leistenklippe, können über Leitern bestiegen und als Aussichtspunkte erlebt werden, andere, wie die Feuersteinklippen und die Landmannklippe im Hohnekamm, lassen sich nur vom Fuße aus bewundern (siehe auch Exkurs „Wollsackverwitterung").

Von den zahlreichen **Wanderwegen in der Klippenlandschaft** zwischen Ilsenburg, Schierke und Brocken werden hier einige ausgewählte vorgestellt. Als Ausgangsorte bieten sich neben Ilsenburg auch **Schierke** (Station der Brockenbahn, Buslinie 257) und **Drei Annen Hohne** an.

Drei Annen Hohne

Die Siedlung Drei Annen Hohne – die ihren Namen dem Bergbau des 18. Jh. verdankt – ist einer der vielfältigsten Ausgangspunkte für Ausflüge und Wanderungen in den Nationalpark Harz. Hier halten die **Brockenbahn** und die **Harzquerbahn** (Nordhausen – Wernigerode), die Buslinien 257 (Schierke, Elend, Braunlage, Elbingerode und Wernigerode), der „Ilsetaler" (Buslinie 288, Wernigerode, Ilsenburg), und es gibt einen großen Parkplatz. Eine **Wanderkarte** (1:25.000) ist für die zahlreichen von hier aus möglichen Wanderungen in jedem Fall **unverzichtbar**, denn die Markierungen vor Ort geben für längere Touren keine ausreichende Orientierung. Auf Wanderwegen sind es nach Elbingerode 4 km, nach Wernigerode über die Zillerbachtalsperre 9 km, zum Brocken 12 km und zur Steinernen Renne 5 km, bis Elend 4 km. In der Nähe des Bahnhofes beginnt der **Löwenzahn-Entdeckerpfad,** ein Erlebnisweg für die ganze Familie.

Zwischen Bahngleis und Parkplatz lädt **Kukkis Feldküche** ein (geöffnet 10.45–18 Uhr), hier sowie an der B 27 zwischen Elend und Braunlage gibt es daraus die weltberühmte Erbsensuppe, ein deftiges Harzer Original aus der Gulaschkanone, sowie Bratwurst und Bier, Kaffee und Tee.

Auf ein besonderes Problem der Sicherheit wird durch die Nationalparkverwaltung an den betroffenen Wegen

Im Kloster Drübeck kann man übernachten

Der Brocken

Schroff, kahl und kalt ragt er aus dem Harzgebirge heraus, in Nebel gehüllt an 306 Tagen im Jahr; besungen, bedichtet, besucht, bebaut, betoniert und befreit; geliebt und vermessen, gepflegt und beschützt. Der Brocken (1141 m) ist der **höchste Berg Norddeutschlands**, eine unverwechselbare Landmarke in der deutschen Kulturgeschichte. Kein anderer Gipfel benimmt sich wie seine 1000 m höheren alpinen Geschwister, keiner sonst erscheint so oft in der Literatur, ist so vielgestaltig mit der Vermessung des Landes, mit dem Reisen und mit der deutschen Teilung verbunden.

„Der Brocken ist ein Deutscher", schrieb *Heinrich Heine* in der „Harzreise", deutsch in der Gründlichkeit des Riesenpanoramas, der Berg habe „so etwas Deutschruhiges, Verständiges, Tolerantes", gleichwohl aber auch „seine burschikosen, phantastischen Zeiten", dann werde er „wie wir übrigen, recht echtdeutsch romantisch verrückt".

An klaren Tagen reicht die **Sicht** bis zum Großen Inselsberg in Thüringen, zum Köterberg im Lipper Bergland und zum Petersberg bei Halle/Saale (jeweils rund 100 km). Die optimale Sicht soll bis 230 km betragen. 306 Nebeltage bedeutet übrigens nicht, dass man an diesen Tagen gar nichts sieht, sondern lediglich, dass im Laufe dieser Tage die Sichtweite schon mal unter 1 km fällt. Bei den rasanten Wetterwechseln dort oben ist es durchaus nicht selten, dass sich die Wolkensuppe plötzlich zu grandioser Sicht oder wenigstens einem sympathischen Süppchen auflöst.

Der im nahen Braunschweig gebürtige Mathematiker und Geodät **Carl Friedrich Gauß** (1777–1855) hat im Zuge der Vermessung des Königreiches Hannover zwischen 1818 und 1826 vom Brocken aus sein **„großes Dreieck"** Hoher Hagen – Brocken – Großer Inselsberg zur Bestimmung der Erdgestalt vermessen. Eine Gedenktafel auf dem Berg erinnert daran.

Auf dem Brocken herrschen aufgrund seiner exponierten Lage im Norden Deutschlands (300 km bis zur Nord- und Ostsee) **extreme klimatische Bedingungen,** die den Alpen in 1600 bis 2200 m Höhe und Nordskandinavien ähneln. Die tiefste bisher gemessene Temperatur betrug -28,4 °C (1. Februar 1956), die höchste 29 °C (am 20. August 2012). Im Jahresdurchschnitt beträgt die Temperatur 4 °C. Mitte April 1970 lagen 380 cm Schnee, am 24. Mai 2013 waren es 13 cm; „nicht ungewöhnlich", tröstete der Deutsche Wetterdienst. Am 24. November 1984 erreichte der Wind 263 km/h. Der Brocken ist auf seinem Breitengrad die höchste Erhebung zwischen dem Atlantik und dem Ural.

Der aus Granit bestehende Gipfel liegt als einziger Berg eines deutschen Mittelgebirges oberhalb der natürlichen Waldgrenze. In dieser **subalpinen Vegetationszone** gedeihen kleinwüchsige Fichten, Zwergstrauchheide und weitere seltene Pflanzen, wie die Kleine Alpen-Kuhschelle, die nur dort beheimateten Brockenhabichtskraut und Brockenanemone sowie Isländisches Moos und Rentierflechte. Im Brockengarten kann man 1800 Pflanzenarten aus Hochgebirgsregionen kennenlernen.

Charakteristisch für den Brockengipfel sind die **Blockhalden aus Granit.** So ist die verbreitetste Deutung des Namens die naheliegende, sie bezieht sich auf die umherliegenden Gesteinsbrocken, wobei das im Sinne von „broken" für zerbrochen verstanden werden kann. Die Blockfelder sind Lebensraum seltener Flechten und Moose und dürfen nicht betreten werden.

◁ Fast am Ziel!

In der **Mythologie** überliefert ist der Brocken als „Blocksberg", der Berg der Hexen. *Goethe* führte ihn in die Literatur ein, als er die „Walpurgisszene" im „Faust" auf den Blocksberg verortete. So sind „Teufelskanzel" und „Hexenaltar" die berühmtesten Klippen auf dem Brocken. Schaurig schön mag das **Brockengespenst** sein, ein optischer Effekt, bei dem der Schatten des Beobachters auf eine Nebel- und Wolkenschicht fällt, auf jeden Dunsttropfen einzeln. Durch die Luftbewegungen bewegt sich der überlebensgroße Schatten.

Die 1999 auf dem Mittelberg (rund 100 km vom Brocken) gefundene **Himmelsscheibe von Nebra** (Landesmuseum für Vorgeschichte, Halle/Saale), die aus der Bronzezeit stammende älteste konkrete Himmelsdarstellung, lässt sich anhand der Sichtlinie zum Brocken und den auf der Scheibe angebrachten Horizontbögen exakt ausrichten.

Um das Jahr 1460 soll der Berg **erstmals bestiegen** worden sein, 1736 wurde das **Wolkenhäuschen** als Unterschlupf errichtet, das erste Gasthaus öffnete 1800. Seit 1899 fährt die schmalspurige **Brockenbahn** zu einem der höchstgelegenen Bahnhöfe in Deutschland. Die erste **Wetterwarte** auf dem Brocken wurde 1895 in Betrieb genommen, die heutige gibt es seit 1939.

Am 17. April 1945 wurde das Brockenhotel bei einem Angriff der US-Luftwaffe zerstört. Bis 1947 war der Berg durch die Amerikaner besetzt. Ab 1948 konnten wieder Touristen auf den Gipfel, das Brockenhotel wurde 1955 wiedereröffnet. Mit der **deutschen Teilung** folgte das tragischste Kapitel in der Geschichte des deutschesten aller Berge. Der Brocken, wenige hundert Meter von der Staatsgrenze entfernt, wurde als **militärisches Sperrgebiet** am Fuße sowie nochmals auf dem Gipfel abgeriegelt und für Überwachungs- und Spionagezwecke genutzt. Eine Abhöranlage des sowjetischen Militärgeheimdienstes, das westlichste Ohr Moskaus,

stand neben einer Abhöranlage der DDR-Staatssicherheit. Nach dem Fall der deutsch-deutschen Grenze erzwangen am 3. Dezember 1989 tausende Demonstranten die **Öffnung des Gipfels.** Im Jahr darauf wurde dort die 3 m hohe Mauer abgerissen, zusammen mit Kasernenanlagen und Wegbefestigungen; rund 20.000 t Beton mussten entfernt werden.

Seit 1990 gehört der Brocken zum **Nationalpark Harz.** Jährlich besuchen 1 Mio. Reisende den Gipfel, an sonnig-klaren Tagen bewegen sich schon mal Zehntausend auf dem weitläufigen Plateau. Die meisten erreichen den Gipfelsieg mit der Brockenbahn, aber auch die beiden steilen Wanderzugänge – der Hirtenstieg und die Brockenstraße (mit Anschluss Goetheweg) – sind meist gut bevölkert. Alljährlich appelliert die Bergwacht an die Besucher, den Wanderweg zum Brockengipfel nicht zu unterschätzen und sich kritisch zu fragen, ob die eigene Kondition für die zu jeder Jahreszeit anstrengende Tour ausreicht.

Auf dem Plateau liegen das Brockenhaus – das Erlebnismuseum des Nationalparks –, das Brockenhotel, der Bahnhof, das Wolkenhäuschen und – mit falscher Höhenangabe – die den höchsten Punkt markierende Brockenuhr. Ein Rundwanderweg (1,6 km) verbindet die sehenswerten Orte. Einkehren kann man in der Hexenklause des Hotels und im Imbiss im Touristensaal oder am Bahnhof.

◿ Abfahrt vom Brocken

mit Schildern hingewiesen. Sie warnt vor **Gefahren durch absterbende Bäume.** Da die vom Borkenkäfer befallenen Bäume in der Regel nicht gefällt werden (siehe Exkurs „Zwischen Baum und Borke"), können diese umstürzen oder größere Äste verlieren. Bei stürmischem Wetter und nach längeren Regenfällen sollten diese Wege daher gemieden werden, entscheiden müssen das die Wanderer jeweils selbst. Wer einmal – aus hoffentlich größerer Distanz – gesehen hat, wie solch ein Baum plötzlich umstürzt, wird spätestens dann diese Warnung ernst nehmen.

Mit Heine zum Ilsenstein

Diese Halbtagswanderung zu einer der bekanntesten Klippen in der Nähe von Ilsenburg eignet sich als **Einstieg in den Wanderurlaub,** oder auch, wenn die Zeit für längere Touren nicht reicht. Die besten Wandertage sind zwischen Mai und Oktober Dienstag, Donnerstag und Sonnabend (Verkehrstage der Buslinie 288, „Ilsetaler").

Vom Wanderstartpunkt **Blochhauer** sind es zunächst 10 Min. Fußweg im Ilsetal entlang der Straße (frei nur für Hotelgäste und Bus). Am **Brunnenhaus** der Prinzessin-Ilse-Quelle hat man die Wahl zwischen dem sehr steil ansteigenden Waldweg (irritierend als „Blochhauer Ilsenburg" ausgeschildert) oder dem etwas bequemeren Weg, der nach weiteren rund 50 Straßenmetern bergan führt. Es sind beides Serpentinenwege von rund 2 km, sie führen zu einer Schutzhütte, von der aus man nun auf sanft ansteigendem Waldweg bis zum Ilsenstein laufen kann. Das auf den Wegweisern und manchen Karten ausgewiesene Gasthaus Ilsestein ist geschlossen, aber es gibt eine Raststätte, die am Wochenende ab 11 Uhr geöffnet ist.

Vom Wanderweg zweigt ein **Pfad** ab, der über Gesteinsbrocken und ausgewaschene Stufen sicher zur kleinen **Aussichtsplattform** und zum **eisernen Kreuz** auf dem Ilsenstein führt. Vom Horizont grüßt der Brocken herüber, der Ausblick ins Tal nach Ilsenburg ist ebenfalls sehenswert.

Der **Ilsenstein,** notierte *Heinrich Heine,* „ist ein ungeheurer Granitfelsen, der sich lang und keck aus der Tiefe erhebt". Mit seiner Nordseite schaut er weit über das Tal hinweg. „Auf der turmartigen Spitze des Felsens steht ein großes, eisernes Kreuz, und zur Not ist da noch Platz für vier Menschenfüße." Das Kreuz ließ Graf *Anton zu Stolberg-Wernigerode* am 18. Oktober 1814 zur Erinnerung an die in den Freiheitskriegen gegen *Napoleon* gefallenen Kameraden errichten.

Weiter geht es auf dem Wanderweg in Richtung Plessenburg. An einer scharfen Wegbiegung liegen rechts die **Paternosterklippen** (522 m), sie bieten sich als weiterer Rastplatz mit Blick zum Brocken an. Der Sage nach sollen Nonnen hier ihr letztes Vaterunser (Paternoster) gebetet haben, bevor sie sich auf der Flucht vor Raubrittern in den Abgrund stürzten.

Bald ist die **Plessenburg** erreicht, ein beliebtes Waldgasthaus, das nur auf Wanderwegen und mit dem „Ilsetaler" (Buslinie 288) erreicht werden kann. Von dort führen beschilderte Wege zu den Ilsefällen (8 km, Rückweg durch das Ilsetal zum Blochhauer) und nach Drei Annen Hohne (10 km, Rückfahrt mit Bus 288).

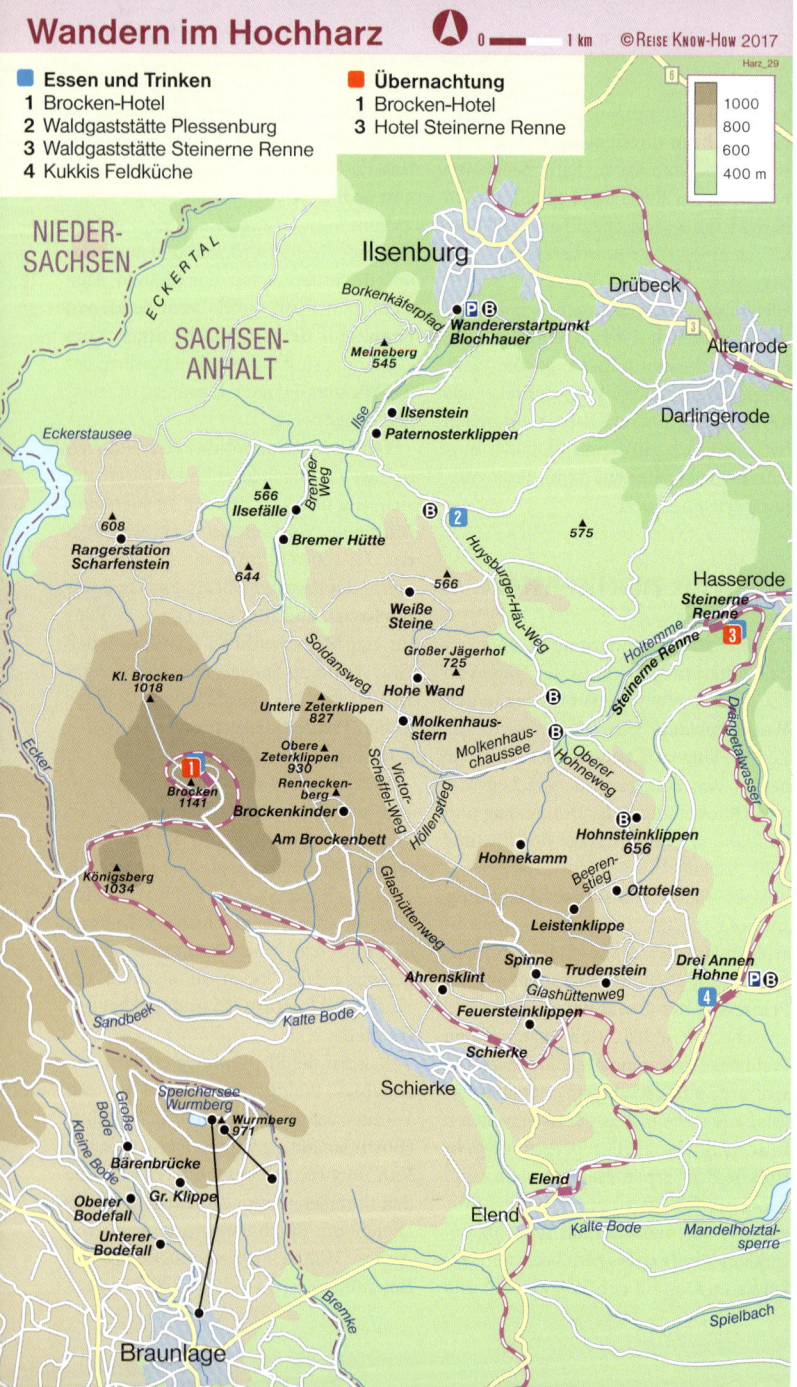

Vom Ottofelsen zur Steinernen Renne

Vom Parkplatz und der Bus-/Kleinbahnstation Drei Annen Hohne geht es über das Bahngleis und die Straße in den nahen Wald, immer geradeaus auf dem **Oberen Hohneweg** (Markierung: grüner Punkt). Die benachbarte Ellenbogenchaussee ist nur Radfahrern zu empfehlen, sie ist für Wanderer zu monoton. Bald werden, hinter der Bushaltestelle **„Abzweig Karlshaus"**, am Wegesrand große, weit gestreute Klippen sichtbar. Es sind die **Hohnsteinklippen,** in denen man mit etwas Umherklettern verschwiegene Rastplätze findet. Neben den Klippen führt der markierte Wanderweg in den Wald hinein, zum **Ottofelsen** (2 km). Die markante, 36 m hohe Granitklippe kann über eine steile Leiter bestiegen werden, sie bietet einen wunderbaren Rundblick. Das nahe gelegene **Karlshaus** ist 1829 als Jagdhaus erbaut worden und diente zuletzt als Wanderhütte für Kinder- und Jugendgruppen. Jetzt ist es geschlossen, dem Anschein nach für immer (nachdem 1993 eine Fotovoltaikanlage installiert wurde).

Der Wanderweg führt weiter durch den Wald zur **Steinernen Renne**, einem der beliebtesten Ausflugsziele in dieser Harzregion. Abwechslungsreich ist das von der jungen Holtemme tief eingeschnittene Tal, mit Stromschnellen und Wasserfällen. Wie ein Schwalbennest am Felsen ragt das gleichnamige Waldgasthaus auf. In der Nähe (2 km) liegt der Bahnhof der Harzquerbahn und Brockenbahn.

Für den bequemen Abschluss der Wanderung bietet sich an Verkehrstagen des „Ilsetalers" der Weg über den Rennebogen zur Haltestelle **„Abzweig Bielstein"** (2,5 km) an. Wandern kann man von hier zum Beispiel nach Ilsenburg oder auf den Brocken (9 km).

Trudenstein, Ahrensklint und Brockenbett

Wie schon bei der vorigen Wanderung, werden zunächst in Drei Annen Hohne Gleis und Straße überschritten. Im Wald zweigt hinter der Hohnewiese links der Harzer-Hexen-Stieg (Glashüttenweg) ab, der stetig ansteigend zunächst den **Trudenstein** (735 m) erreicht. Diese Klippe unterhalb des Hohnekamms hat ihren Namen von den Druden, jenen in der deutschen Sage vorkommenden Elfen und Hexen. Ein kurzer Aufstieg führt zum Gipfel, von dem aus man die Wölkchen der Brockenbahn durch den Wald wandern sehen kann.

Wieder auf dem Wanderweg, geht es weiter zur **Wegkreuzung „Spinne"** (Schutzhütte). Dort weiter dem Hexlein folgend (auf dem halbrechts leicht ansteigenden Glashüttenweg), erreicht man nach einer Wegkreuzung die nächste Klippe: **Ahrensklint** (823 m). Ihr Name bedeutet „Adlerfelsen", sie war schon im 15. Jh. Schauplatz fürstlicher Jagdfeste. Die Aussicht reicht von Schierke über den Wurmberg bis zum Brocken.

Von hier kann man bequem auf einem gemütlichen Waldweg nach **Schierke** absteigen, es sind nur 1,5 km bis zu den Feuersteinklippen und zum Schmalspurbahnhof, 3,5 km bis zur Bushaltestelle (257, Drei Annen Hohne, Wernigerode, Elbingerode). Wer weiter wan-

dern möchte, bleibt auf dem Hexen-Stieg (Glashüttenweg) und trifft die niedlichen **Brockenkinder** – eine kleine Klippengruppe, die man erklettern kann. Nicht weit von den Kindern ist das **Brockenbett**. Die Senke zwischen Renneckenberg und Heinrichshöhe ist das Quellgebiet der Ilse und Wasserscheide zwischen Elbe und Weser. Der **„Eiserne Handweiser"** hat seinen Platz in allen historischen Harzbeschreibungen und wurde hier vom Harzklub neu errichtet. Bis zum Brocken sind es 4 km. Der nahe **Urwaldstieg** ist ein gewaltig befestigter Lehrpfad, der von der Brockenstraße abzweigt und manches vorzuweisen hat, sogar Gereimtes eines Heimatdichters, nur eben leider keinen Urwald mehr.

Der **Gelbe Brink** – unterhalb der Zeterklippen und entlang der Verdeckten Ilse – erreicht die **Bremer Hütte** am Heinrich-Heine-Weg, der durch das romantische Ilsetal stromab nach Ilsenburg führt (siehe „Heinrich-Heine-Weg zum Brocken"). Eine andere Möglichkeit für den Rückweg ist, auf dem Glashüttenweg ein Stück zurückzulaufen bis zum **Höllenstieg**. Wie es sich mit diesem Namen gehört, geht es steil bergab durch den Wald. Die **Molkenhauschaussee** führt zur Haltestelle „Abzweig Steinerne Renne" des „Ilsetalers" (siehe auch „Vom Ottofelsen zur Steinernen Renne").

▫ Klippen auf dem Hohnekamm

▫ Im Tal der Ilse

Über den Hohnekamm ins Ilsetal

Die Busstation „**Abzweig Karlshaus**" des „Ilsetalers" (288) liegt einsam am Rande des Nationalparks, bei den weit gestreuten **Hohnsteinklippen**. Ein Wegweiser zeigt zum **Beerenstieg,** der bald erreicht ist und nun steil hinauf in den mit Granitbrocken übersäten Wald führt. Markierungen sind hier sehr sparsam gesetzt, sodass man schon mal den Weg zwischen all den Brocken suchen muss und dabei mehr Natur zertrampelt als bei etwas dichterer Markierung nötig wäre. Jedenfalls sollte man dabei nicht zu weit nach rechts abweichen und spätestens auf der Forststraße auf halber Höhe die rote Markierung wieder finden. Von dort steigt der Weg noch weiter hinauf bis zur **Leistenklippe**. Diese kündigt sich mit einer Schutzhütte an, von der aus man schon weit ins Tal blicken kann. Zur Klippe führt ein Pfad, der Aufstieg beginnt mit einer kurzen Metalleiter. Vom Gipfel (901 m) bietet sich ein großartiger Rundblick zum Brocken, zum Wurmberg und ins Harzvorland bis Wernigerode. Die Leistenklippe ist zweifellos einer der attraktivsten Aussichtsfelsen des Harzes.

Zum Brocken sind es von hier auf Wanderwegen 7,2 km, zur Waldgaststätte Plessenburg 7,4 km, zur Steinernen Renne 4,1 km, nach Schierke 3,5 km. Letztere wären Möglichkeiten, die Wanderung auf relativ kurzem Weg abzuschließen. Es lohnt sich aber sehr, noch ein Stück auf dem rund 3 km langen **Hohnekamm** zu laufen, einem mit Klippen gespickten Höhenzug, dessen höchste Erhebung die soeben bestiegenen Leistenklippen sind. Der markierte Abstieg von der Grenzklippe erfolgt auf Holzbohlen, die Lücken aufweisen. Hier ist Aufmerksamkeit geboten, besonders an feuchten Tagen.

Unten gabelt sich der Wanderweg, rechts zum **Victor-Scheffel-Weg,** links zum **Forstmeister-Sietz-Weg,** beide finden sich am Molkenhausstern wieder. Letzterer ist abwechslungsreicher, aber stellenweise sehr feucht und von nicht wenigen umgestürzten oder gefällten Bäumen unterbrochen; da heißt es dann klettern oder kriechen. Zwischen den beiden Wanderwegen liegt versteckt im Hang die Hauptquelle der **Holtemme**, eines Flüsschens, das weiter unten durch die Steinerne Renne fließt und schließlich, nach 47 km, in die Bode mündet.

Bis Drei Annen Hohne sind es von der Weggabelung 4,5 km, bis Schierke 3,3 km. 500 m vor dem Molkenhausstern gibt es vom Forstmeister-Sietz-Weg einen markierten Abstecher zur **Großen Zeterklippe** (2 km), die wiederum zu den attraktivsten Aussichtsplätzen dieser Harzregion zählt (Aufstieg über Leiter).

Der **Molkenhausstern** ist eine der größeren Wegkreuzungen des Hochharzes. Von hier sind es 10 km bis Wernigerode, 9 km bis Ilsenburg und 4 km bis zur Plessenburg. Das nahe Molkenhaus (nicht verwechseln mit der gleichnamigen Waldgaststätte bei Bad Harzburg) geht auf ein Jagdhaus im 18. Jh. zurück und wird von der Nationalparkverwaltung genutzt.

Auf dem **Soldansweg** erreicht man das Ilsetal (5 km) und den Heinrich-Heine-Wanderweg nach Ilsenburg; eine andere Variante ist der markierte Weg (grünes Quadrat) zu Füßen der Hohen Wand und der **Weißen Steine** (Blick nach Wernigerode) bis zur Plessenburg. Von dort entweder mit dem „Ilsetaler" oder zu Fuß bis Ilsenburg.

Klippenweg ins Eckertal

Vorhang auf für den kleinen Käfer: Kurz hinter dem Blochhauer stehen rechts im Ilsetal zwei hölzerne Stelen, die den **Borkenkäferpfad** eröffnen. Mit dem Lehrpfad auf den Spuren des umtriebigen Harzbewohners (siehe Exkurs „Zwischen Baum und Borke") beginnt diese Wanderung zu aussichtsreichen Klippen westlich von Ilsenburg und ins geschichtsträchtige Eckertal an der Grenze zum niedersächsischen Gebiet des Nationalparks.

◩ Massive Amphibie: der Froschfelsen

◩ „Hindernisparcours" auf dem Forstmeister-Sietz-Weg

Aufgrund der **besonderen Gefährdung** durch abgestorbene Bäume, worauf Schilder der Nationalparkwacht hinweisen, kann dieser Weg an stürmischen Tagen sowie nach längeren Regenfällen nicht empfohlen werden. In jedem Fall ist Aufmerksamkeit geboten.

Der Einstieg in die Wanderroute ist **sehr steil** und wird mit einem interessanten Blick über Ilsenburg und das Harzvorland belohnt. Dagegen ist die Aussicht an der **Bäumlersklippe** zugewachsen. Der Name des Felsvorsprungs erinnert an den Jäger, der hier 1752 in den Abgrund gesprungen ist, nachdem er seinen Sohn aus Eifersucht erstochen hatte. *Theodor Fontanes* Novelle „Ellernklipp – Nach einem alten Harzer Kirchenbuch" (1881, Neuausgabe z.B. Aufbau 1996) greift diese Geschichte auf.

Der schmale Weg zum **Froschfelsen** (2 km) führt anfangs wieder durch abgestorbenen Wald. Dafür liegt der Felsen als mächtiger Granitmonolith umso geheimnisvoller im Grünen. Ob er nun einem Frosch gleicht, bleibe der Fantasie des Betrachters überlassen. Weiter geht es von der Schutzhütte zur **Rockensteinklippe,** von dort zur Wegkreuzung **Württemberger Bank.** Dann ist es noch 1 km zur **Taubenklippe** (560 m) mit ihrer herrlichen Aussicht über das Eckertal zum Brocken und Torfhaus. Geländer sichern den Aufstieg zum winzigen Gipfelplateau.

Am Weg zur Taubenklippe hat man bereits rechts den gelb markierten Abstieg ins **Eckertal** entdeckt, also die 500 m umkehren und auf diesem Weg ins **Große Zwißeltal** absteigen, das leider stark von abgestorbenen Bäumen geprägt ist. Der auf einigen Karten noch angezeigte Weg nach Ilsenburg über den Kienberg ist deshalb nicht mehr begehbar, man folge weiter dem Wegweiser ins Eckertal, das man auf steil abfallendem Pfad nach wenigen Minuten erreicht.

Hier erwartet den Wanderer ein breiter, befestigter Waldweg entlang des **Eckerbaches.** Der am Osthang des Brockens auf 890 m quellende Bach markierte bereits die Grenze zwischen dem Königreich Preußen und dem Herzogtum Braunschweig, über vier Jahrzehnte die Staatsgrenze zwischen der DDR und der Bundesrepublik; jetzt zwischen Sachsen-Anhalt und Niedersachsen. Immer wieder mal sind **historische Grenzmarkierungen** zu entdecken. Der Wanderweg ist hier Teil des **Harzer Grenzweges** entlang der einstigen innerdeutschen Grenze.

Am Wege liegt eine Erzschlackehalde, die als Heimstatt seltener Pflanzen geschützt ist. Der mittelalterliche Hüttenbetrieb verarbeitete Erze aus dem Rammelsberg bei Goslar. Für den Rückweg nach Ilsenburg bietet sich der **Besenbinderstieg** an; etwas weiter bachabwärts folgt der **Ilsenburger Stieg,** der aber eher Radfahrern zu empfehlen ist.

Ein kulturhistorischer Abstecher (2 km vom Ilsenburger Stieg) führt entlang des Eckerbaches zum **Jungborn,** einer ehemaligen Naturheilanstalt. Sie wurde durch die Brüder *Adolf* und *Rudolf Just* 1896 eröffnet. Zu den bald bis zu 1000 Sommergästen zählten die Schauspieler *Hans Albers* und *Marika Rökk* sowie der Schriftsteller *Franz Kafka*. Näheres ist am wiedererrichteten Licht-Luft-Haus und an den verbliebenen historischen Gebäuden vor Ort zu erfahren. 1964 wurde die nun in der Sperrzone an der Grenze liegende, zuletzt als TBC-Krankenhaus genutzte Anlage weitgehend abgerissen. Ein Verein engagiert sich für die Wiederbelebung des Erholungsgebietes.

An der **Brücke,** die das sachsen-anhaltinische Stapelburg und das niedersächsische **Eckertal** über den Eckerbach verbindet, erinnern eine Skulptur und eine Tafel an die Öffnung der Grenze am 9. November 1989 um 16 Uhr.

▷ Gasthaus Steinerne Renne

Praktische Tipps

Anreise

■ **Per Bahn:** Schmalspurbahnen Harzquerbahn, Brockenbahn.
■ **Per Bus:** Regionalbusse von Wernigerode, Ilsenburg (Linie 288, „Ilsetaler").

Information

■ **Brockenhaus,** Tel. (039455) 50005, www.nationalpark-brockenhaus.de, tgl. 9.30–17 Uhr, 5/3 €. Ausstellung „Augen auf und durch" – Reise durch die Vielfalt des Harzes.
■ **Drei Annen Hohne: Natur-Erlebniszentrum Hohne Hof,** Tel. (039455) 8640, tgl. 10–16.30 Uhr, Eintritt frei. Anregungen für Wanderungen, Spielanlagen, kleines Café, behindertengerechtes WC.

Übernachtung

❶ ❶ **Brocken-Hotel**③, Tel. (039455) 120, www.brockenhotel.de. Komfortzimmer mit Fernsicht in acht Stockwerken des einstigen Fernsehturms, Harzer Speisen in der Hexenklause②, Imbiss im Touristensaal①. DZ 120/170 €. Mehrbettzimmer p.P. ab 40 €.
■ Siehe auch unter Bad Harzburg, Ilsenburg, Schierke, Braunlage.

Essen und Trinken

■ **Hotelrestaurants** siehe „Übernachtung".
❷ **Waldgaststätte Plessenburg**①, Tel. (03943) 607535, www.plessenburg.de, Mai bis Okt. tgl. 10–18 Uhr, Nov. bis April Do–Di 10–17 Uhr. Im Wald gelegenes Ausflugslokal, nur auf Wanderwegen oder mit Bus „Ilsetaler" erreichbar. Großer Garten.
❸ ❸ **Waldgaststätte und Hotel Steinerne Renne**②, Steinerne Renne 67, Tel. (03943) 607533, tgl. 10–18 Uhr, www.steinerne-renne.de. Historisches Ausflugslokal mit Terrasse über der Holtemme, Harzer Forelle. In der Nähe gleichnamige Station der Schmalspurbahn.
MEIN TIPP: ❹ **Kukkis Feldküche**①, Drei Annen Hohne am Parkplatz und Schmalspurgleis, tgl. 10.45–18 Uhr bzw. bis Anbruch der Dunkelheit. Die weltberühmte Erbsensuppe, Forellen frisch aus dem Rauch. Flaschenbier, Kaffee, Tee.

Zwischen Baum und Borke

Ips typographus. Der Buchdrucker. Auch als Achtzähniger Fichtenborkenkäfer bekannt und berüchtigt. Der dunkelbraune bis schwarze, 4 bis 4,5 mm lange Käfer aus der Unterfamilie der **Borkenkäfer** ist in den Fichtenwäldern zu Hause, wohl seitdem es diese gibt. Sein Revier sind die Rinden älterer und schwacher Bäume, die er mit einer raffinierten Strategie befällt. Dabei wird das von den Bäumen zur Abwehr der Angreifer abgesonderte Harz in einen Duftstoff umgewandelt, ein Angebot, das weitere Okkupanten beiderlei Geschlechts nicht ablehnen können. Früher oder später muss der Baum aufgeben, er ist nun vorbereitet für die Brut und die rasante Vermehrung der innerhalb weniger Wochen geschlechtsreifen Populationen.

Je trockener und wärmer das Wetter ab Mitte April ist, desto gefährdeter sind gesunde, aber unter Wassermangel akut leidende Fichtenbestände. Im natürlich gewachsenen Mischwald hat er seinen unbestreitbar ordnenden Platz, der kleine Typograph – der Name „Buchdrucker" kommt ja von den **Fraßmustern im Holz,** die an Lettern für den Buchdruck erinnern; ein Beleg dafür, dass dieses Käferchen den Menschen schon recht lange Zeit beschäftigt. Am besten geht es dem Borkenkäfer in Monokulturen. Dort entfaltet er mit Massenbefall seine destruktive Kraft. Das Ergebnis ist in mittleren Lagen des Harzes weitflächig nicht zu übersehen, zum Beispiel bei Ilsenburg, zwischen Bremer Hütte und Stempelsbuche am Heinrich-Heine-Wanderweg, bei Clausthal-Zellerfeld und Goslar.

Über Jahrhunderte war die schnellwüchsige **Fichte** der wichtigste **Nutzbaum** des Harzes. Holz wurde in großer Menge für den Bergbau benötigt, die Fichte deshalb bevorzugt kultiviert. Schon im 15. Jh. wurde über den Befall mit Borkenkäfern berichtet, aus dem 18. Jh. ist die **„Große Wurmtrocknis"** bekannt.

In seiner „Abhandlung über die Wurmtrocknis" (Leipzig 1787) beschreibt und analysiert der Göttinger Naturwissenschaftler *Johann Friedrich Gmelin* ausführlich diese **Naturkatastrophe** im Oberharz. Zunächst verteidigt er die systematische Naturbeobachtung, insbesondere die Insektenkunde, gegen die Diffamierung als „Tändelei", um dann eine sorgfältige Darstellung des Borkenkäfers auszuführen. *Gmelin* erinnert daran, dass 1473 „die Bergwerke wegen Dürre und Holzmangel, da es von Pfingsten bis Egidien (1. Sept.) nicht geregnet, stehen geblieben".

Natürliche Feinde des Borkenkäfers können den Massenbefall nicht verhindern. Einziger Ausweg aus dem Dilemma ist ein durch Artenvielfalt geprägter **Mischwald,** wie es ihn vor Jahrhunderten im Harz gegeben hat. Nationalparkverwaltung und Forstwirtschaft setzen in ihrer Strategie für dieses Ziel auf eine Kombination von einerseits Rodung und Beräumung stark befallener Flächen, was selbstverständlich den Einsatz schwerer Technik einschließt, und andererseits Selbstlauf im Inneren des Nationalparks. Hier sollen die absterbenden Fichten den Nährstoff bilden für das Heranwachsen von Laubbäumen. Neuer Wald auf totem Holz. Bis zum Jahr 2022 soll auf mindestens 75 Prozent der Fläche des Nationalparks die Natur sich wieder selbst regenerieren können.

Entlang des **Borkenkäferpfades** in Ilsenburg (Einstieg am Blochhauer, siehe „Klippenweg ins Eckertal") kann man diesen Vorgang direkt erleben und erklärt bekommen. Besonders gefährdete Bereiche in den Wäldern werden durch Warnschilder gekennzeichnet, die auf Gefahren durch umstürzende Bäume und herabfallende Äste hinweisen. Hier müssen Wanderer selbst entscheiden, ob sie diese Wege betreten. Bei stark windigem Wetter und nach längerem Regen muss davon dringend abgeraten werden.

Schierke

Der **Luftkurort** Schierke (600 Einwohner) in dem von Granitblöcken gesättigten Tal des Oberlaufes der Kalten Bode, zwischen den Bergen des Hochharzes, ist ein Zentrum des **Wintersports** und des **Wandertourismus.** Schierke kommt dem Brocken am nächsten, nur 6 bis 8 km sind es von hier bis auf den Gipfel, die Brockenbahn hält oberhalb des Ortes. Seit dem Mauerfall wartet das Skigebiet des Wurmberges in greifbarer Nähe. Während der deutschen Teilung lag der attraktive Ferienort in der **Sperrzone,** die von Besuchern nur mit Passierschein betreten werden durfte. Seit dem Mauerfall kann er an seinen historischen Glanz anschließen. Die Villen an der Hauptstraße, der Kurpark, die neogotische Bergkirche und der allgegenwärtige Kräuterlikör **„Schierker Feuerstein"** aus der Alten Apotheke gegenüber dem Rathaus (seit 1924) bestimmen das Bild des zu Wernigerode eingemeindeten Brockenanliegers. Das historische **Rathaus** wurde 1928 erbaut. Schnitzereien im Fachwerk über dem Granitsockel zeigen Berufszweige der Region.

Zum **Brocken** wandert man am besten den steilen Weg durch das Eckerloch (6 km, 500 Höhenmeter) oder, weniger abwechslungsreich, über die Alte Bobbahn (7 km, 500 Höhenmeter). Weitere Wanderziele sind der **Wurmberg** (4 km) und der **Achtermann** (10 km), beide Wege sind mit steilen Anstiegen zu hervorragenden Aussichtsplätzen verbunden. Im Wald oberhalb des Bahnhofes der Brockenbahn (2 km vom Kurpark) stehen die imposanten **Feuersteinklippen.** Sie sind das Wahrzeichen von Schierke. Nach Drei Annen Hohne über die „Spinne" am Erdbeerkopf sind es vom Bahnhof 5,5 km, zur Plessenburg 10 km. Rund um Schierke führen ein Naturlehrpfad (4,5 km) sowie mehrere unterschiedlich anstrengende Kurwege von 4 bis 13 km. Für Wintersportler gibt es 40 km gespurte Loipen sowie mehrere Rodelhänge und ein Natureisstadion.

▷ Die Feuersteinklippen sind das Wahrzeichen von Schierke

Praktische Tipps

Anreise

- **Mit eigenem Fahrzeug:** B 27.
- **Per Bahn:** Schmalspurbahnen Harzquerbahn, Brockenbahn.
- **Per Bus:** Regionalbusse von Bad Harzburg, Sankt Andreasberg, Torfhaus (Linie 820) und Schierke, Drei Annen Hohne, Wernigerode (Linie 257).

Information

- **Touristeninformation Schierke,** Brockenstraße 10, Tel. (039455) 8680, www.schierke-am-brocken.de, Mai bis Okt. Mo–Fr 9–18 Uhr, Sa 10–16 Uhr, So 10–15 Uhr, Nov. bis April Mo–Fr 9–17 Uhr, Sa 10–16 Uhr, So 10–15 Uhr.

Übernachtung/Essen und Trinken

- **Hotel Bodeblick**②, Barenberg 1, Tel. (039455) 359, www.hotel-bodeblick.de. Kleines Haus mit hellen Zimmern und grüner Aussicht.
- **Gasthof Stadel**②, Brockenstraße 26, Tel. (039455) 529000, www.gasthof-stadel.de. Helle, komfortable Zimmer am Wanderweg zum Brocken.
- **Mein Tipp: Pension Barbara**①, Brockenstraße 1, Tel. (039455) 8690, www.pension-barbara-schierke.de. Doppelzimmer und Ferienwohnung am Weg zum Brocken.
- **Zum Holzfäller**②, Brockenstraße 24, Tel. (039455) 58899, www.holzfaeller-schierke.de, Mo–Do 16–21 Uhr, Fr 14–22 Uhr, Sa, So 12–22 Uhr. Hotel, Doppelzimmer und Ferienwohnung mit Balkon, harztypisch rustikales Lokal, deutsche Küche.

▷ Blick auf Braunlage, im Hintergrund der Wurmberg

Braunlage

Wintersport- und Wanderzentrum auf der niedersächsischen Seite des Hochharzes ist die Stadt Braunlage (4800 Einwohner). Sie liegt am Südfuß des **Wurmberges** (971 m). Bis zum Gipfel, von dem sich eine herrliche Sicht bietet, fährt eine Kabinenseilbahn. Die Reise mit der **längsten Seilbahn Norddeutschlands** auf den höchsten Berg Niedersachsens dauert eine Viertelstunde. Auf Kinder warten ein Abenteuerspielplatz, ein Ziegen- und Hasengehege.

Am Fuß des Wurmberges, neben der Talstation der Seilbahn und dem weitläufigen Parkplatz, liegt das Eisstadion. Es gibt am Berg mehrere Skiabfahrten, Langlaufloipen und Rodelbahnen. Für den Adrenalinschub sorgt der Bikepark mit mehreren Pisten.

Im Stadtbild fallen einige **Fachwerkhäuser** auf, so etwa an der Herzog-Wilhelm-Straße und gegenüber der neogotischen **Trinitatiskirche.** Im weitläufigen Kurpark steht das Ski- und Heimatmuseum (Di und Fr 10–12 Uhr).

Auch das zu Braunlage eingemeindete Bergdorf **Hohegeiß** (1000 Einwohner) ist mit seinem Loipennetz, den Ski- und Rodelhängen ein Wintersportzentrum. Im Mai und Juni erblühen die ausgedehnten **Bergwiesen** in einem Meer seltener Blumen. Die Wiesen stehen unter Schutz, geführte Spaziergänge werden von der Kurverwaltung angeboten.

Braunlage wird von der **Brockenumgehung des Harzer-Hexen-Stiegs** passiert. Der Weg kommt von Torfhaus über Sankt Andreasberg und führt weiter über Elend und Mandelholz (Stausee). Zwei sehenswerte Wasserfälle rauschen nur wenige Gehminuten vom Stadtrand entfernt: am Oberlauf der Großen Bode der **Obere Bodewasserfall** und am Oberlauf der Warmen Bode der **Untere Bodewasserfall.** Beide sind auf markiertem Wanderweg bequem zu erreichen. Die markanten Klippen des **Jermersteins** laden zum Klettern ein und bieten mehrere Aussichten. Ganz in der Nähe gibt es einen Parkplatz. Eine wichtige Kreuzung mehrerer Wanderwege am Fuße des Wurmberges ist die steinerne **Bärenbrücke** im Tal der Großen Bode. Hier stehen Wanderwegweiser und eine Schutzhütte. Nur rund 1 km entfernt ragt die **Große Klippe** (824 m) aus dem Wald auf, sie bietet beeindruckende Aussichten.

Der **Achtermann** (925 m), zwischen Braunlage und Torfhaus gelegen, ist zweifellos eines der attraktivsten Ziele in der näheren Umgebung. Die Wanderung (12 km mit Rückweg) ist eine abwechslungsreiche und zuweilen anstrengende Gebirgstour, die Aussicht vom felsigen Gipfel ein Genuss. Einer der Wanderwege zum Achtermann heißt „Milliardenweg", er wurde 1923 erbaut, auf dem Höhepunkt der Inflation während der Weltwirtschaftskrise.

Praktische Tipps

Anreise

■ **Mit eigenem Fahrzeug:** B 4, B 27.
■ **Per Bahn:** Schmalspurbahnen Harzquerbahn, Brockenbahn.

Information

■ **Touristeninformation Braunlage,** Elbingeröder Straße 17, Tel. (05520) 93070, www.braunlage.de, Mo–Fr 9–17 Uhr, Sa 9.30–12.30 Uhr.
■ **Touristeninformation Hohegeiß,** Kirchstraße 15a, Tel. (05583) 241, www.hohegeiss.de, Mo, Di, Do, Fr 9–12 und 14–17 Uhr, Mi 9–12 Uhr, Sa 9.30–12 Uhr.

Blick vom Brocken zum Wurmberg, hier noch mit der 2014 abgerissenen Schanze

Übernachtung/Essen und Trinken

■ **Hotel Bremer Schlüssel**②, Robert-Roloff-Straße 11, Tel. (05520) 3068, www.hotel-bremer-schluessel.de. Moderne, großzügige Zimmer mit grüner Aussicht, Restaurant „Kleine Auszeit"②, Mi, Do, Mo ab 18 Uhr, Fr, Sa, So 12–14 Uhr, ab 18 Uhr.

■ **Ferienwohnung Residenz**②, Hindenburgstraße 11, Tel. (0531) 36816, www.residenz-essmann.de. Fünf-Sterne-Wohnung im exklusiven Design, Terrasse, Balkon, großer Garten mit Grillplatz, für Nichtraucher.

■ **Haus an der Skiwiese**①, Bismarckstraße 7, Tel. (05520) 7764012, www.haus-an-der-skiwiese.de. Komplett eingerichtete Ferienwohnungen, ideal für Wintersportler und Wanderer.

■ **Ferienwohnung Waldzwerge**①, Anemonenweg 14, Tel. (05520) 305452, www.ferienwohnung-waldzwerge.de. Kinderfreundliche Wohnung für zwei bis sieben Pers., mit Spielzeug, Rutsche, Pool, Schaukel, Schlitten.

Einkaufen

■ **Sühls Harzspezialitäten,** Herzog-Wilhelm-Straße 15, Mo–Fr 8–18 Uhr, Sa/So 10–18 Uhr, www.suehls-harzspezialitaeten.de. Traditionsreiche Fleischerei. Neben Fleisch- und Wurstwaren gibt es unzählige Sorten Käse, Spirituosen, Honig und weitere schmackhafte Harzprodukte; Imbiss am Laden.

Sport und Spiel

■ **Kurpark und Kurgastzentrum Braunlage,** Dr.-Kurt-Schröder-Promenade 3, tgl. 10–18 Uhr. Weitläufige Parkanlage mit Berggarten, Teich, Boccia-Bahn, Restaurant.

■ **Wurmberg-Seilbahn,** ganzjährig in Betrieb, Fahrt zur Bergstation 8 €, Hin- und Rückfahrt 13 €, Fahrt zur Mittelstation 5/8,50 €. Familien-Bergfahrt 20 €. Von beiden Stationen Zugang zum Bikepark.

Der Harz in der Literatur, Literaten im Harz

Der Harz ist wie kein anderes Gebirge mit der deutschen Literatur verbunden. Bedeutende Schriftsteller wurden am Harz geboren, noch viel mehr vom Harz angezogen, angeregt und verführt. Allein die Gästeliste des als Sohn eines Steuereinnehmers in Falkenstein (Nordharz, zu Ermsleben) geborenen Halberstädter Dichters der Aufklärung, **Johann Wilhelm Ludwig Gleim** (1719–1803), verzeichnet Hunderte Namen, die meisten davon Schriftsteller, darunter *Johann Bernhard Basedow* (1724–1790), *Matthias Claudius* (1740–1815), *Johann Gottfried Herder* (1744–1803), *Friedrich Gottlieb Klopstock* (1724–1803), *Gotthold Ephraim Lessing* (1729–1781), *Friedrich Nicolai* (1733–1811), *Novalis* (1772–1801), *Jean Paul* (1763–1825), *Johann Gottfried Seume* (1763–1810) und *Johann Heinrich Voß* (1751–1826). „Es ist wirklich schade, dass der brave Gleim Verse hat drucken lassen", schrieb *Heinrich Laube*, von dem noch zu reden sein wird, in seinen Reisenovellen, „er ist sonst ein so durchweg liebenswürdiger Kauz, und obwohl er nicht eigentlich wußte, was Poesie sei, so liebte er sie doch wie ein Jüngling die nie gesehene Geliebte seines Herzens, und liebte sie nicht so wohlfeil wie die meisten Teutschen, d.h. er gab den Poeten zu essen und zu trinken, wenn's ihnen, wie gewöhnlich, daran gebrach." Der Poetengang am Rande der Halberstädter Altstadt erinnert an den allabendlichen Weg der „Unsterblichen" *(H. Laube)* zu ihrem „Vater Gleim".

Harzreisende waren *August Wilhelm Schlegel* (1789), *Ludwig Tieck* (1792), *Novalis* (1793), *Achim von Arnim* (1801), *Joseph von Eichendorff* (1805), *Caspar David Friedrich* und *Georg Friedrich Kersting* (1811), *Adelbert von Chamisso* (1824) und viele andere namhafte Künstler.

Die erste Harzliteratur

Das erste Reisebuch durch den Harz könnte **Johannes Praetorius** (1630–1680) verfasst haben. Der Leipziger Schriftsteller, geboren als *Hans Schultze,* ist vor allem durch seine Sammlung der Rübezahl-Sagen (1662) bekannt geworden. Sein 1668 in Leipzig erschienener Harzbericht trägt den barocken Titel: „Blockes-Berges Verrichtung / oder / Ausführlicher Geographischer Bericht / von / den hohen trefflich alt- und berühmten / Blockes-Berge: / ingleichen von der / Hexenfahrt / und Zauber-Sabbathe / so auff solchen Berge die Unholden aus gantz / Teutschland / Jährlich den 1. Maij in Sanct- / Walpurgis Nachte anstellen sollen. // Aus vielen Autoribus abgefasset / und mit schönen Raritäten angeschmücket sampt zugehörigen Figuren. / Nebenst einen Appendice vom Blockes-Berge / wie auch des alten Reinsteins / und der Baumans Höle am / Hartz."

1703 ist in Nordhausen das Buch „Hercynia Curiosa, oder Curiöser Hartz-Wald" des in Goslar gebürtigen Arztes und Schriftstellers **Georg Henning Behrens** (1662–1712) erschienen. Der Untertitel des mehrfach aufgelegten und 1730 ins Englische übersetzten Buches lautet: „Das ist Sonderbahre Beschreibung und Verzeichnis Derer Curiösen Hölen / Seen / Brunnen / Bergen / und vielen andern an- und auff dem Hartz vorhandenen Denckwürdigen Sachen mit unterschiedenen Nützlichen und Ergetzlichen Medicinischen / Physicalischen und Historischen Anmerckungen denen Liebhabern solcher Curiositäten zur Lust heraus gegeben".

Im **Deutschen Textarchiv** (www.deutschestextarchiv.de) kann man beide opulente Werke online lesen, von *Praetorius* das Exemplar aus der Sächsischen Landes- und Universitätsbibliothek Dresden, von *Behrens* das Exemplar der Herzog-August-Bibliothek Wolfenbüttel.

Goethe, Heine, Andersen

Die bekanntesten **literarischen Erinnerungsorte** des Harzgebirges sind zweifellos *Johann Wolfgang von Goethes* „Faust" (1808), *Heinrich Heines* „Harzreise" (1826) und *Hans-Christian Andersens* „Schattenbilder" (1831).

Johann Wolfgang Goethe (1749–1832) hat vier Harzreisen unternommen und bereits auf der ersten, 1777, den winterlichen Brocken bestiegen – seine „heimliche Reise" (Tagebuch), ein alpinistisches Abenteuer des jungen Dichters. Sein Gedicht „Harzreise im Winter", eines der meistinterpretierten deutschen Gedichte, nennt das Gebirge zwar nur im Titel, aber wo sonst hätte er diese erschütternden Verse finden sollen? Die Strophen V–VII – „Aber abseits wer ist's? Ins Gebüsch verliert sich sein Pfad, Hinter ihm schlagen Die Sträuche zusammen, Das Gras steht wieder auf, Die Öde verschlingt ihn ..." – hat **Johannes Brahms** (1833–1897) in seiner Alt-Rhapsodie, op. 53 (1869), vertont. Sie wurde von herausragenden Stimmen interpretiert.

Im „Faust. Der Tragödie erster Teil" wird die Walpurgisnacht im „Harzgebirg" gefeiert, in der „Gegend von Schierke und Elend". Faust begibt sich hurtig auf den Weg zum Gipfel des „zaubertollen" Berges: „Solang ich mich noch frisch auf meinen Beinen fühle, / Genügt mir dieser Knotenstock. / Was hilft's, dass man den Weg verkürzt! – / Im Labyrinth der Täler hinzuschleichen, / Dann diesen Felsen zu ersteigen, / Von dem der Quell sich ewig sprudelnd stürzt, / Das ist die Lust, die solche Pfade würzt! / Der Frühling webt schon in den Birken, / Und selbst die Fichte fühlt ihn schon; / Sollt er nicht auch auf unsre Glieder wirken?" Und die Irrlichter soufflieren: „... Seh die Bäume hinter Bäumen, / Wie sie schnell vorüberrücken, / Und die Klippen, die sich bücken, / Und die langen Felsennasen, / Wie sie schnarchen, wie sie blasen! ..."

Heinrich Heine (1797–1856) beschrieb 1824 seine Harzreise, die ihn von Göttingen – dessen Universität er 1820 infolge eines Duells verlassen musste – nach Osterode, Lerbach, Clausthal, Zellerfeld, Goslar, Harzburg, auf den Brocken und zum Ilsestein führte. Der Reisebericht ist, wie *Heine* selbst schreibt, ein Fragment geblieben; er vereint romantisch sehnsüchtige Landschaftsschilderungen, Menschenbeobachtung, Witz und saftigen Sarkasmus. Die letzte Szene beschreibt den Dichter, wie er sich an das Kreuz auf dem Ilsestein klammert, um nicht hinunterzustürzen. Der Besuch von Ilsenburg („liebliche Mädchengesichter und schöne Blumen"), Wernigerode (das Schloss „nichts weniger als geschmackvoll"), Elbingerode („die Gegend ist traulich schön") und Rübeland („verwunderliche Felsen, in denen man kleine Höhlenöffnungen gewahrt") wird in den „Nachgelassenen Aufzeichnungen" beschrieben.

In einer der lieferbaren oder antiquarisch erhältlichen Taschenbuchausgaben gehört die „Harzreise" in jedes Wandergepäck. Schon um, auf einer Klippe sitzend, einander vorlesen zu können: „Ich stieg wieder bergauf und bergab, und vor mir schwebte die schöne Sonne, immer neue Schönheiten beleuchtend. Der Geist des Gebirges begünstigte mich ganz offenbar; er wußte wohl, daß so ein Dichtermensch viel Hübsches wiedererzählen kann, und er ließ mich diesen Morgen seinen Harz sehen, wie ihn gewiß nicht jeder sah. Aber auch mich sah der Harz, wie mich nur wenige gesehen, in meinen Augenwimpern flimmerten ebenso kostbare Perlen wie in den Gräsern des Tals. Morgentau der Liebe feuchtete meine Wangen, die rauschenden Tannen verstanden mich, ihre Zweige taten sich voneinander, bewegten sich herauf und herab, gleich stummen Menschen, die mit den Händen ihre Freude bezeigen, und in der Ferne klang's wunderbar geheimnisvoll, wie Glockengeläute einer verlornen Waldkirche. Man sagt, das seien die Herdenglöckchen, die im Harz so lieblich, klar und rein gestimmt sind."

Der junge dänische Schriftsteller **Hans Christian Andersen** (1805–1875) begab sich, angeregt durch *Heine* und wie dieser ausgestattet mit *Friedrich Gottschalcks* „Taschenbuch für Reisende in den Harz" (1806), im Frühjahr 1831 auf seine Harzreise. Er fuhr von Kopenhagen nach Travemünde, mit der Postkutsche durch die Lüneburger Heide und über Braunschweig nach Goslar, wo er das Erzbergwerk Rammelsberg besichtigte. Andersen wanderte nach Ilsenburg und durch das Ilsetal auf den Brocken, besuchte die Rübeländer Tropfsteinhöhlen, die Burg Regenstein und die Rosstrappe. Eisleben war die letzte Station, bevor er mit der Postkutsche weiter nach Dresden fuhr. *Andersen* sah den Harz mit den Augen des Märchendichters und des Malers, worauf bereits der Titel seines literarischen Reiseberichtes hindeutet: In den „Schattenbildern von einer Reise in den Harz, die Sächsische Schweiz etc. etc. im Sommer 1831" schildert er detailgenau und in einem oft ironischbissigen Ton seine Erlebnisse und Beobachtungen. Verbreitung fand dann aber vor allem die von *Andersen* selbst vorgenommene Überarbeitung unter dem Titel „Reiseschatten ...", der leider vieles der Ironie und Doppeldeutigkeiten der ursprünglichen Fassung ausgetrieben wurde.

◁ Die Naturschönheiten des Harzes inspirierten viele große Geister: Blick von der Taubenklippe zum Brocken.

17. bis 18. Jahrhundert

Der in Sandersdorf bei Bitterfeld geborene **Johann Gottfried Schnabel** (1692–1744/48) war in Stolberg/Harz Herausgeber und Redakteur der Wochenzeitung „Stolbergische Sammlung Neuer und Merckwürdiger Welt-Geschichte", als er zwischen 1731 und 1743 in Nordhausen unter dem Pseudonym *Gisander* in vier Bänden sein literarisches Hauptwerk, den Roman „Wunderliche Fata einiger See-Fahrer" veröffentlichte, bekannt geworden in den Bearbeitungen durch *Karl Lappe* (1823) und *Ludwig Tieck* (1828) unter dem Titel „Die Insel Felsenburg". *Schnabel* wird diesen Roman, einen der populärsten seiner Zeit, demnach in seinem noch heute bestehenden Wohnhaus am Stolberger Schloss geschrieben haben. „Aus keinem anderen Buch ... hat sich in jenem Jahrhundert des Absolutismus der einfache Deutsche so viel Trost gelesen, wie aus dieser überall, in jeder Familie, verbreiteten Utopie", schreibt *Arno Schmidt* in seinem Funkessay über die „Schreckensmänner". Stolberg ist Sitz der Johann-Gottfried-Schnabel-Gesellschaft Im Schloss wird eine Ausstellung über den Schriftsteller gezeigt.

Halberstadt war Wohn- und Wirkungsort des Konsistorialrates und Strafrichters **Magnus Gottfried Lichtwer** (1719–1783), der als Fabeldichter der Aufklärung im Schatten von *Gellert* und *Lessing* verblieb. Ihm verdanken wir die sprichwörtliche Redewendung „Blinder Eifer schadet nur".

Friedrich Gottlieb Klopstock (1724–1803), Verfasser der „Deutschen Gelehrtenrepublik" und des „Messias", wurde in Quedlinburg geboren. Sein Geburtshaus ist heute ein Museum.

Der satirisch-volkstümliche Erzähler **Johann Karl August Musäus** (1735–1787) ist wohl vor allem als Dichter des schlesischen Rübezahl bekannt. In der Erzählung „Der Schatzgräber" lässt er den Wildemann auftreten, den Berggeist des Harzes: „... ein Mann mit zottigen Haaren am ganzen Leibe; er hatte einen langen Bart, der ihm bis über den Nabel reichte, um das Haupt trug er einen Kranz, um die Lenden einen Schurz von Eichenlaub und hielt einen ausgewurzelten Tannenbaum in der rechten Hand." Liegt der Gedanke nicht nahe, dass es Bergleute aus dem Harz waren, die den Wildemann nach Schlesien mitbrachten, wo er dann zum Rübezahl wurde? Aber ähnlich beschriebene Gestalten gibt es bei *Shakespeare*, bei *Grimmelshausen* und den Brüdern *Grimm*.

In Molmerswende, einem Dörfchen bei Harzgerode im Unterharz, kam der Pfarrerssohn **Gottfried August Bürger** (1747–1794) zur Welt. Mit seiner Ballade „Leonore" hat er unter anderem *Edgar Allan Poe* inspiriert. Sein bekanntestes Werk sind die „Abenteuer des Freiherrn von Münchhausen". *Bürgers* Geburtshaus blieb erhalten, das Museum ist jedoch geschlossen.

Johann Carl (Karl) Wezel (1747–1819) schrieb mit „Belphegor oder Die wahrscheinlichste Geschichte unter der Sonne" einen der wichtigsten deutschen Romane des 18. Jh. Der lange Zeit vergessene Aufklärer wurde in armen Verhältnissen in Sondershausen am Kyffhäuser geboren. Sein Wohnhaus steht nicht mehr, die Straße führt seinen Namen und eine Stele erinnert an den Dichter und Philosophen.

Schloss Oberwiederstedt bei Hettstedt im Mansfelder Land ist Sitz der Novalis-Forschungsstätte für Frühromantikforschung. Auf dem damaligen Rittergut wurde **Friedrich Freiherr von Hardenberg** (1772–1801) geboren, der unter dem Namen **Novalis** wegweisende Werke der Frühromantik geschrieben hat, darunter die „Hymnen an die Nacht" und den mit einer Erinnerung an den Harz einsetzenden Bildungsroman „Heinrich von Ofterdingen". In diesem Buch erschafft *Novalis* mit der „Blauen Blume" das zentrale Symbol der deutschen Romantik: „Nicht die Schätze sind es, die ein so unaussprechliches Verlangen in mir geweckt haben (...), fern ab liegt mir alle Habsucht, aber die blaue Blume

Literaten des 19. Jahrhunderts

seh'n ich mich zu erblicken. Sie liegt mir unaufhörlich im Sinn, und ich kann nichts anderes dichten und denken."

Der 1747 als Sohn eines St. Andreasberger Bergbeamten geborene Pastor **Erich Christian Heinrich Dannenberg** veröffentlichte 1781 in Göttingen das in Hexametern verfasste Werk „Der Harz, ein Gedicht in sieben Gesängen", das eine genaue Beschreibung des Bergwerkes, der Erze und des Lebens der Bergleute bietet. *Dannenberg* war 1777 und 1783 *Goethe* im Harz begegnet.

An seine Harzreise als Kind erinnerte sich der Kammerherr, frühromantische Maler und Schriftsteller **Wilhelm von Kügelgen** (1802–1867) in den vielgelesenen „Jugenderinnerungen eines alten Mannes" (1870) nur mit wenigen Absätzen. Ausführlicher noch über den Besuch der einstigen gräflichen Residenz in Mansfeld, nicht zuletzt deshalb, weil der Knabe dort beim Umherirren in den Kellerräumen beinahe in einen Schacht gestürzt wäre. Dem Besuch des Brockens und der Rübeländer Höhlen gönnt er nur noch zwei Sätze, um dann wehmütig der Empfindsamkeit des Kindes zu gedenken: „Ich habe das später alles ohne sonderliche Emotion wiedergesehen und namentlich kaum begreifen können, wie das feuchte, dunkle Loch der Baumannshöhle mir damals einen so mächtigen Eindruck machen konnte. Aber freilich war das alles auch unendlich schöner und charakteristischer als jetzt. Der Harz war noch ein abgelege-

Stolberg ist Sitz der Johann-Gottfried-Schnabel-Gesellschaft: Hier schrieb der Literat vermutlich seinen berühmten Roman „Die Insel Felsenburg"

nes Waldgebirge mit ungebauten Wegen, die sich malerisch durch die Täler zogen. Geradlinige Chausseen mit schattenlosen Obstalleen oder gar, wie heutzutage Schienenwege, gab's noch nicht. Im Bodetale sah man weder Kellner noch Hotels, man hörte dort nichts vom Lärm der Kegelbahnen, und kein Konditor hatte sich unter jenen Felsenhängen angesiedelt. Unverziert und unverschnörkelt stand der Falkenstein noch in seiner ursprünglichen Einfalt da, und die Tropfsteinwände der Höhlen, jetzt geschwärzt vom Dampf der Feuerwerke, waren rein und weiß wie Zucker. Man reiste freilich unbequemer, aber eben deswegen mit reichlicherem Genuß, denn mit dem Preise, den wir dafür zahlen, steigt der Wert der Dinge." Die „tief einschneidende Bedeutung", die das kleine Ballenstedt einmal für ihn haben würde, konnte der junge Wanderer nicht ahnen.

Keine anderen Höhen galten ihm etwas neben dem schlesisch-böhmischen Riesengebirge, auch der Harz nicht. In seinen „Reisenovellen" (Band 1, 1834) bemerkte der in Sprottau (heute Szprotawa) im Lebuser Land gebürtige Schriftsteller und politische Publizist **Heinrich Laube** (1806–1884) gar nichts Gutes an dem Gebirge bei Halberstadt: „Der Harz ist ein unvollständiges Gebirg, er hat seine Studien nicht vollendet, und die Nordteutschen machen nur so viel Wesens davon, weil sie nichts Besseres haben. Teutschland hat eigentlich nur ein Gebirg, und wenn man dem Seume glauben soll, so ist in Europa nur der Aetna schöner, das ist das Riesengebirge – alles Uebrige sind Waldberge oder Gebirgsversuche. Es ist eine wunderlich unordentliche Wirthschaft in diesem Harze, Alles liegt durch- und übereinander, wie in einer Stube, in welcher eben Handwerksbursche vom Lager aufgesprungen sind. Hier liegt ein Stück Wald, hier faullenzt ein Hügel Steine, dort braust auf eigne Hand ein Fluss, es ist keine reizende, sondern eine platte Unordnung, ein Stück ist dem andern im Wege, man sieht das Eine vor dem Andern nicht, es ist keine Harmonie darin. Ich bin einmal vierzehn Tage darin herum gereist, und habe immer gefragt: wann kommt

„Alles liegt durch- und übereinander" – dem Schriftsteller und politischen Publizisten Heinrich Laube war der Harz zu „unordentlich"!

denn der Harz? Man sieht den Wald vor Bäumen nicht. Und steigt der Wandrer, der von Hoffen und Harren matt ist, endlich auf den Brocken hinauf, so hat er eben auch weiter nichts, als einen wüsten Ueberblick über die unordentliche Stube, die besten Geräthschaften stehn aber unter den Tischen, den Bänken, er schüttelt den Kopf, und ein warmes Glas Grog im Brockenhause ist ihm interessanter, als der verworrene, nebelhafte Kram. Es liegt Alles umgestülpt, verdrießlich, arbeitsbedürftig da: ein Gebirg, was nicht fertig geworden ist. Nur kleine Proben, wie die Roßtrappe geben eine Andeutung, was daraus werden sollte."

Mit einer Sammlung von literarischen Texten der Einwohner der Oberharzer Bergstädte wirkte der in Clausthal gebürtige Theologe, Germanist, Herausgeber und Dichter **Georg Schulze** (1807–1866) am Grimmschen Wörterbuch mit. Seine Forschungen zum Dialekt im Oberharz legten die Parallelen zum erzgebirgischen Dialekt offen. *Schulze* korrespondierte mit *Wilhelm Grimm*. 1833 publizierte er die „Harzgedichte" Oberharzer Autoren. Indem er sie um ein Wortregister ergänzte, schuf er eine Fundgrube für die auf den Harz bezogene linguistische Forschung.

Theodor Fontane (1819–1894), der den Harz mehrfach besucht hat, lässt die Titelheldin seines Romans „Cecile" (1887) und deren Gatten in Thale gleich beim Bahnhof im renommierten (heute leerstehenden) Hotel Zehnpfund absteigen. Die Handlung setzt sich im Bodetal, in Altenbrak und in Quedlinburg fort und endet tragisch in Berlin. *Fontane* weilte ebenfalls in dem Hotel und wanderte zur Rosstrappe und ins Bodetal. Die Novelle „Ellernklipp" (1881) folgt einer wahren Begebenheit bei Ilsenburg, an der Bäumlersklippe.

Der in Quedlinburg gebürtige Schriftsteller **Julius Wolff** (1834–1910) schrieb in Berlin den opulenten historischen Roman „Der Raubgraf" (1884), der in Quedlinburg und im Harz handelt und die legendäre Geschichte *Albrechts II. von Regenstein* (um 1293–1349) erzählt. Im Schlossmuseum von Quedlinburg ist noch der „Raubgrafenkasten" zu besichtigen, in dem *Albrecht* fast zwei Jahre lang gefangengehalten worden sein soll.

Zuwendungen eines Förderers ermöglichten es dem in ärmlichen Verhältnissen in einem ostthrakischen Dorf geborenen **Georgios Bizyenos (Vizyenos)** (1849–1896), sein in Athen begonnenes Philosophiestudium in Göttingen abzuschließen und dort zu promovieren. Bereits als Student war *Bizyenos* mit Gedichtsammlungen hervorgetreten. Heute gilt er als einer der hervorragenden neugriechischen Schriftsteller. Die Erzählung „Die Folgen der alten Geschichte" (1884/2006) handelt in Göttingen und im Harz. Der griechische Autor lässt einen an einer chronischen Krankheit leidenden griechischen Studenten auf Anraten des Chefarztes der Göttinger „Irrenanstalt" zur Heilung in den Harz aufbrechen; dieser wählt, weil er dort einen Schulfreund weiß, Clausthal als Ziel. Das Gebirge erscheint hier weniger in Landschaftsbeschreibungen denn als mythisch-naher Ort in einer tragischen Liebesgeschichte.

Literaten des 20. Jahrhunderts

Die in Berlin gebürtige Malerin, Schriftstellerin und Publizistin **Henni Lehmann** (1862–1937) ist vor allem als Mitbegründerin (1919) des Hiddenseer Künstlerinnenbundes bekannt. Von 1911 bis 1921 lebte sie in Göttingen, von dort aus hat sie den Harz besucht. Einen Reisebericht „Maitage im Harz" veröffentlichte die engagierte Sozialdemokratin 1921 in der Zeitschrift „Arbeiter-Jugend". Sie wanderte von Herzberg nach Sankt Andreasberg, wo sie mit ehemaligen Bergleuten der zehn Jahr zuvor geschlossenen

Grube Samson ins Gespräch kam. Weiter ging es über Lauterberg nach Walkenried und über Scharzfeld wieder nach Herzberg. Den Bericht illustrieren Zeichnungen der Künstlerin.

Der Heidedichter **Hermann Löns** (1866–1914) bereiste 1907 den Harz. Seine Eindrücke von Wernigerode schilderte er in dem euphorischen Aufsatz „Die bunte Stadt am Harz", der 1909 erstmals veröffentlicht wurde. Wernigerode sei „... eine echte Harzstadt und voll von internationalem Leben". Weitere Geschichten beschreiben einen „Sommertag am Südharz" und befassen sich mit Bären und Wölfen am Brocken. 1912 engagierte *Löns* sich mit einer Streitschrift für die Einrichtung eines „Harzer Heimatparks" in Bad Harzburg.

Der Berliner Publizist **Ludwig Sternaux** (1885–1938) wanderte im Kriegsjahr 1915 mit seiner Freundin durch den Harz. Sein Reisefeuilleton „Sommer im Harz" verbindet Landschaftsschilderungen, kleine literarische Exkurse und Beobachtungen der Spuren des Krieges etwa in Ilsenburg. Auf dem Brocken war er nicht: schlechtes Wetter.

Motive aus dem Harz und seiner Geburtsstadt Nordhausen finden sich im Werk des Lyrikers, Romanciers und Essayisten **Rudolf Hagelstange** (1912–1984). Nach dem Krieg war er zunächst im schwer zerstörten Nordhausen im Kulturbund zur Erneuerung Deutschlands engagiert, bevor er 1946 in den Westen übersiedelte. *Hagelstange* gehört zu den wichtigsten Autoren der westdeutschen Nachkriegsliteratur. Für Reiseführer durch den Harz und das Merian-Heft über den Harz 1962 schrieb er Geleitworte. Die Stadtbibliothek von Nordhausen trägt seinen Namen.

Arno Schmidt (1914–1979), dessen Ehefrau *Alice* im Februar 1945 vor der herannahenden Front aus Schlesien zu ihrer Schwiegermutter

nach Quedlinburg und über Thale und Goslar Richtung Hannover geflohen war, nimmt im Roman „Das steinerne Herz" Bezug auf den Harz, wenn er seinen Walter Eggers der Biografie des Geografen *Hermann Guthe* (1825–1874) nachspüren und Eggers sich Informationen aus *Guthes* Geburtsstadt Sankt Andreasberg erhoffen lässt. Als in einem Ahldener Geheimboden ein Münzschatz entdeckt wird, sind darunter „die wunderbaren Wildemann= und Andreas=Thaler, die man früher gern den Patchen einband". In Funkessays leistete *Arno Schmidt* Wesentliches für die Wiederentdeckung von *Johann Gottfried Schnabel* und *Johann Carl Wezel*.

Im Dresdner Sachsenverlag erschien 1958 das wahrscheinlich letzte Reisebuch in der DDR über das gesamte Gebirge: „Wanderer im Harz". Autor **Hans Jürgen Geerdts** (1922–1989) war Literaturwissenschaftler an der Universität Greifwald und Verfasser von Romanbiografien und Essays.

Er schildert im zeittypischen Plauderton, unterhaltsam, informativ und frei von ideologischen Versatzstücken, zwei Harzreisen: von Thale über Elbingerode, Hasselfelde zur Baustelle der Rappbodetalsperre, nach Goslar und ins Okertal, nach Wernigerode und Benneckenstein, Quedlinburg, ins Selke- und Ilsetal und auf den Brocken, wo er nicht zum ersten Mal *Heine* zitiert: „Der Berg ist ein Deutscher" und mit einem Eichendorff-Vers schließt: „Grüß dich, Deutschland, aus Herzensgrund".

In der Neuausgabe des reich bebilderten Buches, im Jahr 1965 unter dem Titel „Der Harz" im Brockhaus-Verlag erschienen, musste er die Reiseerzählungen auf den Osten beschränken. Dass der Brocken nicht mehr erreichbar war, meinte er nun, sei „zu verschmerzen", der Berg nicht mehr nur „Sinnbild deutscher Volkstradition", sondern „Mahnmal, alles zu tun, damit auch der andere deutsche Staat ... einst nicht mehr der Staat der gefährlichen Ostlandreiter, der herrschenden Monopole und Kriegsgenerale ist, sondern ein Staat wird, in dem die werktätigen Menschen friedliche, demokratische Verhältnisse schaffen". In dem Buch geht es nun weniger um den Harz, als um die Vorzüge sozialistischer Produktionsverhältnisse.

Sarah Kirsch (1935–2013), eine der bedeutendsten deutschen Lyrikerinnen, wurde in Limlingerode bei Nordhausen geboren. Als Erstunterzeichnerin der Protesterklärung gegen die Ausbürgerung von *Wolf Biermann* wurde sie aus der DDR vertrieben. Ihr Geburtshaus ist Museum und Arbeitsort von Schriftstellern. Ein „Grüner Junipfad" führt durch die Landschaft ihrer Kindheit, benannt ist er nach einem Gedicht von *Sarah Kirsch*.

◁ „Der Brocken ist ein Deutscher", schrieb Heinrich Heine in seiner „Harzreise"

Albertturm | 80
Altenau | 88
Bad Grund | 78
Clausthal-Zellerfeld | 67
Goetheweg | 91
Hahnenkleeklippen | 101
Hübichenstein | 80
Iberger Tropfsteinhöhle | 79
Innerste-Stausee | 86
Lautenthal | 85
Oberharzer Wasserregal | 73, 76
Oderteich | 98
Okerstausee | 89
Rehberger Graben | 98
Sankt Andreasberg | 93
Schacht Knesebeck | 78
Schacht Ottiliae | 74
Schulenberg | 89
Torfhaus | 90
Torfhausmoor | 91
Wildemann | 82

2 Oberharz

Der Oberharz ist der Kern des Gebirges, "wo das granitartige Urgestein", wie Wilhelm Blumenhagen 1838 in seiner "Wanderung durch den Harz" schrieb, die "Knochen der Erde", zutage treten und "das metallreiche Ganggebirge gleich Muskeln (…) sich an dasselbe anlegt". Die sieben Bergstädte Clausthal-Zellerfeld, Bad Grund, Wildemann, Lautenthal, Altenau und Sankt Andreasberg sind Erinnerungsorte des Erzbergbaus, Wander- und Wintersportzentren.

◁ Weltkulturerbe: der Carler Teich in Clausthal-Zellerfeld

SIEBEN BERGSTÄDTE – DER OBERHARZ

Kulturhistorische Stadtrundgänge folgen den Spuren des jahrhundertelangen Silberbergbaus in den Oberharzer Bergstädten Clausthal-Zellerfeld, Bad Grund, Wildemann, Lautenthal, Altenau und Sankt Andreasberg. Inmitten des **Weltkulturerbes Oberharzer Wasserwirtschaft** sind sie als Kur- und Urlaubsorte, Wander- und Wintersportgebiete, mit spannenden Museen und Bergwerken ein abwechslungsreiches Reiseziel zu allen Jahreszeiten.

NICHT VERPASSEN!

- **Oberharzer Bergwerksmuseum** in Zellerfeld | 72
- Wandern im **Oberharzer Wasserregal** | 73, 77
- Höhlen-Erlebnis-Zentrum **Iberger Tropfsteinhöhle** | 79
- **Besucherbergwerk 19-Lachter-Stollen** in Wildemann | 83
- Fahrt mit dem Erzkahn im **Besucherbergwerk Lautenthals Glück** | 86
- Wandern am Okerstausee bei Altenau | 89
- **Bergwerksmuseum Grube Samson**, Sankt Andreasberg | 96

Diese Tipps erkennt man an der gelben Hinterlegung.

Die sieben historischen Bergstädte gehören zu Niedersachsen, sie liegen nahe beieinander im nordwestlichen Harz auf 300 bis 800 Höhenmetern. Die unmittelbare Nähe der Berge, steile und kurvenreiche Straßen und Wege und nicht selten ein raues Wetter zeichnen diese Gegend aus. Eine geografisch begründete Sicht, im Unterschied zum historischen Blick auf die sieben Bergstädte, beschreibt den Oberharz als Westharz, die Gegend also westlich des Brockens, dagegen den Unterharz als Ostharz. Des einen Wasser fließt zur Weser, des anderen zur Elbe. In diesem Buch werden beide Sichten übereinandergeblendet.

Clausthal-Zellerfeld

Die **Berg- und Universitätsstadt** Clausthal-Zellerfeld (knapp 13.000 Einwohner, davon 4300 Studenten) liegt im Zentrum des UNESCO-Weltkulturerbes Oberharzer Wasserregal und ist ein lebendiges **Zentrum tausendjähriger Montangeschichte.** Dafür stehen die vielen über- und unterirdischen Anlagen des historischen Bergbaus ebenso wie die von Bergbau und Hüttenwesen geprägte Technische Universität Clausthal. Obwohl die beiden Oberharzer Bergstädte Clausthal und Zellerfeld schon 1924 eine Vernunftehe geschlossen haben, bewahren sie ihr unverwechselbares Antlitz: das geschäftige Clausthal mit internationalem Flair des Universitätscampus und das ländlich wirkende Zellerfeld mit den schachbrettartig angelegten Wohnstraßen der Bergleute. Beide liegen auf hügeligem Land, die Senke am Zellbach dazwischen markiert die natürliche Grenze.

Stadtgeschichte

Bereits im 8. Jh. soll der päpstliche Missionar *Bonifatius* im heutigen Zellerfeld eine Kapelle (Zelle) errichtet haben. Im 12. Jh. gründeten **Benediktinermönche** aus Goslar das Kloster Cella. Sie begannen mit dem **Bergbau** und legten dafür den ersten Teich (Mittlerer Pfauenteich) an. Infolge einer Pest verödeten die Anlagen. Im 16. Jh. begannen die braunschweigischen Herzöge, sich für den Erzbergbau im Oberharz zu interessieren. Sie erließen Bergfreiheiten, was besonders die Ansiedlung von Bergleuten aus dem sächsischen Erzgebirge förderte. **Zellerfeld** erhielt 1529 Stadtrecht, 1532 die Bergfreiheit und wurde 1549 Sitz des Bergamtes. Um 1600 wurde in 55 Gruben Erz zutage gebracht.

Auch **Clausthal** entstand durch den Bergbau, der Name deutet auf eine Flößerei (Klause) für das im Bergbau in großer Menge benötigte Holz hin. Der Ort erhielt 1554 die Bergfreiheit. Von 1777 bis 1799 wurde der Tiefe Georg-Stollen aufgefahren, der mit 26 km damals längste Wasserlösungsstollen des Oberharzer Bergbaus. 1851 bis 1864 folgte der Bau des 32 km langen Ernst-August-Stollens in fast 400 m Tiefe, der tiefste und längste Wasserlösungsstollen des Harzes.

◁ Die größte Holzkirche Deutschlands: die Marktkirche zum Heiligen Geist in Clausthal

Zellerfeld wurde 1672 bei einem **Brand** fast komplett zerstört und danach in der bis heute erhaltenen schachbrettartigen Form mit niedrigen Bergmannshäusern und breiten Wegen neu aufgebaut. Eine Ahnung von der großzügigen Stadtanlage, die Clausthal ausgezeichnet haben muss, bevor es 1854 durch einen Brand schwer geschädigt wurde, vermittelt ein Brief der Schriftstellerin *Caroline Schlegel* (1763–1809) an ihre Freundin *Luise Gotter* aus dem Jahr 1784: „Man nennt ja den Harz die Schweiz im kleinen, und Lichtenberg versichert, Clausthal habe die gröste Ähnlichkeit auf den ersten Blick mit Bath in England." Bemerkenswert ist hier, dass erst ein Jahr zuvor das geflügelte Wort von der „Sächsischen Schweiz" für das Elbsandsteingebirge bei Dresden, das von den Schweizer Malern *Adrian Zingg* und *Anton Graff* geprägt wurde, erstmals in der Reiseliteratur aufgetaucht war.

1775 wurde die erste **Montanlehranstalt** in Clausthal gegründet, mit der Aufgabe, praxisnah Berg- und Hüttenleute auszubilden. Daraus entstand eine Bergschule, die im 19. Jh. unter ihrem Leiter *Adolph Roemer* europäisches Format erlangte. 1864 wurde sie zur **Bergakademie** mit vier Studiengängen, die nun Studenten aus Nord- und Südamerika anzog und weltweit geachtete Wissenschaftler verpflichten konnte. Die Bevölkerung von Clausthal bestehe „nur aus dem Personal der Bergwerke, der Metallindustrie und der Akademie", schrieb der griechische Schriftsteller *Georgios Bizyenos* in seiner Harznovelle „Die Folgen der alten Geschichte" (siehe Exkurs „Der Harz in der Literatur"). Einen weiteren Zuwachs erlebte die Bergakademie nach dem Ersten Weltkrieg, in dieser Zeit entstanden mehrere Neubauten, die unter Denkmalschutz stehen.

Während der letzten Kriegsjahre galt die Bergakademie als Rüstungsbetrieb, von den Alliierten wurde sie zunächst geschlossen. 1946 wurde der Lehrbetrieb wieder aufgenommen, 1968 erhielt sie den Status einer **Technischen Universität.** Der Bergbau ist in Clausthal-Zellerfeld in den 1930er Jahren zum Erliegen gekommen. Die TU mit ihren zahlreichen auch ausländischen Studenten prägt mit modernem Profil das Leben in der kleinen Stadt. Besucher der Bergstadt zieht es vor allem in das Oberharzer Bergwerksmuseum, das älteste seiner Art in Deutschland, und auf die Wanderwege im **Weltkulturerbe Oberharzer Wasserwirtschaft.**

Sehenswertes

Das Zentrum der Bergstadt **Clausthal** markiert der weitläufige Platz um die **Marktkirche zum Heiligen Geist.** Sie ist die größte Holzkirche Deutschlands und bietet 2200 Sitzplätze. Erbaut wurde sie als Hallenkirche 1637–1642. Sehenswert sind vor allem die prachtvollen Holzschnitzereien des Hochaltars, der Kanzel und des Taufbrunnens von *Andreas Gröber,* der als einer der bedeutendsten Bildschnitzer des Frühbarock in Norddeutschland gilt.

Gegenüber der Kirche steht das Hauptgebäude der **Technischen Universität** (1907), dort befinden sich die **Geo-Sammlung,** eine der weltweit umfangreichsten mineralogischen Sammlungen, erweitert durch Sammlungen zur Erd- und Lebensgeschichte sowie Naturgeschichte des Harzes.

- **Geo-Sammlung,** Technische Universität Clausthal, Adolph-Römer-Straße 2a, Tel. (05323) 722737, Di, Mi, Fr 9.30–12.30 Uhr, Do 9.30–12.30 Uhr, 14–17 Uhr, So 10–13 Uhr, 1,50/1 €.

- **Landesbergamt** (Landesamt für Bergbau, Energie und Geologie), An der Marktkirche 9, Eingangshalle und Treppenhaus Mo–Do 9–15.30 Uhr, Fr 9–12 Uhr.

An der Adolph-Roemer-Straße, Clausthals wichtigster Einkaufsstraße, blickt das **Landesbergamt** (Landesamt für Bergbau, Energie und Geologie) auf den Platz. 1904–1907 und 2000 wurde der Barockbau erweitert, sodass er nun Architektur aus drei Epochen vereint. Der barocke Giebelschmuck über dem Eingang zeigt das königlich großbritannische und das kurfürstlich hannoversche Wappen. Sehenswert ist die Eingangshalle mit dem repräsentativen Treppenhaus.

Beim Restaurant „Glück auf", neben dem Rathaus, glänzt der **Glück-auf-Saal** (1890) in seiner neoklassizistischen Pracht. Über Jahrzehnte vergessen, verleiht der für seine Zeit typische, in dieser Region aber doch besondere Saal seit der Restaurierung 1995 den festlichen Stunden der Bergstadt das passende Ambiente. Während der Öffnungszeiten des Restaurants kann er besichtigt werden.

Bergauf an der Roemer-Straße liegt der kleinstädtische Kronenplatz, an seiner Schmalseite (Kronenplatz 12) das **Wohnhaus** des Begründers der modernen Bakteriologie, **Robert Koch** (1843–1910). Wie an seinem Geburtshaus in der Osteröder Straße 13 (10 Min. Fußweg) erinnert eine Tafel an den berühmten Sohn und Ehrenbürger der Stadt.

Der Kaiser-Wilhelm-Schacht in Clausthal

Clausthal-Zellerfeld

Rechts zweigt die Erzstraße vom Platz ab, sie führt vorbei an Universitätsgebäuden bis zum Gelände des ehemaligen **Kaiser-Wilhelm-Schachtes**, heute Betriebshof der Harzer Wasserwerke. Das stählerne Fördergerüst und weitere historische übertägige Anlagen können jederzeit besichtigt werden. In der Kaue ist eine Ausstellung über das Oberharzer Wasserregal eingerichtet, auch ein Blick in das Schachthaus und in die Fördermaschinenhalle ist möglich.

MEIN TIPP: Kulturdenkmal Oberharzer Wasserwirtschaft, Harzwerke GmbH, Kaiser-Wilhelm-Schacht, Clausthal, Erzstraße 24, Tel. (05323) 93920, www.harzwasserwerke.de, April bis Okt. tgl. 15–17 Uhr. April bis Okt. Sa 14 Uhr geführte Wanderung zur Pfauenteichkaskade (5 km).

mächtige **Kirche St. Salvatoris** am Thomas-Merten-Platz wurde 1683 geweiht und im 19. Jh. umgebaut. 1997 erhielt sie einen Flügelaltar des Leipziger Malers **Werner Tübke** (1929–2004), der das berühmte Bauernkriegspanorama in Bad Frankenhausen am Kyffhäuser geschaffen hat.

An der Ecke zur Bornhardtstraße, der Kirche gegenüber, steht die **Bergapotheke** (1674), auch „Fratzenapotheke" genannt. Von den Balkenenden der Außenwände schauen einen 64 Köpfe an, alle mit ausgeprägter Mimik. Diese „Schreckmasken" sollen einen magischen Schutz vor allem Schlechten bieten. Es lohnt sich ein Blick in die prächtig ausgestattete Apotheke.

Nach Überqueren der Goslarschen Straße gelangt man an der Bornhardt-

Von der gegenüberliegenden Straßenseite gelangt man nach wenigen Schritten über die Aulastraße zu den **Spittelwiesen**. Hier stehen **Universitätsgebäude**, die in den 1920er Jahren erbaut wurden, so die **Aula Academica** und das Institut für Maschinenwesen.

Für den nun folgenden Weg nach **Zellerfeld** kehrt man am besten um zum Kronenplatz und nimmt dort einen Bus bis zur Zentralen Bushaltestelle (ZOB) oder zum Thomas-Merten-Platz (Fahrt mit Kurkarte gratis). Vom Kronenplatz über Zellbach bis Thomas-Merten-Platz sind es rund 1,5 km. Vom ZOB geht ein Fußgängerpfad schräg hinauf zur Goslarschen Straße (B 241) und somit ins Zentrum von Zellerfeld.

Schon an der Goslarschen Straße sind an einigen Häusern diese kleinen Tannenbaumschilder zu sehen, die vielerorts von der Bergbaugeschichte erzählen. Die

Das Drahtseil aus Clausthal

Den gesamten Bergbau und die Technikgeschichte darüber hinaus revolutionierte die **Erfindung des Eisendrahtseils** im Jahr 1834 in Clausthal durch Oberbergrat *Julius Albert* (1787–1846). Bis dahin wurden Seile aus Hanf oder Eisenketten genutzt, die ab etwa 400 m schon durch ihr Eigengewicht rissen. Das erste Drahtseil war 630 m lang und wurde in der Grube Carolina eingesetzt. Ausführlich dargestellt wird diese Oberharzer Erfindung in der Ausstellung des Bergwerksmuseums.

straße nun in das historische Zentrum von Zellerfeld. Hier steht das **Oberharzer Bergwerksmuseum,** Deutschlands ältestes Bergbaumuseum, gleich nebenan liegt die Touristeninformation.

■ Oberharzer Bergwerksmuseum, Zellerfeld, Bornhardtstraße 16, Tel. (05323) 98950, www.bergwerksmuseum.de, tgl. 10–17 Uhr, 6/3 €. Museum für Technik und Kulturgeschichte, Schaubergwerk, Freigelände mit historischen Bergwerksgebäuden, UNESCO-Welterbestätte.

Das Schaubergwerk und die reiche Sammlung des Museums sind zweifellos glanzvoller Höhepunkt der erlebbaren Oberharzer Bergbaugeschichte. Über das **Schachtgebäude** aus dem Jahr 1787 – Prinzeß Auguste Caroliner Schacht – gelangen Besucher in den mit Originaleinrichtungen nachgebauten Stollen, wenige Meter unter der Erdoberfläche. Hier wird der **Bergbaualltag** in einer einstündigen Führung nahegebracht. Wertvolle Bergbauanlagen, wie die Fahrkunst und das Wasserrad in der Radstube, sowie Werkzeuge, Grubenlampen, Münzen, Modelle des Berg- und Hüttenwesens sind vor- oder nachher in den **Ausstellungsräumen** zu sehen. Für einen Besuch dieses Museums sollte man sich wenigstens zwei Stunden Zeit nehmen.

Die Bornhardtstraße ist Zellerfelds **Kulturmeile,** neben dem Museum und der Touristeninformation gibt es hier Gaststätten wie den Oberharzer Wilddieb mit „Des Berghauptmanns Lieblingsgericht" und den **Kunsthandwerkerhof Alte Münze.** Wo im 17. und 18. Jh. die Zellerfelder Münzen geprägt wurden, laden Holz- und Glaskünstler und das Café Stielbruch ein. An jedem Donnerstag zwischen Mai und Oktober öffnen an dieser Straße von 17 bis 22 Uhr Bauern und Händler der Region ihre Stände des **Zellerfelder Bergbauernmarktes.** Dann gibt es hier all die Köstlichkeiten des Oberharzes zu kaufen, direkt von den Erzeugern.

In den benachbarten Straßen dieses Quartiers ist vieles des **historischen Stadtbildes** bewahrt geblieben. Reizvoll sind die breiten, von Bäumen beschatteten Wege und die Holzarchitektur der Bergarbeiter- und Bürgerhäuser. Gut erhalten ist das Stadtbild am Treuerzipfel (parallel zur Bornhardtstraße) und Brauhausberg (Aufstieg von der Senke zum historischen Marktplatz mit der Salvatoriskirche).

Bergbau und Natur im Oberharzer Wasserregal

Schon im Stadtgebiet von Clausthal-Zellerfeld liegen mehrere Teiche, die für den Bergbau angelegt worden sind, zum Beispiel die Kaskade der **Pfauenteiche,** und als Oberharzer Wasserwirtschaft (siehe hierzu gleichnamigen Exkurs) zum Weltkulturerbe gehören. Viele Spazier- und Wanderwege erschließen diese abwechslungsreiche Landschaft. In der Touristeninformation gibt es dazu freundliche Auskünfte, kostenlose Faltblätter und für wenig Geld detaillierte Karten.

Teiche im Wald, was ist denn so Besonderes daran, mag man sich fragen. Umso faszinierender ist es, beim Wandern vor Ort zu erleben, wie sich die Idee dieses jahrhundertealten Wassersystems in einer wunderbaren Kulturlandschaft vermittelt, als ingenieurtechnische und ästhetische Genieleistung unserer Vorfahren.

◁ Bergmannshäuser in Zellerfeld

Carler Teich

Gegenüber dem Kunsthandwerkerhof, an der Schützenstraße, ist der Eingang zum **Kurpark** nicht zu übersehen. Der kleine Park wurde 1957 am Carler Teich angelegt, dieser wiederum entstand im 16. Jh., um das Wasserrad der Grube „Unüberwindlicher Kaiser Karl" in Bewegung zu halten. Bewahrt blieben das Striegelhaus mit dem 300 Jahre alten Striegelzapfen, also dem „Wasserhahn" des Teiches. Kunstrad, Feldgestänge und Hubsatz sind originalgetreue Nachbauten, und was das alles bedeutet, wird vor Ort erläutert. Zum Carler Teich gibt es im Museum eine Broschüre zu kaufen.

Vom Carler Teich aus sind mehrere Wanderwege markiert, darunter ein recht bequemer und landschaftlich sehr ansprechender in die **Bergstadt Wildemann** (4,5 km, grünes Dreieck).

Wenn der Höhenweg oberhalb des Städtchens Wildemann erreicht ist, könnte man ins Tal absteigen –, sollte aber nicht, sondern erst dem Wegweiser zum Besucherbergwerk **19-Lachter-Stollen** folgen und die Ausblicke über das Tal und auf die Fachwerkkirche am Hang gegenüber genießen.

Eulenspiegler Teich

In der Senke zwischen Clausthal und Zellerfeld, wenige Schritte vom Alten Bahnhof und der Zentralen Bushaltestelle entfernt, liegt der Eulenspiegler Teich. Er entstand 1540 und reichte den Kunsträdern und Pumpen der Gruben „Weißer Schwan" und „Rheinischer Wein" das Wasser. Hier muss man nicht groß wandern, es genügt, entlang des schilf-

bewachsenen Ufers den Teich in aller Ruhe zu umrunden.

Der **Alte Bahnhof** von Clausthal-Zellerfeld wurde 1877–1976 von der Innerstetalbahn, auch „Harzbahn" genannt, auf der Strecke Vienenburg – Clausthal-Zellerfeld – Altenau befahren. Als dampflokbetriebene Normalspurbahn wäre sie eine der Attraktionen des Oberharzes. Aber der Betrieb wurde damals gegen den leidenschaftlichen Protest der Bürger eingestellt. Seit einigen Jahren ist das Bahnhofsgebäude Sitz der Stadtbücherei.

Schacht Ottiliae

Vor dem Alten Bahnhof verkehren dennoch Züge: die **Tagesförderbahn** fährt zum Schacht Ottiliae. Dieser Schacht war Teil eines unterirdischen Erztransportsystems. Erz aus dem gesamten Clausthaler Revier wurde hier zutage gefördert und zur Weiterverarbeitung vorbereitet. Ab 1905 brachte die Tagesförderbahn das Erz heran. Mit dem ältesten erhaltenen Fördergerüst Europas und funktionstüchtiger Fördermaschine ist der Schacht Ottiliae eine der **Welterbestätten** der Oberharzer Wasserwirtschaft und Außenstelle des Bergwerksmuseums. Für eine Zwei-Kilometer-Wanderung vom Alten Bahnhof zum Schacht kann man natürlich nicht einfach ordnungswidrig auf den Gleisen der nur an Wochenenden und auf Sonderfahrten verkehrenden Tagesförderbahn gehen, die Straße mit Wanderweg dahin ab Clausthal ist ausgeschildert (Parkplätze am Alten Bahnhof und am Schacht).

■ **Schacht Ottiliae,** Clausthal, Außenstelle des Bergwerksmuseums, frei zugänglich. Fahrt mit der Tagesförderbahn, Führungen am Schacht: Mai bis Okt. Sa, So, Fe 11 Uhr, 14.30 Uhr Abfahrt am Alten Bahnhof, Dauer der Führung ca. 75 Min., Informationen über Museum.

◸ Der Eulenspiegler Teich

▷ Das Striegelhaus im Carler Teich

Praktische Tipps

Anreise

■ **Mit eigenem Fahrzeug:** B 241, B 242 (Harzhochstraße).
■ **Per Bus:** Regionalbuslinien von Osterode (430), Goslar (830) und Sankt Andreasberg (840).

Information

■ **Touristeninformation Clausthal-Zellerfeld,** Bergstraße 31 (Dietzelhaus, OT Zellerfeld), Tel. (05323) 81024, März, Mai bis Okt. Mo–Fr 9–17 Uhr, Sa 9–13 Uhr, Fe 10–13 Uhr, Feb. Mo–Fr 9–17 Uhr, Sa 10–14 Uhr, Fe 10–13 Uhr, Nov./Dez. Mo–Fr 10–16 Uhr, www.clausthal-zellerfeld.de, www.oberharz.de.

Übernachtung

2 **Harzhotel zum Prinzen**②, Goslarsche Straße 20, Tel. (03523) 96610, www.zum-prinzen.de. Kleines, taditionsreiches Haus in Zellerfeld, Service für Motorradfahrer, Zimmer im Landhausstil.
3 3 Hotel Goldene Krone②, Kronenplatz 3, Tel. (05323) 9300, www.goldenekrone-harz.de. Traditionsreiches Haus im Zentrum von Clausthal, große, helle Zimmer, Harley-Verleih, **Restaurant Steakhouse** 1961 tgl. 12–14.30, 17.30–21.30 Uhr.
4 **Pension Picco-Bello**②, Adolph-Roemer-Straße 22, Tel. (05323) 987009, www.picco-bello.harz.de. Zwei exklusiv eingerichtete Doppelzimmer in einem Fachwerkhaus im Zentrum von Clausthal, mit Innenhof.
7 🌿 **Die Fellerei**③, Buntenbock, An der Trift 19, Tel. (05323) 1774, www.diefellerei.de. Im Dorf am Waldrand gelegen, großer, üppiger Garten, Speisen von regionalen Erzeugern.

Essen und Trinken

■ **Hotelrestaurants** siehe „Übernachtung".
1 **Oberharzer Wilddieb**②, Bornhardtstraße 20a, Tel. (05323) 9875214, www.zum-harzer.de, Di–Do 17–22 Uhr, Fr–So, Fe 11.30–14 Uhr, 17–22 Uhr. Uriges Lokal mitten in Zellerfeld, Harzer Küche von regionalen Lieferanten, Harzer Höhenvieh, Nov. bis April Essen vom heißen Stein.
5 **Café und Bistro Anno Tobak**①, Osteröder Straße 4, Tel. (05323) 78107, www.anno-tobak.de, tgl. ab 12 Uhr. Beliebter Treff und Studentenkneipe in Clausthal.
6 **Restaurant „Glück auf"**②, An der Marktkirche 7, Tel. (05323) 1616, www.restaurant-glueck-auf.de, Mo–Fr 12–14.30 Uhr, ab 17 Uhr, Sa, So ab 12 Uhr. Hier lebt der Bergbau im Namen, in der Tradition und auf der Speisekarte. Weinstube.
8 **Oberharzer Speisekammer**②, Buntenbock, Mittelweg 13, Tel. (05323) 2143, www.harzerspeisekammer.de, Mo–Mi, Fr, Sa ab 17 Uhr, So, Fe 11–19 Uhr. Regionales genießen.

Die Oberharzer Wasserwirtschaft (-regal)

Ein treffendes Bild wäre es ja, sich dieses **Oberharzer Bergbauerbe** als Regal vorzustellen, und auf den Regalböden lagern griffbereit die Wasservorräte. Das im 16. bis 19. Jh. geschaffene System von Teichen, Gräben und Wasserläufen diente dazu, die Wasserräder in den bergbaulichen Anlagen anzutreiben. Indes, „Wasserregal" bezeichnet ein **königliches Hoheitsrecht** zur Nutzung des Wassers für den Bergbau, wie das Bergregal ist es also ein Regularium der Bergfreiheit. Entstanden ist damals das **bedeutendste vorindustrielle Wasserwirtschaftssystem Europas,** heute auf einem Gebiet von 200 km^2 im niedersächsischen Teil des Harzes, ein Freilichtmuseum, das 1975 unter Denkmalschutz gestellt wurde und seit 2010 zum Weltkulturerbe zählt.

Die Oberharzer Wasserwirtschaft prägt die **Kulturlandschaft rund um Clausthal-Zellerfeld,** sie dient dem Naturschutz, der Trinkwassergewinnung und dem Schutz vor Hochwasser, wird von markierten Wanderwegen erschlossen, zum Baden genutzt oder kündet museal von der Geschichte des Bergbaus. Das Netz von Teichen, Gräben, Stollen und Radstuben (zur Aufnahme der Wasserräder) aus der Zeit um 1536 bis 1866 wird zum größten Teil von den Harzwasserwerken – dem größten niedersächsischen Wasserversorger – betreut, darüber hinaus gibt es Gräben, Dammreste und Halden, die einem sogenannten passiven Denkmalschutz unterliegen, das heißt, sie sind dem Lauf der Natur überlassen, dürfen aber nicht verändert oder zerstört werden.

Für die Erschließung der Erzvorkommen war es erforderlich, das in die Stollen eindringende Wasser abzuleiten. Bis um 1470 hatten die Bergleute die Fähigkeit entwickelt, das Wasserhaltungsproblem mit Hebemaschinen, in der Bergmannsprache „Künste", zu lösen, **„Wasser durch Wasser zu heben".** Zudem wurde Wasser gebraucht, um die Pochwerke und Erzwäschen über Wasserräder anzutreiben sowie das Erz und Bergleute („Fahrkünste") zu befördern. Im Oberharz wurden dafür 120 Teiche, mehr als 500 km Gräben und ca. 30 km Wasserläufe geschaffen.

In den Teichen wurden die **Wasservorräte gestaut und bereitgehalten,** zur kontrollierten Ableitung des Wassers dienten „Striegelgerenne" aus Eichenstämmen. Verschlossen wurden diese durch „Striegelzapfen". Eine besondere Herausforderung stellten die strengen Winter dar, dafür wurden ingenieurtechnische Lösungen gefunden, die vor allem darauf abzielten, die Wässer fließend und „warm" zu halten. Das Wasser floss über Gräben ab, die parallel zu den Höhenlinien mit leichtem Gefälle angelegt wurden. Für die Abdichtung sorgten, wie bei den Teichen, Rasensoden aus dem Wald, in einigen Fällen Trockenmauerwerk. Unterirdische Wasserläufe ergänzten dieses Grabensystem.

Drei Anlagen sind im Oberharzer Wasserregal hervorzuheben: die Rehberger Gräben, der Oderteich und der Sperberhaier Damm.

Die **Rehberger Gräben** dienten der Wasserversorgung der Gruben in Sankt Andreasberg. Der Alte Graben wurde ab 1602 in hölzernen Rinnen ausgeführt sowie aus dem Granitfels herausgemeißelt und zwischen 1699 und 1703 durch einen granitgemauerten Neuen Graben ergänzt.

▷ Der Oderteich ist der größte aller Harzer Teiche

Der größte aller Harzer Teiche, bis Ende des 19. Jh. die größte deutsche Talsperre, ist der 1715 bis 1722 angelegte **Oderteich** nördlich von Sankt Andreasberg (nicht zu verwechseln mit dem Oderstausee bei Bad Lauterberg). Im Unterschied zu den anderen Teichen wurde er aus Granitstein und Granitgrus (Sand) geformt. Die Ausflut ergießt sich als kleiner Wasserfall. 1,7 Mio. m³ Wasser fasst der Oderteich, das reicht, um drei Monate Trockenheit zu überbrücken, und treibt mehrere Wasserkraftwerke an.

Der **Sperberhaier Damm** ist ein 953 m langer Äquadukt (Wasserbrücke), der größte im Harz. Er wurde in der zweiten Hälfte des 17. Jh. erbaut, um die Wasserscheide zwischen Nord- und Südharz zu überbrücken und die Gruben auf der Clausthaler Hochfläche zu versorgen.

Erlebbar ist das Oberharzer Wasserregal auf 22 **WasserWanderWegen,** die zusammen 112 km lang sind. Sie sind markiert und werden vor Ort auf Schautafeln erläutert. Auf dem Betriebshof Clausthal der Harzwasserwerke ist in der Kaue des ehemaligen Kaiser-Wilhelm-Schachtes eine Ausstellung zum Oberharzer Wasserregal zu sehen. Besichtigungen und Exkursionen entlang der Gräben und Teiche, aber auch untertage, bietet das **Oberharzer Bergwerksmuseum** in Clausthal-Zellerfeld (beides siehe unter der Ortsbeschreibung).

Unter **www.harzwasserwerke.de** gibt es eine Broschüre und Informationsblätter zum kostenlosen Download (ihnen folgen weitgehend die Ausführungen in diesem Exkurs).

Sehr informativ ist die private Website des Göttinger Welterbeführers *Christian Barsch,* **www.ohwr.de,** auf der ebenfalls Führungen und Wanderungen gebucht werden können.

Einige **Wandervorschläge** sind in diesem Buch unter den Ortsbeschreibungen Clausthal-Zellerfeld und Sankt Andreasberg ausgeführt.

www.fotolia.de © Banauke

Bad Grund

In fünf offene Täler mit vielen Wanderwegen gebettet liegt die **älteste** der sieben historischen **Oberharzer Bergstädte**. Die lange Bergbaugeschichte sieht man Bad Grund (2500 Einwohner) ebenso an wie die seit 1855 währende Kurtradition. Das letzte der Oberharzer Erzbergwerke ist Museum. Eines der attraktivsten Ausflugsziele des Harzes ist das Höhlen-Erlebnis-Zentrum Iberger Tropfsteinhöhle.

Stadtgeschichte

Grund wurde erstmals 1317 als Forstort erwähnt. Schon bald darauf begann der Eisenerzabbau in den umliegenden Wäldern. 1524 erhielt Grund die Bergfreiheit. Der Bergbau dauerte bis 1992 an. Damit endete in Bad Grund die Bergbaugeschichte des Oberharzes. Seit Mitte des 19. Jh. kommen die Kurgäste. 1916 erhielt der Ort die Bezeichnung „Bad Grund", nunmehr ist er **staatlich anerkannter Kurort** mit Heilstollentherapie.

Sehenswertes

Das **Gesundheitszentrum** mit der Touristeninformation steht im Zentrum der kleinen, grünen Stadt. Hier beginnen mehrere markierte Wanderwege in die nähere Umgebung. Die mit Schiefer verkleidete **Bergmannskirche St. Antonius** am Markt wurde 1640, nach Zerstörungen durch *Wallensteins* Truppen im Dreißigjährigen Krieg, wieder aufgebaut und 1891 erneuert.

Schacht Knesebeck

Am Rande des Kurparks befindet sich das **Uhrenmuseum**. Es zeigt mehr als 1600 Exponate, darunter Uhren aus dem 15. Jh., und gibt einen unterhaltsamen Einblick in die Kulturgeschichte der Zeitmessung. Etwas Zeit verbringen kann man nach dem Rundgang noch im Museumscafé und in der freundlichen Parkanlage.

Gegenüber dem Museum führt der Knesebecker Weg hinauf zum **Besucherbergwerk** Schachtanlage Knesebeck, die zum **Weltkulturerbe** gehört. Der 47 m hohe Hydrokompressorenturm (1912) ist schon aus der Ferne zu sehen. Zur Ausstellung der original erhaltenen Bergwerksanlage gehören die historische Fördermaschine und ein Elektrokompressor (1923), zwei Radstuben für die 12 m hohen Wasserräder (1855, 1912) und die Betriebsräume der wassertechnischen Anlage, mit der die Druckluft für die Maschinen in der Grube „Hilfe Gottes", dem letzten Erzbergwerk des Oberharzes, erzeugt wurde. In der Außenanlage gibt es originale Bergbautechnik zu bestaunen.

■ **Bergbaumuseum Schachtanlage Knesebeck,** Knesebeck 1, Tel. (05327) 2858, 2856, www.bad-grund-harz.de, Führungen April bis Okt. Di–So 11 und 14 Uhr, Nov. bis März Do und So 11 und 14 Uhr, 3,50/2,50 €. 1992 stillgelegtes Erzbergwerk, Bergbauwanderungen in der Umgebung.

▷ Der Marktplatz von Bad Grund mit der Bergmannskirche St. Antonius

Iberger Tropfsteinhöhle

Eine der bekanntesten Attraktionen des Harzgebirges ist das **Höhlen-Erlebnis-Zentrum** Iberger Tropfsteinhöhle oberhalb von Bad Grund. Es liegt direkt an der Harzhochstraße. Vor dem modernen Museumsbau gibt es einen großen Parkplatz und die Bushaltestelle (Linie 460). Der 2,5 km lange, bequeme **Wanderweg zur Höhle** beginnt am Markt und ist ausgeschildert. Zunächst geht es auf der Straße rechts vom Schurfberg hinauf Richtung Schule, am Sportplatz zweigt ein Wiesenpfad durch das **Teufelstal** ab, der als „geologischer Zeitstrahl" ausgebaut ist. Hier liegen exemplarisch **alle bedeutenden Gesteinsarten** des Harzes, also brockenweise 385 Mio. Jahre Erdgeschichte. Der Weg führt am **Märchental** vorbei, das man mit kleineren Kindern besuchen kann, und endet direkt am Museum (zuvor gilt es jedoch noch die verkehrsreiche Harzhochstraße zu überqueren).

Die Iberger Tropfsteinhöhle ist **einmalig in Europa.** Sie ist der rund 150 m lange begehbare Teil des 8 km langen Höhlensystems im Iberg (563 m). Dieser Bad Grunder Hausberg ist ein Kalkstock, der aus einem Korallenriff aus dem Erdzeitalter Devon (vor 370 Mio. Jahren) stehengeblieben ist. Seinen Namen verdankt er den früher hier hauptsächlich vorkommenden Eiben. Zu den zahlreichen natürlichen Höhlen im Berg kommen die Schächte und Stollen, die seit dem Mittelalter für den Erzabbau angelegt wurden. Seit 1876 ist die Tropfsteinhöhle für Besucher zugänglich.

Neben diesem „Museum im Berg" gibt es das **„Museum am Berg",** das die älteste genetisch belegte Familie der Welt vorstellt. Durch DNA-Forschungen konnte eine Verbindung zwischen einer Großfamilie aus der Bronzezeit, deren Überreste 1980 in der Lichtensteinhöhle bei Osterode gefunden worden sind, und heute lebenden Nachfahren hergestellt werden.

■ **Höhlen-Erlebnis-Zentrum Iberger Tropfsteinhöhle,** An der Tropfsteinhöhle 1, Tel. (05327) 829391, www.hoehlen-erlebnis-zentrum.de, Di–So 10–17 Uhr, Juli, Aug., Okt. sowie in den niedersächsischen Schulferien auch Mo, 8/6 €. Höhlenführung 30 Min., Museum am Berg und Museum im Berg.

Wandern am Iberg

Direkt neben dem Museum sowie am Waldrand beim Parkplatz beginnen markierte Wege auf den Iberg. Die **König-Hübig-Route,** benannt nach dem sagenhaften Zwergenkönig aus der Höhle, führt über 12 km, mit sieben Einstiegen in die Route, rund um Bad Grund und verbindet dabei die besten Aussichtsplätze. Eine goldene Krone weist den Weg.

Nach 20 Min. recht steilem Aufstieg durch den Wald erreicht man die Wanderwegkreuzung **Schweinebraten,** gekennzeichnet durch ein holzgeschnitztes Schwein am Wegesrand. Während des Aufstieges wird man immer wieder durch Warnschilder darauf hingewiesen, den Wanderweg keinesfalls zu verlassen. Beiderseits im Wald gibt es unzählige **Steilabstürze,** Höhlen und überwachsene Gruben, die allein durch ihren Anblick vom Wegesrand bereits Respekt erheischen. Von der Kreuzung aus führen Wanderwege nach Wildemann (3,4 km), Seesen (12,8 km) sowie nach Lautenthal (7,2 km), sie ist Station des Harzer Försterstiegs.

Albertturm und Hübichenstein

Nach weiterem Aufstieg über einen schmalen Waldpfad, rund 300 m oberhalb dieser Stelle, gelangt man auf eine Forststraße, ein Wegweiser zeigt nach links zum Albertturm. Am Weg dahin liegt ein Aussichtspunkt zum Kalkabbau am Riffkomplex Winterberg/Iberg. Der Turm steht direkt neben der **Waldgast-**

Bad Grund

stätte, er wurde 1908 erbaut und bietet eine Rundsicht, auch zum Brocken. Wer zur rechten Zeit hierher wandert, den wird schon kurz vor dem Ziel der Duft des im lichten Wald üppig blühenden Bärlauchs erfreuen; die würzige Pflanze taucht dann in vielfältiger Form auf der Speisekarte auf. Und wer zu spät kommt zum Bärlauch, den erwarten die Grünkohlwochen.

Ein Spektakel, auf das man erstmal kommen muss, ist die **sommerliche Hinrichtung eines Schneemanns**, mit anschließender Schneeballschlacht. Der Schnee wird im Winter in einer Kalkgrube im Iberg eingelagert und im Juli/August immer sonntags in Schneemannportionen der überraschten Sommersonne vorgeführt. 16 Uhr greift der Scharfrichter zum Schwert.

Ein weiteres nahe gelegenes Ausflugsziel ist der **Hübichenstein**, eine 40 m hohe Felsnadel aus Kalkstein, westlich des Iberges und nahe der Harzhochstraße. Hier wohnt der gutherzige Zwergenkönig Hübich, der sich aber nicht mehr blicken lässt, seit im Dreißigjährigen Krieg Soldaten die Spitze des Felsens weggeschossen haben. Bekrönt wird die Kalknadel von einem mächtigen Adler als Denkmal für *Kaiser Wilhelm I*. Auf die kleinere Felsspitze führt ein steiler Pfad, sodass man die Aussicht erleben kann. Am Fuße des Felsens wird die Walpurgisnacht vom 30. April zum 1. Mai als Volksfest gefeiert.

◁ Würziges Grün: Bärlauchwiese am Iberg

Praktische Tipps

Anreise

■ **Mit eigenem Fahrzeug:** B 242.
■ **Per Bus:** Regionalbuslinie von Osterode und Clausthal-Zellerfeld (460).

Information

■ **Touristeninformation im Gesundheitszentrum,** Schurfbergstraße 2, Tel. (05327) 700710, www.bad-grund.de, www.oberharz.de, Mo–Fr 8.30–20 Uhr, Sa 10–15 Uhr, So 10–13 Uhr.

Übernachtung

■ **Hotel Waldhaus**②, Hübichsteg 5, Tel. (05327) 1247, www.hotel-pension-waldhaus.de. Preisgünstiges, großzügiges Haus am Sonnenhang mit Blick auf Bad Grund, Solehallenbad und weitere Wellnessangebote.
■ **Gästehaus Christa von Daak**①, Heimkampffstraße 18, Tel. (05327) 1679, www.gaestehaus-von-daak.de. Preisgünstige Ferienwohnung mit Terrasse, Ferienzimmer, 5 Min. zu Fuß zum Markt.
■ **Campingplatz Hübichalm**①, Taubenborner Straße, Tel. (05327) 3190, www.harz-camping.de. Ganzjährig geöffneter Platz für Caravan und Zelt, Anfahrt über A 7, Abfahrt Seesen Richtung Bad Grund, bis Hübichenstein.

Essen und Trinken

■ **Café Antique**①, Markt 12, Tel. (05327) 3006, Di–So 12–18 Uhr. Einrichtung aus Uromas Zeiten, hausgemachter Kuchen, Garten.
Mein Tipp: Waldgaststätte Iberger Albertturm, Tel. (05327) 1535, Sa–Do 10–18 Uhr, www.iberger-albertturm.de. Ideal für Wanderer:

preisgünstiges, schmackhaftes Angebot, Bärlauch- und Grünkohlwochen, Harzer Küche, am Baudenstieg gelegen, nur auf Wanderwegen von Bad Grund oder Wildemann erreichbar (oder mit dem Taxi, Tel. (05327) 2266), Aussichtsturm, sommersonntägliche Schneeballschlacht (vorausgesetzt, es gab zuvor einen Winter).

Trotz seines Namens still und friedlich: das Städtchen Wildemann

Wildemann

Die kleinste der Oberharzer Bergstädte zeichnet eine geradezu **idyllische Lage** im engen Tal der Innerste aus, das sich um den Gallenberg herum legt. Wildemann mit seinen weniger als 1000 Einwohnern bietet viel Grün, Ruhe und ein hochinteressantes Besucherbergwerk.

Stadtgeschichte

Der Name des Städtchens ist mit der **Gründungslegende des dortigen Bergbaus** verbunden. Im Jahr 1529 waren Bergleute aus dem sächsisch-böhmischen Erzgebirge in den Wäldern auf der Suche nach Lagerstätten. Im Innerstetal sollen sie einem Wilden Mann begegnet sein, und seiner Wilden Frau. Auf Zureden reagierte er nicht, man beschoss und verletzte ihn, nahm ihn schließlich gefangen. In seiner Höhle fand man Silber. Der Wilde Mann (von seiner Frau ist nicht mehr die Rede) verweigerte jegliches Gespräch und die Arbeit, bis er an den Verletzungen starb.

1533 wurde im Bergwerk Wildemanns Fundgrube erstmals **Silber** gefördert und aufbereitet. 1553 erhielt Wildemann die Bergfreiheit, im Jahr darauf Stadtrecht. Von 1873 bis 2010 war die Stadt Kneippkurort. Heute lebt sie am Rande des großen Touristenandrangs wieder von ihrem Charme als kleine, traditionsreiche Bergstadt inmitten der Natur.

Sehenswertes

Den imposantesten Blick auf die Stadt im Tal der Innerste und auf die Fachwerkkirche am gegenüberliegenden Hang bietet der **Halbe-Höhenweg,** der bis zum Besucherbergwerk 19-Lachter-Stollen führt und mit dem Wanderweg nach Clausthal-Zellerfeld verbunden ist. Der **19-Lachter-Stollen** ist ein Wasserlösungsstollen aus dem 17. Jh., der einzige im Harz, der besichtigt werden kann. Seine Aufgabe war es, Wasser aus höher gelegenen Stollen im Zellerfelder und Clausthaler Revier abzuleiten. 1 Lachter, ein altes Bergwerksmaß, sind 1,92 m. 19 Lachter unter einem älteren Wasserstollen wurde dieser angelegt. Der Stollen ist 8800 m lang, davon können Besucher rund 500 m begehen. 1845 wurde vom Stollen aus der Ernst-August-Schacht auf 261 m abgeteuft. Beim Blick von einer Brücke aus in diesen Blindschacht sieht man einen Wasserschwall. Auch eine untertägige Radstube mit der rekonstruierten Kehrradanlage ist bei der Führung zu sehen.

■ **Besucherbergwerk 19-Lachter-Stollen und Grube Ernst-August,** Im Sonnenglanz 18, Tel. (05323) 6628, Führungen Mai bis Okt. Di–So 11, 14, 15.30 Uhr, Nov./Dez. Sa 14 Uhr, So 11 Uhr, 25.12.–6.1. tgl. 11 Uhr, 14 Uhr, Jan. Di–So 11 Uhr, Feb. bis April Di–So 11, 14 Uhr, Karfreitag, Ostermontag zus. 15.30 Uhr, 5/3 €. Oberharzer Silberbergbau vom 16. bis zum 20. Jh., UNESCO-Welterbestätte.

Direkt vom Bergwerk führt ein Pfad hinunter ins Tal. Entlang der Innerste stehen einfache Bürgerhäuser aus dem 18.–20. Jh. Markiert ist der Aufstieg zur **Fachwerkkirche Maria Magdalena.** Sie ist ein originalgetreuer Nachbau der am 1. März 1914 abgebrannten Kirche von 1656. Die Innenarchitektur orientierte sich an italienischem Barock.

Neben der Ruhe (vom Durchgangsverkehr an der Hauptstraße abgesehen) und dem sehr interessanten Besucherbergwerk zeichnet Wildemann vor allem die Nähe zu bequemen, aber doch aussichtsreichen Wanderwegen aus. Die **Grüne Runde** führt über 14 km rund um die Stadt, die Wanderung kann an mehreren Stellen abgekürzt werden. Sie bietet mehrere Ausblicke und einladende Rastplätze. Symbol ist der Wilde Mann im grünen Ring.

Ein Wanderweg führt zur **Wegkreuzung Schweinebraten** (2,4 km vom Besucherbergwerk, ein holzgeschnitztes Schwein wartet dort; siehe unter Bad Grund) und weiter zu den Bergstädten Lautenthal (7,2 km) und Bad Grund

Mundloch des 19-Lachter-Stollens

(3 km; 20 Min. zum Höhlenerlebniszentrum, Busstation Linie 460). Mit dem Fahrrad sind es von der Touristeninformation 8,5 km bis Lautenthal und 5 km bis Clausthal-Zellerfeld.

Die **Touristeninformation** an der Kreuzung zum Spiegeltal, unweit der Bushaltestelle (Linie 831 Goslar – Clausthal-Zellerfeld) an der Hauptstraße, bietet einen nicht alltäglichen Service. Auch außerhalb der Beratungszeiten ist dort ein Saal mit Ruheplätzen, Toiletten sowie Informationsmaterial zugänglich (tgl. 10–19 Uhr). Sogar ein kleines Bücherregal gibt es.

Praktische Tipps

Anreise

■ **Mit eigenem Fahrzeug:** B 242.
■ **Per Bus:** Regionalbuslinien von Osterode (460), Clausthal-Zellerfeld und Goslar (831).

Information

■ **Touristeninformation Wildemann,** Bohlweg 5 (Hauptstraße, im Post-Point), Tel. (05323) 6111, www.wildemann.de, www.oberharz.de, Mo 9–17 Uhr, Di–Fr 9–13 Uhr, Leseraum mit WC und Infoprospekten zum Mitnehmen tgl. 10–19 Uhr.

Übernachtung

■ **Hotel Rathaus**②, Bohlweg 37, Tel. (05323) 6261, www.hotel.rathaus.harz.de. Kleines, historisches Haus im Stadtzentrum an der Innerste, auch

Ferienwohnungen. Ratsstube mit bergmännischer Küche.
- **Hotel Spiegeltaler Eck**②, Im Spiegeltal 50, Tel. (05323) 961709, www.spiegeltaler.eck.harz.de. Kleines Haus am Spiegelbach, die Wirtsleute sprechen auch holländisch.
- **Hotel und Pension Parkschlösschen**②, Im Spiegeltal 39, Tel. (05323) 6198, www.parkschloesschen-wildemann.de. Ruhig gelegen, unweit der Kuranlagen.
- **Pension Haus Brückner**①, Im Spiegeltal 28, Tel. (05323) 96718, www.pension-brueckner.de. Ruhig am Hang gelegen, Blick über Wildemann, kinderfreundlich, eigene Wassertretestelle.
- **Anjas Ferienwohnungen**①, An der Alten Mühle 3, Tel. (05323) 983020, www.anjas-ferienwohnung.de. Preisgünstige, ruhig gelegene und großzügige Wohnungen mit Küche.

Essen und Trinken

- **Hotelrestaurants** siehe „Übernachtung".
- **Gasthaus Woite**①, Bohlweg 38, Tel. (05323) 6159, www.gasthaus-woite.de, Do–Di 11–14 Uhr, 17–21 Uhr. Harzer Küche im Stadtzentrum.

Lautenthal

Im waldreichen Tal der Laute und der Innerste, auf 300 bis 600 Höhenmetern, liegt die Bergstadt Lautenthal (2000 Einwohner). Der idyllische Luftkurort bewahrt spannende Zeugnisse seiner Bergbaugeschichte und bietet eine Vielzahl von Wanderwegen. Von der nördlichsten der sieben Bergstädte lassen sich erholsam kurze Ausflüge in den Oberharz und nach Goslar (18 km) sowie an die Innerste-Talsperre (4 km) unternehmen.

Stadtgeschichte

Der Abbau von Kupfer-, Blei- und Silbererz begann im Kranichberg (557 m) um das Jahr 1225 und währte zunächst bis zur Pestepidemie um 1350. Ab 1524 siedelte Herzog *Heinrich der Jüngere von Braunschweig-Wolfenbüttel* Bergleute aus dem Erzgebirge an. 1538 wurde die Bergmannsiedlung Lautenthal gegründet, 1613 zur Stadt erhoben. Während des Dreißigjährigen Krieges wütete in Lautenthal erneut die Pest. Plünderungen während des Krieges und die „Große Wurmtrocknis" (siehe Exkurs „Zwischen Baum und Borke") brachten den Bergbau und das städtische Leben mehrfach fast zum Erliegen. Eine kurze wirtschaftliche Blüte erreichte die Oberharzer Bergstadt durch Silbererzfunde Mitte des 18. Jh. 1875 wurde die Stadt an die Innerstetalbahn angeschlossen.

Im Jahr 1959 wurde der Bergbau eingestellt, 1967 der Betrieb der Silberhütte; ab 1976 verkehrte die Innerstetalbahn nicht mehr.

Lautenthal gehört zur Stadt Langelsheim, zählt aber gleichwohl zu den sieben historischen Oberharzer Bergstädten, als Luftkurort ein verschwiegeneres Urlaubsziel.

Sehenswertes

Ein Kleinod ist der von hübschen Wohnhäusern und dem Rathaus (1570) eingefasste historische **Marktplatz**. Inmitten der Grünanlage steht neben einer originalgetreu rekonstruierten **Köhlerhütte** ein **Schwibbogen**. Dieser weihnachtliche Lichterbogen ist überall in Deutschland bekannt, seine Geschichte begann 1740 in Johanngeorgenstadt, im sächsischen Erzgebirge. Er symbolisiert das lichtergeschmückte Mundloch des Bergwerkstollens. Wenn sich die Bergleute zur Mettenschicht vor Heiligabend im Huthaus versammelten, war es Brauch, dass sie ihre Grubenlampen am bogenförmigen Mundloch aufhängten. Bergleute aus dem Erzgebirge waren es ja auch, die schon im 16. Jh. die Bergmannssiedlung an der Laute und Innerste gründeten.

Die von einem Bergsporn über dem Markt aufragende **Paul-Gerhardt-Kirche** wurde 1659 eingeweiht. Sehenswert ist der barocke Kanzelaltar.

Kunsträder und Erzkähne

Vom Markt aus rund um den Kranichsberg (557 m) führt der bequeme **Bergbau-Lehrpfad**. Auf 15 Stationen wird der historische Lautenthaler Bergbau erläutert. Neben Mundlöchern und Halden werden rekonstruierte Fördereinrichtungen gezeigt, so ein Kunstrad mit 63 m langem Feldgestänge. Man kann den Weg auf eigene Faust gehen oder sich fachkundig führen lassen (Anmeldung in der Touristeninformation, dort gibt es Faltblätter mit Karte). Der Lehrpfad wird vom Bergwerks- und Geschichtsverein betreut, ebenso die **Heimatstube** in der Alten Schule am Markt.

■ **Heimatstube,** Markt 7, Tel. (05325) 4197, Sa 15–17 Uhr, Eintritt frei.

Das **Besucherbergwerk „Lautenthals Glück"** auf dem Gelände des gleichnamigen, im Jahr 1600 gegründeten Silberbergwerks zählt zu den größten Attraktionen der Oberharzer Bergbaulandschaft. Mit der Grubenbahn fährt man vom über- zum untertägigen Grubenbahnhof in den Tiefen-Sachsen-Stollen. Von dort geht es über drei Sohlen (Etagen) in den historischen Silberstollen. Dabei ist originales Bergbaugerät im Zustand von 1930 zu sehen. Im Ernst-August-Stollen, der als Wasserlösungsstollen angelegt worden ist, können Besucher eine **Fahrt mit dem Erzkahn** erleben. Das gibt es im Harz nur hier. Die Anlage ist zwar eine verkleinerte Rekonstruktion, vermittelt aber doch eindrucksvoll die Arbeit der Bergleute, die in flachen Holzkähnen bis zu drei Tonnen frisch abgebautes Erz transportierten. Damals waren hier mit Armkraft am Stahlseil vor allem ältere Kumpel tätig. Auf einer Strecke von 110 m kann man selbst versuchen, den nunmehr mit Besuchern beladenen Erzkahn in den Hafen zu ziehen.

■ **Historische Silbergrube Bergbaumuseum „Lautenthals Glück",** Wildemanner Straße 15–17, Tel. (05325) 4490, www.lautenthals-glueck.de, April bis Okt. tgl. 10–17 Uhr, Nov. bis März Sa, So, Fe 10–15 Uhr, 9/5 €. Schachthaus mit Fahrkunst, Museum; 13 km von Clausthal/Zellerfeld.

Innerste-Stausee

Beliebtestes Ausflugsziel ist der Innerste-Stausee nördlich der Stadt. Hier kann man baden, mit dem Tretboot fahren, segeln und rudern. Um die 1963–1966 erbaute Talsperre führt ein **Wanderweg** (7 km), am interessantesten für Radfahrer und Inlineskater. Es gibt einen Campingplatz, Grillplatz und Aussichtspunkte. Ein **Radfahr- und Skiwanderweg** folgt auf der Strecke Langelsheim – Lautenthal – Wildemann der einstigen Bahntrasse Goslar – Altenau der Innerstetalbahn (siehe „Clausthal-Zellerfeld, Bergbau und Natur im Oberharzer Wasserregal").

Im nördlich des Stausees gelegenen Ort **Langelsheim** (13.000 Einwohner) sind die barocke **Pfarrkirche St. Andreas** (1755) mit romanischem Turm und einem Kanzelaltar des Goslarer Meisters *Jobst Heinrich Lessen*, ein Meisterwerk der Holzschnitzkunst, und einige Fachwerkhäuser sowie der spätgotische Adelshof sehenswert. Langelsheim liegt an der B 82 und an der Regionalbahnstrecke Göttingen – Bad Harzburg. Vom Bahnhof bis zur Talsperre sind es 4 km.

Praktische Tipps

Anreise

■ **Mit eigenem Fahrzeug:** zwischen B 241 und B 242 (Harzhochstraße).
■ **Per Bus:** Regionalbuslinien von Goslar und Clausthal-Zellerfeld (830).

Information

■ **Touristeninformation,** Kaspar-Bitter-Straße 7b, Tel. (05325) 4444, www.lautenthal-harz.de, Mo–Fr 9–12 Uhr, 13–17 Uhr, Sa 9–12 Uhr, So 10–12 Uhr.

Übernachtung

■ **Hotel Grüne Tanne**②, Marktplatz 10, Tel. (05325) 4246, www.gruene-tanne.harz.de. Kleines, traditionsreiches Haus, helle, rustikal eingerichtete Zimmer. Gaststätte Do–Di ab 8 Uhr.
■ **Pension Der Tourstop**①, Am Waldschlösschen 3, Tel. (05325) 4144, www.pensiondertourstop.com. Wanderherberge am Rande der Bergstadt, besonders auch für Motorradfahrer. Die Wirtsleute sprechen auch holländisch.

Essen und Trinken

■ **Hotelrestaurants** siehe „Übernachtung".
■ **Maaßener Gaipel**②, Am Maaßener Gaipel 1, Tel. (05325) 5467114, www.harzklub-lautenthal.de, Di–So 11–21 Uhr. Wanderlokal im einstigen Bergbaurevier, Pizzeria. Wanderweg auch von Wildemann.
■ **Seestübchen**①, Campingplatz Innerste-Talsperre, www.innerste.de, Mo–Fr (Okt. bis April Di–Fr) 11.30–20 Uhr, Sa, So 10–20 Uhr. Camping- und Ausflugslokal mit Terrasse zum See, Schnitzel und schnelle Küche, Kuchen und Torten, Spielplatz.

Weitere Museen

■ **Brauereimuseum,** Rathausplatz 7, Tel. (05325) 4282.

Altenau und Schulenberg

Mit dem Okerstausee und dem Wintersportzentrum Torfhaus liegen herausragende Erholungsorte des Oberharzes direkt am Rand der Kurstadt Altenau (1600 Einwohner), ebenso einige der interessantesten Wanderwege. Das Städtchen am Ufer der Oker und ihrer Zuflüsse verteilt sich auf mehrere enge Täler zwischen den Bergen. Die meisten Besucher kommen im Winter. Angestoßen wird mit Altenauer Bier.

Stadtgeschichte

Der Bergbau in Altenau begann vor 1227. Seinen Namen erhielt der Ort durch die vielen hier zusammenfließenden Gewässer. Im Jahr 1580 bestand eine Bergbausiedlung, und 1617 erhielt Altenau Stadtrecht. 1636 wurde es Freie Bergstadt. Wie in anderen Oberharzer Bergstädten, waren Bergleute aus dem Erzgebirge dem Ruf in den Harz gefolgt. Im 17. und 18. Jh. erlebte der Bergbau hier seine Blüte. Der Betrieb der Eisenhütte währte bis 1871, die Silberhütte schloss 1911. Ab 1913 und wieder in den 1970er Jahren profilierte sich die in waldreichen Flusstälern gelegene kleine Stadt als Erholungsort. 1972 wurde der Ferienpark „Glockenberg" erbaut. Seit dem Fall der Mauer ist die Attraktivität Altenaus aufgrund der zentralen Lage im grenzenlosen Harz gestiegen, doch gingen die Urlauberzahlen zunächst zurück. 2007 wurde mit dem Bau der Thermen- und Saunalandschaft Kristall Heißer Brocken ein modernes und attraktives Freizeitzentrum geschaffen.

Sehenswertes

„Machen Sie doch Urlaub, da wo der Pfeffer wächst", lautet der prämierte Werbespruch der Bergstadt Altenau. Zwar wird man Bergbau, Bergsport oder Bier wohl eher nicht mit Pfeffer assoziieren, aber sehr wohl **Europas größten Kräuterpark,** und Kräuter wiederum mit einem **heilklimatischen Kurort.** Der 3 ha große Park liegt im Schultal am Ufer des Flüsschens Altenau, 10 Minuten Fußweg von der Touristeninformation entfernt. Kräuter und Gewürze aus der ganzen Welt verbreiten betörende Düfte und regen den Appetit an. Der führt geradewegs in die Probierstube, dort kann man Kräuter für die heimische Küche sowie für Kosmetik und Hausapotheke kaufen.

Altenau und Schulenberg

■ **Kräuterpark Altenau,** Schultal 11, Tel. (05328) 911684, www.kraeuterpark-altenau.de, tgl. 10–18 Uhr, 3,50/1 €, Nov. bis März kostenfreier Eintritt.

Viele Kräuter aus diesem Park werden nur eine Viertelstunde von hier entfernt tagtäglich aufgegossen, in der **Kristall-Therme „Heißer Brocken".** Hier lässt sich das Leben in vollen Zügen genießen. Mal kräftig durchatmen kann die ganze Familie in den temperierten Innen- und Außenbecken, in der Sauna oder im Hexenzuber.

Im Zentrum der Kurstadt liegt der **Markt,** auf halbem Weg zwischen Kräuterpark und Therme. Hier halten die Linienbusse von und nach Sankt Andreasberg, Goslar (840), und Clausthal-Zellerfeld (831). An die in Altenau nur recht kurze Bergbaugeschichte erinnern die holzverkleideten Bergarbeiterhäuser an den Flussufern. Oberhalb des Marktes steht die dreischiffige **Holzkirche St. Nikolai** (1670).

Mit der Bergfreiheit verbunden war das Recht, Bier zu brauen. Die **Altenauer Brauerei** ist die letzte noch tätige im Oberharz. Sie liegt 5 Min. vom Markt entfernt, am Ufer der Oker. Zugewanderte Bergleute hatten ihr Wissen um das Bierbrauen in den Harz gebracht, das wunderbar weiche Gebirgswasser bot die beste Voraussetzung für köstliches Bier. Das ist es bis heute. Altenauer Bier – Edelpils, Hüttenbier, Dunkel und Urstoff – wird in den Oberharzer Gaststätten ausgeschenkt, die schlanken 0,33-l-Flaschen gibt es hier auch in den Kaufhallen.

◁ Die Holzkirche St. Nikolai in Altenau

Altenau ist Zentrum des **Nordic Walking.** Alljährlich Anfang Mai gibt es für alle den Altenauer Nordic Walking Cross auf Strecken zwischen 4,7 und 18,7 km. Diese Wege können auch außerhalb dieses Wettbewerbs gewalkt werden. Mountainbiker und ihre Zuschauer treffen sich Mitte Mai zum **Harzer Mountainbike-Event** rund um Altenau, in einer Gegend also, die beste Voraussetzungen für diesen Sport bietet.

Schulenberg am Okerstausee

Die historische Bergbau- und Hüttensiedlung Schulenberg ist 1954 in den Fluten der Okertalsperre versunken. Auf einem Plateau auf dem Wiesenberg, hoch über dem Stausee, ist der Ort neu angelegt worden. Hier finden **Ruhesuchende** und **Wintersportler** gute Angebote. Die stillen Buchten des Okerstausees lernt man auf einer 90-minütigen **Rundfahrt mit dem Ausflugsdampfer** oder vom eigenen Ruder-, Tret- oder Segelboot aus kennen. Auch **Badestrände** und einen **Campingplatz** gibt es. Mit 2 km² Wasserfläche ist die Okertalsperre eine der größten im Harz. Um den Stausee und über die Mauer führt ein **Rundwanderweg** (18 km). Am Großen Wiesenberg liegt das **Ski- und Bike-Alpinum,** darauf kann man das ganze Jahr über rasant abfahren. Die den See überquerende B 498 (Altenau – Goslar) wird zahlreich von **Bikern** befahren.

Ein klassisches Ausflugsziel im Okertal nördlich des Stausees ist das ganze Jahr über der **Romkerhaller Wasserfall** (5 km von Schulenberg, 10 km von Gos-

⌃ Winter am Okerstausee

lar), direkt an der B 498. Die Romke stürzt sich hier über 70 m in die Tiefe. Im Jahr 1863 wurde der Wasserfall in königlichem Auftrag künstlich angelegt. Bizarr sieht er im Winter aus, wenn er in der ganzen Länge gefriert. Von der Oker aus führt ein Aufstieg zu einer Aussichtsplattform oberhalb des Wasserfalls.

Auf der anderen Straßenseite erstreckt sich das **„kleinste Königreich der Welt".** Der Jagdsitz des hannoveraner Königs *Georg V.* war bei einer Gebietsreform in den 1970er Jahren keiner der anliegenden Gemeinden zugeordnet worden. Der neue Besitzer des stattlichen Hauses proklamierte daraufhin sein Königreich. Heute ist es ein Hotel, das gern seine blaublütige Historie zelebriert. Von dort aus führen mehrere Wanderwege in die Klippenlandschaft des Okertales.

Torfhaus

Zentrum des Wintersports und des Wandertourismus ist die rund 8 km östlich von Altenau liegende Siedlung Torfhaus. Als der Harz geteilt war, konnten Besucher von westlicher Seite hier dem nur 5,5 km Luftlinie entfernten Brocken am nächsten kommen, wenigstens für einen sehnsüchtigen Blick hinüber. Der auf 820 Höhenmeter liegende Ort ist mit dem Großparkplatz an der B 4 und einer Reihe von Gaststätten ein **Bikertreff.** An sonnigen Wochenenden scheint kein Motorrad zu fehlen. **Wintersportler** finden gespurte Loipen sowie den Skischlepplift „Am Rinderberg" und den Rodellift „Brockenblick".

Im modernen **Nationalparkhaus** wird die Natur des Gebirges mit Filmen und Ausstellungen vermittelt. Hier beginnen geführte Wanderungen mit dem Nationalparkranger sowie mehrere markierte Wanderwege, deren bekanntester der Goetheweg zum Brocken ist. Mit Blick auf den 279,80 m hohen **Sendemast** des NDR lässt sich Torfhaus vom Brocken aus unfehlbar orten.

Am **Bruchberg**, einer spärlich bewaldeten Hochebene südwestlich von Torfhaus, liegt die **Aussichtsklippe Wolfswarte** (918 m). Sie und weitere Wanderziele sind vom Parkplatz an der Steilen Wand (Straße zwischen Altenau und Torfhaus) am bequemsten zu erreichen. Das **Skikreuz** stand ab 1921 östlich des Bruchberges, nunmehr also in der Kernzone des Nationalparks. Es wurde deshalb an die Wolfwarte versetzt. Das Denkmal erinnert an die Weltkriegstoten des Skiklubs Altenau.

Der **Mountainbike-Downhill** von der Wolfswarte zur Altenau-Torfhaus-Straße gilt, wie der nahe Magdeburger Weg, als einer der härtesten im Harz.

Goetheweg und Torfhausmoor

Zwar lässt sich *Goethes* Wanderweg vom 10. Dezember 1777 nicht mehr sicher bestimmen, aber die dem Dichter gewidmete, gut ausgeschilderte Route (18 km mit Rückweg, Teilabschnitt des Harzer-Hexen-Stiegs) lohnt sich unbedingt. Nach seiner Wanderung schrieb *Goethe* das hymnische Gedicht „Harzreise im Winter" (siehe Exkurs „Der Harz in der Literatur").

Das **Große Torfhausmoor** ist ein harztypisches Hochmoor. Es liegt eine Viertelstunde vom Nationalparkhaus entfernt, am Goetheweg, und steht, wie die anderen Harzmoore auch, unter Naturschutz. Im 18. Jh. wurde hier Torf als Brennstoff gestochen, das wurde aber bald eingestellt, weil es den Aufwand nicht lohnte. So blieb das 30 ha große, 10.000 Jahre alte Naturreservoir erhalten. Auf einem Bohlensteg (5 km) kann man das Moor mit seinen seltenen Pflanzen erleben. Hier wachsen neben anderen der Rundblättrige Sonnentau und das Torfmoos. Im Herbst bildet die Rasige Haarsimse einen rostroten Gräserpelz. Dazu gibt es immer noch einen wunderbaren Blick zum Brocken, oder eben dahin, wo er im Nebel steckt.

Der Goetheweg führt von hier durch den vom Borkenkäfer heftig befallenen (siehe Exkurs „Zwischen Baum und Borke") und nun allmählich gesundenden Wald auf dem **Quitschenberg** (882 m), der seinen Namen den Vogelbeeren (Ebereschen, Quitschen) verdankt, die dort verbreitet waren und nun wiederkehren. Am **Brockenfeldmoor** trifft der Wanderweg auf den Eckersprung, die Quelle der Ecker. Hier überquert er mit dem Grünen Band die einstige innerdeutsche Grenze.

Nun geht es spürbar bergan. Bald erreicht der Wanderweg die Gleise der **Brockenbahn** am Königsberg (1034 m), und auf befestigtem Weg werden die letzten Höhenmeter absolviert. Einen historisch interessanten Ort markiert die **Knochenbrecherkurve** am Zugang zur Brockenstraße. Von hier bis etwa zu der Stelle der Teufelskanzel und des Hexenaltars auf dem Gipfel (siehe Exkurs „Der Brocken") verlief bis Mitte des 19. Jh. der Zugang zum Brockengipfel. *Goethe* wird diesen Weg demnach auch gegangen sein. Der Name kommt daher, dass sich die Fuhrwerkspferde auf dem steilen Weg oft schwer verletzten. Einen ähnlichen Flurnamen – Kniebreche – gibt es aus gleichem Grund im sächsischen Erzgebirge. Der Knochenbrecherweg in der Kernzone des Nationalparks ist gesperrt. Stattdessen führt die Brockenstraße auf die Höhe.

Der **Rückweg** erfolgt, wenn in Torfhaus das Auto oder die Unterkunft wartet, wieder auf dem Goetheweg oder, für ausdauernde Wanderer (13 km), über den Eckerstausee nach Bad Harzburg (siehe dort). Von Bad Harzburg fahren Busse (Linie 820) nach Torfhaus. **Weitere Wanderwege** vom Brockengipfel und die Fahrten mit der Brockenbahn werden unter „Heinrich-Heine-Weg zum Brocken" und „Schierke" beschrieben.

Praktische Tipps

Anreise

- **Mit eigenem Fahrzeug:** B 498.
- **Per Bus:** Regionalbuslinien von Goslar (831), Clausthal-Zellerfeld und Sankt Andreasberg (840).

Sankt Andreasberg

Information

■ **Touristeninformation Altenau,** Hüttenstraße 9, Tel. (05328) 8020, www.altenau.de, Mo–Fr 9–17 Uhr, Sa 9–13 Uhr, Fe 10–13 Uhr.

Übernachtung

■ **Landhaus am Kunstberg**②, Altenau, Bergmannsstieg 5, Tel. (05328) 255, www.landhaus-am-kunstberg.de. Ruhig gelegen, Blick auf die Berge, von Wiesen und Garten umgeben, großzügige, ländlich eingerichtete Zimmer, Hallenbad.
■ **Altenauer Bergmannshaus**①, Oberstraße 8, Tel. (030) 4943877, www.ferienwohnung-harz-altenau-berlin.de. Authentisches Fachwerkhaus aus dem 17. Jh. für vier Personen.
■ **Waldcamping Polstertal**①, Tel. (05328) 5582, www.campingplatz-polstertal.de. Viel Wald und Wasser, ideal für Familien. Spielplatz, Kinderbad, Badeteiche im Wald. Ferien im Zirkuswagen, Weinfass oder Campingbungalow möglich.

Essen und Trinken

■ **Café Muhs**①, Schulenberg, Richard-Böhm-Straße 11, Tel. (05329) 805, www.cafe-muhs.de, Mi–So ab 14 Uhr. Traditionscafé im Ortszentrum, Spezialität: Okertaler Keimkornbrot, schmackhaft sind die Kuchen und das Kleingebäck. Blick über den Okerstausee zum Brocken.
■ **Sperberhaier Dammhaus**①, B 242 bei Altenau, Tel. (05328) 911495, tgl. 10–20 Uhr. Ausflugsgaststätte am Harzer-Hexen-Stieg, deutsche Küche.

◁ Das Große Torfhausmoor

Die steilsten Straßen des Oberharzes gibt es in Sankt Andreasberg (1700 Einwohner), und ebenso steile Hänge, die von Skifahrern geliebt werden. Bergwiesen und Wanderwege umgeben die östlichste und höchstgelegene der sieben Bergstädte. 400 Jahre Bergbaugeschichte haben zahlreiche Spuren hinterlassen, die beim Stadtbummel, im historischen Silberbergwerk und auf Wanderungen entdeckt werden können.

Stadtgeschichte

Am heutigen Marktplatz wurde im 15. Jh. die erste Zeche für den Silberbergbau eröffnet, die Grube Sankt Andreas. Etwa zur gleichen Zeit entstand die Grube Sankt Andreaskreuz. 1521 und abermals 1527 (nachdem das erste Dekret nicht den erhofften Zuspruch gefunden hatte) erließen die Grafen *Heinrich* und *Ernst von Hohnstein* die Bergfreiheit, in deren Folge sich Bergleute aus dem Mansfelder Land und aus dem sächsischen Erzgebirge in Sankt Andreasberg niederließen. Noch immer lebt in dieser Stadt eine dem Erzgebirgischen sehr nahe Oberharzer Mundart fort.

1537 erhielt Sankt Andreasberg Stadtrecht. In 116 Gruben arbeiteten 800 Bergleute. Ab 1535 wurde, zunächst in Ellrich, dann in Sankt Andreasberg, der **Andreastaler** geprägt, eine hoch angesehene Talermünze. In Sankt Andreasberg bestand somit die erste Münzstätte der

sieben Oberharzer Bergstädte. Bis 1629 wurde hier der Andreastaler geschlagen, danach, bis 1804, in Clausthal.

1729 wurde eine reiche **Silberstufe** entdeckt, die den Bergbau erneut belebte. Mitte des 19. Jh. geriet er in die Krise, 1910 endete er schließich. In der Bergbaugeschichte von Sankt Andreasberg entstanden über 300 Gruben für den Silber- und Erzbergbau.

Ein **Großfeuer** infolge von Blitzschlag vernichtete am 8. Oktober 1796 große Teile der Stadt rund um die Herrenstraße. Die Kirche fiel den Flammen zum Opfer, ihr Neubau begann mit der Errichtung eines frei stehenden Glockenturmes hoch über der Stadt, er diente nun auch dem Feueralarm. Die neue Kirche entstand als schlicht klassizistischer Bau bis 1811.

Über die ersten Krisenjahrzehnte konnte sich viele Bergarbeiterfamilien mit der Zucht und dem Verkauf der „Harzer Roller" genannten **Kanarienvögel** einen Lebensunterhalt sichern. Nach dem Bergbau kamen die holzverarbeitende Industrie und der Fremdenverkehr in die Stadt. In der NS-Zeit war sie Sitz von Rüstungsbetrieben.

Seit 1. November 2011 gehört die bis dahin kleinste Stadt Niedersachsens zu Braunlage. Mit der Grube Samson steht sie auf der UNESCO-Liste des Weltkulturerbes. Als Reiseziel und Kurort wird Sankt Andreasberg vor allem im Winter besucht.

Sehenswertes

Die Sankt Andreasberger **Bergbaugeschichte** ist allgegenwärtig in der kleinen Stadt. So gibt es die nach der Grube benannte Katharina-Neufang-Straße, den Glückauf-Weg, Silberstraße und Erzwäsche, Bergmanns Trost und Halde. Hier und in den anderen Straßen, so besonders in der Schützenstraße, stehen die charakteristischen niedrigen **Bergarbeiterhäuser.**

Wahrzeichen des Städtchens ist der **Glockenturm** auf dem Glockenberg (629 m). Er läutete früher die Schicht ein. Ein **Höhenwanderweg** (15 km) führt von hier rund um die Stadt. Naturgemäß kein leichter Weg, ist er doch mit steilem Auf und Ab verbunden. Wer sich diese Bergstadt erlaufen möchte, sollte schon gut zu Fuß sein, wird aber mit wunderbaren Ausblicken belohnt. Alljährlich im Juni wird an den herrlichen Bergwiesen rund um die Stadt das **Wiesenblütenfest** gefeiert. Dabei treiben die Oberharzer Hirten ihre Kühe aus den Winterquartieren auf die frisch duftenden Wiesen, für Zuschauer gibt es allerhand Harzer Köstlichkeiten zu essen und die passende Musik.

Zentrum des Wintersports

Am stadtnahen Matthias-Schmidt-Berg (658 m) gibt es **Skiabfahrtspisten** und Lifte sowie eine 550 m lange **Sommerrodelbahn.** Ein Zentrum des Wintersports erwartet nördlich der Innenstadt (6 km) beim Oderteich, am Großen und Kleinen **Sonnenberg** (um 853 m), seine Gäste. Hier gibt es drei Schlepplifte und einen Ponylift, leichte bis schwere Pisten sowie gespurte Loipen und Rodelberge. Auch Snowtubing ist möglich – im Reifen sitzend den Berg hinab, ohne das Tempo beeinflussen zu können: Nervenkitzel für Groß und Klein.

Sankt Andreasberg

Exkursion in Bergbaugeschichte

Zu einer Exkursion durch die Stadt folgt man am besten der Dr.-Willi-Bergmann-Straße bis zum Kirchplatz. Dort steht die klassizistische **Martinikirche** (1809/11). Links geht es steil bergab, auf der **Herrenstraße.** Sie ist mit 22 % Gefälle die steilste innerstädtische Straße des Harzes.

Die steilste Straße mündet in den **Markt.** Hier arbeitete im 16. h. eine der ersten Zechen der Bergstadt, in der Silbergrube St. Andreas. Es ist der Ort der Stadtgründung. Die **Halde** der Silbergrube gab der um den Markt herumführenden Straße ihren Namen. Sie führt zur historischen **Erzwäsche** (1891), die als Nationalparkhaus unterhaltsame Angebote für Naturfreunde und Bergbauinteressierte, besonders für Kinder, bereithält. Im Erlebniskino werden Multivisionsfilme gezeigt.

Durch einen kleinen Park gelangt man auf die Katharina-Neufang-Straße und dort zum Höhepunkt einer Begegnung mit Sankt Andreasberg, dem zum Weltkulturerbe zählenden **Bergwerksmuseum Grube Samson.** Das Silberbergwerk wurde 1521 in Betrieb genommen. Es arbeitete bis 1910, in einer Teufe bis 810 m. Die Grube Samson war Ende des 19. Jh. eine der tiefsten der Welt.

Am Bergwerksmuseum Grube Samson

Das Museum ermöglicht mit Anlagen und Technik aus dem 18. und 19. Jh. einen nur hier erlebbaren Einblick in die Bergbaugeschichte. Im Originalzustand erhalten ist die **Kehrstube** mit dem Kehrrad von 1890, Durchmesser 9,30 m. Indem sich dieses Wasserrad in beide Richtungen drehen konnte, daher der Name, beförderte es über zwei Seiltrommeln die ebenfalls zu besichtigenden Erztonnen hinauf und hinab. In der **Kunstradstube** von 1830 wurde das Wasserrad mit 12 m Durchmesser originalgetreu rekonstruiert. Dieses Kunstrad setzte die weltweit einzige noch betriebene **Drahtseilfahrkunst** in Bewegung.

Der amerikanische Ingenieurverband American Society of Mechanical Engineers würdigte die Anlagen der Grube Samson mit dem Eintrag auf die Liste der international bedeutenden Maschinenbau-Denkmäler, sie sind die einzigen in Deutschland mit diesem Status.

Neben dem Bergbaumuseum steht der Gaipel (das Förderhaus über der Schachtmündung), er beherbergt eine zwitschernde Attraktion: das **Harzer-Roller-Museum. Kanarienvögel,** die kleinen gelben Sänger, sind hier zu Hause. Ihre Zucht, einschließlich „Musikunterricht", und der Bau von Käfigen in Heimarbeit haben eine lange Tradition in Sankt Andreasberg. Sie verschaffte Mitte des 19. Jh. mehr als 350 Familien einen Nebenerwerb, heute wird sie noch von einigen Liebhabern betrieben und eben hier im Museum vorgeführt. Diese Rassevögel wurden übrigens nicht in der Grube mitgeführt, damit sie den Bergmann vor Kohlenmonoxid warnten, indem sie in ihren Käfigen erstickten. Dafür waren sie viel zu wertvoll, für diesen Zweck wurden Wildvögel gefangen.

■ **Bergwerksmuseum Grube Samson,** Am Samson 2, Tel. (05582) 1249, Grube Samson Führungen tgl. 11 Uhr, 14.30 Uhr, Grube Catharina Neufang Führungen Mo–Fr 13.45 Uhr, Heimatmuseum Mo–Fr 8.30–16 Uhr, So nach der Führung, Kanarien-Museum Mo–Fr 9–12.30 und 13–16 Uhr, So 10.30–12.30 u. 14–16 Uhr, www.harzer-roller.de.

Durch den Kurpark gelangt man nun (500 m) zum **Kurhaus** mit der Touristeninformation. Von hier aus führen mehrere markierte Wanderwege in die Umgebung. Der **Hilfe-Gottes-Teich** im Kurpark wurde 1722 als Wasserreservoir für die Andreasberger Gruben angelegt. Im Park gibt es einen **Hochseilgarten.**

Die Fahrkunst der Bergleute

Die Erfindung der Fahrkunst im Jahr 1833 in Clausthal durch den Oberbergmeister *Georg Dörell* revolutionierte den Bergbau. Die Bergleute mussten nicht mehr vor und nach der Schicht zeitaufwendig und kräftezehrend Hunderte Meter über hölzerne Fahrten (Leitern) ein- und aufsteigen. Stattdessen passierten sie die Strecken auf **Trittbrettern,** die zwischen zwei **Drahtseilen** (siehe Exkurs „Das Drahtseil aus Clausthal") befestigt waren. Zwei Seilpaare mit Trittbrettern wurden über ein vom Kunstrad angetriebenes Kunstgestänge wechselseitig auf und ab bewegt. Die Bergmänner konnten nun immer zwischen den Seilen umsteigen und sich ohne größerer Anstrengungen nach oben oder unten bringen lassen.

Am Rehberger Graben zum Oderteich (Rundweg 15 km)

Mein Tipp: Eine der beliebtesten Wanderungen in der Landschaft des Oberharzer Wasserregals führt entlang des Rehberger Grabens zum Oderteich. Als **bequeme Halbtagswanderung** bietet sie prächtige Ausblicke, den Besuch einer historischen Waldschänke, üppige Natur am Wege und die Begegnung mit Weltkulturerbe. Der Wanderweg am Rehberger Graben und der Rückweg auf der Odertalstraße können auch **im Schnee** begangen werden.

Vor dem Kurhaus den Parkplatz und die Clausthaler Straße überqueren, dann bergan auf der Straße Am Gesehr bis zur Ruhebank an der **Jordanshöhe**; das ist der Einstieg in diesen von nun an gut markierten Wanderweg zum Oderteich. Der durch den Wald führende Rehberger Graben leitete das Wasser des Oderteiches zu den Andreasberger Gruben (siehe Exkurs „Oberharzer Wasserregal"). Ihm folgt der Wanderweg (blau, Harzer-Hexen-Stieg), dessen erste Station das **3 Rehberger Grabenhaus** ist. Es wurde 1722 als Unterkunft für das Personal geschaffen, das den Wassergraben instandgehalten hat. Seit hundert Jahren ist es als Wirtshaus eine beliebte Ausflugsgaststätte. Sie ist nur zu Fuß oder mit dem Fahrrad erreichbar. Hier findet man also wunderbare Ruhe, und wer zur rechten Zeit kommt, kann die **Wildfütterung** am Haus erleben.

Links vom weiteren Wanderweg steigt der **Rehberg** (890 m) auf, rechts liegt das **Odertal,** eine bezaubernde Flusslandschaft. Ein Abstieg dahin ist von hier aus nicht möglich, aber er bietet sich für den Rückweg vom Oderteich an. Zum Rehberg aufsteigen könnte man vom nächsten größeren Rastplatz aus, dem **Goetheplatz.** Allerdings ist dieser steile Pfad stark durch abgestorbene Bäume gefährdet (siehe Exkurs „Zwischen Baum und Borke"). Der Goetheplatz erinnert an den Geheimrat, der hier geologische Untersuchungen vorgenommen hat.

Weiter geht es bequem am Rehberger Graben entlang, am Fuße des Sarghais (736 m), bis zum **Oderteich.** Die erste europäische Talsperre wurde 1714–1721 erbaut, ihr Wasser bewegte die Kunsträder und Pochwerke der Andreasberger Gruben. Rund um den Teich – der einige Badestellen in eiskaltem Wasser bereithält – führt ein Wanderweg, über die Staumauer die **Harzhochstraße.** Hier hält die Buslinie 850 (Sankt Andreasberg – Braunlage).

▷ Aus den umliegenden Mooren gespeist und daher rötlich gefärbt ist der Oderteich

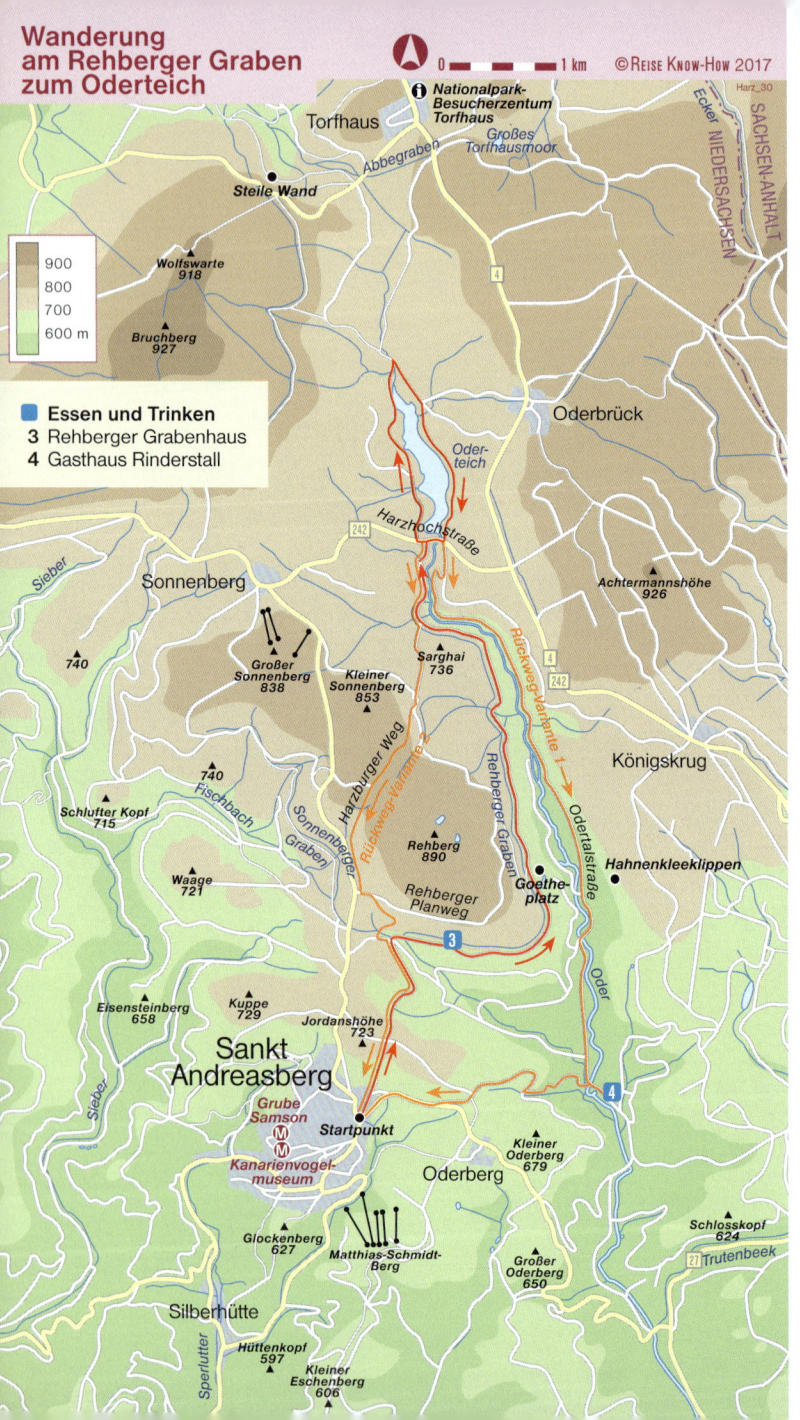

Für den **Rückweg** bietet sich der gelb markierte **Harzburger Weg** (5 km) westlich des Sarghais und Rehberges an, von dort ein kleiner Umweg über den Rehberger Planweg mit seinen Aussichtsplätzen. An der Schutzhütte unterhalb der Jordanshöhe schließt sich der Kreis. Oder man wählt die (für öffentlichen Fahrverkehr gesperrte) **Odertalstraße** entlang der Oder (grün), ein bequemer Weg auch für ältere Menschen und mit dem Kinderwagen. Bei der autofreien **4** **Waldgaststätte Rinderstall** zweigt der Wanderweg dann zur Innenstadt ab, mit roter Markierung (Oderteich – Gasthaus Rinderstall 8 km). Auf dem Harzer-Hexen-Stieg kann man vom Rinderstall recht steil bergan nach **Braunlage** (5 km) gehen. Dabei überquert man die Dammkrone des kleinen **Silberteiches,** der ebenfalls im 18. Jh. für den Erzbergbau angelegt wurde.

Aussicht von den Hahnenkleeklippen

Ein Aussichtspunkt auf das Rehbergmassiv und Odertal sind die nördlich des Hexen-Stiegs an der Hahnenkleer Waldstraße gelegenen Hahnenkleeklippen. Sie ragen aus einer steilen, 700 m breiten Felswand auf. Vom Parkplatz und der Bushaltestelle der Linie 850 „Königskrug" (Ortsteil von Braunlage, 1,5 km) sind die Klippen am bequemsten zu erreichen.

Praktische Tipps

Anreise

■ **Mit eigenem Fahrzeug:** zwischen B 27 und B 242 (Harzhochstraße).
■ **Per Bus:** Regionalbuslinien von Clausthal-Zellerfeld und Goslar (840), Braunlage (820) und Herzberg (450).

Information

■ **Touristeninformation Sankt Andreasberg,** Am Kurpark 9, Tel. (05582) 80336, www.oberharz.de, Mo–Fr 9–17 Uhr, Sa 9–13 Uhr, Fe 10–13 Uhr.

Übernachtung

1 **Haus Sonnenschein**①, Katharina-Neufang-Straße 17, Tel. (05224) 6107, www.haus-sonnenschein-harz.de. Ruhig gelegenes Haus mit Ferienwohnung für vier und Appartement für zwei Personen, unweit des Bergwerksmuseums.
6 **Mindener Hexenhütte**①, Brauhausstraße 6, Tel. (0172) 5751237, www.ferienhaus-st-andreasberg.de. Stadttypisches Haus für acht Personen (Nichtraucher), drei Schlafzimmer, Küche mit allem nötigen Komfort, Unterstellmöglichkeit für Fahrräder, Ski usw., Kamin. Ideal für Familien oder Wandergruppen.
7 **Berghotel Glockenberg**②, Am Glockenberg 18, Tel. (05582) 219, www.hotel-glockenberg.de. Aussichtsreich am höchsten Punkt der Stadt, nahe des Skigebietes und der Wanderwege.

■ **Wohnmobilstellplatz „An der Grube Samson"**①, Tel. (05582) 80336 (Touristeninfo), ganzjährig 20 naturbelassene Stellplätze am Weltkulturerbe Grube Samson.

Der Harz im Regen

Es hilft ja nichts, so zu tun, als würde der Harz von der Sonne verwöhnt. Ja, es gibt hier auch diese flirrenden Sommertage und „im Tale grünet Hoffnungsglück", während der Brocken sich noch bedeckt hält; goldenen Herbst im Fichtenwald und satte Schattengrafik auf frischem Schnee. Prachtwetter eben, an solchen Tagen braucht man jemanden, der einen irgendwann doch einmal nach Hause schickt. Aber wie es sich für ein ordentliches deutsches Mittelgebirge gehört, zieht sich der Harz öfter mal einen ausdauernden Regen zu. Was lässt sich an solchen Tagen noch unternehmen?

Am besten: raus in die Natur, nun erst recht. Mit der passenden Bekleidung und vielleicht noch einem Schirm in der Hand (den manche Gastgeber bereithalten) sind noch immer viele Wanderungen möglich. Nun aber einmal auf einsameren Wegen, allein mit dem Wald und dem Wetter. Wann daheim im Alltag kann man das jemals erleben? An zahlreichen Stellen, vorwiegend an Kreuzungen von Wanderwegen, zum Beispiel am Harzer-Hexen-Stieg, stehen Schutzhütten (auf Wanderkarten verzeichnet), in denen man sich abtrocknen und alle die mitgebrachten Köstlichkeiten aufdecken kann. Auch das ist Picknick im Wald. Kinder lassen sich nicht nur abends im Bett gern etwas vorlesen. Manche **Geschichten** passen viel besser in eine einsame Waldhütte. An solchen Tagen empfiehlt es sich, auf bekannten oder kürzeren, geschotterten und eindeutig markierten Wegen zu gehen. Wichtig ist, ausreichend Essen und alkoholfreie Getränke mitzunehmen (nichts gegen das Bier oder den Tee mit Rum zur Rast, bei Unterkühlung ist Alkohol aber lebensgefährlich).

In dieser tausendjährigen Bergbaulandschaft bietet es sich zudem an, eines der spannenden **Besucherbergwerke** kennenzulernen. Unter Tage ist das Wetter gleichbleibend, 8–9 °C bei relativ hoher Luftfeuchtigkeit. Darauf sollte man sich mit der Kleidung einstellen. In den Erzstollen vergeht die Zeit schnell und mit Gewinn. Ebenso sind die **Rübeländer Höhlen** ein Ausflugsziel für Regentage.

Vielerorts laden **Museen** ein, deren Besuch sich etwa mit einer kleineren Wanderung und dem Mittagessen in einem typisch **Harzer Restaurant** verbinden lässt. Die Kinder werden nicht direkt widersprechen, wenn es in eines der **Freizeitbäder** geht.

Mit dem eigenen **Auto** ist jeder Harzort von jedem anderen aus schnell erreicht. Alternativ dazu bietet sich eine Fahrt mit den **Harzer Schmalspurbahnen** an, ergänzt durch An- oder Rückreise mit dem Linienbus. Langfristig gesehen, fallen im Hoch- und Oberharz deutlich mehr Niederschläge als im Unterharz und im Mansfelder Land. Vielleicht lässt sich besseres Wetter ja buchstäblich „erfahren".

◁ Eine Fahrt mit der Dampflok ist auch bei trübem Wetter schön!

Essen und Trinken

2 **Bierbar Zum Stollen**①, Am Gesehr, Tel. (05582) 999899, Mo–Sa ab 19 Uhr. Urige Bierkneipe mit Bergmannsflair.

3 **Waldgaststätte Rehberger Grabenhaus**①, Sankt Andreasberg, Tel. (05582) 789, www.rehberger-grabenhaus.de, Mai bis Okt. Di–So 9–18 Uhr, Nov. bis März Di–So 9–16.30 Uhr. Autofreies Ausflugslokal, Harzer Küche. Wildfütterung: Mi, Fr, Sa 16.45 Uhr. Die Gäste der Wildfütterung müssen sich anmelden und 16.30–19 Uhr anwesend sein.

4 **Waldgaststätte Rinderstall**①, Sankt Andreasberg, Rinderstall 1, Tel. (05582) 740, www.gaststaette-rinderstall.de, Do–Di, Fe 10.30–17 Uhr. Autofreie Waldgaststätte an Wanderwegen zwischen Sankt Andreasberg und Braunlage, Wandererkost, Harzer Küche, Terrasse, Kamin, Spielplatz.

5 **Speiserestaurant Fischer,** ①-②, Dr.-Willi-Bergmann-Straße 6, Tel. (05582) 739, www.speiserestaurant-fischer.de, Fr–Di 11.30–14 Uhr, 17.30–22 Uhr, Do 17.30–22 Uhr. Harzer Küche, Fisch und Wild, Vegetarisches.

Sport und Spiel

8 **Sommerrodelbahn,** mit Sesselbahn und Bikerpark. Skizentrum, Matthias-Schmidt-Berg 4, Tel. (05582) 265, www.alberti-lifte.de, tgl. 9–17 Uhr.

Wintersportzentrum Sonnenberg, Am Kurpark 6, 37444 Sankt Andreasberg, Tel. (05582) 513, www.skilifte-sonnenberg.de, Tageskarte 21/14 €. 6 km nördlich von Sankt Andreasberg, an der Harzhochstraße beim Oderteich, höchster Harzer Skiberg westlich des Brockens, Skilifte, Pisten, Rodelhänge, Snowtubing, Skischule, Skiverleih, Gastronomie.

Blick über das Odertal vom Wanderweg am Rehberger Graben

Abzucht | 117
Bergarbeitersiedlung
  Frankenberg | 116
Bergbaumuseum Rammelsberg | 117
Hahnenklee-Bockswiese | 121
Kaiserpfalz | 113, 114
Kirche St. Cosmas und Damian | 113
Markt, Oberstadt | 111
Okertal | 119
Turm am Teich | 117
Unterstadt | 109

3 Goslar

„Der Name Goslar" klang dem Dichter Heine „so erfreulich, und es knüpfen sich daran so viele uralte Kaisererinnerungen, daß ich eine imposante, stattliche Stadt erwartete. Aber so geht es, wenn man die Berühmten in der Nähe besieht."
Man entdeckt ein Fachwerkstädtchen mit wechselvoller Geschichte zwischen Kaiserstolz und Moderne und vor den Toren den Berg, aus dem das Silber kam, Blei, Kupfer und Zink, das die Kaiserstadt am Harzrand reich und berühmt machte.

1000 Jahre Geschichte zwischen Kaiserpfalz und Marktkirche

GOSLAR

Die Kaiser- und Welterbestadt Goslar in den nordwestlichen Ausläufern des Harzgebirges verbindet architektonische und bildkünstlerische Denkmale tausendjähriger Geschichte zu einem **unvergleichlichen städtebaulichen Ensemble.** Hier verläuft man sich gern, verirren freilich ist undenkbar. Die Altstadt und das ebenso betagte **Erzbergwerk** im Rammelsberg gehören zum Weltkulturerbe. Dabei ist Goslar (43.000 Einwohner) eine lebendige Kultur- und Einkaufsstadt mit zahlreichen Cafés, Restaurants und Geschäften mit vielfältigem Angebot. Nahe gelegene Ausflugsziele im Grünen sind der **Maltermeisterturm** am Rammelsberg, der Kurort **Hahnenklee-Bockswiese** und das **Okertal.**

Die Stadt liegt jeweils etwa eine Autostunde von Hannover und Göttingen entfernt, sowie am Schnittpunkt von Bahnlinien aus Hannover, Halle/Saale und Braunschweig. Bis zum Brocken sind es, über Bad Harzburg, 23 km.

Stadtgeschichte

Goslar war eine der bedeutendsten Städte des **mittelalterlichen deutschen Kaiserreiches** und über ein Jahrtausend lang **Zentrum des deutschen Erzbergbaus.** Am 30. Juni 1988 rollte unter dem Spalier der Kumpel der letzte Hunt mit Erz aus dem Stollen im Rammelsberg. Mehr als 30 Mio. Tonnen Erz hatte der Berg hergegeben.

Infolge des bereits jahrhundertelangen Bergbaus bestanden um das Jahr 1000 in den Auen am Flüsschen Gose mehrere Siedlungen, aus denen die Stadt Goslar hervorgegangen ist. „Der Reichtum des Rammelsberges an Silber- und vor allem Kupfererz war Anfang des 11. Jh. Ursache für die Gründung der Pfalz durch Kaiser Heinrich II.", heißt es in der Darstellung der UNESCO-Kommission für das Weltkulturerbe in Goslar. Der **Rammelsberg** war die Schatzkammer der Kaiser.

Bereits für die Jahre 1005, 1009 und 1015 wird die Pfalz urkundlich erwähnt, vermutlich als Bauwerk an der Stelle der heutigen Kaiserpfalz. Unter Kaiser *Heinrich III.* (1017–1056) entstanden 1045/1050 die **Stiftskirche St. Simon und Judas** und der **Saalbau der Kaiserpfalz.** Sie gelten als die bedeutendsten Bauwerke der Salierzeit. Nachdem *Heinrich III.* bei einem Jagdunfall ums Leben gekommen war, wurde sein Sohn, 1050 in Goslar geboren, zum König gekrönt. Der Vater ließ sein Herz in der Ulrichs-Kapelle begraben, der Körper ruht in Speyer.

Heinrich IV. war wohl eine exzentrische Persönlichkeit, einer der umstrittensten Herrscher des Mittelalters, was vielleicht kein Wunder ist, wenn man bereits als Kleinkind zum König gekrönt und verlobt wird (*Berta von Turin* war die Zugeordnete, sie heirateten dann und lebten getrennt). Sein Konflikt mit Papst *Gregor VII.* gipfelte in dem **Gang nach Canossa,** 1077, nachdem er exkommuniziert worden war. *Heinrich IV.* leistete Abbitte, der Kirchenbann wurde aufgehoben, was ihm die Macht im Reich sicherte. So jedenfalls sah er das, die Fürsten im Lande und sein eigener Sohn waren durchaus differenzierter Meinung. Sie wählten einen Gegenkönig. Was dann passierte, Gegenkönig und Gegenpapst, erneuter Bannstrahl und die Belagerung Roms, Gefangennahme des Vaters durch den Sohn *Heinrich V.* im Jahr 1104, hat mit Goslarer Stadtgeschichte weniger zu tun, wohl aber mit der Politik während der Reichstage auf der Pfalz.

NICHT VERPASSEN!

- Einer der großartigsten Plätze Deutschlands: der **Markt** | 111
- Die **Altstadt** an Gose und Abzucht | 116
- **Bergbaumuseum Rammelsberg** | 117
- **Stabkirche Hahnenklee** | 121

Diese Tipps erkennt man an der gelben Hinterlegung.

Großstadt des Mittelalters

Inzwischen war unter *Heinrich III.* die Goslarer Pfalz zu einem der wichtigsten Herrschaftsorte des Reiches aufgestiegen. Goslar hatte 5000 Einwohner, eine Großstadt des Mittelalters. Ihre wirtschaftliche Grundlage bildeten die Berg- und die Hüttenwerke, der Metallhandel und eine Münzprägestätte. 1219 erhielt Goslar **Stadtrecht**, im 14. Jh. wurde sie, inzwischen Mitglied der **Hanse**, Freie Reichsstadt.

Eine Urkunde des Bischofs *Johann I. von Brakel* sicherte der zur Unterstützung armer oder verunglückter Bergleute gegründeten Bruderschaft Sankt Johannis Schutz zu. Damit wird mit Datum vom 28. Dezember 1260 erstmals ein Hinweis auf **organisierte Sozialfürsorge** gegeben; der Ursprung der Knappschaft, die 1537 durch Rammelsberger Kumpel gegründet werden sollte, und der deutschen und europäischen Sozialversicherung. Für die Zeit um 1290 ist am Rammelsberg ein Hospital für erkrankte Bergleute belegt.

Im Jahr 1356 erwarb Goslar vom Herzogtum Braunschweig pfandweise Gericht und Zehnten am Rammelsberg, aber gegen Rückkaufrecht. Kurz darauf versiegten die Vorkommen, die Stollen soffen ab, hundert Jahre lang brachte die Arbeit nur taubes Gestein. Endlich 1460 kam der Durchbruch zu reichen Erträgen, die Goslar eine neue Blütezeit brachten. Dieses **goldene Zeitalter** ist dem Goslarer Stadtbild abzulesen.

Es währte bis 1525, als das Herzogtum sein Rückkaufrecht einzulösen begehrte. 1552 musste Goslar das schließlich in vollem Umfang akzeptieren. Die Stadt, in der inzwischen die Reformation eingeführt worden war, inmitten des katholischen Herzogtums, **verlor rasant an Bedeutung.** Der Dreißigjährige Krieg gab diesem Niedergang den Rest. 1728 und 1780 wüteten Brände in der Stadt. 1802 übernahmen die Preußen Goslar, damit endete die 512 Jahre währende Zeit als Freie Reichsstadt.

1859 wurden wieder Erzvorkommen im Rammelsberg entdeckt. Das brachte den Goslarern Lohn und Arbeit, aber die Stadt hatte **keine Besitzanteile** mehr an dem Berg. 1868 begann die Restaurierung der Kaiserpfalz.

Die **Nationalsozialisten** okkupierten die Salier für ihre Ideologie. Sie postulierten für Goslar, das durch Landwirtschaft nie aufgefallen war, den Propagandabegriff der „Reichsbauernstadt". So bekam der „Leiter des Reichsnährstandes" seine Auftritte. Wirtschaftlich interessant war wieder der Bergbau. Noch einmal wurde in den Rammelsberg investiert und unter anderem eine hochmoderne Aufbereitungsanlage errichtet.

Nach der Schließung des Bergwerkes wurde der Rammelsberg zum **Besucherbergwerk** und Museum mit internationalem Rang ausgebaut. Goslar pflegt für Kulturtouristen und als Stadt am Harz einen exzellenten Namen. Zudem bestimmen vor allem klein- und mittelständische Unternehmen das wirtschaftliche Profil der niedersächsischen Kreisstadt.

▷ Säulenkapitell der Vorhalle am ehemaligen Goslarer Dom

Sehenswertes

Die meisten sehenswerten Bauwerke und Kulturstätten liegen in der Unter- und Oberstadt entlang einer **Besichtigungsroute** zwischen der romanischen Klosterkirche Neuwerk, unweit des Bahnhofes, und der romanisch-neoromanischen Kaiserpfalz. Etwas abseits davon warten die historische Bergarbeitersiedlung Frankenberg und das Erzbergwerk Rammelsberg. Vom Bahnhof bis zur Kaiserpfalz geht man, ohne alle Besichtigungen, eine Viertelstunde; von der Kaiserpfalz bis zum Bergbaumuseum knapp eine halbe Stunde. An der Kaiserpfalz und am Bergbaumuseum gibt es ausreichend Parkplätze, in der Altstadt eher nicht. **Touristische Wegweiser** geben verlässliche Orientierung, sodass man sich ohne Stadtplan zurechtfindet.

Unterstadt

Das untere Altstadtviertel zwischen Bahnhof und Markt ist nach dem Wiederaufbau infolge von zwei Stadtbränden im 18. Jh. etwas jüngeren Antlitzes als die Oberstadt, aber doch sehenswert und zudem einladend mit seinen **zahlreichen kleineren Läden**.

Bahnreisende finden gleich nach der Ankunft auf die auch von nahen Parkplätzen aus gut erreichbare **Rosentorstraße,** die Magistrale der Unterstadt. Sie ist eine der ältesten Goslarer Straßen. Markant ist das 1910 erbaute, mit seinen unregelmäßigen Bruchsteinen burgartig wirkende Hotel „Der Achtermann". Das 1186 als Teil der Stadtbefestigung erstmals benannte **Rosentor** eröffnet den Weg auf die Einkaufsstraße.

Zwei etwas füllige Herrschaften sind bereits auf dem Weg: *Fernando Buteros* Skulptur „Mann mit Stock und Frau mit Schirm" ist eines von zahlreichen **Kunst-**

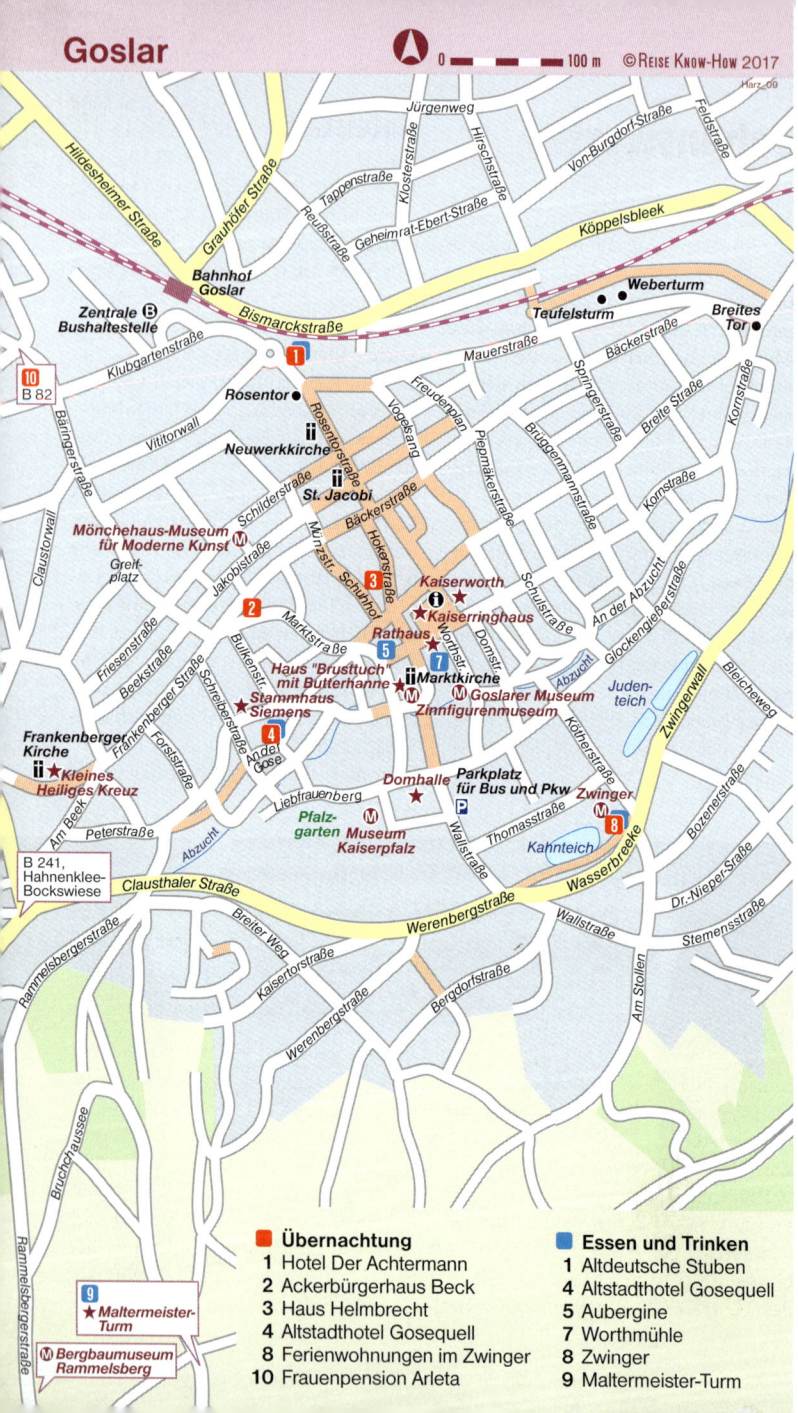

objekten, die im Goslarer Stadtraum zu entdecken sind. Neben diesem Werk des kolumbianischen Bildhauers zitieren Skulpturen von *Max Bill, Henry Moore, Viktor Vaserely, Josef Beuys, Richard Serra* und anderen bedeutenden Künstlern des 20. und 21. Jh. in der Fachwerkstadt deutscher Geschichte die internationale Moderne. Alljährlich beim Neujahrsempfang in der Kaiserpfalz wird der Preisträger des **Kaiserringes,** des weltweit renommierten Kunstpreises der Stadt, bekanntgegeben. Werke der seit 1975 auf diese Weise geehrten Künstler finden Eingang in das **Mönchehaus-Museum** der modernen Kunst, ein ehemaliges Ackerbürgerhaus in der Mönchestraße, und eben in den öffentlichen Raum. Preisträgerin 2017 ist die deutsche Künstlerin *Iza Genzken*, 2016 war es der US-amerikanische Konzeptkünstler *Jimmie Durham*.

■ **Mönchehaus-Museum,** Mönchestraße 1 (Rosentorstraße 27), Tel. (05321) 29570, www.moenchehaus.de, Di–So 10–17 Uhr, 5/1,50 €.

Mein Tipp: Die hochromanische **Neuwerkkirche** wurde mit ihrer Weihe im Jahr 1186 zum Zentrum des Zisterzienserinnenklosters Neuwerk. An der dreischiffigen Basilika gibt es vielgestaltigen romanischen Bauschmuck zu sehen. Die hohe Chorapsis mit ihren Kapitellen und filigranen Säulen ist eine Perle romanischer Steinmetzkunst. Fresken aus dem 12. Jh., zentral die thronende Maria, sind im Chor zu sehen. Nur wenige romanische Kirchen sind so stilrein erhalten geblieben wie diese. Eine Oase der Stille ist der intime **Klostergarten** an der Kirche.

■ **Romanischer Garten im Kloster Neuwerk,** Rosentorstraße 27, April–Okt. Mo–Fr 10–12 Uhr, 14.30–16.30 Uhr, Sa 10–12 Uhr.

Noch älter, aus dem Jahr 1073, ist die **Kirche St. Jakobi.** Mehrfach umgebaut, belegt sie als dreischiffige Hallenkirche mit Elementen der Gotik, der Renaissance und des Barock ihre wechselvolle Geschichte. Sie diente vor allem den Goslarer Handwerksgilden als Gotteshaus. Romanische Baukunst ist zum Beispiel in den Kapitellen der Säulen zu finden. Unter den Kunstschätzen dieser Kirche sind vor allem die spätgotische Pietà (1520) von *Hans Witten* und die barocken Seitenaltäre zu beachten.

Weitere wichtige Geschäftsstraßen in der Fußgängerzone sind die Hokenstraße – ihr Name ist vom Handel abgeleitet („verhökern") – und die Fischemäkerstraße; beide führen zum Markt und damit in die Oberstadt.

Der Markt in der Oberstadt

Das historische Ensemble des Marktes, mit Rathaus, Kaiserworth, Kaiserringhaus und den schieferverkleideten Fachwerkhäusern, bildet **einen der großartigsten Plätze Deutschlands.** Inmitten des weitflächigen und rege besuchten Platzes steht der **Marktbrunnen** aus dem 13. Jh. mit dem vergoldeten Reichsadler, dem Symbol der Reichsfreiheit und Wahrzeichen Goslars (freilich hier nur Replik, das Original wird in der Kaiserpfalz ausgestellt). Die untere Brunnenschale aus dem 12. Jh. ist der größte erhaltene Bronzeguss aus romanischer Zeit. Überragt wird der Platz von den ungleichen Türmen der **Marktkirche.**

Das **Rathaus** mit seiner zum Markt hin offenen Arkadenfront wurde im 15./16. Jh. erbaut. Ein Kleinod spätgotischer Architektur ist der farbenfroh ausgemalte **Huldigungssaal**, der zwischen 1505 und 1520 als Ratssitzungssaal geschaffen wurde und heute, neben einer Ausstellung zu seiner Geschichte, besichtigt werden kann.

■ **Huldigungssaal im Rathaus,** Markt, Tel. (05321) 78060, www.goslar.de, Ende März bis Anfang Nov. Mo–Fr 11–15 Uhr, Sa, So, Fe 10–16 Uhr, außer bei Sonderveranstaltungen, zusätzlich im Rahmen der Stadtführung „1000 Schritte durch Goslar", tgl. ab 10 Uhr, 3,50/1,50 €.

Das **Gildehaus der Tuchhändler** als Nachbar des Rathauses zeugt vom Selbstbewusstsein der „Worthgilde", der wohlhabendsten und einflussreichsten Bürger der Stadt. Es wurde im Jahr 1494 erbaut und in der Barockzeit mit acht farbigen Holzskulpturen der zwischen 919 und 1138 residierenden Kaiser geschmückt. Diese gaben der **Kaiserworth** den Namen, die nun seit fast 200 Jahren als Gasthaus und Hotel betrieben wird. Lebensfroh drastisch ist das neben den Kaisern dargestellte Dukatenmännchen; da weiß man, woher so mancher das Geld hat.

Dem Rathaus gegenüber steht das **Kaiserringhaus,** einst der Sitz des Stadtkämmerers, heute Hotel und Restaurant. Vom hohen Schiefergiebel ertönt viermal täglich (9, 12, 15 und 18 Uhr) ein Glockenspiel. Umlaufende Figuren zeigen an, woher Goslars Reichtum gekommen ist: vom Bergbau am Rammelsberg. Es erklingt das aus der erzgebirgischen Bergstadt Freiberg stammende und in

△ Der Marktplatz von Goslar mit dem goldenen Reichsadler und dem Kaiserringhaus (rechts)

allen deutschen Bergbaurevieren beheimatete Steigerlied „Glück auf, der Steiger kommt".

Hinter den beiden in stahlgrauem Schiefer gekleideten Fachwerkwohnhäusern rechts des Rathauses liegt der **Schuhhof**. Er ist der älteste Markt in Goslar, ein beschaulicher Platz mit Eiscafé. Die Arkaden des Schuhmacher-Gildehauses erinnern an das Markttreiben. In der Adventszeit erfreut der **Weihnachtswald** im Schuhhof seine Besucher.

Marktkirche St. Cosmas und Damian

Die mächtige Marktkirche St. Cosmas und Damian wurde im Jahr 1151 erstmals urkundlich erwähnt. Sie ist die **Rats- und Hauptpfarrkirche** der Stadt. Der Westriegel mit den beiden unverwechselbar ungleichen Türmen ist vielerorts in der Altstadt zu entdecken und gibt so Orientierung beim Stadtbummel. Zwischen den Türmen, in der Glockenstube, hängen drei Glocken (1848), die in Goslar gegossen wurden.

In der Kirche ist ein um 1250 entstandener, spätromanischer **Fensterzyklus** ausgestellt, der Szenen aus dem Leben und dem Martyrium der beiden Heiligen Cosmas und Damian, zweier frühchristlicher Ärzte, zeigt. Aus dem 16. Jh. stammen die Kanzel und das Taufbecken des Gotteshauses.

Der 66 m hohe **Nordturm** kann täglich bestiegen werden – über 232 Treppenstufen auf der „Himmelsleiter". In 56 m Höhe befindet sich die Türmerstube. Nur 60 cm niedriger ist der Südturm.

Mein Tipp: Fachwerkhäuser mit liebenswerten Details stehen am schattigen **Marktkirchhof**. Eines der prächtigsten Patrizierhäuser ist das **„Brusttuch"** genannte Haus gegenüber dem Südturm der Marktkirche. Es wurde 1521 erbaut und kennt auf trapezförmigem Grundriss kaum einen rechten Winkel. Das Fachwerkobergeschoss ist in den Knaggen, also den Konsolen zwischen den Ständern und auskragenden Deckenbalken, mit Bildschnitzereien verziert. Sie werden dem Braunschweiger Holzbildhauer *Simon Stappen* zugeschrieben, über dessen Leben aber fast nichts bekannt ist. Zwischen all den Figuren der Mythologie und den Tiergestalten findet sich eine Szene, die sich zum Goslarer Wahrzeichen herumgesprochen hat: die **„Butterhanne"**, wie sie mit der einen Hand eben buttert und sich mit der anderen versonnen hintenrum greift. Manch andere Szene im Gebälk ist nicht so eindeutig. Das „Brusttuch" ist Hotel und Restaurant, „Butterhanne" auch ein Wirtshaus am Marktkirchhof.

Das **Hospiz Großes Heiliges Kreuz** (Hoher Weg 7) wurde 1254 als Heim für alte und pflegebedürftige Bürger der Stadt gestiftet. Hier ist der **Handwerkerhof** zu finden, wo es kunsthandwerkliche Erzeugnisse aus Holz, Glas und anderen Werkstoffen zu kaufen gibt. Die Straße führt direkt zum Pfalzbezirk.

Kaiserpfalz

Das also ist kaiserliches Format. Auf einer Anhöhe, horizontfüllend, Distanz gebietend und anscheinend für alle Ewigkeit ragt sie auf, die Kaiserpfalz. Errichtet zwischen 1040 und 1050, war sie

Weltkulturerbe Kaiserpfalz Goslar

Baumeister der Kaiserpfalz war ab 1048 der durch *Heinrich III.* berufene spätere Bischof von Osnabrück, **Benno II.** (der am Bau der Harzburg und des Domes zu Speyer beteiligt war). Neben dem Kaiserhaus wurden eine Pfalzkapelle und die Liebfrauenkirche errichtet, die nicht mehr existieren, die Ulrichskapelle sowie die Bauten des Kollegiatstifts St. Simon und Judas. Dessen Stiftskirche, damals die größte Basilika rechts des Rheins, war im 19. Jh. so verfallen, dass sie 1819 an einen Steinmetzen auf Abbruch verkauft wurde. Nur die Vorhalle der Stiftskirche („Domvorhalle") blieb erhalten. Auch der im 12. Jh. entstandene Wohnpalast der Pfalz steht nicht mehr. Die beiden zentralen, übereinander liegenden Räume der Kaiserpfalz sind der Sommer- und der beheizbare Wintersaal, ersterer durch Rundbögen nach außen geöffnet.

So unerschütterlich wie der Anschein vorgibt, war die Kaiserpfalz dann doch nicht, ebenso wenig wie das Kaisertum. Nachdem sich 1254 mit *Wilhelm von Holland* letztmalig ein römisch-deutscher König in Goslar aufgehalten hatte, **verfiel die Anlage** bald. Schon 1289 zerstörte ein Brand viele Gebäude. Der Pfalzbezirk wurde dem Goslarer Stadtgebiet zugeordnet, der Saal als Gerichtsstätte, später als Lagerraum genutzt, die Ulrichskapelle ab 1575 als Gefängnis. Allmählich verschwanden die Steine eingestürzter Gebäude, sie wurden als Baumaterial verkauft. Im Unterschied zum Dom konnte der Abbruch des Kaiserhauses im 19. Jh. gerade noch verhindert werden. 1868 begann die **Restaurierung,** die im Jahr darauf durch einen Baustellenbesuch Kaiser *Wilhelms I.* nationales Format erhielt.

Das hatte allerdings seine Tücken. Mit dem Anbau der Freitreppe und eines Türmchens, den Nachbildungen der Braunschweiger Löwen, einem Arkadengang zur Ulrichskapelle und den Reiterstandbildern der Kaiser *Barbarossa* und *Wilhelm I.* sowie im Kaisersaal mit den pathetischen Wandbildern des Historienmalers *Hermann Wislicenius* (1825–1899) wurde das Kaiserhaus „leider so gründlich restauriert, daß sich die ursprüngliche Gestalt kaum noch erkennen läßt", wie der Kunsthistoriker *Max Osborn* 1924 anmerkte.

Als Teil der Altstadt von Goslar und zusammen mit dem Erzbergwerk Rammelsberg wurde die Kaiserpfalz 1992 in die **UNESCO-Liste des Weltkulturerbes** aufgenommen.

◁ „Gründlich restauriert": die Kaiserpfalz

damals der größte Profanbau auf deutschem Boden. Sie ist ein imposantes Denkmal für das **Reisekönigtum im Spätmittelalter**. Über 200 Jahre lang residierten hier immer wieder die Kaiser aus dem Geschlecht der *Salier*, wurde auf Reichsversammlungen und Hoftagen deutsche Geschichte geschrieben.

In ihrer heutigen Form ist die Kaiserpfalz wesentlich durch die Restaurierung zwischen 1868 und 1879 geprägt, die eher durch nationale Überhöhung als durch denkmalpflegerische Akribie bestimmt war (siehe Exkurs). Seitdem ist diese Anlage sowohl Denkmal romanischer Profanarchitektur von Weltrang als auch herausragendes Zeugnis nationalen Hochgefühls unmittelbar nach der Reichsgründung 1871.

Eine **Ausstellung** in den Gewölben des Erdgeschosses zeigt mittelalterliche Kunstschätze, wie den bronzenen Kaiserthron. Im **Reichssaal** werden bei Führungen die Wandmalereien von *Hermann Wislicenius* zur Geschichte des Heiligen Römischen Reiches erläutert. Hier werden Konzerte gegeben. Bei der Besichtigung von außen verdient die **Ulrichskapelle** besondere Beachtung, sie ist, nicht zuletzt ihrer langjährigen Nutzung als Gefängnis wegen, das authentisch erhaltene romanische Bauwerk der Kaiserpfalz. In der Unterkapelle ruht in einem Sarkophag das Herz des 1056 verstorbenen Kaisers *Heinrich III*.

Nur noch die Eingangshalle blieb von der Stiftskirche St. Simon und Judas stehen, nachdem das zeitgleich mit der Kaiserpfalz entstandene Bauwerk im Jahr 1819 zum Baumaterial erklärt worden war (siehe Exkurs). „Wir leben in einer bedeutungsschweren Zeit", resümierte *Heine*, „tausendjährige Dome werden abgebrochen und Kaiserstühle in die Rumpelkammer geworfen." In der verglasten **„Domvorhalle"** sind nun Fragmente der romanischen Bauten des Pfalzbezirks sowie eine Kopie (das Original steht im Museum) des Kaiserstuhls zu sehen. Über ihn schreibt *Hans-Jürgen Geerdts* in „Wanderer im Harz" (Dresden 1958), eine Klempnermeisterswitwe habe den „merkwürdigen Stuhl" 1809 auf einer Auktion für 27 Taler erwerben und später für 475 Taler wieder losschlagen können, „1875 kehrte er nach Goslar zurück".

Gleich hinter diesem Bauwerk gibt es einen großen **Parkplatz** (auch für Busse), der günstigste Startpunkt für Altstadtrundgänge. Von hier bis zum Besucherbergwerk und Museum Rammelsberg sind es 2,5 km. Der Stadtrundgang führt nun aber zunächst in das historische Bergmannsviertel Frankenberg und damit endlich an das für Goslar so wichtige Flüsschen **Gose**. Oder die **Abzucht**. Mal so, mal so; beide vereinen sich in der Stadt und streben unter dem Namen Abzucht der Oker zu.

■ **Kaiserpfalz,** Kaiserbleek 6, Tel. (05321) 311 9693, www.goslar.de, April bis Okt. tgl. 10–17 Uhr, Nov. bis März tgl. 10–16 Uhr, 7,50/4,50 €, Familienkarte 16,50 €.

Eine Gose, zum Wohle

Gose, das passt doch hier gut zu tausend Jahren deutscher Geschichte, ist auch der Name des **Goslarer Bieres**. Schon im Jahr 1397 war jemand nüchtern genug, darüber etwas zu Papier zu bringen, denn es ging um einen Rechtsstreit. Aber bereits 995 soll König *Otto III.* das Getränk gelobt haben. Gebraut wurde die Gose mit dem Wasser des namengebenden Goslarer Flüsschens, was zu Anweisungen Ursache gegeben haben soll wie dieser: „Hiermit wird bekannt gemacht, dass keiner in die Gose macht, denn morgen wird gebraut", es ging noch etwas drastischer zu formulieren. Die Gose ist ein obergäriges Weizenbier, das sich durch einen charakteristisch mildsäuerlichen Geschmack auszeichnen soll. Heute kommt sie aus dem Brauhaus Goslar. Somit hat die Stadt, wie Köln (Kölsch) und Berlin (Berliner Weiße), eine eigene Biersorte. Kenner stoßen an mit „Goseanna".

Bergarbeitersiedlung Frankenberg

Die **Abzucht** ist ein Gebirgsbach, welcher die südöstliche Altstadt durchquert und an dessen Ufern sich sehenswerte Fachwerkhäuser schmiegen. „An der Gose" und „An der Abzucht" sind Adressen einiger der ansprechendsten Winkel Goslars.

Hinter der Kaiserpfalz liegt am Hang der kleine **Pfalzgarten** mit der Skulptur „Goslarer Krieger" des ersten Kaiserring-Trägers, *Henry Moore* (1898–1986). Dort ist der Weg zum Rammelsberg ausgewiesen. Noch vor Überquerung der Clausthaler Straße (B 82) zweigt rechts die kurze Bergstraße ab, diese führt auf die stille Ziegenstraße, die wiederum auf dem **Frankenberger Plan** mündet, inmitten der historischen Bergarbeitersiedlung Frankenberg. Hier lebten einst viele der Bergleute aus dem Rammelsberg, die Zugewanderten galten eben pauschal als „Franken". Der Frankenberger Plan ist ein liebenswerter Ort abseits der touristischen Wege, von hier aus bis zum Markt lohnt es sich, an den Ufern der Gose müßig entlangzustreifen.

Ein farbenfroher **Brunnen** (1951) inmitten des Platzes ragt aus einer spätmittelalterlichen Brunnenschale auf. Das **Kleine Heilige Kreuz** war eines von zehn Hospitälern in der Stadt, es wurde 1394 erstmals erwähnt und dient als Gemeindezentrum.

Oberhalb des Platzes steht die romanische **Frankenberger Kirche.** Die dreischiffige Basilika wurde im 12. Jh. auf dem höchsten Punkt der Stadt erbaut. Sie war die Pfarrkirche der Bergleute. Ihre Glocken läuteten die Schicht ein. 1250 wurde die Kirche eingewölbt. Der barocke Haubenturm entstand nach Abbruch der beiden Westtürme 1784. Sehenswert sind der Konsolbogenfries am Südeingang, die romanische Steinmetzkunst in den Säulen und Kapitellen und die Wandmalereien aus dem 13. Jh.

Am Altstadthotel „Gosequell" vorbei, folgt der Stadtrundgang nun der Abzucht, mit einem Abstecher zur **Schreiberstraße.** Dort steht das Stammhaus der Industriellenfamilie **Siemens.** Es wurde 1693 erbaut und ist eines der größten und besterhaltenen Fachwerkhäuser in Goslar. Bei Gruppenführungen der Stadtinformation oder nach Anmeldung kann es besichtigt werden.

▷ Fachwerkhäuschen an der Abzucht

Museum an der Abzucht, Turm am Teich

Über die Bergstraße und den Hohen Weg gelangt man mit wenigen Schritten wieder auf den Markt. Weitere sehenswerte Orte in der Altstadt sind das **Goslarer Museum** (an der Abzucht) mit Exponaten zur Stadtgeschichte und einem Teil der Ausstattung der ehemaligen Stiftskirche St. Simon und Judas, der **Zwinger** als einer der mächtigsten Befestigungstürme Europas, und dort die **Grünanlage** mit Spazierwegen um Kahnteich und Judenteich. In dem 1517 erbauten Turm gibt es ein Museum des späten Mittelalters und ein Restaurant.

■ **Goslarer Museum,** Königsstraße 1, Tel. (05321) 43394, www.goslar.de, April bis Okt. tgl. 10–17 Uhr, Nov. bis März tgl. 10–16 Uhr, 4/2 €, Familienkarte 9 €. Geschichte und Kunst der Stadt in der 1514 erbauten Stiftskurie, 1000 Jahre Alltag in Goslar, Geologie, Mineralogie, Münzsammlung mit über 1000 Goslarer Prägungen.

■ **Museum im Zwinger,** Thomasstraße 2, Tel. (05321) 43140, www.zwinger.de 15. März bis 30. Okt. Di–So 11–16 Uhr, ganzjährig für Gruppen ab zehn Pers., 3/2,50 €. Mittelaltergeschichte in einem Befestigungsturm mit 6,50 m starken Mauern, viele Erlebnisse für Kinder, Ferienwohnungen siehe unter „Praktische Tipps, Übernachtung".

Bergbaumuseum Rammelsberg

Das **Weltkulturerbe** eines über eintausend Jahre lang tätigen Erzbergwerkes liegt im Süden der Stadt, im Rammelsberg (635 m). Erstmals urkundlich erwähnt wurde der Bergbau an diesem Ort im Jahr 968, gegraben und gefördert wurde hier schon mindestens seit dem 3. Jh. n. Chr. Am 30. Juni 1988 verließ der letzte mit Erz beladene Hunt den Stollen.

Die terrassenförmig am Berg aufsteigenden Aufbereitungshallen und anderen übertägigen Anlagen wurden in den

1930er Jahren durch *Fritz Schupp* und *Martin Kremmer* erbaut, die beiden **bedeutendsten Architekten von Bergwerksanlagen** im 20. Jh.

Besuchern stellt sich das Bergwerk auf den ersten Blick dar, als ob gerade Tag der offenen Tür wäre und morgen die Arbeit weiterginge. Sie betreten es über die **Lohnhalle** und **Kaue (Haus L)**. Hier ist der Empfangsbereich mit der Kasse, dem Buch- und Andenkenladen und einem Bistro.

In der **Erzaufbereitungsanlage (Haus A)** verdeutlichen mediale Installationen die Vorgänge im Erdreich, die vor 350 Mio. Jahren zur Entstehung der Rammelsberger Lagerstätten geführt haben. Bewundernswerte Mineralien aus dem Rammelsberg sind hier zu sehen. Ein Grubenführer erläutert in der „Aufbereitungstour" die technischen Anlagen, mit denen das Erz vom tauben Gestein gelöst wurde.

In der **Kraftzentrale (Haus K)**, wo der elektrische Strom für das Bergwerk erzeugt wurde, ruht neben den abgeschalteten Kompressoren für die Druckluft der 1988 von *Christo* und *Jeanne-Claude* verhüllte letzte Hunt.

Geschichte, Technik und Wirtschaft des Bergbaus werden im **Magazin (Haus M)**, in der kulturhistorischen Ausstellung des Museums, thematisiert. Im Mittelpunkt des Interesses steht die vom Bergbau geprägte Alltagskultur. Hier berichten ehemalige Bergleute von ihrer Arbeit.

Führungen unter Tage gibt es mehrmals täglich (ohne Anmeldung) durch das 200 Jahre alte System des **Roeder-Stollens**. Benannt ist er nach dem Goslarer Oberbergmeister *Johann Christoph Roeder* (1729–1813). Die Durchfahrung – zu Fuß – folgt durch niedrige, tropfende Gänge dem Weg des Wassers, das in den Stollen geleitet wurde, um jeweils zwei meterhohe Räder für die Erzförderung und für die Hebung der Grubenwässer (siehe Exkurs „Das Oberharzer Wasserregal") in Bewegung zu setzen.

Ebenfalls mehrmals täglich, ohne Anmeldung, fährt die **Grubenbahn** 500 m bis zum Richtschacht (1911) und somit durch den **Bergbau im 20. Jh.** Funktionsfähige Maschinen sind zu sehen, die den Bergbau mechanisierten.

Eine Sensation ist der **Rathstiefste Stollen** aus dem 12. Jh., und seine vierstündige Befahrung in bergmännischer Kleidung ein körperlich herausforderndes Abenteuer. Der älteste erhaltene Wasserlösungsstollen Europas wurde innerhalb von 30 Jahren auf über 1000 m Länge aufgefahren. Für diese Tour in Gruppen bis acht Personen ist eine Anmeldung erforderlich.

Führungen über Tage erschließen täglich die **Erzaufbereitungsanlage** von 1936 sowie, auf einer dreistündigen Wanderung, die vielfältigen **Bergbauspuren** in der Kulturlandschaft des Rammelsberges. Eine ebenso ausführliche Tour verbindet den Rammelsberg mit der **Altstadt von Goslar**, mit besonderem Blick auf die Bergbauspuren in der Kaiserstadt.

■ **Weltkulturerbe Rammelsberg,** Museum und Besucherbergwerk, Bergtal 19, Tel. (05321) 750130, www.rammelsberg.de, tgl. 9–18 Uhr, 13/8 € (Museum, eine Führung), 20/13 € (Museum, drei Führungen).

Der **Maltermeisterturm** ist die wahrscheinlich älteste erhaltene übertägige

Bergbauanlage Deutschlands. Von Goslar und vom Museum führen markierte Wege zu dem trutzigen Türmchen, das 1548 erstmals urkundlich erwähnt, aber wohl schon im 13. Jh. auf einer Halde am Rammelsberg errichtet wurde. Es diente als Anläutturm sowie dem für die Holzwirtschaft im Bergbaubetrieb zuständigen Maltermeister (Malter = altes Holzmaß) als Wohnstätte. Heute ist hier eine Ausflugsgaststätte, von der Terrasse (419 m) bietet sich ein Panoramablick über Goslar und das Harzvorland.

Wandern im Okertal

Stadtnahe Wandergebiete sind der von einem Radweg (17 km) und mehreren Wanderwegen umgebene **Granestausee,** die der Trinkwassergewinnung dienende größte Talsperre des Westharzes–, und das **Okertal** mit seinen Klippen.

Die Oker entspringt am Bruchberg bei Altenau in 900 m Höhe und hat sich südwestlich von Goslar ein abwechslungsreiches Tal geschaffen. Der Fluss wird von der B 498 begleitet und ist somit von Goslar und von Altenau schnell zu erreichen. Bahnreisende fahren bis Haltepunkt Oker (Hannover – Bad Harzburg), von dort bis zu den Kästeklippen sind es 8 km. Von Bad Harzburg fährt der Linienbus 866 (keine Fahrradmitnahme) zu den Kästeklippen. Die Wege vom Tal zu den Klippen sind meist mit steilen Anstiegen verbunden.

Neben der Okertalsperre und dem Romkerhaller Wasserfall (siehe „Altenau und Schulenberg") sind es vor allem die nahe beieinander liegenden **Kästeklippen, Mausefalle** und **Feigenbaumklippe,** die Wanderer in das Okertal locken. Besonders verführerisch ist es hier im Herbst zur Laubfärbung.

Die **Kästeklippen** (605 m) sind eine wollsackverwitterte Granitformation mit Aussicht auf das Okertal und das Harzvorland. Einer schaut hier schon immer ins Tal: der „**Alte vom Berge**". Das Granitgebilde erinnert an den Kopf eines Mannes, der gedankenversunken, manche meinen mürrisch, in die Landschaft blickt. In der Nähe lädt die Waldgaststätte Kästehaus ein (siehe „Bad Harzburg").

Einen noch besseren Blick bietet das Felsgebiet der **Feigenbaumklippe,** am Wanderweg zum Romkerhaller Wasserfall. Der Granitfelsen kann über schmale Stufen bestiegen werden. An diesem Weg steht auch die **Mausefalle,** ein scheinbar fragiles Gebilde, das die Natur dort geschaffen hat. Im Falle eines Falles würde diese Falle wohl nicht nur Mäuse erschlagen. Auch dieses Gebilde entstand durch die für den Harzgranit typische **Wollsackverwitterung.**

Auf dem **Treppenstein,** nördlich der Kästeklippen, mag sich manche Geschichte ereignet haben, in die man sich angesichts der in den Stein gehauenen Stufen hineinträumen kann. Das Felsplateau ist etwas für Wanderer, die sich auf ihr Geschick und nicht auf Geländer und abgesicherte Wege verlassen wollen.

Das Okertal ist **eines der bedeutendsten Klettergebiete Niedersachsens.** Der Zieten, die Marienwand, die Treppenstein- und Kästeklippen bieten beliebte Wege für Bergsteiger.

Wollsackverwitterung

Eine sofort einleuchtende Metapher, an Orten wie den Kästeklippen im Okertal oder den Leistenklippen im Hochharz. Sie bezeichnet erdgeschichtliche Vorgänge vor allem im Tertiär, bei denen die unterirdischen Granitmassive durch Wasser und die darin gelösten chemischen Substanzen angegriffen und an den sensibelsten Stellen aufgebrochen wurden. Die dabei entstandenen Kanten und Ecken waren in der Folge der Verwitterung besonders ausgesetzt, so bildeten sich die **charakteristischen Rundungen und Wülste** heraus. Das Erdreich und die Gesteinskrümel wurden durch die Witterung nach und nach fortgespült, und so gerieten die „aufeinandergestapelten Wollsäcke" ins Freie. Dort entdecken und bewundern wir sie in ihrer Harmonie und Formenvielfalt als die Härtesten des Harzes, die mattgrauen Edelsteine dieses Gebirges. (Siehe „Brocken und Klippen – Wandern im Hochharz".) Besonders filigrane Felsgebilde sind die Schnarcherklippen im Elendstal bei Schierke, der Zieten und die Kästeklippen im Okertal sowie die Zeterklippen und Leistenklippen im Hochharz.

Hahnenklee-Bockswiese

Auch die auf einem bewaldeten Hochplateau idyllisch gelegenen Siedlungen Hahnenklee und Bockswiese, heute Ortsteile von Goslar, sind durch den **Bergbau** entstanden. Mehrere Teiche gehören zur Oberharzer Wasserwirtschaft. Heute wirken die beiden Ortschaften, als wären sie allein für die **naturnahe Erholung** und für den **Wintersport** errichtet worden. In Bockswiese gibt es einen kleinen **Kurpark und Wanderwege** zu den Flössteichen und Grumbacher Teichen. Der Ort liegt an einer Landstraße, die zwischen Clausthal-Zellerfeld und Goslar von der B 241 abzweigt. Von dort führt wiederum eine Kreisstraße nach Hahnenklee, die als Sackgasse endet. Ruhiger geht's kaum in einem **heilklimatischen Kurort,** dennoch sind beide auch sehr gut mit dem Bus (Linie 830 Goslar – Clausthal-Zellerfeld) erreichbar.

Auch in Hahnenklee gibt es einen Kurpark, die Kranicher Teiche können im Winter mit Schlittschuhen befahren werden. In dem übersichtlichen Ort findet man die für einen Urlaub wichtigsten Läden. Wer shoppen will, fährt nach Goslar. Das architektonisch bedeutendste Bauwerk in Hahnenklee ist die 1907 errichtete **Stabkirche aus Holz.** Sie ist eine freie Nachbildung der Stabkirche im norwegischen Borgund. Frei heißt hier vor allem, dass sie viel größer, für 350 Sitzplätze, angelegt wurde. Drei Jahre zuvor war bereits die kleine Stabkirche in Albrechtshaus bei Stiege (Selketal) gebaut worden. Diese wiederum orientiert sich an der Stabkirche Wang, die 1841 in Einzelteilen aus Norwegen in den Riesengebirgsort Brückenberg (heute zu Karpacz, Polen) gebracht und am Fuß der Schneekoppe wiedererrichtet wurde. Für den Bau aller dieser Kirchen wurden keine eisernen Nägel verwendet.

Die Hahnenkleer Stabkirche erinnert in vielen Details an die **Wikingerschiffe** und damit an die Frühzeit der Christianisierung. Ihr prächtiges Inneres wirkt überraschend licht. Eine Kostbarkeit birgt der Glockenturm. Vor den Gottesdiensten und sonnabends 15 Uhr sowie zu abendlichen Konzerten (Konzertplan unter www.stabkirche.de) erklingt das **Carillon,** ein Turmglockenspiel mit einem Tonumfang von 4 Oktaven. Es wurde zwischen 2002 und 2005 hier errichtet und beim Spiel ertönen 49 Bronzeglocken.

Wenn die Berliner Philharmoniker alljährlich ihr Freiluftkonzert zum Abschluss der Saison in der Waldbühne geben, wird als Zugabe traditionell die „Berliner Luft" angestimmt. Komponist dieser „Landeshymne" ist der Vater der Berliner Operette, *Paul Lincke* (1866–1946). Seine letzten Lebensjahre verbrachte er in Hahnenklee-Bockswiese, hier liegt er begraben. Am **Paul-Lincke-Platz** in Hahnenklee, bei der Talstation der **Bocksberg-Seilbahn,** stehen eine bronzene **Büste** des beliebten Komponisten und eine Litfaßsäule mit den Namen der Träger des Paul-Lincke-Ringes seit 1955. Dieser wird jährlich von der Stadt Goslar für besondere Verdienste um die deutsche Unterhaltungsmusik

Die Stabkirche in Hahnenklee

überreicht. Zu den Preisträgern gehören *Udo Jürgens, René Kollo, Klaus Doldinger, Max Raabe, Udo Lindenberg* und *Wolfgang Niedecken*.

Wintersportzentrum, aber auch zu den anderen Jahreszeiten ein beliebtes Ausflugsziel ist der **Bocksberg** (726 m). Seilbahn und Sessellift führen auf den Gipfel, dort warten Wanderwege und Loipen, eine Sommerrodelbahn, der Bocksbergbob, der Spiel-Aktiv-Park und die Gaststätte „Bocksberghütte". 1500 Meter misst die komplett beleuchtete Rodelbahn.

■ **Erlebnis Bocksberg,** Kabinenbahn, Sessellift und Rodelbahnen tgl. ab 9 Uhr, im Sommer bis 18 Uhr, im Winter bis Einbruch der Dunkelheit, zusätzlich ab Dez. Sa bis 21 Uhr Nachtrodeln. Bocksbergbob, Bikepark tgl. ab 9 Uhr, Restaurant Bocksberghütte tgl. 9.30–18 Uhr.

Einem Spaziergang gleicht die **Wanderung auf dem Liebesbankweg** rund um den Ort. Bestens geeignet auch für Kinder und Ältere. Auf 7 km laden 25 bildlich gestaltete Bänke ein, zum Beisammensein und zur Rast inmitten der Natur. Vom ersten Rendezvous bis zur Kronjuwelenhochzeit, so wird er wohl genannt, der 75. Hochzeitstag.

Praktische Tipps

Anreise

■ **Mit eigenem Fahrzeug:** zwischen A 7 und A 395 über die B 82 oder B 6.
■ **Per Bus:** Regionalexpress von Halle/Saale, Hildesheim, Hannover, Braunschweig.

Information

■ **Touristeninformation,** Markt 7, Tel. (05321) 78060, www.goslar.de, April bis Okt. Mo–Fr 9.15–18 Uhr, Sa 9.30–16 Uhr, So 9.30–14 Uhr, Nov. bis März Mo–Fr 9.15–17 Uhr, Sa 9.30–14 Uhr.
■ **Touristeninformation Goslar-Hahnenklee,** Kurhausweg 7, Tel. (05325) 51040, www.hahnenklee.de, April bis Okt. Mo–Fr 9–17 Uhr, Sa/So 9–13 Uhr, Nov. bis März Mo–Fr 9–16 Uhr, Sa/So 9–12 Uhr.

Übernachtung

1 Der Achtermann und Altdeutsche Stuben③, Rosentorstraße 20, Tel. (05321) 70000, www.der-achtermann.de, Mo–Fr ab 18 Uhr, Sa, So, Fe 12–15 u. ab 18 Uhr. Ruhig gelegenes Altstadthotel, Sonntagsbraten im Wehrturm.

2 Ackerbürgerhaus Beck①, Bäckerstraße 3, Tel. (05321) 21613, www.ackerbuergerhaus.de. Fachwerkhaus von 1592, mit allem Komfort eingerichtet, Innenhof, Nichtraucherwohnung für zwei Personen.

3 Haus Helmbrecht①, Schuhhof 4–5, Tel. (05321) 22656, www.helmbrecht-goslar.de. Allein wohnen in einem Fachwerkhaus aus dem 17. Jh., Wohnung für vier Personen (64 €) direkt in der Altstadt.

4 Altstadthotel Gosequell③, An der Gose 23, Tel. (05321) 34050, www.hotel-gosequell.de. Fachwerkhaus in einem der schönsten Winkel der Stadt. Bergmannsmahlzeit mit Gose-Bier.

8 Ferienwohnungen im Zwinger②, Thomasstraße 2, Tel. (05322) 554944, www.zwinger.de. Drei Wohnungen für drei bis sechs Pers. in einem der mächtigsten Befestigungstürme Europas, in der Etage zwischen Museum und Erlebnisrestaurant, groß, komfortabel, außergewöhnlich.

10 Frauenpension Arleta②, Am Nordberg 7, Tel. (05321) 25323, www.frauenpension-arleta.de. Sehr ruhig gelegene Pension am Waldrand, nur für Frauen, 20 Min. Fußweg vom Bahnhof Goslar oder Bus 830, vegetarisches Frühstück, mehrere Selbstfindungsangebote und Seminare.

■ **Hotel Hahnenkleer Hof**③, Parkstraße 24, Hahnenklee, Tel. (05325) 51110, www.hahnenkleerhof.de. Im hoteleigenen Park, alle Zimmer mit Balkon, Restaurant mit regionaler und internationaler Küche. Behindertengerecht.

■ **Haus Bergkristall**①, Höhenweg 4, Hahnenklee, Tel. (05325) 2668, kleine Pension zwischen Waldrand und Kurzentrum.

■ **Gästehaus Andrea**①, Kurhausweg 5, Hahnenklee, Tel. (05325) 2537, www.haus-andrea-hahnenklee.de. Zwei modern eingerichtete Ferienwohnungen, Frühstück kann gebucht werden.

■ **Ferienhaus Blume**①, Oberförster-Hermann-Müller-Weg 12, Hahnenklee, Tel. (0871) 26231, www.ferienhausblume.com. Bis 6 Pers., am Waldrand, mit Liegewiese.

Essen und Trinken

■ **Hotelrestaurants** siehe „Übernachtung".

MEIN TIPP: 5 Aubergine②, Marktstraße 4, Tel. (05321) 42136, www.aubergine-goslar.de, tgl. 12–15 und 17.30–23 Uhr. Mediterrane Küche in der Altstadt, Straßenrestaurant.

7 Worthmühle②, Worthstraße 4, Tel. (05321) 43402, www.worthmuehle.de, Mo–Fr 17–23 Uhr, Sa/So 12–14.30 und 17–23 Uhr. Harzer Spezialitäten und das berühmte Gosebier in einem der ältesten Fachwerkhäuser der Stadt, Biergarten.

9 Maltermeister Turm②, Rammelsbergstraße 99, Tel. (05321) 4800, www.maltermeister-turm.de, tgl. ab 11 Uhr. Ausflugsrestaurant mit Panoramablick über die Stadt und das Harzvorland, Terrasse, Kaminzimmer, serviert wird Harzer Küche passend zur Jahreszeit.

Weiteres Museum

■ **Zinnfigurenmuseum in der Lohmühle,** Klapperhagen 1, Tel. (05321) 25889, www.zinnfigurenmuseum-goslar.de, April bis Okt. Di–So 10–17 Uhr, Nov. bis März Di–So 10–16 Uhr, 4/2 €, Familienkarte 9 €. 50 Dioramen Goslarer Geschichte.

An der Marktstraße

Alexisbad	158
Ballenstedt	162
Baumannshöhle	136
Benneckenstein	132
Bodetal	144
Bode, Warme und Kalte	128
Elbingerode	135
Elend	128
Falkenstein, Burg	160
Friedrichsbrunn	144
Gegensteine	163
Gernrode	149
Güntersberge	157
Harzer-Hexen-Stieg	150
Harzgerode	163
Hasselfelde	138
Hermannshöhle	137
Hexentanzplatz	146
Mägdesprung	159
Osterteich	163
Rappbodetalsperre	131
Rosstrappe	145
Rübeland	136
Selketal	156
Sorge	128
Straßberg	158
Thale	141
Treseburg	144
Wendefurth-Stausee	135
Wendhusen, Kloster	147

4 Unterharz

Spektakuläre Felsszenerien, wildromantische Flusstäler, lieblich gewellte Hochebenen und interessante kleine Gebirgsorte sind im Unterharz, östlich des Brockens, auf rund 300 bis 600 Höhenmetern zu erleben. Rosstrappe und Bodetal, Rappbodetalsperre und Rübeländer Tropfsteinhöhlen, das freundliche Selketal und die romanische Stiftskirche in Gernrode sind einige der spannendsten Reiseziele im Harz.

◁ Amüsiertes Teufelchen am Hexentanzplatz

Unterharz West

NICHT VERPASSEN!

- Die **Rübeländer Tropfsteinhöhlen** | 136
- Wanderung durch das **Bodetal** zwischen Thale und Treseburg | 144
- Blick von der **Rosstrappe** ins Bodetal | 145
- **Burg Falkenstein** | 160

Diese Tipps erkennt man an der **gelben Hinterlegung.**

UNTERHARZ

Vom Fuß des Brockens kommen die Warme und die Kalte Bode. An ihren Ufern, zwischen Sorge und Elend, lassen sich erholsame Wanderungen mit dem Fahrrad oder zu Fuß unternehmen.

> Gespielin des Teufelchens von S. 124

Unterharz

Die **Rappbodetalsperre** ist Naturparadies und Abenteuerspielplatz. Grandios ist der Grand Canyon des Harzes, das **Bodetal** zwischen Treseburg und Thale. Zwischen Rosstrappe und Hexentanzplatz liegen Start und Ziel des Wanderwegs **Harzer-Hexen-Stieg**. Die romanische Stiftskirche in **Gernrode** ist ein Prachtbau ottonischer Architektur. Im **Selketal** kann man beim Wandern oder auf der Fahrt mit der Dampflok die Zeit vergessen.

Die Orte Benneckenstein, Elbingerode, Elend, Hasselfelde, Königshütte, Rübeland, Sorge, Stiege, Tanne und Trautenstein haben sich im Jahr 2009 zur Stadt **„Oberharz am Brocken"** zusammengeschlossen. Die Namensgebung ist irritierend und umstritten, da Verwechslungen mit der Samtgemeinde Oberharz (Bergstädte) möglich sind und die beteiligten Orte gar nicht am Brocken liegen. Der Stadtname wird deshalb hier nicht weiter verwendet.

Warme und Kalte Bode

Geboren am südlichen Fuße des Brockens, vereint zu Füßen der Königsburg. Die **Warme Bode** ist aus dem Zusammenfluss von Großer und Kleiner Bode entstanden und 2 °C wärmer als ihre östliche Nachbarin, die **Kalte Bode.** Die beliebteste Strecke der Warmen Bode ist das liebliche Tal zwischen den historischen Harzerholungsorten **Sorge** und **Tanne** und der Ruine der **Königsburg.** Begleitet wird sie von der Bundesstraße 242. Wenige Kilometer nördlich lockt die Kalte Bode in das wildromantische Elendstal zwischen den Orten **Schierke** und **Elend** sowie an die kleine Talsperre Mandelholz. Ihre Begleiterin ist die Bundesstraße 27. Zwischen Kalter und Warmer Bode, mit den Stationen Elend und Sorge, verkehrt die Harzquerbahn.

Zwischen Sorge und Elend

Nur 4 km vom Brockenwander- und Wintersportzentrum Schierke entfernt, liegt der kleine Erholungsort **Elend**. Sein Name geht auf eine sehr alte Flurbezeichnung zurück, die wohl von Ilsenburger Mönchen stammt und „fremdes Land" meint. In Elend steht die 1897 erbaute **kleinste Holzkirche Deutschlands.** Ein immer wieder lohnendes Ziel für kleinere Wanderungen ist das klippengespickte Elendstal der Kalten Bode. Im **Naturschutzgebiet** zwischen Schierke und Elend ist der ursprüngliche Mischwald des Harzes erhalten geblieben. So zeigt es sich besonders im Herbst

> Frühherbst im Bodetal

in einem prächtigen Kleid, erlebenswert ist es aber zu allen Jahreszeiten.

Zum Schutz vor Hochwasser wird die Kalte Bode in der kleinen **Talsperre Mandelholz,** direkt an der B 27, gestaut. Sie wurde 1952–1957 erbaut. Über die Dammkrone und um das Gewässer herum führt ein Wanderweg.

Bei **Königshütte,** das durch den Bergbau entstanden ist und als stiller Erholungsort einen guten Namen hat, vereinen sich Kalte und Warme Bode zur Bode. Oberhalb des Zusammenflusses ragt der Zacken der **Königsburg** auf. Vermutlich im 10. Jh. wurde sie zum Schutz der Handelsstraße an der Bodefurt errichtet. Die ottonischen Kaiser sowie *Heinrich II.* und *Heinrich III.* weilten hier. Der Ruinenturm kann erklettert werden und bietet eine erlebenswerte Aussicht bis zum Brocken. Im Ortsteil **Rothehütte,** ebenfalls nahe der B 27, bildet ein Bach in einem aufgelassenen Steinbruch einen 20 m hohen **Wasserfall.**

Nächste Station der Harzquerbahn auf dem Weg nach Nordhausen ist der winzige Ort **Sorge,** am Oberlauf der Warmen Bode. Sein Name soll vom mittelhochdeutschen Zarge = Grenze abgeleitet sein (vgl. den ebenfalls grenznahen Harzort Zorge), eine andere, weniger überzeugende Interpretation sieht den Ursprung in der naheliegenden Bedeu-

tung: sorgenvolles Leben. Bis 1989 lag Sorge an der deutsch-deutschen Grenze. Davon erzählt das **Grenzlandmuseum,** wo originale Grenzbefestigungsanlagen der DDR besichtigt werden können.

■ **Grenzlandmuseum Sorge,** frei zugänglich. Stempelstelle der Harzer Wandernadel.

Über die Harzhochstraße (B 242) erreicht man den Erholungsort **Tanne.** Seine Geschichte begann mit Eisen- und Kupferhütten schon im 13. Jh. Seinen Namen erhielt er wahrscheinlich von dem dichten Nadelwald. Sehenswert sind die barocke Holzkirche (1698) mit einem Flügelaltar aus dem 16. Jh. sowie die Aussichten vom nahen **Kapitelsberg** (535 m). Auf den Gipfel (mit Schutzhütte) führen mehrere Wanderwege, am Ziel gibt es einen Stempel für die Harzer Wandernadel (siehe Exkurs).

In Tanne wurde mit *Bjarne Ingmar Mädel* in der Hauptrolle und zahlreichen Statisten aus dem Ort die nachdenklich-schräge Filmkomödie **„Die Könige der Nutzholzgewinnung"** (2006) mit Regisseur *Mathias Keilisch* gedreht. Langzeitarbeitslose Holzfäller nehmen ihr Schicksal in die Hand, und die Säge.

Information

■ **Touristeninformation Elend/Tanne/Sorge,** Elend, Tel. (039455) 375, www.oberharzstadt.de, www.tanne-im-harz.de, www.harzinfo.de/sorge, Mai bis Okt., Feb. Mo–Fr 9–17 Uhr, Sa 10–13 Uhr, Nov. bis Jan., März, April Mo–Fr 9–16 Uhr, Sa 10–13 Uhr.

Übernachtung

■ **Hotel Grüne Tanne**②, Mandelholz bei Elend, Mandelholz 1, Tel. (039454) 460, www.mandelholz.eu, Restaurant Mai bis Okt. tgl. 7.30–22 Uhr, Nov. bis April Di–So 7.30–22 Uhr. Ruhig am Waldrand und an der Talsperre Mandelholz gelegenes historisches Haus, modern ausgestattet, Wellness-Angebote, Wild und Geflügel, Fischgerichte, vegetarische Küche.

■ **Hotel und Restaurant Am Felsen**①, Königshütte, Ackertklippe 1, Tel. (039454) 43163, www.am-felsen.de. Ruhig gelegenes Landhaus an der Kalten Bode, deutsche Küche, Pauschalangebot für fünf Übernachtungen mit kostenlosem Radverleih.

■ **Ferienpark Brocken**①, Elend, Bodeweg 2, Tel. (05525) 2285, www.ferienpark-brocken.de. Ferienhäuser für Familien und Wandergruppen, fünf bis 15 Personen, kostenloser Fahrrad- und Schlittenverleih.

Praktische Tipps

Anreise

■ **Mit dem eigenen Fahrzeug:** B 242 (Harzhochstraße).
■ **Per Bus:** Regionalbuslinien von Wernigerode und Benneckenstein (262).
■ **Per Bahn:** Harzer Schmalspurbahn von Wernigerode und Nordhausen.

▷ Die größte Wasserfläche im Harz: die Rappbodetalsperre

Rund um die Rappbodetalsperre

■ **Raststübel**①, Sorge, Am Köhlerberg 3, Tel. (039457) 3273, www.pension-raststuebel.harz.de. Ein kleines Haus mit gemütlichen Zimmern und Ferienwohnungen direkt an der Harzquerbahn, Station Sorge.

■ **Campingplatz Am Stern**①, Elend, Am Stern 1, Tel. (039455) 58817, www.harz-camping.com. Der höchstgelegene Campingplatz des Harzes, zwischen Schierke und Elend in wunderbarer Lage, ideal für Wanderer, Radfahrer, Mountainbiker, zwei skandinavische Holzhütten für je vier Personen 25 €, finnische Fasssauna.

Essen und Trinken

■ **Hotelrestaurants** siehe „Übernachtung".
■ **Restaurant Jägerstube**①, Sorge, Am Köhlerberg 3 (Raststübel, siehe „Übernachtung"), Mo, Di, Do, Fr ab 17 Uhr, Sa, So 11–14.30 Uhr, ab 17 Uhr. Harzer Küche an den Gleisen der Schmalspurbahn. Mit Terrasse.

Sie ist die **größte Wasserfläche im Harz.** Die Rappbodetalsperre wurde 1952–1959 erbaut, mit 106 m hat sie die höchste Staumauer Deutschlands. Gestaut werden die Rappbode – sie entspringt am Dreiländereck von Sachsen-Anhalt, Niedersachsen und Thüringen in 575 m Höhe – sowie die Hassel und weitere Gebirgsbäche. Dem Stausee folgt die kleinere Talsperre Wendefurth, von dort fließt das Wasser in die Bode. Mit der längsten Doppelseilrutsche Europas und als Bikertreff ist die Talsperre ein Abenteuerspielplatz für Erwachsene.

047h dk

Spannend in der Umgebung sind die beiden **Tropfsteinhöhlen in Rübeland** und die beiden **Besucherbergwerke** in Elbingerode, exotisch die **Westernstadt Pullman City** bei Hasselfelde, erholsam das Hügelland am See und das luftige, brockennahe **Benneckenstein.**

Die Talsperre ist am besten über die Bundesstraßen 27 und 81 zu erreichen, die durch eine Landesstraße verbunden sind, die über die Staumauer führt. Hier verkehren die Buslinien 261 (Benneckenstein – Halberstadt) und 265 (Wernigerode – Allrode, über die Staumauer).

Luftkurort Benneckenstein

Am Oberlauf der Rappbode, südlich von Tanne (5 km), liegt der Luftkurort Benneckenstein. Er ist eine Station der Harzquerbahn. Reichlich 3 km südwestlich der Stadt treffen die Grenzen von Sachsen-Anhalt, Thüringen und Niedersachsen aufeinander. Diese zentrale Lage auf rund 520 Höhenmetern zeichnet Benneckenstein als einen **idealen Ausgangsort für Erkundungen des Gebirges** aus. Er ist der höchstgelegene Luftkurort in Sachsen-Anhalt. Mit dem Auto ist man in einer halben Stunde in Schierke am Brocken, in der Bergstadt Sankt Andreasberg oder in Thale an der Rosstrappe. Busverbindungen bestehen nach Wernigerode und Braunlage (Linie 262), Blankenburg (Linie 261) und Nordhausen (Linie 23).

Die stattliche **Laurentiuskirche** von 1852 beherrscht das Ortsbild. Ihr Altarraum ist nicht, wie sonst üblich, nach Osten, sondern nach Westen ausgerichtet. Es ist die dritte Kirche in diesem Ort, die erste verbrannte im Dreißigjährigen Krieg, die zweite war schon nach sieben Jahren baufällig. Diese nun zeichnet sich durch feine klassizistische Formen aus. Auf der Orgel (1852) werden in der Sommerzeit Konzerte gegeben.

Das älteste Haus von Benneckenstein ist das ihres berühmtesten Sohnes: das **Geburtshaus** des Organisten und Musiktheoretikers **Andreas Werckmeister** (1645–1706). Sein Verdienst ist es, die „wohltemperierte Stimmung" musikwissenschaftlich begründet und beschrieben zu haben. Das Fachwerkhaus befindet sich in der Unterstadt 34. Dem Haus gegenüber steht ein Denkmal.

Im **Haus des Gastes** gibt es neben der Kurverwaltung eine Heimatstube und die Boxerstube zu sehen – darin vor allem Erinnerungen an **Max Schmeling**, der sich vor den Olympischen Spielen 1936 in Benneckenstein in einem Trainingslager aufgehalten hat. Der Boxweltmeister ist Ehrenbürger der Stadt, die ihm ein Denkmal errichtet und einen Platz nach ihm benannt hat. Im nahen **Wilhelm-Schmidt-Park** gibt es einen Gondelteich, Spielplatz und Grillplätze.

Die Geschichte der Harzer Schmalspurbahnen wird im **Bahnhofsmuseum** authentisch und vielseitig – von der Pappfahrkarte bis zur Dampflok – erzählt. Verkehrsgeschichte gibt es auch im **Ostdeutschen Fahrzeugindustriemuseum** zu erleben. Hier steht und fährt so ziemlich alles, was schon in der DDR-Zeit auf Rädern unterwegs war. Während des Urlaubs **Panzerfahren** lernen und ausprobieren, auch das bietet Benneckenstein.

▷ Tierische Aussicht!
Besucherinnen an der Rappbodetalsperre

Rund um die Rappbodetalsperre

■ **Bahnhofsmuseum Benneckenstein,** Bahnhofstraße 23, Tel. (039457) 41010, www.bahnmuseum-benneckenstein.ag.vu, Di–Sa 10.15–16.15 Uhr, 2,50/1,50 €.
■ **Ostdeutsches Fahrzeugindustriemuseum,** Wernigeröder Straße 10, Tel. (039457) 2409, April bis Okt. Mo, Do, Sa, So 11–16 Uhr. DDR-Fahrzeuge und sowjetische Panzer, Spielzeugausstellung.

Die Geschichte, wie Benneckenstein zu seinem **Namen** kam, begegnet einem natürlich im Ort; *Hans Jürgen Geerdts* gibt sie in seinem Reisebuch „Wanderer im Harz" (Dresden 1957) wieder. Es war Winter, und da kam eine alte Frau, die setzte sich an den Straßenrand, um sich auszuruhen. Hätte draufgehen können, denn es schneite und schneite. Lief ein Jäger vorbei und setzte sich auf die Alte drauf. Hatte wohl keine Augen im Kopf, der Kerl. Da rief die Alte: „Wat sall en dat bedieten? Benn ek en S-tein?"

Natur und Abenteuer an der Rappbodetalsperre

Der von grünen Hügeln buchtenreich eingefasste, fast 4 km² große Stausee ist zunächst einmal eine Augenweide. Ein **Aussichtspunkt** liegt auf dem **Roten Stein** (503 m) an der Bundesstraße 81 (Parkplatz). Von dort sieht man zwar nicht die mächtige Staumauer, dafür aber die Natur in wunderbarer Ruhe. Noch einsamer war es früher hier, davon erzählt das **Köhlermuseum** im nahe gelegenen Sternberghaus. Das im Harz einst weit verbreitete, düster-geheimnisvolle Köhlerhandwerk, dessen anscheinend weltenferne Betreiber in so vielen Märchen vorkommen, wird hier an einem originalen Köhlerplatz vorgestellt. Ein Sack Harzer Holzkohle ist das beste Souvenir, einen deftigen Köhlerschmaus gibt es auch.

Aussichten von der Staumauer

Zur Staumauer gelangt man auf dieser Bundesstraße und dem nächsten Abzweig über die Landesstraße Richtung Rübeland. Wer lediglich einen Blick über die Staumauer erleben möchte, stellt das Auto am besten schon hier auf dem Parkplatz ab und läuft die wenigen Meter. Die entsprechende Bushaltestelle heißt „km 9" (Linien 261, 265 – diese fährt über die Staumauer). Links liegt das **Pumpspeicherbecken** der direkt anschließenden **Talsperre Wendefurth**. Mehrere Aussichtspunkte an beiden Seiten der Straße sind ausgeschildert. Den attraktivsten Blick auf Rappbode- und Wendefurth-Stausee hat man natürlich direkt von der Mauerkrone.

Inschriften am wasserseitigen **Tunnelportal** erinnern an den Bau der Talsperre als „Großbau des Sozialismus". Am 10. Jahrestag der DDR, 1959, wurde die Talsperre übergeben. Das DDR-Staatsemblem wurde bei der Sanierung 2003 durch Kreise ersetzt.

Durch den Tunnel (mit Fußweg) erreicht man den großen Parkplatz mit Imbissständen und den Zugang zum Informationspavillon. Dort bietet sich wieder ein großartiger Blick auf die Wasserflächen und die 415 m lange Staumauer. Im Pavillon ist eine Ausstellung zu sehen, die von der Urania (Gesellschaft zur Verbreitung wissenschaftlicher Kenntnisse) ehrenamtlich betreut wird. Der Zugang zur Aussichtsplattform und zum Pavillon kostet 2/1 €.

Nervenkitzel und Soundcheck

Den größten Andrang aber gibt es meist an dem Stahlgerüst, das zum Nervenkitzel führt: Wer schon immer mal mit Tempo 80 an einem Seil durch die Luft rauschen wollte, hier ist der Start. In luftigen 120 m Höhe beginnt die Fahrt an **Europas längster Doppelseilrutsche**, quer über den Stausee.

Floßpartie auf dem Stausee Wendefurth

Direkt daneben lädt mit 483 m eine der längsten **Seilhängebrücken** der Welt dazu ein, das Tal in rund 100 m Höhe schwankend zu überqueren. Auch im Nebel oder bei Regen. Wem das noch nicht genug Schritte ins Ungewisse sind, der kann sich in der Mitte der Brücke an einer 65 m langen **Seilschaukel** in die Tiefe stürzen.

An sonnigen Wochenenden wird hier noch einem anderen Abenteuer gefrönt. Dann treffen sich die **Motorradfahrer**, denen der „Soundcheck" im Tunnel und die kurvenreichen Fahrten um den Stausee Vergnügen bereiten. Abgesehen davon, dass hier nach der Einhaltung von Verkehrsregeln zu fragen wäre: Wer die Leidenschaft für PS nicht teilt, wird sich dabei weniger wohl fühlen. Im Tunnel werden extreme Lautstärken erreicht, zumindest für Kinder, Schwangere, Behinderte und Hunde unzumutbar. Riskant ist für die Fahrer der plötzliche Lichtwechsel von der Tunnelröhre zum Tageslicht auf der Staumauer.

Stausee Wendefurth

Das nordöstliche Ufer des Stausees Wendefurth zwischen Neuwerk und Wendefurth ist Teil des Harzer-Hexen-Stiegs (siehe Exkurs), ein angenehmer Weg mit Aussichtsplätzen. Von der 230 m langen Staumauer bietet sich ein Panoramablick über das Gewässer. Es dient dem Hochwasserschutz, kann also für Wassersport und andere Vergnügungen genutzt werden, etwa Floßfahren. Von April bis Oktober kann man die Staumauer von innen kennenlernen, dann werden Führungen angeboten.

Elbingerode

Das nördlich der Talsperre auf einer Hochfläche gelegene Städtchen Elbingerode (5300 Einwohner) war vom 13. Jh. an das Zentrum des **Eisenerzbergbaus** im Harz. In den letzten hundert Jahren bis 1990 wurde hier Schwefelkies gefördert. Bergbau wird hier noch betrieben, in Steinbrüchen am Rande der Stadt gewinnt eine Firma aus Goslar **Kalkstein**.

Beim Spaziergang über den **Markt** und die anliegenden Gassen sind einige sehenswerte **Fachwerkhäuser** zu entdecken. Die neogotische **Kirche** entstand, wie fast die ganze Innenstadt, nach dem großen Stadtbrand von 1858.

Bergbau

In die **Geschichte des Eisenerzbergbaus** führen das Schaubergwerk Büchenberg, nordöstlich der Stadt, und das Besucherbergwerk Drei Kronen & Ehrt im Südosten, an der Bundesstraße 27. Beide können im Rahmen von Führungen besichtigt werden.

Im **Büchenberg** wurde bis 1970 Eisenerz geschürft. Schon in der Außenanlage rund um das Empfangsgebäude sind historische Bergbaugeräte zu sehen. Von der Antriebsanlage der ehemals längsten Seilbahn Europas führt der Rundgang unter Tage zum Förderschacht und zu einem farbenprächtigen geologischen Aufschluss und den Erzlagerstätten mit originalen Maschinen. Der rund 600 m lange Rundgang ist für Rollstuhlfahrer geeignet. Am Bergwerk halten Linienbusse aus Wernigerode und Benneckenstein (Linie 262), Schierke (Linie 257) und Allrode (Linie 265).

Rund um die Rappbodetalsperre

■ **Schaubergwerk Büchenberg,** Büchenberg 2, Tel. (039454) 42200, www.schaubergwerk-buechenberg.de, Führungen zweistündlich 10–16 Uhr, Dauer 75–90 Min., 8/5 €, Familienkarte 23 €.

Vom Schaubergwerk aus lässt sich die bergbauliche Exkursion noch über Tage auf einem 7 km langen **Bergbaugeschichtlichen Lehrpfad** fortsetzen. Er führt an den Zechengebäuden vorbei zur alten Eisensteinstraße, dem Verbindungsweg zwischen den Gruben und Hütten, sowie zum Hermannschacht (1830) und Augustenstollen (1783), zu einem Tagebau für Schwarzen Porphyrit (1870), schließlich an Schachthalden und an Pingen (trichterförmiges Einsturzgelände infolge des Bergbaus) vorbei zum Bergwerk.

Im **Bergwerk Drei Kronen & Ehrt** wurden von 1530 bis 1990 Eisenerz sowie Pyrit gefördert. Hier befand sich eine der wenigen Lagerstätten von Pyrit (Schwefelkies), einem Ausgangsstoff für die Schwefelsäure- und damit Dünge- und Waschmittelindustrie, auf dem Gebiet der DDR. Den Rundgang im Bergwerk eröffnet die Fahrt mit der Grubenbahn. In der Grube wird zu den Erläuterungen die Bergwerkstechnik vorgeführt. Am Bergwerk hält der Bus Linie 258, Haltestelle „Mühlental", aus Blankenburg – Rübeland – Wernigerode.

■ **Besucherbergwerk Drei Kronen & Ehrt,** Altes Mühlenthal 16a, Tel. (039454) 42910, www.grube-einheit.de, Führungen stündlich 10–16 Uhr, 10/6 €.

Höhlenort Rübeland

Baumannshöhle

Zwischen Elbingerode und der Talsperre, an der Bundesstraße 27, wartet eine der größten **Besucherattraktionen** des Harzes. Die beiden **Tropfsteinhöhlen** in Rübeland zählen zu den spannendsten in Europa. Als *Georg Henning Behrens* 1703 in seiner „Hercynia Curiosa" (siehe Exkurs „Der Harz in der Literatur") die Baumannshöhle beschrieb, war diese seit beinahe zwei Jahrhunderten bei Harzreisenden bekannt. Offenbar so gut, dass der Reisebuchautor bedauern musste, dass in der Höhle „bey weiten nicht mehr so viel bewegliche Curiosa als vor Alters anzutreffen sind; indem die jährlich häufig ankommende curieuse Besucher von Jahren zu Jahren davon vieles zum Andencken mitgenommen haben auch selbige Höle oftmals gar von ungewaschenen Händen und Dieben also bestohlen worden daß auch dahero zu Verhütung weiterer Ruins der Eingang zu derselben mit einer verschlossenen Thür hat müssen verwahret werden …". Gesichert ist die Höhle seit 1688, unerlaubte Andenken wird sich niemand mehr einstecken können, selbst mit gewaschenen Händen nicht, sogar das Fotografieren ist in der Höhle verboten.

Die Baumannshöhle ist rund 400 Mio. Jahre alt. Sie entstand, wie die nahe Hermannshöhle (siehe weiter unten), im Erdzeitalter **Devon**. Ein Bergmann namens *Friedrich Baumann* soll sie 1536 bei der Suche nach Erz entdeckt haben. Sensationell waren die Funde von Knochen des ausgestorbenen **Höhlenbären**. Sie sind auf dem Großen Knochenfeld ausgebreitet.

Ihre außergewöhnliche Attraktivität erhält die aus mehreren Räumen zwischen 379 und 440 Höhenmeter bestehende Baumannshöhle durch die zahlreichen **Tropfsteine.** Sie stehen als Stalagmiten in der **Leuchterschlucht,** bilden das **Hamburger Wappen** und die **Palmengrotte** und zieren den **Goethesaal,** den größten dieser Höhle, der mit 300 Zuschauerplätzen für Theateraufführungen und als Standesamt genutzt wird. In der **Säulenhalle** sind besonders ansehnliche Stalagmiten und Stalagtiten zu bewundern. Der Höhle höchster Punkt heißt Himmelreich.

■ **Baumannshöhle, Hermannshöhle,** Blankenburger Straße (B 27), Tel. (039454) 49132, Baumannshöhle tgl. 9–15.30 Uhr, Hermannshöhle Juli, Aug. tgl. 9–17.30 Uhr, Feb. bis Juni, Sept., Okt. tgl. 9–16.30 Uhr, Nov. bis Jan. tgl. 9–15.30 Uhr, Führungen halbstündlich, Dauer 1 Std., eine Höhle: 8/5 €, Familienkarte 23 €, Kombikarte eine Höhle und Schaubergwerk Büchenberg: 14/8,50 €, Familienkarte 35 € (die beiden Höhlen liegen rund 400 m voneinander entfernt, Besichtigung nur mit Führung, nicht barrierefrei, Fotografieren und Filmen verboten, Hunde haben keinen Zutritt).

Hermannshöhle

1866 wurde beim Straßenbau die am rechten Bodeufer gelegene Hermannshöhle entdeckt. Sie ist noch größer als die Baumannshöhle, besteht aus drei Etagen und zeichnet sich durch reiche Tropfsteinplastik und glitzernde Kalzitkristalle aus, besonders in der **Kristallkammer.** Auch in dieser Höhle wurden Knochen des Höhlenbären entdeckt.

In den Jahren 1932 und 1956 wurden insgesamt 18 Exemplare des **Grottenolms** in einem künstlichen Höhlengewässer (Olmensee) ausgesetzt. 1985 lebten noch mindestens 13 Tiere, alles Männchen. Wie viele jetzt noch leben, weiß keiner genau. Der Grottenolm ist ein stets in Larvenform verbleibender europäischer Schwanzlurch, von dem nicht viel bekannt ist. Eine Lebenserwartung von 70 bis 100 Jahren wird diesem nahezu ausgestorbenen Tier zugetraut.

Beide Höhlen können nur im Rahmen von Führungen besichtigt werden, die jeweils rund 50 Min. dauern. Zu beachten ist, dass die Kategorie „Naturhöhle" auf die Gehwege durch die Höhlen zutrifft. Es gibt weitere Höhlen im Höhlenort Rübeland, die aber nicht besichtigt werden können.

■ **Hermannshöhle,** Informationen siehe „Baumannshöhle".

Rübelandbahn

MEIN TIPP: An ausgewählten Wochenenden verkehrt die Rübelandbahn auf Sonderfahrt. Ein Erlebnis für Bahnfreunde, so viel ist geblieben von der einst wirtschaftlich wichtigen Bahnverbindung auf Normalspur zwischen Blankenburg und Tanne. Bis in die 1950er Jahre hieß sie „Harzbahn" und transportierte vor allem Erz und Kalk. Spektakulär waren einige sehr steile Abschnitte, die sie mit Zahnradstange absolvierte. Ab den 1960er Jahren wurde die Strecke dann schrittweise stillgelegt. Ein **Verein** betreibt die Rübelandbahn für Fahrten zwischen **Blankenburg** und **Rübeland.** Die Fahrt mit der „Bergkönigin" genannten Dampflokomotive 95 027 dauert 40 Min.

■ **Rübelandbahn,** an ausgewählten Wochenenden von Feb. bis Dez., www.arbeitsgemeinschaft-ruebelandbahn.de, 10/5 €, Terminauskunft auch über Touristinformation Rübeland.

Hasselfelde

Der Wilde Westen liegt östlich des Brockens. In **Pullman City** lebt die legendäre Geschichte fort. Hier geht es zu wie in einer amerikanischen Westernstadt Mitte des 19. Jh. Aber ohne jegliche Verherrlichung von Gewalt, wie die Betreiber betonen. Die Ironie der Geschichte will, dass diese Touristenattraktion damit älter aussieht als das vor tausend Jahren erstmals erwähnte Harzstädtchen, an dessen Rand Pullman City im Jahr 2000 auf 10 ha errichtet wurde. Das auf einem Hochplateau gelegene Hasselfelde (3000 Einwohner) ist nach einem verheerenden Stadtbrand 1893 neu entstanden. Sehenswert ist der weitläufige **Marktplatz** um die neogotische Antoniuskirche.

■ **Westernstadt Pullman City,** Am Rosentale 1, Tel. (039459) 7310, www.westernstadt-im-harz.de, März bis Nov. tgl. 10–1 Uhr, 15/10 €, Familienkarte 33 €, Mo, Fr halber Preis, Fr, Sa ab 18 Uhr 5 €. Erlebnispark, Pferdekoppel, Tiergehege, Abenteuerspielplatz, Countrymusik, Tanz, Saloons, Läden, Museum. Übernachtung im **Grand Silver Star Hotel**②, **Hogan**②, im **Ranch House**② sowie mit eigener Campingausrüstung in der **Blockhütte**① bis acht Personen oder im **Fort William Clark**① bis 12 Personen.

An der Busstation (Linien 261 Benneckenstein – Blankenburg, 265 Wernigerode – Allrode) kreuzen sich mehrere **Wanderwege** mit dem **Harzer-Hexen-Stieg.** Eine Informationstafel gibt Auskunft. Bis zur Westernstadt sind es von hier 2,7 km. Nahe Wanderziele sind die Hassel-Vorsperre des Rappbodestausees (4 km), die Kleine (5,3 km) und Große Rabenklippe (6 km) mit Aussichten auf die Talsperre. Eine Tour bis Rübeland (16 km) unternimmt man am besten mit

www.fotolia.de © AlexF76

dem Fahrrad. Dabei überquert man die Überleitungssperre am Rappbode-Vorbecken der Talsperre und folgt der Wanderstraße „Die Lange" durch den Wald.

Hasselfelde ist Endstation einer Zweigstrecke der **Selketalbahn.** Der Zug fährt nach Stiege (auf dem Wanderweg sind es 5 km), dort ist der Umstieg Richtung Quedlinburg und Eisfelder Talmühle (Anschluss Harzquerbahn) möglich. Zwischen Eisfelder Talmühle und Hasselfelde gibt es einen 10 km langen Wanderweg.

Praktische Tipps

Anreise

- **Mit eigenem Fahrzeug:** zwischen B 4 und B 242 (Harzhochstraße).
- **Per Bus:** Regionalbuslinien von Nordhausen (23), Blankenburg (261), Wernigerode, Braunlage (262).
- **Per Bahn:** Harzer Schmalspurbahn von Wernigerode und Nordhausen.

Information

- **Touristeninformation Benneckenstein,** Bahnhofstraße 22c, Tel. (039457) 2612, www.benneckenstein.de, Mo, Di, Do, Fr 9–16 Uhr, jeden ersten und dritten Sa im Monat 10–13 Uhr.
- **Tourismusbetrieb Oberharz am Brocken,** Rübeland, Blankenburger Straße 35, Tel. (039454) 49132, www.oberharzstadt.de, Mo–Fr 9–16 Uhr.
- **Touristeninformation Elbingerode,** Markt 3, Tel. (039454) 89487, www.elbingerode.de, Mo–Fr 9–12.30 und 13.30–17 Uhr.
- **Touristeninformation Hasselfelde,** Breite Straße 17, Tel. (039459) 71369, www.hasselfelde.de, www.harzinfo.de/stiege, Feb., Mai bis Okt. Mo–Fr 9–17 Uhr, Sa 10–13 Uhr, Jan., März, April, Nov., Dez. Mo–Fr 9–16 Uhr.
- **Touristeninformation Trautenstein,** Schützenstraße 11, Tel. (039459) 71923, www.trautenstein.de, Mi, Do 8.30–14.30 Uhr (an den anderen Wochentagen über Touristeninformation Benneckenstein).

Übernachtung

- **Hotel Harzhaus**②, Benneckenstein, Heringsbrunnen 1, Tel. (039457) 940, www.hotelharzhaus.de. Traditionsreiches Hotel am Waldrand.
- **Hotel Zur Brockenbahn**②, Benneckenstein, Bahnhofstraße 20a, Tel. (039475) 40186, www.hotel-zur-brockenbahn.de. Direkt am Bahnhof, Biergarten, Harzer Küche, benachbart zwei Ferienwohnungen ab 15 € pro Person.
- **Hotel und Restaurant Bodetal**②, Rübeland, Blankenburger Straße 39, Tel. (039454) 40170, www.hexenstieg-hotel-ruebeland.de. Direkt an der Baumannshöhle, ideal für Wanderer.
- **Pension Talmühle**②, Elbingerode, Mühlental 10, Tel. (039454) 42563, www.pension-talmuehle.de. Kleines, familiäres Haus in der Natur, 1 km zum Besucherbergwerk.
- **Naturstamm-Ferienhaus**①, Benneckenstein, Gartenstraße 4, Tel. (03941) 606061, www.harzer-holzstammferienhaus.de. Aus naturbelassenen

◁ Die Antoniuskirche in Hasselfelde

Die Harzer Wandernadel

Stempeln gehen und sammeln. Die Vielfalt des Gebirges lässt sich bequem nach Hause tragen. An **222 sehenswerten Stellen** liegen Stempel bereit, mit denen Wanderer dokumentieren können, dort gewesen zu sein. Die Stempelstellen sind auf der Karte der Harzer Wandernadel, auf einigen weiteren Wanderkarten und im Internet (www.harzer-wandernadel.de) verzeichnet. In den Touristeninformationen lässt man sich den eigenen **Harzer Wanderpass** ausstellen (2,50 €), dort hinein kommen die Stempel. In welcher Reihenfolge, ist egal, aber es zählt jeder Stempel nur einmal. Wer acht Stempel gesammelt hat, kann sich die Harzer Wandernadel in Bronze überreichen lassen, 16 Stempel qualifizieren für Silber und 24 für Gold. Die Wandernadeln gibt es (jeweils gegen Schutzgebühr von 4 €) in den Touristeninformationen.

50 Stempel zeichnen das Wappen des **„Harzer Wanderkönigs"**, seine Wandernadel ist ein Unikat mit Halbedelstein. Zudem gibt es die Wandernadeln „Harzer-Hexen-Stieg" (neun Stempel an diesem Wanderweg), „Harzer Grenzweg" (alle 20 Stempelstellen am Harzer Grenzweg) und „Goethe im Harz" (28 Stempelstellen, die *Goethe* zugeordnet wurden und entsprechend gekennzeichnet sind). **„Harzer Steiger"** wird, wer 111 Stempel vorweisen kann, davon 22 von Bergbaustätten, und der **„Harzer Wanderkaiser"** hat alle 222 Orte besucht. Kinder werden mit mindestens elf Stempeln „Wanderprinzessin" oder „Wanderprinz".

Die **Stempelstellen** befinden sich zumeist an oder in Schutzhütten, bei Waldgaststätten, bei Aussichtspunkten und geologisch markanten Orten. Sie sind leicht zu erkennen an den robusten **Kästen,** in denen sich der Stempel und ein Stempelkissen befinden. Wer auf die Wandernadel verzichtet, kann sich die Stempel in das eigene Notizbüchlein setzen.

Anwärter auf die Wandernadel am Brocken

ated Fichtenstämmen erbaut, gemütlich, Fußbodenheizung und Kamin, bis vier Personen, der Hund ist willkommen, in der Ortsmitte ruhig gelegen.
■ **Appartementanlage Hermannshöhle**①, Rübeland, Blankenburger Straße 20, Tel. (039454) 89974, www.aahh.de. Familienfreundliche Wandererunterkunft, Halbpension möglich.
■ **Ferienhaus Kickels Hus**①, Neuwerk bei Rübeland, Ortsstraße 5, Tel. (039454) 48781, www.neuwerk-harz.de. Wohnungen im Landhausstil für vier bis neun Personen in einem Fachwerkhaus im Ortszentrum, 3 km zu den Tropfsteinhöhlen.
■ **Das grüne Haus**①, Neuwerk bei Rübeland, Oberdorf 86, Tel. (039454) 42445, www.das-gruene-haus.com. Ferienhaus mit drei Wohnungen für zwei bis 12 Personen, Blick ins Bodetal, direkt am Harzer-Hexen-Stieg.

Essen und Trinken

■ **Hotelrestaurants** siehe „Übernachtung".
■ **Gasthaus zum Fischer**②, Wendefurth, Am Stausee 2, Tel. (039456) 945, www.zum-fischer.de, Mai bis Okt. tgl. ab 11 Uhr, Nov. bis April Fr–So ab 11 Uhr. Forellen frisch aus der Bode, Hofladen, Blick zum Stausee.
■ **Wendefurther Bootsverleih**①, schwimmende Gaststätte auf dem Wendefurther Stausee, www.wendefurther-bootsverleih.de, April bis Okt. tgl. ab 10 Uhr. Fischgerichte auf der schwimmenden Terrasse, Floßfahrten und Forelle speisen, verschiedene Bootsarten zur Ausleihe.

Sport und Spiel

■ **Harzbad Benneckenstein**, Fischwiese 1, Tel. (039457) 2522, www.harzbad-benneckenstein.de, Di–Do 14–20 Uhr, Fr 14–21 Uhr, Sa, So, Fe 10–18 Uhr. Schwimmbecken, Rutsche, Baby- und Kinderbecken, Sauna.

Thale und das Bodetal

In der historischen **Eisenhüttenstadt Thale** verlässt die Bode die großartigste Felslandschaft des Harzes. Den Ausgang des Bodetals flankieren zwei Felsgebilde unbeschreiblicher Faszination: **Rosstrappenfelsen** und **Hexentanzplatz.** Die mit diesen Felsen verbundenen Überlieferungen zeichnen das Bodetal als **Sagenland** aus. Neben den Wanderwegen zu jeder Jahreszeit erwarten Kletterwald und Spielplätze, Sessellift und Kabinenseilbahn, Spaßbad und Industriemuseum die Besucher.

Geschichte

In Thale wurde seit dem 15. Jh. Eisen verhüttet. Das 1835 in Betrieb genommene erste Blechemaillierwerk Europas legte den Grundstein für die Thaler **Emailproduktion** von internationalem Ruf, die in der Thaletec GmbH, die aus dem Eisenhüttenwerk Thale hervorgegangen ist, fortgeführt wird.

Während des Ersten Weltkriegs wurden im Thaler Eisenhüttenwerk die dort entwickelten deutschen **Stahlhelme** produziert, ab 1934 besaß dieses Werk das Monopol dafür.

Wer in den 1960er und 1970er Jahren in der DDR aufgewachsen ist, kennt die „Stahlbau"-Metallbaukästen aus dem Metallspielwarenwerk Thale.

Schon im 19. Jh. war Thale ein beliebtes Reiseziel für **Wanderer** und für **Kurgäste,** vor allem aus Berlin. 1836 wurde

Thale und das Bodetal

die jetzt nicht mehr existierende Hubertusquelle für den Kurbetrieb erschlossen. Sie lieferte radonhaltiges Heilwasser. Berühmte Gäste in dieser Zeit waren *Heinrich Heine* und *Theodor Fontane* (s. Exkurs „Der Harz in der Literatur").

Sehenswertes

Bahnreisende erreichen Thale Hauptbahnhof zügig mit dem HEX (Harz-Elbe-Express) von Magdeburg über Halberstadt und Quedlinburg. Der historische **Bahnhof** (1862) wurde modernisiert und beherbergt nun die **Touristeninformation.** Parkplätze gibt es am Bahnhof sowie an der nahen Zufahrt zu den Seilbahnen (Weg ausgeschildert).

An einer ehemaligen Fabrikhalle direkt am Bahnhof leuchtet ein **Wandbild** aus Email im Sinne des Sozialistischen Realismus und in einer an *Fernand Leger* orientierten Formensprache. Es ist ein Werk des in Thale geborenen Malers **Willi Neubert** (1920–2011) und heißt „Internationale Solidarität" (1978). 2010 wurde es als Leihgabe aus Suhl (Thüringen) hier angebracht. Neubert war mit dem Eisen- und Hüttenwerk Thale sehr verbunden und befasste sich besonders mit der Emailtechnik in der Kunst und Architektur. Ein weiteres Wandbild von ihm, zum 300-jährigen Bestehen des Werkes (1985), befindet sich am Gebäude einer denkmalgeschützten Dampfmaschine auf dem einstigen Werksgelände, dem heutigen Großparkplatz für die Besucher der Seilbahnen und Erlebniswelt.

Dem Bahnhof gegenüber liegt der **Kurpark,** an dessen Rand Pensionen und Cafés sowie die **Bodetal-Therme** liegen – das Wellness- und Spaßbad mit Felsenblick. Im Park steht die neoromanische Kirche St. Petri (1908). Der Weg zum Bodetal führt auf der Bahnhofstraße am Park entlang bis zum Kreisverkehr (Ausfahrt zum Großparkplatz) und auf der Walter-Rathenau-Straße über die Bode. Hier steht die **Herz-Jesu-Kirche** (1911). Im **Hüttenmuseum** wird die Industriegeschichte von Thale lebendig gehalten, insbesondere die Entwicklung des Eisenhüttenwerkes. Vor dem Museum steht eine Dampfspeicherlokomotive. Nach Anmeldung (mindestens acht Personen) können Besucher die originale Dampfmaschine von 1911 besichtigen, ein Modell der Anlage gehört zur ständigen Ausstellung.

■ **Hüttenmuseum Thale,** Walther-Rathenau-Straße 1, Tel. (03947) 778572, www.huettenmuseum-thale.de, Di–So 10–17 Uhr, Vorführung der Dampfmaschine von 1911 April bis Okt. Mi, Sa 14 Uhr, sonst nur für angemeldete Gruppen, Museum und Dampfmaschine 5/3 €.

> Kraftvolle Bode

Wandern im Bodetal

Nach Überqueren der Bode nimmt die **Erlebniswelt Thale** ihre Besucher und die Wanderer im Empfang. Hier gibt es den **Kletterwald**, mit Kennenlerntouren von Baum zu Baum für Kinder und anspruchsvollen Wegen für erfahrenere Kletterer, den großen Spielplatz, die Talstationen der **Kabinenbahn** zum Hexentanzplatz und des **Sessellifts** zur Rosstrappe.

Treseburg

Wanderer durch das Bodetal nach Treseburg (10 km) bleiben einfach am Ufer des Flusses (Harzer-Hexen-Stieg) und finden sich schon bald zwischen **gewaltigen Granitfelswänden** wieder. Das klare Wasser der Bode rauscht über unzählige Gesteinsbrocken, die Felsgebilde und Hanghalden sind von dichtem Wald bewachsen, viele seltene Tiere und Pflanzen sind hier beheimatet. An der **Jungfernbrücke** kann man auf einem steilen Serpentinenweg aufsteigen und zum Tierpark sowie zum Hexentanzplatz wandern (von dort Rückweg nach Thale). Gleich nach dem Aufstieg bietet sich von der **La-Viers-Höhe** (benannt nach einem Forstmeister) ein großartiger Blick ins Bodetal und zur Rosstrappe. Der Aussichtspunkt ist Stempelstelle der Harzer Wandernadel (siehe Exkurs).

Im Bodetal aber folgen nun bald die **Teufelsbrücke** und der **Bodekessel**. Hier bilden bis zu 200 m hohe Felsen einen Talschluss, in den sich die Bode stürzt. Ein fantastischer Ort. Weiter geht es auf einem Naturlehrpfad entlang der Bode bis nach Treseburg. Das einstige Bergbau- und Flößerdorf ist einer der bevorzugten Erholungsorte des Unterharzes. Wunderbar ruhig ist es hier. Das **Uhrenmuseum** unternimmt eine Zeitreise in die Geschichte der Zeitmessung. Ein Rundblick bietet sich vom **Weißen Hirsch**. Von dort führt ein markierter Wanderweg zum Hexentanzplatz und nach Thale.

Friedrichsbrunn

Das am **Rambergmassiv** auf einer Hochebene (533 m) gelegene Straßendorf Friedrichsbrunn ist ein traditionsreiches Wintersportziel, als Wandergebiet auch in den anderen Jahreszeiten attraktiv. Skilangläufer finden drei Rundwege zwischen 4,5 und 14 km, es gibt Rodelhänge und Winterwanderwege. Im **Ski- und Heimatmuseum** wird die Geschichte des Ortes und des Wintersports am Bodetal anhand liebevoll zusammengetragener Exponate erzählt.

▷ Blick von der Rosstrappe ins Bodetal

Rosstrappe und Hexentanzplatz

Rosstrappe

Der kürzeste Weg zu einem der berühmtesten Aussichtspunkte des Harzes führt vom Bahnhof Thale auf die Rosstrappe (4 km). Im Bodetal, gleich hinter der „Erlebniswelt", zweigt der **Präsidentenweg** ab, der sich in weiten Serpentinen die Höhenmeter hinaufwindet. Dabei gibt es immer mal Aussichten nach Thale und eine Zwischenetappe am Berghotel. Bis dorthin fährt der Bus (Linie 263 Thale – Blankenburg). Die letzten Meter bis zum berühmten Felsen führen ohne größeren Anstieg durch den Wald. Endlich am Ziel, gibt es mehrere Aussichtsplätze für eine der großartigsten Naturszenerien des Harzes: Felsen und Wald bis zum Horizont, in der Tiefe der gezackte Canyon der Bode, und wenn die anderen Besucher ähnlich empfinden, eine geradezu berauschende Stille.

Die **Hufspur,** selbstverständlich auch sie ist hier sehenswert, gab dem Felsareal schließlich den Namen. Eine abgrundnahe Vertiefung im Granitfels. Ihr Format lässt erahnen, mit welch stattlichem Schimmel Brunhilde, die Königstochter, unterwegs war, als Böhmenkönig Bodo ihr heiratslüstern folgte. Am Rande des Bodetals, beim Hexentanzplatz, wo immer allerlei Sagenhaftes tanzt, setzte die Prinzessin zum Sprung an. Das Pferd trug sie über die Schlucht und setzte gar mächtig auf, just an diesem Ort zuerst mit dem Huf. So kündet die Rosstrappe von der tugendhaft mutigen Brunhilde. Und Bodo? Versagte, stürzte ab und versank samt Pferd im Fluss. Dort soll er, in einen schwarzen Hund verwandelt, die Krone der Brunhilde bewachen, die sie damals verloren hatte.

Hans Christian Andersen erzählt die Geschichte andersherum, was dem sagenhaften Sprung doch etwas mehr Grazie verleiht. Demnach ist das hier des Rosses der kraftvollen *Brunhilde* Absprungstapfen, über die Landung schweigt des Dichters Höflichkeit. Aber auch bei *Andersen* rabastert nun *Bodo* rastlos in der Bode.

Über die **Schurre**, einen steilen Weg durch die **Blockhalde**, könnte man nun in Serpentinen zur Teufelsbrücke im Bodetal absteigen und die Wanderung dort fortsetzen. Doch dieser Weg ist infolge eines Felssturzes seit Jahren gesperrt. Aktuelle Informationen wird man vor Ort und in der Touristeninformation Thale bekommen.

Hexentanzplatz

Vom vordersten Felsriff des Rosstrappenareals ist das gegenüberliegende Felsgebiet des Hexentanzplatzes mit dem Berghotel zu sehen, der Platz selbst aber zum Glück nicht. Wanderer gehen beim Spielplatz der Erlebniswelt im Bodetal über die Brücke und folgen dem blau markierten Weg bergauf. Bald wird die 1903 eröffnete Naturbühne des **Harzer Bergtheaters** erreicht. Das Amphitheater ist eine der ältesten Naturbühnen Deutschlands, sie bietet 1350 Zuschauern das Theatererlebnis vor märchenhaftem Panorama. Auf dem Programm stehen Schauspiel, Operette, Musical, Kindertheater und Konzerte.

Hier oben sollen sie also feiern, die Hexen in der Walpurgisnacht, bevor sie zum Brocken fliegen, um sich dort mit dem Teufel zu vermählen. Seit Ende des 19. Jh. ist dieser Ort mit dem **Hexenspektakel** verbunden. Schon in vorchristlicher Zeit sollen Feste zur Verehrung der Wald- und Berggöttinnen zelebriert worden sein. Als die frommen Franken das heidnische Treiben unterbinden wollten, wurden sie der Überlieferung nach von als Hexen verkleideten Sachsen verjagt. Heute geht hier ohne Hexe gar nichts, und das nicht nur zur **Walpurgisnacht** am 30. April, wenn 10.000 Gäste mit Musik, Lasershow und Feuerwerk und in absonderlichen Kostümen ein Volksfest feiern.

Die „altgermanische" **Walpurgishalle** (1901) ist ein Werk des Berliner Architekten *Bernhard Sehring* (1855–1941), von dem das Theater des Westens in Berlin (1896) und die Stadthalle Görlitz (1910) stammen. Über dem Portal wacht Wotan, in dem blockhausartigen Gebäude sind Wandgemälde von *Herbert Hendrich* (1854–1931) mit Motiven aus der Walpurgisnacht in Goethes „Faust" zu sehen: Irrlichtertanz, Mammonshöhle, Hexentanz, Windsbraut und Gretchenerscheinung. An die vorchristlichen Kulthandlungen erinnert der **Opferstein** im Eingangsbereich der Halle. Er wurde an Resten des Sachsenwalls gefunden, der einst den heutigen Hexentanzplatz als Trockenmauer umgeben hat.

In Bronze gegossene Hexen und Teufel, Lokale, Imbiss- und Andenkenbuden säumen den riesigen Parkplatz. Von der Felskante blickt man zur Rosstrappe. Einheimische Tiere können in dem reizenden Tierpark beobachtet werden. Für den **Rückweg** bietet sich die Wanderung über die La-Viers-Höhe an (siehe „Wandern im Bodetal").

▷ Wotan wacht über die Walpurgishalle

Kloster Wendhusen

Ein 2 km langer Weg bodeabwärts führt quer durch die Industriestadt zum Kloster Wendhusen, in das älteste Viertel von Thale. Seine Geschichte reicht zurück bis ins Jahr 825, als es durch *Gisela*, die Tochter des ostfälischen Grafen *Hessi*, gegründet wurde. *Hessi* hatte sich in den Sachsenkriegen *Karl dem Großen* unterworfen und den christlichen Glauben angenommen. Wendhusen war die früheste Klostergründung Mitteldeutschlands, das Mutterkloster des Quedlinburger Reichsstifts.

Aus der karolingischen Zeit sind Fundamentreste und Teile der **Damenloge der Stiftskirche** erhalten. Ab 1188 wurde die Stiftskirche um einen mächtigen Westvorbau erweitert, in der besonderen Form des **Sächsischen Westriegels**. Ihn zeichnet aus, dass er das Langhaus überragt und nahezu tür- und fensterlos ist. Die Kirchen wurden nicht durch das Westportal betreten, sondern durch einen „Paradies" genannten Anbau im Norden.

Die Klosteranlage wird durch den Nordharzer Altertumsverein betreut und als **Museum** sowie **Veranstaltungsort** für Besucher geöffnet. Neben den herausragenden Zeugnissen romanischer Architektur sind Bauten zu besichtigen, die nach der Säkularisation des Klosters 1540 und während der anschließenden Nutzung als **Rittergut** entstanden sind. Im „Zentrum für lebendige Geschichte" wird das Frühmittelalter dargestellt. Beliebt ist das samstägliche **Bogenschießen** auf dem Klosterhof, jährlich gibt es ein offenes Turnier.

■ **Kloster Wendhusen**, Thale, Wendhusenstraße 7, Tel. (03947) 778563, www.nag-history.de, Mi–So 14–17 Uhr, 3/1,50 €. Bahnreisende fahren bis Thale „Musestieg", von dort sind es 10 Min. Fußweg. Parkplätze gibt es direkt am Kloster. Museum, Café, Sa 14–17 Uhr, Bogenbauseminare, Führungen.

Praktische Tipps

Anreise

■ **Mit eigenem Fahrzeug:** zwischen B 6, B 81, B 185.
■ **Per Bus:** Regionalbuslinien von Quedlinburg (9, 10, 11), Ballenstedt (17), Wernigerode (253).
■ **Per Bahn:** Harz-Elbe-Express (HEX) von Magdeburg, Wernigerode, Quedlinburg, Blankenburg.

Information

■ **Bodetal-Information Thale,** Bahnhofstraße 3, Tel. (03947) 2597, www.bodetal.de, Mo–Fr 9–17 Uhr, Sa 9–12 Uhr. Gegenüber dem Bahnhof und direkt an der zentralen Bushaltestelle.
■ **Bodetal-Information Friedrichsbrunn,** Hauptstraße 33a, Tel. (039487) 288, Mo–Mi, Fr 9–14.30 Uhr, Sa 9–12 Uhr.
■ **Bodetal-Information Altenbrak,** Unterdorf 5, Tel. (039456) 205, Mo, Fr 9–12 und 12.30–15 Uhr, Di 9–12 und 12.30–17.30 Uhr, Mi, Do 9–12 Uhr.
■ **Bodetal-Information Treseburg,** Ortsstraße 24, Tel. (039456) 223, Do 13–17.30 Uhr.
■ **Bodetal-Information Allrode,** Kirchplatz 138, Tel. (039487) 292, Mo, Di, Fr 9–12 und 12.30–16 Uhr, Mi 9–12 Uhr, Do 9–12 und 12.30–17 Uhr.

Übernachtung

1 **Gasthaus Forelle**②, Thale, Karl-Marx-Straße 84, Tel. (03947) 775022, www.gasthaus-forelle-thale.de, Mo, Mi–Fr ab 17 Uhr, Sa/So 11–14.30 und ab 17 Uhr. Zimmer mit Bergblick, Ferienappartement bis sechs Personen, Fischrestaurant, 2 km zur Seilbahn.
2 **Hoffmanns Gästehaus**②, Thale, Musestieg 4, Tel. (03947) 41040, www.hoffmanns-gaestehaus.de. Wandererhotel am Harzer-Hexen-Stieg in einer Villa mit großem Garten, Strandbar, nahe der Bahn.
6 **Berghotel Rosstrappe**②, Thale, Rosstrappe 1, Tel. (03947) 3011, www.berghotel-rosstrappe.de, Mai bis Okt. tgl. 10–22 Uhr, Jan. bis April tgl. 10–18 Uhr. Gemütliches Hotel, wenige Schritte vom berühmten Aussichtsfelsen entfernt, Biergarten mit Ausblick, Linienbus vor der Tür.
7 **Pension und Gasthaus Kleiner Waldkater**②, Thale, Bodetal, Tel. (03947) 2826, www.kleiner-waldkater.de. Traditionsreiches Haus, romantisch an der Bode gelegen, regionale Küche.
8 **Berghotel Hexentanzplatz**②, Thale, Tel. (03947) 4730, www.berghotel-hexentanzplatz.de. Rustikal eingerichtete Zimmer, Blick ins Bodetal, Harzer und deutsche Küche im Hotelrestaurant.
■ **Hotel und Restaurant zur Luppbode**②, Treseburg, Ortsstraße 26, Tel. (039456) 56751, www.luppbode.eu. Ruhig gelegenes Haus, idealer Ausgangsort für Wanderungen im Bodetal.

△ Immer mit Pfützchen: die Rosstrappe

Essen und Trinken

■ **Hotelrestaurants** siehe „Übernachtung".
MEIN TIPP: 🔟 **Köhlerhütte in der Harzköhlerei Stemberghaus**②, Stemberghaus 1, 38899 Hasselfelde, Tel. (039459) 72254, www.harzkoehlerei.de, tgl. 9–18 Uhr. Deftige Harzer Küche für Wanderer und Museumsbesucher, offener Kamin, Terrasse, eine der letzten Harzer Köhlereien, lebendiges Handwerk und Museum. B 81 oder 1 Stunde Wanderung von Altenbrak, Bus Linie 261 bis Hasselfelde Stemberghaus.

Weitere Museen

■ **DDR-Museum,** Thale, Steinbachstraße 5a, Tel. (03947) 65633, www.ddr-museum-thale.de, Mo–Fr 10–18 Uhr, Sa 10–16 Uhr, 5/3 €. Reise ins verschwundene Land, in der sechsten Etage eines Möbelhauses, früher Sitz des Labors für die Emailforschung – nicht E-Mail-Forschung! – des VEB Eisenhüttenwerkes Thale.

Sport und Spiel

❸ **Bodetal-Therme,** Parkstraße 4, Tel. (03947) 778450, www.therme-bodetal.de. Thermenlandschaft und Saunen Mo–Do 10–22 Uhr, Fr, Sa 10–23 Uhr, So 10–20 Uhr.
❹ ❺ ❾ **Seilbahnen** und **Erlebniswelt Thale,** Goetheweg 1, Tel. (03947) 2500, www.seilbahnen-thale.de. Kabinenbahn zum Hexentanzplatz und Sessellift zur Rosstrappe, Talstationen im Bodetal. Wegweiser und kostenlose Parkplätze reichlich vorhanden. Ostern bis Okt. tgl. 9.30–18 Uhr, erste Nov.-Woche tgl. 10–16.30 Uhr, 25.12. bis Ende der Winterferien (Sachsen-Anhalt) tgl. 10–16.30 Uhr, Jan. Sa/So 10–16.30 Uhr, Feb. bis vor Ostern tgl. 10–16.30 Uhr. Dazu Harzbob (Allwetterrodelbahn), Sagenpavillon, Minigolf, Funpark (Kinderspielplatz, Kindereisenbahn, Karussell u.a.).

Gernrode

Drei Bauwerke Norddeutschlands gelten als Inbegriff ottonischer Baukunst, neben St. Michael in Hildesheim (Niedersachsen) und der Krypta der Wipertikirche in Quedlinburg ist es die **Stiftskirche St. Cyriakus** in Gernrode. Mit dieser Kirche ist das zu Quedlinburg gehörende Städtchen (3500 Einwohner) in jedem ernstzunehmenden Architekturführer für Deutschland verzeichnet. Gernrode liegt an der Selketalbahn und bietet Besuchern einige nahe gelegene und bequem zu erwandernde Berge bei recht mildem Klima: der Ort liegt im Regenschatten des Harzes und wird durch den von Muschelkalk gebildeten Bückeberg (250 m) vor allzu rauem Nordnordost geschützt. Bis Quedlinburg sind es 6 km.

Ortsgeschichte

Bis zur Reformation ist die Geschichte des Ortes unmittelbar mit dem im Jahr 959 durch den Markgrafen *Gero* gegründeten Damenstift verbunden. Ein Ort („Rode") wird in der durch König *Otto I.* gezeichneten Bestätigungsurkunde des Stifts von 961 erwähnt. Die Äbtissinnen übten die Hoheitsrechte gegenüber dem Dorf aus. 1533 verfügte die Äbtissin den Bau eines Schulgebäudes, angeregt durch die Lehren *Luthers*. Damit bestand in Gernrode bis 1847 eine der ersten reformatorischen Schulen Deutschlands. 1539 erhielt Gernrode durch die Äbtissin das Recht verliehen, Wappen und Siegel zu führen. Dieses Ereignis gilt als Verleihung des Stadtrechts.

Harzer-Hexen-Stieg

Der Harzer-Hexen-Stieg

Quer durch den Harz: Zwischen Osterode und Thale verbindet der Harzer-Hexen-Stieg als „Qualitätsweg Wanderbares Deutschland" über 97 km und auf rund 1000 Höhenmetern die reizvollsten und interessantesten Wanderziele des Gebirges. Dieser familienfreundliche und gut ausgeschilderte Wanderweg erschließt den Harz in seiner Vielfalt. Mit der ebenfalls markierten Umgehung des Brockens fällt der anstrengendste Aufstieg weg, der Weg wird rund 11 km länger. Die gesamte Weglänge mit allen Varianten beträgt 149 km.

Immer wieder neu erlebbare **Höhepunkte** der Wanderung sind der Brocken, das Oberharzer Wasserregal, die Klippenlandschaft des Hochharzes, die Rübelandhöhlen und das Bodetal.

Wanderer können den Einstieg und alle Etappen selbstverständlich frei wählen. Einige kleinere Wanderungen, die in diesem Buch vorgestellt werden, sind Teil des mit einem **weißen Hexlein auf grünem Grund** markierten Hexen-Stiegs. Wer die gesamte Strecke oder mehrere größere Etappen wandern möchte, sollte sich vorher entweder selbst um Unterkunft bemühen oder sich einem der Pauschalangebote der Harz-Tourismusverbände anvertrauen. **Informationen** dazu gibt es auf den Websites www.hexenstieg.de, www.harz-hexenstieg.de, www.harz-info.de sowie vor Ort (Adressen der Touristeninformationen unter den Ortsbeschreibungen). In den Touristeninformationen sind dazu kostenlose **Faltblätter** und **Broschüren** erhältlich, sowie für wenig Geld **Wanderkarten** (z.B.: Harzer-Hexen-Stieg, 1:30.000, herausgegeben vom Harzklub und Harzer Tourismusverband, Schmidt-Buch Verlag 2013).

Für die gesamte Strecke sollte man **eine Woche** veranschlagen. Die Start- und Endpunkte in Osterode und Thale sind mit Bus und Bahn gut erreichbar und bieten kostenlose Parkmöglichkeiten. Start-/Endpunkt in Osterode ist der Parkplatz Bleichestelle (1,5 km vom Bahnhaltepunkt Osterode-Mitte, siehe unter Osterode), in Thale der Bahnhof (dort ist auch die Touristeninformation, siehe unter Thale. Parkplätze am Bahnhof und am Weg zu den Seilbahnen).

Hier eine Übersicht möglicher **Wanderetappen,** die freilich in umgekehrter Richtung gegangen sowie anhand einer Karte anders aufgeteilt werden können. Ausführlichere Informationen zu den Wanderzielen gibt es jeweils in den Ortsbeschreibungen dieses Buches sowie unter

www.harzinfo.de. Alle hier genannten Etappenziele sind mit Bus oder Bahn erreichbar.

■ 1. Etappe: **Osterode – Buntenbock.** 11,6 km, leichte Waldwanderung mit erlebenswerten Aussichtspunkten. Rast am Eselsplatz, Einkehr in der „Harzer Speisekammer", Buntenbock.

■ 2. Etappe: **Buntenbock – Torfhaus.** 21,4 km, mittlerer Anspruch. Interessante Plätze im Weltkulturerbe Oberharzer Wasserregal, ab Altenau im Nationalpark Harz. Steiler Anstieg auf dem Magdeburger Weg und zur Steilen Wand. Einkehr im Sperberhaier Dammhaus, Rast am Förster-Ludwig-Platz

■ 3. Etappe: **Torfhaus – Drei Annen Hohne.** 19 km, mittlerer Anspruch, dazu die Besteigung des Brockens auf dem Goetheweg. Rast und Einkehr auf dem Brocken. Von mehreren Stellen Weiterfahrt mit Brockenbahn möglich.

■ 4. Etappe, Nordroute: **Drei Annen Hohne – Rübeland – Altenbrak.** 29 km, anstrengende Wanderung zur Rappbodetalsperre, Besichtigung der Rübeländer Tropfsteinhöhlen. Rast am Königshütter Wasserfall und am Aussichtspunkt Hoher Kleef, Einkehr im Hotel-Restaurant Am Felsen, Königshütte.

■ 4. Etappe, Südroute: **Drei Annen Hohne – Hasselfelde – Altenbrak.** 28 km, anstrengende Wanderung entlang der Rappbodetalsperre und über die Hochfläche des Unterharzes. Rast am Ufer der Warmen Bode, Einkehr in der Harzköhlerei Sternberghaus bei Altenbrak.

■ 5. Etappe: **Altenbrak – Thale.** 13,5 km, mittelschwere Wanderung im Bodetal. Rast am Ufer der Bode, Einkehr im Hotel-Restaurant Forelle, Treseburg.

■ **Brockenumgehung Torfhaus – Sankt Andreasberg – Königshütte.** 38 km, anstrengend an einem Tag, bequem als Zweitageswanderung mit Übernachtung in Sankt Andreasberg, Braunlage oder Schierke. Wanderung am Rehberger Graben und an der Kalten Bode. Rast am Oderteich und Silberteich, Einkehr im Rehberger Grabenhaus bei Sankt Andreasberg und im Gasthaus Rinderstall bei Braunlage.

◸ Teufelskanzel und Hexenaltar auf dem Brockengipfel

4

Anfang des 19. Jh. wandelte sich das bis dahin kaum bekannte Gernrode zum **Erholungsort.** Vor allem das Hotel auf dem Stubenberg (Hotel Stubenberghaus) zog renommierte Gäste an, so *Goethe, Eichendorff, Kleist* und *Bismarck*. Während der DDR-Zeit war Gernrode ein Zentrum des gewerkschaftlich organisierten Feriendienstes im geteilten Harz. Touristisch orientierte Industriebetriebe sind die auf Kuckucksuhren spezialisierte Harzer Uhrenfabrik und die Harzer Likörfabrik Rolle.

Am Spittelteich in Gernrode, links im Hintergrund die Türme von St. Cyriakus

Ottonische Baukunst in Vollendung: die Stiftskirche St. Cyriakus

Sehenswertes

Die **Stiftskirche St. Cyriakus** überragt das an einem Berghang gelegene Städtchen. Die dreischiffige Basilika bewahrt seit einer Restaurierung im 19. Jh. durch Ferdinand von Quast weitgehend den Baustand des 10. Jh., die westliche Apsis stammt aus dem Jahr 1130. Auf einem etwas unregelmäßigen Grundriss stehend, betont das Bauwerk den Mittelraum zwischen den Seitenschiffen, Vierung und Chören, was einen ungewöhnlichen Raumeindruck erzeugt. „Es ist wie bei dem Körper ottonischer Plastik, wo an den prallen Leib die Glieder gleichsam angestückt sind", beschreibt es der Kunsthistoriker *Richard Hamann* (1932), „alles etwas verschoben, alles schief und lässig gebildet, alles ungleich und alles gleichsam mit einer struppigen Besonderheit gebildet."

Im südlichen Seitenschiff befindet sich eine Nachbildung des **Heiligen Grabes** aus der Zeit um 1100, es ist so-

Gernrode

mit die älteste Nachbildung der Grabstätte Jesu in Jerusalem. Der reiche Reliefschmuck des Bauwerkes thematisiert die Grablegung und Auferstehung und folgt byzantinischen Vorbildern. Die Westwand wird als „Predigt in Stein" bezeichnet. In der Nordwand sind Christus und Maria Magdalena dargestellt, der Auferstandene gebietet durch seine Handgestik, ihn nicht zu berühren: das „Noli me tangere" aus dem Johannes-Evangelium.

■ **Stiftskirche St. Cyriakus,** Burgstraße 3, Tel. (039485) 275, April bis Okt. Mo–Sa 9–17 Uhr, So 12–17 Uhr, Nov. bis März tgl. 15–16 Uhr. Eines der am besten erhaltenen ottonischen Bauwerke in Deutschland.

Wenige Schritte östlich der Stiftskirche befindet sich die **Alte Elementarschule** aus dem Jahr 1533. Das zierliche Fachwerkhaus auf Fundamenten des 15./16. Jh. beherbergte eine der ältesten reformatorischen Schulen Deutschlands. Ihre Gründung wurde durch die damalige, zur Lutherlehre übergetretene Äbtissin *Elisabeth von Weida* veranlasst. Ab 1585 gab es eine Mädchenklasse. Heute beherbergt das Haus ein Schulmuseum.

■ **Alte Elementarschule,** St.-Cyriakusstraße 2, Tel. (039485) 265, Mo–Fr 10–12, 14–16.30 Uhr, Sa 14–17 Uhr. Stadt- und Schulgeschichte, Mineralien des Harzes, Veranstaltungen.

Nach Schulschluss ruft der Kuckuck: Vor der **Harzer Uhrenfabrik** steht eine **Kuckucksuhr,** nicht zu übersehen, denn es ist die größte, nicht allein der Welt, sondern die größte der Welt außerhalb des Schwarzwaldes. So steht es im Guinness-Buch der Rekorde, und 14,50 m hoch ist sie. In der Fabrik werden täglich Führungen angeboten und original Harzer Kuckucksuhren verkauft.

Unterharz Ost

Sehenswert sind das **Harzbahnmuseum** im Bahnhof der Selketalbahn und das harztypische **Alte Rathaus,** ein Fachwerkbau aus dem Jahr 1914. Die **Galerie Haus Sonnenschein** zeigt wechselnde Verkaufsausstellungen von Künstlern aus der Harzregion. Eine Schauwerkstatt und ein kleines Museum gibt es in **Bormanns Harz-Schnitzerei** auf der Gernröder Straße im Ortsteil Rieder (2 km).

■ **Harzbahnmuseum,** Tel. (03946) 526944, Mai bis Okt. Sa 10–18 Uhr. Historische Gleisbaugeräte, Waagen, Fahrkarten.

Praktische Tipps

Anreise

■ **Mit eigenem Fahrzeug:** B 185.
■ **Per Bus:** Regionalbuslinien von Quedlinburg

9.30–14 Uhr, Nov. bis April Mo–Fr 9.30–17 Uhr, Sa 9.30–14 Uhr.

Übernachtung

■ **Gasthaus und Pension Schwarzer Adler**①, Clara-Zetkin-Straße 34, Tel. (039485) 60713, www.schwarzer-adler-gernrode.de. Historisches, ruhig gelegenes Haus bei der Stiftskirche.
■ **Ferienwohnung Hesse**①, Wassertorstraße 20, Tel. (039485) 60701. Fachwerkhaus am Wald, nahe des historischen Zentrums.

Essen und Trinken

■ **Bückemühle**②, Am Bückeberg 3, Tel. (039485) 419, www.bueckemuehle.de, Mo, Do, Fr 17–22 Uhr, Sa/So ab 11.30 Uhr. Rustikales Mühlenambiente, große Terrasse am Teich, Fisch aus dem Harz und aus dem Meer, Ferienwohnungen①, eigene Räucherei.

Das Selketal

und Thale (10), Ballenstedt (17), Stolberg (31), Aschersleben (318).
■ **Per Bahn:** Harzer Schmalspurbahnen von Quedlinburg, Alexisbad, Hasselfelde.

Information

■ **Touristeninformation Quedlinburg,** Markt 4, Tel. (03946) 905624, www.quedlinburg.de, Mai bis Okt. Mo–Fr 9.30–18.30 Uhr, Sa 9.30–15 Uhr, So

Laubwälder, Wiesenhügel und Berghänge zeichnen das liebliche Tal der Selke aus. Eine Landschaft für Naturfreunde, Familien, Wanderer; lohnende Strecken gibt es für Fahrrad und Motorrad. Der Fluss entspringt in dem beschaulich um zwei Seen und an einem Jagdschloss gelegenen Luftkurort Stiege und mündet nach 64 km im Harzvorland bei Hedersleben in die Bode. Seine Quelle liegt an den Gleisen der Harzer Schmalspurbahn unweit der Gleisschleife in Stiege. An die interessantesten Orte des Flusslaufes führt der 72 km lange Wanderweg **Selketalstieg** zwischen Stiege und Quedlinburg.

Die 1887 in Betrieb genommene **Selketalbahn** ist die älteste der Harzer Schmalspurbahnen. Sie verkehrt zwischen Hasselfelde und Quedlinburg, mit Stichbahnen nach Eisfelder Talmühle und Harzgerode. An mehreren Orten hält sie nur bei Bedarf, diese sind wiederum für Wanderer besonders interessant. Mit bis zu 40 Promille (40 m auf 1 km Fahrstrecke) auf dem Streckenabschnitt Mägdesprung (295 m) – Sternhaus Ramberg (413 m) hat die Selketalbahn die **steilsten Streckenabschnitte** der Harzer Schmalspurbahnen zu bewältigen.

Die Wirtschaftsgeschichte des Selketals wurde vom **Erzbergbau und Hüttenwesen** geprägt. Alexisbad ist ein traditionsreicher Kurort.

Wandern und Bahnfahren im Selketal

Stiege liegt auf rund 500 Höhenmetern direkt an der Harzhochstraße (B 242). Am Nordufer des zum Baden und Rudern einladenden Stieger Sees steht eine Holzkirche aus dem 18. Jh. Von dort kann man zum Aussichtsplatz auf dem Schenkenberg (508 m) spazieren. Eisenbahnfreunde feiern am Bahnhof Stiege die Schmalspurbahn auf der „kleinsten Wendeschleife Europas". Über dem Ort thront das **Jagdschloss** des Grafen von Blankenburg-Regenstein. Seine Baugeschichte reicht bis ins 10. Jh. zurück. In der warmen Jahreszeit lädt im Schlosshof ein Café ein.

Das Selketal

Am Haltepunkt **Birkenmoor** (520 m) auf der Strecke zur Eisfelder Talmühle erreicht die Selketalbahn ihren höchsten Punkt. Von hier kann man bequeme Wanderungen in der **Stieger Heide** unternehmen.

Direkt am Selketalstieg liegt der Haltepunkt **Friedrichshöhe** (454 m). Hier stellen sich gern fotografierende Eisenbahnfreunde auf, um die Dampflok in netter Umgebung abzubilden. Am Bahnhof gibt es einen kleinen Parkplatz, sodass man Wanderung und Bahnfahrt von hier aus sehr gut miteinander verbinden kann.

Die Selketalbahn ist die älteste der Harzer Schmalspurbahnen

Güntersberge

Nächster Halt ist das an einem Bergsee gelegene Güntersberge (800 Einwohner). Hier stehen Fachwerkhäuser, in dem Gewässer kann man baden und Ruderboot fahren, und wer lange nicht mehr herzhaft gelacht hat, geht ins **Mausefallen- und Kuriositätenmuseum.** In der privat betriebenen Sammlung gibt es Nachttöpfe, Klistierspritzen, Flohfallen, die „Galerie der stillen Örtchen", mit Ölgemälden, Zeichnungen und Fotografien. Sonderausstellungen werden in der Adventszeit gezeigt.

■ **Mausefallen- und Kuriositätenmuseum,** Klausstraße 38, Tel. (039488) 430, www.mausefallenmuseum.de, Sa, So 14–18 Uhr.

Straßberg

Bei Straßberg (800 Einwohner) wurde über Jahrhunderte Silbererz gefördert, davon erzählt, über und unter Tage, das **Bergwerksmuseum Grube Glasebach.** Der Rundgang beginnt an der Radstube mit rekonstruiertem Kunstrad (Durchmesser 9,50 m), führt dann 21–40 m unter Tage auf die Stollensohlen. Dabei sind Originalteile der „Straßberger Schwingkunst" und historische Abbautechnik zu sehen.

■ **Bergwerksmuseum Grube Glasebach,** Glasebacher Weg, Tel. (039489) 226, www.grubeglasebach.de, April bis Okt. Di–Do 10–16 Uhr, Sa, So 10–17 Uhr, 6/3 € (nur über Tage 3/1,50 €), Familienkarte 15 €. Unter Tage Bergbau aus der Zeit des 18. Jh., Führung 80 Min., über Tage Bergbau der Nachkriegszeit bis 1992.

Das in der Vergangenheit für den Bergbau angelegte System von Gräben und Teichen ist rudimentär erhalten geblieben und steht als „Unterharzer Wasserregal" unter Denkmalschutz. Sehenswert ist die aus Feldsteinen errichtete **Dorfkirche** (18. Jh.) mit ihrer Turmhaube aus Fachwerk.

Dem kleinen Erholungsort **Silberhütte** spricht die Geschichte schon aus dem Namen. Hier wurde lange Zeit Schwarzpulver für den Bergbau hergestellt. Daraus ging das Pyrotechnische Werk hervor, das Silvesterknaller produzierte. Ein für den Harz außergewöhnliches Architekturdenkmal ist die 1932 im funktionalen Stil aus Fichtenholz erbaute Kirche. Rund um den Ort gibt es kleinere Wanderwege, so zu den für den Bergbau angelegten Teichen.

Alexisbad

Moderne, weitläufige Kuranlagen im Wald zeichnen das Bild des **Kurortes** Alexisbad. Schon Ende des 18. Jh. probierten hier Gäste die heilende Wirkung des Bergwassers. 1809 ließ Herzog *Alexius* das Wasser des Stollens untersuchen und den Kurbetrieb aufnehmen. Für den Bau der Kuranlagen gewann er den Berliner Architekten **Karl Friedrich Schinkel.** Das von ihm erbaute Schweizerhaus überstand den letzten Krieg nicht. Am Ufer der Selke errichtete *Schinkel* aus Holz ein **Teehäuschen** für das Herzogspaar. Später wurde der klassizistische Pavillon als **Petruskapelle** genutzt. Heute werden hier sowohl Gottesdienste gefeiert als auch Trauungen vollzogen und Konzerte gegeben.

Die Umgebung von Alexisbad bietet eine Reihe unterhaltsamer, nicht zu anstrengender **Spazier- und Wanderwege.** Nach Mägdesprung führt der aussichtsreiche Klippenweg (1 Std.). Am Wegesrand im Wald steht der Luisentempel (1823). Die Säulen mit ionischen Kapitellen wurden in der Eisenhütte Mägdesprung gegossen.

Der nächste „Bedarfshalt" der Selketalbahn ist **Drahtzug** (298 m). Hier wurde Ende des 18. Jh. eine Schmiede zur Drahtzieherei ausgebaut. Die Gebäude sind nicht erhalten. Der Haltepunkt lässt sich gut in eine Kombination aus Wanderung und Bahnfahrt einbeziehen.

▷ Ein echter Schinkel:
die Petruskapelle in Alexisbad

Mägdesprung

Mit einer Eisenhütte ist seit dem 17. Jh. die Geschichte des an der Selketalbahn und an der Bundesstraße 185 gelegenen Erholungsortes Mägdesprung verbunden. In dem an Palastarchitektur der italienischen Renaissance erinnernden Ziegelbau der ehemaligen Maschinenfabrik (1865) zeigt das **Hüttenmuseum Carlswerk** die Ausstattung im Zustand des letzten Produktionstages: Maschinen aus dem frühen 20. Jh., ein Holzkran von 1890, die Spinde und die letzten Urlaubskarten der Hüttenarbeiter. Eine Dokumentation im Obergeschoss informiert über die Industriegeschichte des Selketales und Mägdesprungs. Die Ortsteile heißen Erster Hammer, Zweiter Hammer, Dritter Hammer, Vierter Hammer, Stahlhammer und Drahtzug, nach den Standorten der Werke.

■ **Hüttenmuseum Carlswerk,** www.harzgerode.de, April bis Okt. tgl. 10–16 Uhr. Begehbares technisches Denkmal, 5 Min. vom Bahnhof Selketalbahn, Anfragen an Stadtinformation Harzgerode.

Aber welche Magd ist hier gesprungen? Das Riesenmädchen Amala war es, so weiß die **Sage**. Beim Sprung über das Selketal zu ihrem dort wartenden Liebsten Luidpold, dem König der Riesen, hinterließ sie ihre Fußspuren im Gestein. Ob die beiden glücklich wurden, ist nicht überliefert. Es werden noch andere Geschichten erzählt, keiner war dabei, aber die Magd immer recht groß und sportlich. An der **Mägdetrappe** steht ein gusseisernes Kreuz, das 1837 zum Gedenken an Herzog *Alexius* aufgestellt wurde. Von der Absprungstelle der Riesin öffnet sich ein Blick über das Selketal, sie liegt direkt am Selketalstieg.

Der Sachsenspiegel

Auf der Burg seines Lehnsherren *Graf Hoyer von Falkenstein* soll *Eike von Repgow* ab 1220 bis zu seinem Tod um 1235 den Sachsenspiegel verfasst haben. Es ist das **erste deutsche Rechtsbuch**, die deutschsprachige Niederschrift – „Spiegelung" – des mündlich überlieferten sächsischen Gewohnheitsrechts und somit das **erste Prosawerk in mittelniederdeutscher Sprache.** Der Sachsenspiegel ist eine beispiellos herausragende Quelle für das Studium des hochmittelalterlichen Alltagslebens, insbesondere der bäuerlichen Alltagskultur. Sein kulturelles Verdienst ist es, die Bestrebungen nach Vereinheitlichung der Rechtsnormen und damit die Herausbildung eines deutschen Nationalbewusstseins über Jahrhunderte gefördert zu haben. Der Sachsenspiegel prägte bis Ende des 19. Jh. die deutsche Rechtsprechung und beeinflusste mit seiner Autorität die Rechtsordnungen in Nord-, Ost- und Südosteuropa.

Mit zahlreichen Glossen, also juristischen Kommentaren, wurde der Sachsenspiegel fortgeschrieben und ergänzt. Dabei entstanden die **Bilderhandschriften,** von deren vermutlich sieben sind vier erhalten, die nach ihrem Aufbewahrungsort benannt werden: die Heidelberger (um 1300), die Oldenburger (um 1336), die Dresdner (um 1350) und die Wolfenbütteler Handschrift (1350–1375).

Das Selketal

Ein bequem zu erreichendes Wanderziel ist der **Selkefall** im Wald zwischen Alexisbad und Drahtzug, er liegt ebenfalls am Selketalstieg, nahe der Bundesstraße 185. Der Fluss rauscht hier über Kaskaden rund 4 m in die Tiefe.

Burg Falkenstein

Während die Selketalbahn den Fluss verlässt und auf der Fahrt nach Sternhaus-Ramberg ihren steilsten Anstieg bewältigen muss, wendet sich die Selke nach Osten. Ein Rad- und Wanderweg führt entlang der Selke bis zur mittelalterlichen Burg Falkenstein, die über dem Tal aufragt. Zuvor kann man von der Selkemühle (Landgasthaus geschlossen, Parkplatz) auf steilem Pfad zu den kaum noch erkennbaren Ruinen der **Burg Anhalt** aufsteigen (2 km). Sie war bis zum 12. Jh. die Stammburg der anhaltinischen Fürsten. Davon erzählen einige Tafeln auf dem Burggelände. Die Burgruine ist Stempelstelle der Harzer Wandernadel (siehe gleichnamigen Exkurs). Eine Modellrekonstruktion der stattlichen Anlage ist auf www.burg-anhalt.de zu sehen.

■ **Burg Falkenstein,** Pansfelde, Tel. (034743) 535590, www.burg-falkenstein.de, April bis Okt. tgl. 10–18 Uhr, Nov. bis März Di–So 10–16.30 Uhr. Rittersaal, Herrenstube, gotischer Salon, historische Küche, Ausstellung zum Sachsenspiegel, Burggaststätte Krummes Tor.

▷ Hervorragend erhalten ist Burg Falkenstein

Burgrundgang

Die Burg Falkenstein wurde 1120–1180 erbaut. Sie ist **eine der besterhaltenen Burganlagen des Harzes**. Erobert wurde sie nie, sehenswert ist die maßvolle romanische Architektur.

Besucher erreichen die Burg vom Parkplatz bei der Gaststätte **Gartenhaus** (der ehemaligen Burggärtnerei) an der Straße Meisdorf – Pansfelde, von dort zu Fuß (2 km) oder mit der Bimmelbahn. Ein **Wanderweg** führt vom ehemaligen Landgasthaus Selkemühle (Parkplatz) zur Burg (7 km). Die Stadt Falkenstein/Harz liegt an der Bundesstraße 185.

Über die äußeren Befestigungsanlagen betritt man die Ostbastion und die Vorburg mit ihren Wirtschaftsgebäuden sowie den Mittelhof. Die **Kernburg** wird vom 31 m hohen **Bergfried** überragt, der einen Rundblick über das Selketal bietet. Von den romanischen Burgräumen sind die Küche, der Rittersaal und die Burgkapelle besonders sehenswert. Eine Ausstellung begibt sich in die Geschichte des **Sachsenspiegels** (siehe Exkurs), Gemälde und historische Waffen sind zu sehen.

Von März bis Oktober tritt ein **Falkner** mit seinen Vorführungen auf. Eine Burg wie aus dem Märchen ist **Drehort** für Filme: Szenen des DEFA-Märchenfilms „Schneeweißchen und Rosenrot" (1979), der Kinderfilmserie „Spuk unterm Riesenrad" (1979) und des „Polizeirufs 110 – Die Entdeckung" (1980) wurden hier produziert.

124h em

Ballenstedt

Am Nordrand des Unterharzes, zwischen Gernrode und Falkenstein/Harz, residierten ab dem 11. Jh. die Askanier, die Ahnherren des anhaltinischen Fürstenhauses. Schon im Jahr 531 legte der thüringische Edelmann *Ballo* eine Siedlung an, aus der die Stadt Ballenstedt (9000 Einwohner) hervorging.

Barockschloss

Das Stadtbild wird vom dreiflügeligen Barockbau des **Residenzschlosses** überragt. Er gibt das Ambiente für eine Ausstellung über die Askanier und für Gegenwartskunst sowie für das Cinema-Museum zur Filmgeschichte. Von der romanischen Stiftskirche St. Pancratius und Abundius der einstigen Klosteranlage blieben das Westwerk (Schlossturm) und die Krypta erhalten. In der Nikolaikapelle des Westwerks liegt das **Grab Albrechts des Bären,** des 1170 verstorbenen Stammvaters der Askanier.

Peter Joseph Lenné gestaltete 1858 den **Schlosspark.** Vom Schloss führt eine Wasserachse in den idyllischen Landschaftsgarten mit Bach und Teich, Brücken und Bänken, schließlich in den Harzwald. Das klassizistische **Schlosstheater** (1788) ist die älteste Theaterspielstätte Sachsen-Anhalts und wird bis heute bespielt. Hier wirkten schon *Franz Liszt* und *Albert Lortzing*.

Innenhof der Burg Falkenstein

Museen und Bibliotheken

In Ballenstedt lebte von 1833 bis zu seinem Tod 1867 der Porträt- und Historienmaler, Schriftsteller, der anhaltinische Kammerherr und Hofmaler **Wilhelm von Kügelgen**. Sein bekanntestes Werk, die „Jugenderinnerungen eines alten Mannes", eine literarische Schilderung des geistigen und bürgerlichen Lebens in der Zeit der Frühromantik, verfasste *Kügelgen* in der Residenzstadt am Harz. Das **Heimatmuseum** im Barockpalais auf dem Schlossplatz widmet ihm einen Raum neben seiner umfangreichen volkskundlichen Sammlung.

Ein moderner Anbau am Alten Rathaus (1683) beherbergt die **Fürstin-Pauline-Bibliothek.** Sie vereint die herzogliche Bibliothek des Fürstenhauses Anhalt-Bernburg mit 17.800 Bänden, die Öffentliche Bibliothek mit 12.000 Medien und das Stadtarchiv. Das Lesecafé lädt ein. Die **Herzog-Joachim-Ernst-Bibliothek** in der Allee (Johann-Arndt-Haus) ist eine weitere öffentliche Bibliothek, mit 15.000 Bänden zur Religions-, Adels- und Musikgeschichte.

Neustadt und Altstadt

Die schnurgerade, 1 km lange **Allee** verbindet das Schlossensemble mit der Stadt. Sie trifft auf den Anhaltiner Platz. Hier liegt die **Fußgängerzone** mit kleinen Geschäften. Durch sie und die anschließende Breite Straße gelangt man in die **Altstadt** mit Fachwerkhäusern, dem Alten Rathaus und anheimelnden Gassen. Im Geiste des Bauhauses wurde 1931–1933 die **Kirche St. Elisabeth** erbaut (Quedlinburger Straße, B 185). Ihre schlanken Rundbögen sind gleichwohl Reminiszenz an die romanische Architektur und die Geschichte der Stadt.

Gegensteine und Osterteich

Ein Wanderziel in der Nähe der Stadt sind die Gegensteine (Rundweg 6 km). Die beiden markant freistehenden **Felsformationen** sind südöstliche Ausläufer der **Teufelsmauer** zwischen Blankenburg und Weddersleben (siehe Blankenburg). Auf den Großen Gegenstein (244 m) führen Stufen und Treppen. Vom Gipfel, wo ein Kreuz steht (1863), öffnet sich ein weiter Blick zum Harz und über sein Vorland.

Der **Osterteich** ist ein Ausflugs- und Wanderziel an wärmeren Tagen (Rundweg 14 km), in dem künstlich angelegten Gewässer bei Gernrode kann man gut baden. Zu Sandstrand, Liegewiese und Kinderspielplatz dampft die Selketalbahn (Bedarfshalt Osterteich).

Harzgerode

Auf einer Hochfläche zwischen den Tälern der Selke und der Wipper liegt das Städtchen Harzgerode (8000 Einwohner), das durch Bergbau und Eisenverhüttung entstanden ist. Für Besucher ist es vor allem als **Ausgangsort für die Entdeckung des Unterharzes und Mansfelder Landes** interessant. Über Alexisbad wird Harzgerode von der Selketalbahn erreicht. In Harzgerode halten Linienbusse aus Ballenstedt (Linie 8), Quedlinburg (Linie 32) Güntersberge (Linie 33) und Hettstedt (Linie 322). Von Ballenstedt sind es 16 km (B 185).

Im Stadtzentrum stehen das 1550 erbaute **Renaissanceschloss** mit Heimatstube, am Markt das **Fachwerk-Rathaus** (1901) und die **Marienkirche** (1698) mit ihrer prächtigen barocken Ausstattung. Zwei Medaillons neben der Kanzel zeigen Darstellungen des Harzgeröder Bergbaus, die Grube Albertine mit Göpel und Felsgestänge und die Silberverhüttung im Selketal.

■ **Schloss Harzgerode,** Schlossplatz 3, Tel. (039484) 42106, www.harzgerode.de, tgl. 11–16 Uhr. Im Renaissancebau Veranstaltungen und Ausstellung zur Stadtgeschichte.
■ **Marienkirche,** Mo, Mi, Sa 10–15 Uhr, Di, Do 10–16 Uhr, So 10–13 Uhr.

Jährlich am ersten Sonntag im Juni wird um Harzgerode der von Läufern deutschlandweit beachtete **Klippenlauf** über Distanzen von 2,5 bis 15 km ausgetragen (sowie ein Schnupperlauf von nur 1 km).

Praktische Tipps

Anreise

■ **Mit eigenem Fahrzeug:** B 185, B 242 (Harzhochstraße).
■ **Per Bus:** Regionalbuslinien von Quedlinburg (32), Stolberg (38), Hettstedt (322).
■ **Per Bahn:** Schmalspurbahnen von Alexisbad.

Information

■ **Stadtinformation Harzgerode,** Marktplatz 7, Tel. (039484) 7476703, www.harzgerode.de. Mo–Fr 9–16 Uhr, Di 9–18 Uhr, Sa 10–14 Uhr.

Übernachtung

■ **Familienhotel Thalmühle**①, Falkenstein, Falkensteiner Weg 1, Tel. (034743) 96800, www.hotel-thalmuehle.de. Zwei Ferienwohnungen im Bungalow, Spielplatz, Imbisskiosk Mi–So 11–16 Uhr. Hotel und Restaurant 2017 im Wiederaufbau nach einem Brand.
■ **Café und Pension Felsterrasse**①, Alexisbad, Kreisstraße 15a, Tel. (039484) 72230, www.alexisbad.de. Fachwerbau an den Gleisen der Selketalbahn, 500 m vom Haltepunkt Alexisbad, große Terrasse mit Blick auf die Bahn,
❀ **Waldgasthof mit Backstube**①, 4. Friedrichshammer 33, Harzgerode OT Mägdesprung, Tel. (039484) 2715, Mi–So 11–19 Uhr, www.harz-ferienwohnungen.com. Gemütliches vegetarisches Ausflugs- und Wandererlokal in einer Scheune von 1857. Zwei Ferienwohnungen für acht Personen.

Essen und Trinken

■ **Hotelrestaurants** siehe „Übernachtung".
MEIN TIPP: Scheunencafé am Drahtzug①, Tel. (039484) 747120, www.drahtzug-cafe.de, Mi–So 13–18 Uhr. Gemütliches Café auf dem Gelände der einstigen Drahtzieherei, direkt an der Selketalbahn, selbstgebackener Kuchen, mehrere Kaffeesorten.

Weitere Museen

■ **Konradsburg,** bei Ermsleben (Falkenstein), www.konradsburg.com, tgl. 10–16 Uhr, im Sommer bis 17 Uhr, Galerie-Café Sa, So, Fe 14–17 Uhr. Burganlage mit romanischer Basilika, zum Teil zugänglich, Veranstaltungen, 3,5 km von Falkenstein, Stempelstelle der Harzer Wandernadel.

◁ Das Fachwerk-Rathaus von Harzgerode

Blankenburg | 186
Halberstadt | 192
Hornburg | 170
Michaelstein, Kloster | 190
Quedlinburg | 204
Regenstein, Burg | 189
Ströbeck | 203
Teufelsmauer | 189
Wernigerode | 175

5 Nördliches Harzvorland

Nördlich des Harzgebirges stehen geöffnete Schatzkammern tausendjähriger Kultur- und Kunstgeschichte. Es sind die von farbenfrohen Fachwerkbauten gezeichneten Altstädte, die Domschatzkammern von europäischem Rang in Halberstadt und Quedlinburg, Terrassengärten für Verliebte und des Raubgrafen Burg. Das lebendig mittelalterliche Quedlinburg gehört zum Weltkulturerbe.

Der Schlossberg in Quedlinburg

NÖRDLICHES HARZVORLAND

Im niedersächsischen **Hornburg** an der Ilse beginnt die Reise zu den Fachwerkstädtchen am nördlichen Harzrand, weiter geht es nach Sachsen-Anhalt. Von **Wernigerode** dampfen betagte Schmalspurbahnen bis zum Brocken oder quer durch den Harz. Der Stadtrundgang führt vom märchenhaften Rathaus zu schiefsten Wänden, schmalsten Gässchen und zum kleinsten Häuschen. Vom Schlossberg schweift der Blick über die verwinkelte Altstadt am nahen Gebirge. Die Residenzstadt **Blankenburg** gibt sich festlich im Garten zwischen den Schlössern. Der Großvater blickt über das Gebirgsvorland und auf die **Teufelsmauer,** dort locken Kletterspaß und zahlreiche grandiose Ausblicke.

Romanische und gotische Baukunst von höchstem Rang ist am Domplatz in Halberstadt zu erleben. Der Domschatz ist der umfangreichste in Deutschland. Von liebevoll restaurierten Gassen und Plätzen in Fachwerkpracht geht es über Vater *Gleims* Literatenherberge in das neu entstandene Zentrum der Einkaufsstadt. In der romanischen Klosterkirche St. Burchardi erklingt *John Cage,* noch bis zum Jahr 2640.

NICHT VERPASSEN!

- **Schloss Wernigerode** | 180
- **Wanderweg auf der Teufelsmauer** | 189
- **Halberstädter Domschatz** | 197
- **Finkenherd** in Quedlinburg | 212

Diese Tipps erkennt man an der gelben Hinterlegung.

Nördliches Harzvorland

In **Quedlinburg** lässt sich das Weltkulturerbe mit Händen greifen. Die Altstadt und der sie überragende Schlossberg mit der romanischen Stiftskirche sind ein Flächendenkmal zum Umherstreifen, Besuchen und Staunen.

Ein Stadtbesuch im nördlichen Harzvorland lässt sich mit dem Auto vom gesamten Gebirge aus spontan unternehmen, umgekehrt lässt sich der Harz von dort aus in Tagestouren erkunden. Für die Reise mit öffentlichen Verkehrsmitteln bieten sich die Harzer Schmalspurbahnen sowie die Buslinien der Harzer Verkehrsbetriebe an. Außer dem niedersächsischen Hornburg sind die Städte mit Regionalbahnen über Halle/Saale und Magdeburg erreichbar.

Hornburg

Wo der Hopfen gedeiht, ist gut schlendern. Sonnig trockenes Klima ließ das Städtchen an der namensgebenden Hornburg ab dem 16. Jh. durch **Hopfenanbau** vermögend und hübsch werden. Die pittoreske niedersächsische Fachwerkstadt an der Ilse erhielt ihr Antlitz praktisch mit dem Bierdurst der Nachbarn, die Braustadt Einbeck etwa ist gar nicht weit entfernt. Heute wird das angenehme Klima vor allem von den Besuchern dieses **Kleinods der Renaissancebaukunst** gelobt. Mehr als 300 Fachwerkhäuser, die meisten aus dem 16. und 17. Jh., sind hier zu besichtigen. Die Stadt mit 3800 Einwohnern liegt rund 23 km nördlich von Ilsenburg und von Goslar, 42 km sind es bis Wernigerode.

Stadtgeschichte

Die Hornburg war eine **Grenzveste** an der Handelsstraße von Halberstadt und Wernigerode nach Braunschweig. Sie wird erstmals in einer Urkunde aus dem Jahr 994 erwähnt, in der es um die Marktrechte von Quedlinburg geht. Im 16. Jh. erlebte die Stadt Hornburg ihre erste **Blütezeit** durch den Hopfenanbau. Im Jahre 1552 erhielt sie schließlich das **Marktrecht.**

In der Zeit der deutschen Teilung lag die Stadt an der Staatsgrenze. Seit 2013 ist Hornburg ein Ortsteil der Gemeinde Schladen-Werla. Die Geburtsstadt des Papstes *Clemens II.* (er lebte von 1005 bis 1047), mit ihren farbenfrohen Fachwerkgassen und der grünen Umgebung, lebt heute hauptsächlich vom Tourismus, daneben ist die Landwirtschaft wichtigster Wirtschaftszweig.

www.fotolia.de © BirgitMundtOsterwiec

▷ Fachwerkpracht in Hornburg

Sehenswertes

Die romantischen **Fachwerkgassen** der kleinen, von der Hornburg überragten Innenstadt laden zum Bummeln und Entdecken ein. Beachtenswert sind an den Fachwerkhäusern die farbigen, geschnitzten Rosetten. Sie waren ein beliebtes Motiv der Renaissance und belegen hier, dass die meisten Häuser in dieser Blütezeit der Stadt erbaut wurden. Besonders wertvoll sind die **Wasserstraße** mit ihren Fachwerkhäusern aus fünf Jahrhunderten, zum Beispiel das liebevoll restaurierte Haus Wasserstraße 15, und der **Markt** sowie die Marktstraße. Die **Ratsapotheke** (Marktstraße 14) gilt als attraktivstes Fachwerkhaus der Stadt. Sie wurde 1609 erbaut. Das Astwerk im Wellenband ist noch ein Schmuckele-

ment der Spätgotik. Markt 10 ist eines der ältesten Fachwerkhäuser, erbaut 1530. Marktstraße 4 ist ein spätbarocker Nachfolgebau der einstigen Amtsmühle.

Fachwerk von Damm bis Knick

Eines der prächtigsten und wertvollsten Bauwerke war das **Neidhammelhaus** auf der Wasserstraße 2, direkt neben der Kirche. Seinen Namen erhielt es wegen der fantasievollen Dekorationen aus der Zeit der Renaissance an den Balken. Neben dem Familienwappen des Erbauers sind Fratzen zu sehen, die als Neidkopf böse Nachbarn und als Schalkkopf böse Geister vom Hause fernhalten sollen. Das Haus wurde 1563 vom damaligen Stadtkämmerer erbaut, den Ratsakten zufolge war es das höchstbesteuerte Haus der Stadt. Im Jahr 1972 fiel es einer Brandstiftung zum Opfer, bei der zum Glück die Schmuckfassade stehenblieb, wenn auch baufällig. In den Jahren 1994/95 wurde die Fassade denkmalgerecht wieder aufgebaut, sie verkleidet nun einen historisierenden Neubau.

Am **Damm** zieht das frühbarocke Hopfenhaus (1672) mit seinem rostroten Netzfachwerk die Blicke auf sich. Das Haus Damm 20 (1569) diente als Schule der jüdischen Gemeinde. Im Hof stand bis 1924, als sie wegen Baufälligkeit abgetragen wurde, die barocke Synagoge.

An der Ecke Knick/Vorwerk steht das **Alte Zeughaus,** ebenfalls in der Blütezeit der Stadt errichtet. Die vorkragenden Obergeschosse wurden 1609 erbaut.

Eine der ansehnlichsten Kirchen im nördlichen Harzvorland ist die evangelische **Kirche Beatae Mariae Virginis** inmitten der Stadt. Sie wurde 1616 eingeweiht und war die erste protestantische Kirche des Braunschweiger Landes. Der Wolfenbütteler Baumeister *Paul Francke* entwarf sie als dreischiffige Hallenkirche. In der prächtig ausgestatteten Kirche sind besonders der Altar und die Kanzel sehenswert, Meisterwerke der Schnitzkunst in der Spätrenaissance. In der Barockzeit entstand der Orgelprospekt. Die Orgel erklingt zu den beliebten Konzerten.

Der erste „deutsche Papst"

Im ehemaligen Gutshaus (18. Jh.) am Montelabbateplatz lädt das **Heimatmuseum** ein. Dort begegnet man dem berühmtesten Hornburger, *Clemens II.,* dem „deutschen Papst" des 11. Jh. Ihm ist ein Zimmer des Museums gewidmet.

■ **Heimatmuseum,** Montelabbateplatz 1, Tel. (05334) 2234, www.museum-hornburg.de, Di–Sa 14–16 Uhr, So 14–17 Uhr. Fachwerkhaus von 1769, Stadt- und Burggeschichte, Druckerei, Drechsler- und Sattlerwerkstatt, Grenze zur DDR u.a.

Die Hornburg

Die kleine **Burg** über der Stadt hat eine bewegte Geschichte. Allein im 12. Jh. wurde sie dreimal erobert und zerstört, denn unter den Kaisern *Barbarossa* und *Heinrich VI.* diente sie als Truppenlager. Im 15./16. Jh. wurde sie zur Festung ausgebaut. Kurz vor Ende des Dreißigjährigen Krieges, am 16. Januar 1645, machten die Schweden sie für lange Zeit unbewohnbar. 1921/22 wurde sie wieder aufgebaut, sie befindet sich in privatem Besitz und kann nicht besichtigt werden.

In der Umgebung

Die nahe Umgebung des Städtchens bietet sich für Radtouren – etwa auf dem Grünen Band der einstigen innerdeutschen Grenze – und für Wanderungen an. Geologische Erkundungen an Steinbrüchen, einer ehemaligen Kiesgrube und einem Quellteich oder einfach wieder mal ein Naturerlebnis bietet der Erlebnispfad „Hornburg – Großes Bruch – Fallstein". Geführte Wanderungen durch diesen **Geopark** kann man in der Touristeninformation buchen, dort gibt es eine Broschüre. Besonders freundlich ist dieser Weg im Frühjahr, wenn am Fallstein das gelbe Adonisröschen blüht.

Praktische Tipps

Anreise

- **Mit eigenem Fahrzeug:** A 395, B 82.
- **Per Bus:** Regionalbuslinien von Wolfenbüttel (751, 753, 756), Schladen (751).

Information

- **Touristeninformation,** Pfarrhofstraße 5, Tel. (05394) 94910, www.hornburg-erleben.de, Mo, Do, Fr 9–12 Uhr, Di 9–12 und 14–16 Uhr, Ostern bis Okt. Sa 10.30–12 Uhr.

Übernachtung

- **Hotel und Restaurant Schützenhof**②, Vor dem Vorwerkstor 3, Tel. (05334) 1211, www.schuetzenhof-hornburg.de, Mo, Mi–Fr ab 17 Uhr, Sa, So 11–14 und ab 17 Uhr. Fachwerkhaus in der Altstadt, traditionell eingerichtete Zimmer, Harzer und gutbürgerliche deutsche sowie internationale Küche, Terrasse unter Bäumen.
- **Reinhards Pension**①, Vorwerk 1, Tel. (05334) 948010, www.reinhards-pension.de. Sechs Doppel- und ein Dreibettzimmer mit sprechenden Namen, von herrschaftlich bis Studentenbude oder „Fräulein Müller", alles für Nichtraucher, Frühstücksbuffet mit regionalen Produkten.
- **Hornburg-Hostel**①, Damm 1, Tel. (01522) 803 3100, www.hornburg-hostel.de. Nichtraucherherberge, vor allem für jüngere Reisende, in einem Fachwerkhof, großzügige Ein-, Zwei- und Sechsbettzimmer. Das Hostel als Kurzzeitwohnung: vier Pers., 200 €/Woche, 600 €/Monat.

Essen und Trinken

- **Hotelrestaurants** siehe „Übernachtung".
- **Am Ruckshof**②, Knick 17, Tel. (05334) 1792, www.am-ruckshof.de, Di–Sa 17–22.30 Uhr, So 11–14.30 und 17–22 Uhr. Rustikales Lokal in einem Fachwerkhaus, Biergarten, gutbürgerliche Küche, Hornburger Landbier.
- **Café auf dem Schlossberg**①, Schlossbergstraße 32, Tel. (05334) 948969, im Sommer Sa, So 15–18 Uhr. Das Café zum Altstadtbummel. Hausgemachter Kuchen, Kunst im Garten.

Weitere Museen

- **Biedermeierhaus,** Burggraben, So 14.30–17 Uhr. Außenstelle des Heimatmuseums, vollständig erhaltene Kleinbürgerwohnung um 1900.
- **Heimathaus „Alte Mühle",** Schladen, Mühlenstraße 1, www.heimathaus-schladen.de, erster So im Monat 14–17 Uhr. 1704 erbaute Wassermühle, archäologische Funde, Ortsgeschichte, Wohnen und Gewerbe im 19. Jh.

Wernigerode

Das Unvermeidliche gleich zu Anfang: Wernigerode ist „die bunte Stadt am Harz". Wohl selten hat ein Werbeslogan für eine Stadt eine derartige Alltagspräsenz erreicht wie dieser nicht etwa von einer Agentur, sondern im Jahr 1909 von dem Schriftsteller *Hermann Löns* (1866–1914) formulierte Spruch. Ja, der Heidedichter, auch er war im Harz, und als er seinen Reisebericht veröffentlichte, sicherte sich die Stadt gleich die Rechte an dem einprägsamen Satz. Die Gassen und Plätze des sehr lebendigen historischen Stadtkerns sind fast lückenlos mit niedersächsischen **Fachwerkhäusern** bebaut, die sich durch eine Vielzahl farbenfroher Schmuckformen auszeichnen und harmonische Ensembles bilden. Denkmalgerecht restauriert, dienen die meisten den Wernigerödern als Wohnhäuser; aber auch Pensionen, Gasthäuser, Ferienzimmer und kleine Läden sind darin zu finden. Spaziergänger laden sie zu abwechslungsreichen Entdeckungsreisen ein.

Wernigerode mit seinen 34.000 Einwohnern liegt verkehrsgünstig am Nordostrand des Harzes, an den Bundesstraßen 6 und 244 sowie an der Eisenbahnstrecke (Leipzig – Halle –) Halberstadt – Vienenburg (– Hannover). Von Wernigerode verkehren die Brockenbahn sowie mehrere Buslinien direkt ins Gebirge. Bis Ilsenburg sind es 10, bis Schierke 18 km.

◁ Das Rathaus von Wernigerode

Mit seiner großartigen Architektur und der günstigen Lage ist Wernigerode **ein Zentrum des Harztourismus.** Das bekannteste Unternehmen ist wohl die Hasseröder Bierbrauerei, die 1872 in dem heutigen Stadtteil Hasserode gegründet wurde.

Stadtgeschichte

Die **Entstehung** des Ortes liegt im Dunkeln, der Ortsname weist auf eine Siedlung hin, die durch Rodung entstanden ist, wahrscheinlich im 9./10. Jh. Erstmals urkundlich erwähnt wurde Wernigerode 1121. Damals war auf dem Klint, hinter dem heutigen Rathaus, eine Siedlung entstanden, die sich bald zum Marktflecken entwickelte. Am 17. April 1229 erhielt Wernigerode **Stadtrecht.** Erstmals 1279 wird eine „Neustadt" erwähnt, in der Tuchhändler und Ackerbürger lebten. Nach dem Tod des letzten Wernigeröder Grafen, 1429, übernahm der Stolberger Graf *Botho* die Herrschaft.

Zwar konnten im Zuge der Reformation protestantische Prediger in der katholischen Grafschaft ungehindert auftreten, erstmals 1534, doch wurden vor allem Frauen Opfer des in der Harzregion verbreiteten Teufels- und Hexenglaubens. Zwischen 1521 und 1638 sind in Wernigerode 28 **Hexenverbrennungen** urkundlich belegt.

Als 1626, in der ersten Phase des **Dreißigjährigen Krieges,** *Wallenstein* mit seinen Truppen die Stadt besetzte, blieb Wernigerode zwar von größeren Zerstörungen verschont, nicht aber von der **Pest,** die unter den Soldaten ausbrach und 1000 Wernigeröder mit in den Tod riss. Über Jahrzehnte litt die

Stadt an Plünderungen und Kontributionen, die den Wohlstand aufzehrten.

Im 18. Jh. prägte der dem **Pietismus** verbundene Graf *Christian Ernst* das **Sozialleben** der städtischen Gemeinschaft, so durch eine Reform des Schulwesens, die Armenversorgung und die Öffnung der gräflichen Bibliothek für die Allgemeinheit. Die mit diesen Wohltaten verbundene Forderung nach gelebter Frömmigkeit fand allerdings nicht nur Zustimmung beim städtischen Bürgertum.

1806 bis 1813 stand die Grafschaft unter **französischer Herrschaft,** sie wurde 1807 in das von *Napoleon* als Satellitenstaat geschaffene **Königreich Westphalen** einvernommen. Von 1813 an war Wernigerode der preußischen Provinz Sachsen zugeordnet. In der Gründerzeit entstanden zahlreiche **Betriebe,** vor allem in der Nahrungsmittel und Papier verarbeitenden Industrie. 1872 erhielt Wernigerode **Eisenbahnanschluss** nach Halberstadt. Der **Fremdenverkehr** im Harz gewann an Bedeutung, und die kleine Stadt wurde ein beliebter Alterssitz von Beamten und Offizieren.

Während der nationalsozialistischen Diktatur diente die vielgestaltige Industrie der Stadt weitgehend der **Rüstungsproduktion,** Tausende Zwangsarbeiter und Kriegsgefangene lebten in Barackenlagern am Stadtrand. Der Stadtkommandant Oberst *Gustav Petri* verweigerte im April 1945 den Befehl, die Stadt gegen die anrückende US-Armee zu verteidigen. Damit rettete er unzähligen Zivilisten das Leben und bewahrte Wernigerode vor der Zerstörung. *Petri* wurde am 11. April 1945 bei Drei Annen Hohne standrechtlich erschossen.

Wernigerode wurde im Juli 1945 der sowjetischen Besatzungszone zugeordnet und war während der DDR-Zeit die südlichste Kreisstadt des **Bezirks Magdeburg,** nur rund 10 km entfernt von der innerdeutschen Grenze. Für den durch die deutsche Teilung amputierten Harztourismus war Wernigerode wieder eines der beliebtesten Reiseziele. Seit 2007 gehört die Stadt zum neugebildeten Landkreis Harz.

Sehenswertes

Marktplatz

Der Marktplatz mit dem verspielt wirkenden Fachwerkbau des Rathauses und mehreren Restaurants und Cafés ist das Zentrum der Altstadt. Wegweiser erleichtern die Orientierung zu den sehenswerten Orten. Lebensader der Altstadt ist die **Breite Straße** zwischen dem Marktplatz und der einstigen Stadtmauer, auf diesem Weg gelangt man am besten vom **Bahnhof** (halblinks, dann geradeaus Rudolf-Breitscheid-Straße, dann rechts Breite Straße) in die Altstadt.

Das **Rathaus** ist zweifellos eines der lieblichsten in Norddeutschland. 1277 wurde für diesen Ort ein „Spelhaus" erwähnt, was man jedoch nicht zu geradlinig interpretieren sollte. Neben den öffentlichen Vergnügungen wurden Gerichtsprozesse vollzogen. Ab 1429 entstand der Neubau, wie wir ihn jetzt sehen, mit Weinkeller und einem Saal, der für Gerichtsverfahren und Theateraufführungen taugte. Kneipe anbei. 1530 ging das anschließende Ackerbürgerhaus in städtischen Besitz über und wurde Stadtwaage. Bereits 1498 waren die beiden Erker mit Türmen angebracht worden.

Seit dem Stadtbrand von 1528, der das alte Rathaus dahinraffte, dient das 1539 umgebaute „Spelhaus" als Rathaus. Der Giebel wurde durch das markante Dach ersetzt, Gewölbe herausgebrochen, um Dienststuben zu schaffen. In den 1930er Jahre wurden einige der architektonischen Korrekturen aus der Gründerzeit wieder korrigiert, und so begeistert das Wernigeröder Rathaus seine Betrachter und Fotografen, die Hochzeitspaare und Besucher der Touristeninformation.

Die Knaggen (Stützbalken unter den Balkenköpfen), sind mit 33 **holzgeschnitzten farbigen Figuren** verziert, da sind Narren und Heilige zu entdecken, Gaukler und Spielleute. Über dem Portal steht der Leitspruch: „Einer acht's, der andere betracht's, der dritte verlacht's, was macht's."

Mitten auf dem Platz steht der farbenfrohe, neogotische **Marktbrunnen** von 1848, ein Werk aus der Ilsenburger Eisenkunsthütte. Eine Gedenktafel erinnert an den Stadtkommandanten *Gustav Petri,* der mit seiner Befehlsverweigerung im April 1945 die Stadt vor der Zerstörung bewahrte (siehe „Stadtgeschichte").

Das **Gothische Haus** (Nr. 2) wurde 1360 erstmals erwähnt. Hinter der historischen Fassade lädt ein modernes Vier-Sterne-Hotel und Gourmetrestaurant ein. Dem Rathaus gegenüber steht der **Weiße Hirsch**. 1650 erbaut, diente er als Gastwirtschaft und Bäckerei, unter dem heutigen Namen spätestens seit 1830. An der Stelle von drei Fachwerkhäusern, die bei einem Stadtbrand vernichtet wurden, steht das 1898 erbaute Haus **Café am Markt**. Von hier gibt es den Postkartenblick auf das Ensemble von Rathaus, Brunnen und Gothischem Haus.

Klint

Hinter dem Rathaus liegt der Klint, das **älteste Siedlungsgebiet** und einer der malerischsten Winkel der Stadt. Im 9. Jh. haben Benediktinermönche hier den Wald gerodet und das Land urbar gemacht. Das **Harzmuseum** im Fachwerkhaus aus dem Jahr 1821 erzählt die Geschichte von Wernigerode und zeigt die Natur des Harzes sowie dessen Bergbaukultur.

■ **Harzmuseum,** Klint 10, Tel. (03943) 654454, www.harzmuseum.de, Mo−Sa 10−17 Uhr, Fe 14−17 Uhr, 2/1,30 €. Fossilien, Minerale, Gesteine, Kunst im Harz.

In der **Klintgasse** droht nichts einzustürzen, obwohl es doch so aussieht. Das **Schiefe Haus** hat mit 7 % eine fast doppelt so starke Neigung wie der Schiefe Turm von Pisa. Als es 1680 für die Tuchmachergilde erbaut wurde, stand noch alles lotrecht. Der Mühlgraben unterspülte die Grundmauer und senkte die Ostfassade. Heute kann man das Haus als Museum und Galerie besichtigen.

Inmitten des **Oberpfarrkirchhofes** steht die neogotische **Sylvestrikirche**. Hier wurde schon von den Mönchen eine kleine Kirche errichtet, von der nichts mehr erhalten ist. Um 1100 entstand ein Bauwerk, dessen romanische Pfeiler in den Neubau 1880−1886 einbezogen wurden. In der Sylvestrikirche werden in der Sommerzeit öfter Konzerte gegeben.

Auch die Fachwerkhäuser am Kirchhof sind besonders sehenswert. Das **Gadenstedtsche Haus** (Nr. 13) wurde im Jahre 1582 erbaut. Markant sind der vorkragende Erker und das aus Steinen errichtete Erdgeschoss. Am Haus Nr. 11 (um 1500) gibt es einen sehr schmalen, niedrigen Durchgang zur Stadtmauer, den viele Besucher nur gesenkten Hauptes durchlaufen können. Vom Volksmund wird sie „Demutsgasse" genannt. Früher hieß sie „Rosengasse"; und das, obwohl es dort aufgrund der hygienischen Verhältnisse nach allem außer Rosen gerochen hat. Wahrscheinlicher ist, dass der in der Renaissancezeit verbreitete euphemistische Name auf den Weg zu einem Bordell an der Stadtmauer hinweist.

Zum Kleinsten Haus

Weitere städtebauliche Perlen Wernigerodes sind die annähernd parallel verlaufenden **Oberengengasse** und **Unterengengasse** sowie die sie verbindende **Kochstraße.** Auf dem Weg dahin muss man die Marktstraße überqueren. Beides sind sehr schmale, mit sehenswerten Fachwerkhäusern bebaute Gassen.

An der Ecke Kochstraße/Marktstraße, kurz vor der B 244, steht das **Kleinste Haus** der Stadt. Das barocke Fachwerkhäuschen wurde 1792 erbaut und war bis 1976 bewohnt. Bis zur Dachtraufe sind es 4,20 m, die Tür ist 1,70 m hoch. Hinter der Wohnungstür liegen Diele und Küche, der Wohnraum im Obergeschoss misst knapp 10 m², geschlafen wurde unter dem Dach. Für ein Erinnerungsfoto vor der Tür muss man auch mal Schlange stehen. Das Haus ist Museum seiner selbst, ein sozialgeschichtliches Denkmal.

■ **Das Kleinste Haus,** Kochstraße 43, Tel. (03943) 606016, Di–Fr 11–15 Uhr, Sa/So 10–16 Uhr.

In der Kochstraße

Schloss Wernigerode

Weithin sichtbar ragt das spitztürmige Schloss Wernigerode als ein Wahrzeichen über der Stadt auf. Als Leitbau des Historismus wird es **„Neuschwanstein des Ostens"** genannt. Seine heutige märchenhafte Gestalt erhielt es Ende des 19. Jh. unter Graf *Otto zu Stolberg-Wernigerode*.

Eine schon bald nach der Rodung des Siedlungsgebietes der künftigen Stadt entstandene Burg wurde im Jahr 1213 urkundlich erwähnt. Zu Füßen der Burg kreuzten sich zwei Handels- und Heerstraßen. Während des **Dreißigjährigen Krieges** wurde die Burg **als Herrschaftssitz aufgegeben** und die stolbergische Residenz nach Ilsenburg verlegt. Erst der ab 1710 regierende Graf *Christian Ernst zu Stolberg-Wernigerode* besann sich wieder auf Wernigerode und ließ die Burg zum barocken Schloss umbauen.

Sein Nachfolger **Graf Otto zu Stolberg-Wernigerode** war Oberpräsident der preußischen Provinz Hannover, Botschafter in Wien, schließlich als Vizekanzler des Deutschen Reiches Stellvertreter *Bismarcks*. Er verpflichtete den bereits im Schloss Ilsenburg tätigen Architekten *Carl Frühling* für den **Umbau** des Schlosses zu einer repräsentativen Residenz im Geiste der Zeit. Die Schlosskirche wurde 1880 durch den Wiener Architekten *Friedrich von Schmidt*, den Baumeister des Wiener Rathauses, errichtet. Schloss Wernigerode gilt als eines der bedeutendsten Bauwerke des norddeutschen **Historismus**.

Ab 1930 standen Teile des Schlosses zur Besichtigung offen, aber schon *Heinrich Heine* hat gegen Ende seiner „Harzreise" den Berg hinaufgeblickt, wohl wissend, dass es dort oben „man-

ches Bemerkenswerte" zu sehen gebe, indes, den Grafen zu begrüßen, hatte er keine Lust.

1946 wurde in dem Schloss ein Feudalmuseum eingerichtet, aus dem das heutige **Museum** hervorgegangen ist. Zu besichtigen sind auf zwei Rundgängen fast 50 original eingerichtete Wohnräume des Hochadels sowie die Schlosskirche und die Terrassengärten. Auf dem Programm der jährlichen Schlossfestspiele stehen die „Wandelkonzerte" in verschiedenen Räumen, Opern- und Konzertaufführungen sowie Puppentheater.

Zwischen Weihnachten und Neujahr lädt das Winterschloss ein zum **Wintermarkt,** auf dem sich auch ein nostalgisches Karussell dreht. Es gibt Konzerte, Märchenstunden und einen heißen Backofen. Der Eintrittspreis zum Schloss erhöht sich um 1 Euro.

Schloss Wernigerode war **Drehort** unter anderem für die Filme „Das kleine Gespenst", nach dem Buch von *Otfried Preußler* (2012), und „Baron Münchhausen" (Mosfilm 1979).

■ **Schloss Wernigerode,** Am Schloss 1, Tel. (03943) 553030, www.schloss-wernigerode.de, Mai bis Okt. tgl. 10–18 Uhr, Nov. bis April Di–Fr 10–17 Uhr, Sa, So, Fe 10–18 Uhr, 6/2,50 €. Wohnräume des Hochadels, im Sommer Schlossfestspiele mit Opernaufführungen im Schlosshof. Zum Schloss führen vom Bahnhof sowie aus der Altstadt (Burgstraße) markierte Fußwege (20–30 Min.), die Zufahrt ist mit der Schlossbahn (z.B. ab Krummelsches Haus, Breite Straße, Hin- und Rückfahrt 5/2 €) oder mit der Bimmelbahn (ab Blumenuhr, hinter dem Rathaus) möglich, nicht mit dem eigenen Pkw.

◁ „Neuschwanstein des Ostens":
Schloss Wernigerode

Liebfrauenkirche und Burgstraße

Die Oberengengasse führt nach wenigen Schritten auf den **Liebfrauenkirchhof**. Die barocke Kirche wurde 1762 erbaut, nachdem ihr Vorgängerbau durch einen Stadtbrand vernichtet worden war. Der **Turm** (1841) kann bestiegen werden und bietet einen Blick auf die Stadt. Sehenswert ist der barock ausgestattete Saal mit dem als Himmel gestalteten Tonnengewölbe aus Holz und einem gotischen Taufstein.

Die angrenzende **Burgstraße** ist als Verbindung zum Schloss – wie die Breite Straße, in die sie mündet –, eine der Magistralen der Altstadt. Nach dem Stadtbrand von 1751 wurde sie begradigt und komplett neu bebaut. Von der Ecke Burgstraße/Liebfrauenkirchhof läuft man bis zum Schloss (über Burgberg, Schlossallee) rund 20 Min. Bemerkenswert ist hier das Gebäude des **Robert-Koch-Instituts.** Der stattliche Barockbau wurde 1754 infolge des Brandes als Freihof in Stein errichtet. Während der napoleonischen Besatzung diente er als Amtssitz des Bürgermeisters. Ende des 19. Jh. beherbergte er ein Museum für Natur- und Heimatkunde. Nachdem in der NS-Zeit sich die NSDAP-Kreisleitung in dem „Braunen Haus" ausgebreitet hatte, wurde dort 1964 ein Bakteriologisches Institut eingerichtet, später ein Hygiene-Institut, letztlich das bundeseigene Robert-Koch-Institut.

Die vorwiegend von Fachwerkhäusern bebaute Handelsstraße ist Fußgängern vorbehalten. Sie wartet mit vielen kleinen Läden auf. Beliebt bei den Wernigerödern ist das **Café Burgstraße,** ein Fachwerkhaus mit verglastem Innenhof, eigener Bäckerei und Konditorei.

Breite Straße

Die Breite Straße ist in historischen Altstädten in der Regel jene, die vom Haupttor zum Marktplatz führte. So auch in Wernigerode. Mit ihren Läden, Cafés und Restaurants ist sie die Hauptstraße der Altstadt. Als Fußgängerpromenade verführt sie zum Flanieren, Einkaufen und Einkehren. Zu entdecken sind **stattliche Fachwerkhäuser** mit bemerkenswerten Details.

Von der Einmündung der Burgstraße nach rechts gehend, gelangt man zum **Haus Behrends** (Nr. 62), das Ende des 16. Jh. erbaut wurde. In der ersten Etage sind die Brüstungsfelder und Ständer, in der zweiten Etage nur die Brüstungsfelder mit den harztypischen **Palmetten** (Abstraktion eines Blattes der Fächerpalme) farbenfroh verziert.

Das barocke **Krummelsche Haus** (1674) ist mit seiner prächtigen holzgeschnitzten Fassade eines der bekanntesten Wernigeröder Bürgerhäuser. Vorlage für die allegorischen Schnitzereien waren Kupferstiche des Flamen *Adrian Collaert* (um 1560–1618). Bauherr war der Berliner Kornhändler *Heinrich Krummel*. Das Erdgeschoss wurde 1875 umgebaut. Heute lädt hier eine Bier- und Cocktailbar ein.

Am Haus Nr. 78 erinnert eine Tafel an den amerikanischen Bombenangriff vom 22. Februar 1944, bei dem das Gasthaus „Zum Bären", dessen Torso hier zu sehen ist, zerstört wurde.

Ihm gegenüber steht das 1696 erbaute **Haus Preysser** (Nr. 71). Eine breite Toreinfahrt kennzeichnet das Ackerbürgerhaus. Die beiden Torpfosten tragen groteske Männerköpfe mit orientalischen Kopfbedeckungen. Männerfratzen zieren auch die zehn Balkenköpfe; es sind Neidmasken, die das Böse von dem Haus fernhalten sollten.

Auf derselben Straßenseite, stadtauswärts, steht mit der **Krellschen Schmiede** ein Fachwerkhaus, das seiner einstigen Bestimmung entsprechend genutzt wird. 1678 wurde es von *Michael Krell* als Huf-, Beschlag- und Wagenschmiede erbaut, und auch jetzt befindet sich darin eine Schmiedewerkstatt. Die Namen des Erbauers und seiner Ehefrau entdeckt man eingeritzt über der vierflügeligen Eingangstür. Ein Pferdekopf an der Fassade weist auf eine Sattlerei hin, die ebenfalls in diesem Haus betrieben wurde. Die heutige Schmiede gilt als die **älteste noch tätige Schmiedewerkstatt Deutschlands.** Sie wendet sich mit ihren Produkten an Besucher der Stadt, lädt zum Besichtigen und Mitmachen ein.

Mein Tipp: **Krellsche Schmiede,** Breite Straße 95, Tel. (03943) 557373, www.krellsche-schmiede.de, Di–So 10–17 Uhr.

Direkt neben der Schmiede steht das dreigeschossige Fachwerkhaus der **Alten Brennerei**, erbaut 1641. Das Zwerchhaus im Dachgeschoss erinnert daran, dass dort mit Flaschenzug über einen Kefferbalken das Getreide und andere Lasten hinauftransportiert wurden.

▷ Im Heideviertel

Johanniskirche

Die Breite Straße mündet hier bald in die Grünanlagen vor der Altstadt. Bis zum Bahnhof und der zentralen Busstation sind es noch 10 Min. Fußweg. Für den weiteren Stadtrundgang geht man die Breite Straße zurück bis zur Einmündung der **Johannisstraße,** kurz nach der Krellschen Schmiede. In dieser stillen Seitengasse stehen kleinere Fachwerkhäuser, sehenswert sind das barocke Handwerkerhaus Nr. 17 und das Ensemble an der Ecke zum ländlich wirkenden Neuen Markt. Im 13. Jh. siedelten sich hier Bauern aus nahen Dörfern vor den Toren der Stadt in einer Neustadt an.

Über die Pfarrstraße geht es zum **Johanniskirchweg.** Die Johanniskirche wurde im letzten Drittel des 13. Jh. für die Neustadt erbaut. Sie ist die Kirche mit der **ältesten erhaltenen Bausubstanz in Wernigerode.** Wertvollstes Kunstwerk in der Kirche ist der im Jahr 1415 geschaffene vierflügelige Marienaltar. Er wird der niedersächsischen Schule sowie böhmischen Einflüssen zugeordnet.

Heideviertel

Über die Pfarrstraße und Albert-Bartels-Straße gelangt man zur Mittelstraße (5 Min.) und damit in das Heideviertel. Zwischen Heidestraße und Hinterstraße ist es neben dem Klint eines der **romantischen Altstadtviertel,** das seinen besonderen Reiz aus der harmonischen Reihe farbenfroher zweigeschossiger Fachwerkhäuser gewinnt. Wo die beiden Straßen im spitzen Winkel zusammentreffen, bildet sich ein kleiner Platz mit einem Ziehbrunnen unter alten Bäumen, eine der klassischen Ansichten der Fachwerkstadt. Vielleicht hat *Löns* sich ja hier seinen Einfall notiert: die bunte Stadt am Harz.

Hinterstraße 48 ist das wahrscheinlich **älteste Haus von Wernigerode.** Es wurde um 1400 als Ständerbau errichtet, ohne Zierrat auf das Funktionale konzentriert (siehe den Ständerbau in Quedlinburg). Auch die benachbarten Häuser sind sehenswert. Hinterstraße 50, 52 und 32 (1597 erbaut), sollen hier nur als besondere Kleinode erwähnt werden.

Zur Harzquerbahn

Die Hinterstraße beschreibt einen sanften Bogen (der sich im Rahmholz, also zwischen den Geschossen, einiger Häuser findet, wie ein freundliches Zitat) bis zur Westernstraße. Hier steht, am einstigen Westerntor, der trutzige **Westerntorturm.** Auf dem quadratischen Grundturm erhebt sich die achteckige Spitze bis auf 38 m. Sie wird von vier Turmhäuschen mit Spitzdach flankiert. Der Turm diente neben der Stadtbefestigung der Feuerwache und enthielt eine „Bürgergehorsam" genannte Arreststube.

Den spitzbogigen Durchlass im Turm passierend, gelangt man auf die Straße „Unter den Zindeln" – ein Hinweis auf die äußere Ringmauer der einstigen Stadtbefestigung – und nach wenigen Schritten zum **Bahnhof Westerntor der Harzquerbahn** (kürzer ist es, schon von der Mittelstraße am Ziehbrunnen die Gasse geradeaus zu gehen, bis zum Bahnhof).

Vom Bahnhof Westerntor verkehren Schmalspurbahnen in Richtung Brocken und Eisfelder Talmühle. Bis Drei Annen Hohne fährt sie rund 30 Min., bis zum Brocken rund 100–120 Min. Wenn die Züge nach Wernigerode Hauptbahnhof und ins Gebirge auf den Gleisen nebeneinander stehen und fast zur gleichen Zeit abfahren, sind fotografierende Bahnfreunde zur Stelle. Baumeister des Westerntorbahnhofes war 1936 der Hamburger *Fritz Höger* (1877–1949), ein führender Architekt des norddeutschen Backsteinexpressionismus (Chilehaus in Hamburg). Hier arbeitete er im Heimatschutzstil mit Holz und Granit.

Am Nikolaiplatz

Vom Westerntor führt die belebte Westernstraße in die Altstadt, zum Marktplatz. Zum Abschluss lohnt sich erneut ein kurzer Gang in die Breite Straße. Noch nahe des Marktes steht das **Café Wien** (Nr. 4). Das Renaissancehaus wurde 1583 für einen Kaufmann gebaut. Seit 1897 wird es als Café betrieben. Ein Ruheplatz etwas abseits des Marktgewimmels ist der Nikolaiplatz, direkt an der Breiten Straße. Hier kann man an einem Brunnen sitzen, es gibt Imbisskioske. Bis 1873 stand hier auf diesem Platz die **Nikolaikirche**. Das die ganze Nordwestseite des Platzes ausfüllende klassizistische Bauwerk wurde um das Jahr 1750 als Hospital errichtet, es dient jetzt der Polizei als Dienststelle.

Praktische Tipps

Anreise

- **Mit eigenem Fahrzeug:** A 395 Braunschweig – Vienenburg, B 6n.
- **Per Bus:** zahlreiche regionale Linienbusse.
- **Per Bahn:** Harzexpress Hannover – Halle; Harzer Schmalspurbahn (Harzquerbahn).

Information

- **Touristeninformation,** Marktplatz 10, Tel. (03943) 5537835, www.wernigerode-tourismus.de, Mai bis Okt. Mo–Fr 9–19 Uhr, Sa 10–16 Uhr, So 10–15 Uhr, Nov. bis April Mo–Fr 9–18 Uhr, Sa 10–16 Uhr, So 10–15 Uhr.

◁ Mit Volldampf durch Wernigerode

Übernachtung

1 Ferienwohnungen Altstadtidylle①, Grüne Straße 16, Tel. (03943) 606736, www.altstadtidylle-wernigerode.de. Vier Wohnungen im Fachwerkhaus um 1700, für zwei bis acht Personen, komplett eingerichtet, Nichtraucherhaus, am Nordrand der Altstadt gelegen, wenige Hundert Meter vom Bahnhof, Parkplatz vor dem Haus.

2 2 Hotel und Restaurant Zur Tanne②, Breite Straße 57–59, Tel. (03943) 632554, www.zur-tanne-wernigerode.de, Fr–Mi 10–24 Uhr. Ruhig gelegenes Fachwerkhaus mitten in der Altstadt, Biergarten, Harzer Spezialitäten.

4 4 Ratsstübchen①, Breite Straße 10, Tel. (03943) 634664, www.ratsstuebchen.de. Kleines Fachwerkhaus mit Restaurant in der Altstadt, Doppelzimmer und Appartements für zwei Pers.: 55 €.

7 Hotel Schlossblick②, Burgstraße 58, Tel. (03943) 557540, www.hotel-schlossblick-wernigerode.de. Stattliches Fachwerkhaus in der Altstadt, Sauna im Preis enthalten.

8 Pension Am Zillierbach②, Mühlental 22c, Tel. (03943) 47097, www.pension-am-zillierbach.de. Fachwerkhaus am grünen Stadtrand, 15 Min. Fußweg zum Markt oder zum Schloss, 16 Zimmer.

Essen und Trinken

- **Hotelrestaurants** siehe „Übernachtung".

3 Café Burgstraße①, Burgstraße 18, Tel. (03943) 634023, tgl. 6–19 Uhr, www.cafe-burgstrasse.de. Ein beliebtes Tagescafé in der Fußgängerpromenade, mit eigener Bäckerei und Konditorei, leckerer Harzer Blechkuchen, Sonntagsbrunch ab 9 Uhr.

MEIN TIPP: 6 Orchidea Huong②, Klintgasse 1, Tel. (03943) 625162, www.orchidea-huong.de, Mo, Mi–Fr ab 17 Uhr, Sa, So 12–15 Uhr, ab 17 Uhr. Japanische und vietnamesische Küche vom Feinsten, Garten-, Mond- und andere fernöstliche kulinarische Feste.

Weitere Museen

■ **Museum für Luftfahrt und Technik,** Gießerweg 1, Tel. (03943) 633126, www.luftfahrtmuseum-wernigerode.de, tgl. 9.30–17 Uhr, 6/2 €, Familienkarte 15 €. 50 Flugzeuge und Hubschrauber, technische Raritäten.
■ **form gestaltung in der ddr,** Gießerweg 2a, www.form-gestaltung-ddr.de, So 13–18 Uhr. Gebrauchsgegenstände aus 40 Jahren DDR.
■ **Feuerwehrmuseum,** Steingrube 3, Tel. (03943) 601063 oder über Harzmuseum, Do 14.30–16.30 Uhr, Sa 14.30–17 Uhr. Löschfahrzeug von 1938, Feuerwehrtechnik.

Blankenburg

Zwischen den Bergen am Rande des Nordharzes liegt Blankenburg (21.000 Einwohner): über dem Städtchen das Große Schloss, im Herzen das Kleine, dazwischen verspricht die Idylle des barocken Gartens den Hochzeitspaaren und Spaziergängern, was sie sich wünschen. Im Städtequartett mit Quedlinburg, Halberstadt und Wernigerode markiert Blankenburg die Nähe zu Wanderwegen im Gebirge. Rund 10 km sind es zur Rappbodetalsperre und zum Bodetal, schon am Stadtrand beginnt die Teufelsmauer. Villen aus der Gründerzeit erinnern an den Aufstieg Blankenburgs als Kurstadt.

> Das Kleine Schloss von Blankenburg

Stadtgeschichte

Im Jahr **1123** wurde Blankenburg erstmals urkundlich erwähnt und der Name der Stadt geprägt. Es ging um den vom Sachsenherzog eingesetzten neuen Burggrafen, und die Burg stand auf einem blanken Kalkfelsen, dort wo sich das Schloss befindet. Ein Aufstieg zur Metropole wurde ihr schon frühzeitig versagt; nach zweimaliger **Verwüstung** (1182 und 1386) und nachdem sie 1599 als „erledigtes Lehen" an die Herzöge von Braunschweig-Lüneburg gefallen war, erlebte sie im Dreißigjährigen Krieg die Besetzung durch Truppen *Wallensteins*. Erst im späten 17. Jh., als Nebenresidenz des Herzogs, erlebte Blankenburg eine **Blütezeit**. Dabei entstanden die begeisternden Prachtanlagen des Schlosses mit Lustgarten. Bergbau (Kalk, Eisenerz) und vor allem das Hüttenwesen brachten neue Gewerke und Einwohner. Die Stadt machte sich einen Namen im Fremdenverkehr und als Wohnsitz für Pensionäre.

Die **Nationalsozialisten** betrieben in der Stadt mehrere Arbeitslager und KZ-Außenlager. In den letzten Kriegstagen erlebte Blankenburg mehrere alliierte Bombenangriffe. Auf der Potsdamer Konferenz wurde der Landkreis Blankenburg der britischen Besatzungszone zugeordnet, da er aber nur durch eine Straße mit dem Kern der Zone verbunden war, wurde er nachträglich der sowjetischen Besatzungszone zugeschlagen. Somit geriet Blankenburg in die Grenzen der DDR, der Rest des ehemaligen Landes Braunschweig nach Niedersachsen. Blankenburg ist wieder als **Kurstadt** und touristisches Ziel für Harzreisende bekannt.

Sehenswertes

Am Kreisverkehr vor dem **Schnappelberg** (B 81) teilen sich die Fußwege: nach rechts über die **Marktstraße** in die kleine, am Schlossberg zusammengedrängte **Altstadt** mit ihren Fachwerkhäusern, dem Rathaus (16.–18. Jh.) und der Ladenpassage Lange Straße, geradeaus zu den Barockanlagen und zur Teufelsmauer. Vom Bahnhof (dort links) läuft man bis hierhin 10 Min. (Herzogstraße). Eine Kratzspur deutsch-deutscher Geschichte hat beim Bahnhof am Backsteingemäuer eines verfallenden Fabrikgeländes überdauert (nur vom Zug aus zu sehen). „Arbeiter und Intelligenz kämpfen solidarisch gegen die Remilitarisierung Westdeutschlands", ist dort in verblassender Schrift zu lesen.

Das die Stadt auf dem „Blanken Stein" (305 m) überragende **Große Schloss** ist ein schlichter Barockbau. Schon ab dem 12. Jh. hatte es hier eine Burg gegeben, deren Reste 1546 abbrannten. Sie war Sitz des Sachsenherzogs und späteren Kaisers *Lothar von Supplinburg,* sowie der Blankensteiner und Regensteiner Grafen. Die heutige Anlage ließ Herzog *Ludwig Rudolph von Braunschweig-Wolfenbüttel* zwischen 1705 und 1718 errichten. Während der DDR-Zeit war das Schloss Sitz der Fachschule für Binnenhandel. Seit 1992 steht es leer. Ein Verein engagiert sich für die Sanierung der Anlage und lädt zu Schlossführungen und **Wiederaufbaukonzerten** ein. Die **Burghöfe** können frei besichtigt werden.

Ein Parkweg führt den Berg hinab zum barocken Terrassengarten mit dem **Kleinen Schloss.** Es wurde 1725 als Gartenschloss errichtet und ist als Touristeninformation geöffnet. Die Museumsräume des Schlosses (zur Geschichte der herzoglichen Residenz) werden saniert.

Der einladendste Ort in Blankenburg ist sicher der weitläufige **Terrassengarten.** Hier kann man zwischen Wasser-

spielen, Brunnen, Hecken und Skulpturen lustwandeln. Wer zu zweit mal ganz allein sein möchte, findet im Heckengrün tief verborgene Bänke. Hochzeitspaare lassen sich gern auf den Terrassen und auf dem **Prinzessinnenturm** im Berggarten fotografieren. Ein Teil der unteren Terrasse wurde als **Orangerieplatz** gestaltet, von dort führt der kürzeste Weg in die Altstadt.

Großvater und Teufelsmauer

Am Schlosshotel kann man die Barockanlage durch die **Stadtmauer** verlassen und gelangt über die verkehrsreiche Hasselfelder Straße (B 81), 70 m bergan, zum Großvaterweg. Dieser führt direkt zu einem der beliebtesten Wanderwege im Harzvorland, der **Teufelsmauer.**

Das ist eine bizarre Sandsteinformation, die vor 85 Mio. Jahren als Ablagerung im Meer der Oberkreide (Santon) entstanden ist. Wieder einmal bestätigt sich, was *Hans Christian Andersen* schon in der Sächsischen Schweiz notierte: „Der Teufel hat wirklich Geschmack. Jede Stelle, die seinen Namen trägt oder auf ihn hindeutet, hat etwas Pikantes. Es sind die allerromantischsten Gegenden, die man mit seinen Interessen in Verbindung gesetzt hat." Hier aber soll der Teufel gar einen Wutanfall bekommen haben, denn er wollte bis zum ersten Hahnenschrei eine Grenzmauer errichten zwischen seinem Land, dem erzreichen Harz, und Gottes Land, der fruchtbaren Ebene. So war die Abmachung, aber der Hahn, er krähte zu früh, ein Stein in der Mauer fehlte noch, also stürzte sie ein.

So liegt sie nun wie ein Bogen in der Landschaft zwischen Blankenburg Timmenrode und Weddersleben-Neinstedt. Eröffnet wird sie vom „**Großvater**", vielleicht, weil dieser, anders als der Teufel, die Übersicht immer behält. Jedenfalls bietet sich von dieser Felsformation ein wunderbarer Rundblick über das Harzvorland; der Weg hinauf führt über ausgewaschene Felsstufen, gesichert durch Geländer und Klammern. Gefährlich ist das nicht, wenn man trittsicher ist; für Kinder ein kleines **Kletterabenteuer**, das sich auf der (eine Strecke) 5 km langen Wanderung fortsetzt und mit Grotten, Höhlen und weiteren Aussichtsplätzen belohnt wird. Den Abschluss der Teufelsmauer markiert die Felsformation „**Hamburger Wappen**". Für den Rückweg bietet sich der tiefer gelegene und bequemere Südhangweg an.

Burgruine Regenstein

Nördlich der Stadt liegen die Ruinen der einst uneinnehmbaren mittelalterlichen Burg und späteren preußischen Festung Regenstein. Vom Bahnhof (rechts, Weinbergstraße) sind es 3 km. Auch diese romantische Burganlage bietet einen fantastischen Rundblick. Erstmals beurkundet wurde sie 1162. Die Regentschaft des *Albrecht II. von Regenstein* (1310–1349) hat der Dichter der Aufklärung *Gottfried August Bürger* in seiner Ballade „Der Raubgraf", nun, nicht gerade aufgeklärt, eher verklärt, ebenso der Quedlinburger *Julius Wolff* in dem 1848 erschienenen Roman „Der Raubgraf".

◁ Wenn schon „Grenzmauer", dann bitte so ... die imposante Teufelsmauer

Schon im 15. Jh. verfiel die Burg. Ab 1671 wurde sie von den Preußen zur Festung ausgebaut. Nachdem die Franzosen sich während des Siebenjährigen Krieges fünf Monate lang als Festungsherren fühlen durften, wurde der Regenstein im Februar 1758 von den Preußen zurückerobert und samt den Pulvervorräten gesprengt. Von 1815 bis 1945 war der Regenstein eine preußische Exklave mitten im Braunschweigischen.

Im **Freilichtmuseum** sind besonders sehenswert die aus dem Sandstein herausgearbeitete Architektur sowie die Aussichten; „das Gemäuer ist verschwunden, aber alles, was in den Felsen selbst eingehauen ist, steht wie eine mächtige Riesenmumie und erzählt von vergangenen Zeiten" (*Hans Christian Andersen*, 1831). Ausgestellt werden Bodenfunde aus der Burg- und Festungszeit. Die Ruinen geben alljährlich das authentische Ambiente für Ritterspiele und Garnisonsfeste.

■ **Burg und Festung Regenstein,** Tel. (03944) 61290, April bis Okt. tgl. 10–18 Uhr, Nov. bis März Mi–So 10–16 Uhr. Mehr als zwei Dutzend Felsräume und Gräben erhalten.

Kloster Michaelstein

Knapp eine Fußwegstunde vom Stadtzentrum (Bahnhof) entfernt, liegt am Harzwald das im Jahr 1146 geweihte **Zisterzienserkloster** Michaelstein. Es bestand bis 1543. Erhalten blieben Bauten aus Spätromanik und Gotik. Das Kloster ist Sitz der **Musikakademie Sachsen-Anhalt für Bildung und Aufführungspraxis.** Dementsprechend werden hier öfter Konzerte gegeben. Ein Museum über die Zisterzienser wurde in der einstigen Klausur eingerichtet. In der Musikausstellung „KlangZeitRaum" sind unter anderem historische Instrumente zu sehen. Beliebt sind die Michaelsteiner Klosterfeste im August.

■ **Kloster Michaelstein,** www.kloster-michaelstein.de, April bis Okt. tgl. 10–18 Uhr, Nov. bis März Di–Sa 14–17 Uhr, So, Fe 10–17 Uhr. Fischrestaurant siehe „Zum Klosterfischer".

Praktische Tipps

Anreise

■ **Mit eigenem Fahrzeug:** B 6, B 27.
■ **Per Bahn:** Harz-Elbe-Express Halberstadt – Blankenburg.

Information

■ **Touristen- und Kurinformation,** Markt 3, Tel. (03944) 2898, www.blankenburg.de, April bis Okt. Mo–Fr 9–18 Uhr, Sa 10–15 Uhr, So 10–14 Uhr, Nov. bis März Mo–Fr 9–17 Uhr, Sa 10–15 Uhr, Fe 10–14 Uhr.

Übernachtung

■ **Hotel Gut Voigtländer**③, Am Thie 2, Tel. (03944) 36610, www.gut-voigtländer.de. Landgutshof am Kurpark, Wellnessangebote, Restaurant mit Innenhof, Harzer Wildspezialitäten, Fischgerichte.
■ **Berggasthaus und Pension Ziegenkopf**②, Tel. (03944) 353260, www.ziegenkopf.de. Historisches Ausflugslokal auf dem Ziegenkopf, 3 km von Blankenburg. Terrasse mit Fernblick, erreichbar über B 27 und auf Wanderwegen. Küchenspezialität: Hefeklöße.

■ **Hotel zum Sportforum**②, Regensteinweg 12, Tel. (03944) 366688, www.hotelzumsportforum.de. Moderner Bau am Sportstadion, Freibad und mehrere Sportanlagen vor der Haustür, 5 Min. zum Bahnhof.
■ **Zum Klosterfischer**②, Kloster Michaelstein, Tel. (03944) 351114, Mi–So 11.30–21.30 Uhr, www.klosterfischer.de. In klösterlicher Ruhe gelegenes Fachwerkhotel mit Fischrestaurant. Auch vegetarische Speisen. Wanderergaststätte mit Fischverkauf Sa–Di 9–17 Uhr.

Essen und Trinken

■ **Hotelrestaurants** siehe „Übernachtung".
■ **Kartoffelhaus**①, Marktstraße 7, Tel. (03944) 351261, www.kartoffelhaus-blankenburg.com, tgl. ab 11 Uhr. Die Knolle in allen schmackhaften Varianten. Uriger Gastraum, Terrasse.

Weitere Museen

■ **Herbergsmuseum,** Bergstraße 15, Tel. (03944) 365007, www.blankenburg.de, Mo–Fr 10–17 Uhr. Einzige historische Gesellenherberge Deutschlands, die als Museum genutzt wird, Fachwerkhaus von 1684. Historische Wanderschaft und die Walz der Gegenwart.

Der romantische Blankenburger Terrassengarten eignet sich ganz hervorragend als Kulisse für Hochzeitsfotos

Halberstadt

Halberstadt (41.000 Einwohner) war **Schauplatz von 1200 Jahren deutscher Geschichte.** Aber auf den ersten Blick ahnen Besucher dies allenfalls beim Anblick der drei weithin sichtbaren Turmpaare des Domes, der Liebfrauenkirche und Martinikirche. Halberstadt will entdeckt werden, und diese Reise wird reich belohnt. Tiefste Wunden der jüngsten Geschichte wurden erst in den letzten zwei Jahrzehnten geheilt, als die Altstadt wieder ein Antlitz bekam. Baukunst der Romanik und Gotik, pittoreske Fachwerkgassen und einen mittelalterlichen Domschatz von Weltrang, einen Freundschaftstempel deutscher Literatur des 18. Jh. und Avantgardemusik für künftige Generationen – all dies vereint das „Tor zum Harz". Während in den geretteten Fachwerkwinkeln und am Domplatz von Halberstadt die Zeit zu verharren scheint, pulsiert kleinstädtisches Leben in dem auf historischem Raster neu entstandenen Zentrum.

Halberstadt

Nahe gelegene Höhenzüge sind die **Spiegelsberge** und der **Huy** (sprich: Hü, von Höhe). Der Bahnhof ist einer der wichtigsten **Verkehrsknotenpunkte** am Harzrand, mit Verbindungen nach Ilsenburg, Bad Harzburg, Goslar, Quedlinburg, Thale, Blankenburg sowie Hannover, Halle/Saale, Magdeburg und Berlin.

Halberstadt ist Verwaltungssitz des Landkreises Harz sowie Sitz des Fachbereiches Verwaltungswissenschaften der Hochschule Harz. Das bekannteste Produkt aus der Stadt sind wohl die rauchigen Halberstädter Würstchen.

Stadtgeschichte

Schon vor über 1200 Jahren trat das heutige Halberstadt in die Geschichte ein. *Karl der Große* erwählte den Missionsstützpunkt im Jahr 804 zum **Bischofssitz**. Im Jahr 989 verlieh *Otto III.* dem Bischof das Markt-, Münz- und Zollrecht, ebenso die weltliche Gewalt. Das war der Grundstein für die Entwicklung der künftigen Stadt.

Zur Durchsetzung politischer und wirtschaftlicher Interessen gründeten Halberstadt, Quedlinburg und Aschers-

■ **Übernachtung**
1 Pension am Burchardikloster
5 Hotel Abtshof
6 Hotel Halberstädter Hof

● **Essen und Trinken**
2 Restaurant Olive
3 Alt Halberstadt
4 Museumscafé Hirsch
5 Restaurant Kaffeepott
6 Halberstädter Hof
7 Café zum Steinhof

leben im Jahr 1326 den **Halberstädter Dreistädtebund,** der bis 1477 Bestand hatte. Während dieser Zeit traten diese Städte der **Hanse** bei. Infolge der Reformation und der Glaubenskriege im 16./17. Jh. erlebte Halberstadt sowohl ein **gemischtkonfessionelles Domkapitel** als auch die **Rekatholisierung** durch *Wallenstein,* der 1630 persönlich in der Stadt weilte.

1807 wurde Halberstadt Teil des von *Napoleon* geschaffenen Satellitenstaates **Königreich Westphalen,** der bis 1813 bestand. Anschließend gehörte Halberstadt zur **Provinz Sachsen,** die Hauptstadt war Magdeburg. Mit der Eröffnung der Magdeburg-Halberstädter Eisenbahn 1843 begann die **Industrialisierung** der Stadt. Der bei einem Fleischer angestellte 20-jährige Würstchenverkäufer *Friedrich Heine* gründete 1883 von seinem Verkaufserlös eine **Würstchenfabrik** mit Räucherei, der Beginn einer bis heute währenden Halberstädter Firmengeschichte und Markentradition.

Während des **Ersten Weltkrieges** produzierten die Halberstädter Flugzeugwerke für das deutsche Heer, infolge des Versailler Vertrages musste der Flugzeugbau eingestellt werden. Die **Nationalsozialisten** betrieben ab 1935 in der Stadt einen Zweigbetrieb der Dessauer Junkers-Werke, in denen ab 1944 Häftlinge des Konzentrationslagers Buchenwald arbeiten mussten. Mit der Rüstungsfabrik zog die Stadt mehrere alliierte **Bombenangriffe** auf sich. Der verheerendste erfolgte am 8. April 1945 durch britische Bomber. Dabei wurden 82 % der Innenstadt zerstört, 2500 Menschen kamen ums Leben.

In der **DDR-Zeit,** die Stadt gehörte nunmehr zum Bezirk Magdeburg, wurde ein großer Teil der Innenstadt nach damaligen Prämissen der Stadtgestaltung neu errichtet. Die Reste der von Fachwerkbau geprägten Altstadt verfielen und wurden teilweise abgerissen. Nach der friedlichen Revolution im Herbst 1989 erfolgte die **Restaurierung** der verbliebenen Bauwerke und, von 1995 bis 1998, der **Neubau der Innenstadt** auf dem historischen Raster. Halberstadt war – unter anderem neben Stralsund, Meißen und Görlitz – eine der vom Bund geförderten Modellstädte Stadtsanierung. Das Ergebnis wurde in einem bundesweiten Wettbewerb „Leben in historischen Innenstädten und Ortskernen" im Jahr 2002 mit einer Goldmedaille gewürdigt.

Mit ihren historischen Bauten, dem höchstrangigen Domschatz, der John-Cage-Aufführung und der wiedererstandenen Innenstadt profiliert sich Halberstadt für den **Kulturtourismus.** Sie ist für die Bewohner des Umlandes und für die Harzbesucher zudem eine gefragte Einkaufsstadt.

Sehenswertes

Ausgangsort dieses Stadtrundganges durch 1000 Jahre Geschichte ist der langgestreckte **Domplatz,** der schon im Jahre 996 durch Bischof *Arnulf* gesegnet und seiner Gerichtsbarkeit unterstellt wurde. An den Schmalseiten erheben sich, einander gegenüberstehend, der hochgotische Dom St. Stephanus und Sixtus und die romanische Liebfrauenkirche. Beiderseits des Platzes laden mehrere Museen ein, und von hier aus lässt sich die Altstadt am besten auf einem Spazierweg erkunden.

◤ Der gotische Dom und
die neue Domschatzkammer

Dom

Der **Dom St. Stephanus und Sixtus** wurde zwischen 1236 und 1491 errichtet. Er gilt als einer der schönsten gotischen Kirchenbauten Deutschlands. „Es ist ein liebenswürdiger gotischer Dom, er hat gute Laune und beschert mir auch welche", schrieb der Feuilletonist *Joseph Roth* (1884–1939). Seine Architektur orientiert sich an nordfranzösischen Kathedralen.

Zwei Vorgängerbauten waren im 9. und 10. Jh. entstanden. Nachdem der erste 965 eingestürzt war, hatte man den zweiten im Jahr 992 geweiht und nach Zerstörungen Ende des 12. Jh. restauriert und neu eingewölbt. Der Bau des heutigen Doms begann mit dem Westportal, da man so lange wie möglich noch den romanischen Dom nutzen wollte. Deshalb vereint das Hauptportal Elemente spätromanischer und frühgotischer Architektur, im oberen Teil aber auch des 19. Jh. Mit dem Bau der ersten drei Joche (jeweils der Raum zwischen den Pfeilern) des dreischiffigen Langhauses wurde 1260 begonnen. 1401 wurde nach 60-jähriger Bauzeit der – nach französischem Vorbild von den Seitenschiffen (Chorumgang) eingefasste – Chor fertiggestellt. Bald darauf wurde der Rest des ottonischen Langhauses abgebrochen und der Dom mit gotischem Lang- und Querhaus bis 1491 vollendet. Als gotisches Gesamtkunstwerk ist der Dom erhalten geblieben, lediglich wurden Ende des 19. Jh. die oberen Bereiche der Westtürme neu aufgemauert. Gleich nach dem Krieg wurde der von mehreren Bomben getroffene Dom wiederhergestellt.

Halberstadt

Das Innere der dreischiffigen Basilika wird geprägt von den nahe beieinander stehenden Pfeilern, die das Kreuzrippengewölbe tragen. Querhaus und Chorraum werden durch einen spätgotischen **Lettner** (1505) getrennt. Darauf steht die holzgeschnitzte **Triumphkreuzgruppe** (1220) aus dem Vorgängerbau. Sie gehört zu den kunsthistorisch wertvollsten Skulpturengruppen aus der Übergangszeit der Spätromanik zur Frühgotik in Deutschland. Christus wird hier schon als Leidender gezeigt, nicht mehr als göttlicher Sieger, aber noch stehend auf der Schlange, die Füße sind nicht ans Kreuz genagelt.

Das aus Rübeländer Marmor gefertigte **Taufbecken** (1195) nahe des Haupteingangs stammt ebenfalls aus dem ottonischen Bau. Die **Kanzel** (1592) zeigt Bilder der Evangelisten und eine Darstellung der Ostergeschichte. In den **Chorfenstern** leuchten originale mittelalterliche Glasmalereien.

Eine kulturgeschichtliche Rarität ist im Chorumgang zu entdecken: das **Büchergitter**. In dem kleinen „Gefängnis" lagen Bücher aus, die von den Gläubigen gelesen werden konnten, ohne dass die Möglichkeit bestand, diese zu entwenden. Wertvolle Bücher, die unter diesem Gitter lagen, sind in der Domschatzkammer ausgestellt. Sehenswert ist der zweigeschossige, kreuzgratgewölbte **Kreuzgang** an der Südseite des Doms. Das Obergeschoss bildet den Kapitelsaal und kann bei der Dombesichtigung ebenfalls betreten werden.

Vor dem Dom erinnert ein **Mahnmal** an die letzten jüdischen Bürger Halberstadts, die 1942 deportiert wurden.

■ **Dom und Domschatz,** Domplatz 16, Tel. (03941) 24237, www.dom-und-domschatz.de, April bis Okt. Mo–Fr 10–17.30 Uhr, Sa 9–18 Uhr, So, Fe 11–17.30 Uhr (Mo nur der Dom geöffnet), Nov. bis März Di–Sa 10–16 Uhr, So, Fe 11–16 Uhr, Eintritt 8/6 €.

Domschatz

Im Kreuzgang, in der Domklausur sowie in einem modernen Anbau (2008) wird der **größte in Deutschland in einer Kirche erhaltene Domschatz** ausgestellt. Er umfasst 650 altchristliche, byzantinische und mittelalterliche Kunstgegenstände, darunter Goldschmiedearbeiten, Meisterwerke der Textilkunst und Elfenbeinschnitzereien. Zu den Schätzen gehören liturgische Gewänder des 11. bis 16. Jh., der Christus-Apostel-Teppich von 1170 und weitere romanische Wandteppiche sowie wertvoll eingefasste Reliquien. Bücher und Handschriften sowie die Halberstädter Madonna von 1230 bewahren in dieser Kammer das Mittelalter.

■ **Infos** siehe „Dom".

Liebfrauenkirche

Die Liebfrauenkirche mit ihren vier schlank aufragenden Türmen an der Westseite des Domplatzes gehört zu den **eindrucksvollsten romanischen Kirchen Mitteldeutschlands.** Sie wurde um 1005 erbaut und im 12. Jh. erneuert. Es gibt in Mittel- und Norddeutschland keine zweite romanische Basilika mit vier Türmen. Die Untergeschosse der Westfassade sind die ältesten erhaltenen Bereiche der Kirche. Das Langhaus und die Osttürme wurden 1200 vollendet, das Portal und die Westtürme folgten im 13. Jh. Später erfuhr die Kirche mehrere **Umgestaltungen,** von denen als besonders tragisch gelten muss, dass in der Barockzeit die **Fresken** aus dem frühen 13. Jh. **übertüncht** wurden. *Napoleon* wusste die Liebfrauenkirche als Waffenlager und Pferdestall zu nutzen. Ein 1830 von *Karl Friedrich Schinkel* angeregter Versuch, die Fresken zu restaurieren, scheiterte am Unvermögen der Ausführenden. Erhalten sind Reste der Malereien in der Barbarakapelle. Zwischen 1946 und 1950 sowie um das Jahr 2000 wurde die Kirche restauriert.

Von besonderem kunsthistorischem Rang sind die **Chorschranken,** die den Gemeindesaal vom Altarraum trennen. Es sind Stuckfiguren der 12 Apostel aus der Zeit um 1200/1210 in fast lebensgroßen Vollreliefs. Das Besondere für die damalige Kunstauffassung ist ihre Natürlichkeit in der Gestik, Haltung und im Faltenwurf der Gewänder. Hier wirkten wohl byzantinische – 1204 hatten die Kreuzfahrer Konstantinopel erobert – und nordfranzösische Vorbilder.

Im westlichen Vierungsbogen findet sich das **Triumphkreuz** aus dem 13. Jh. Es ist, wie das etwa gleich alte Triumphkreuz im Dom, ein seltenes Zeugnis für den Übergang von der Romanik zur Gotik: Christus wird hier am Kreuz zwar noch stehend, aber schon mit genagelten Füßen dargestellt. Die Kirche steht zur Besichtigung offen, es werden Konzerte gegeben und Ausstellungen gezeigt.

◁ Romanisches Schatzkästchen: die Halberstädter Liebfrauenkirche

Halberstadt

Rund um den Domplatz

Den stillen, baumbestandenen Platz säumen mehrere Museen und interessante Bauwerke. Beim Dom ist es das **Städtische Museum,** das 1905 eröffnet wurde und Exponate zur Stadt- und Bistumsgeschichte versammelt. Zu sehen sind ein Stadtmodell um 1780, eine Handschuhmacherwerkstatt, eine Apothekeneinrichtung sowie ein Zinnfigurendiorama zum „Todesritt der Halberstädter Kürassiere 1870".

■ **Städtisches Museum,** Domplatz 36, Tel. (03941) 551474, www.museum-halberstadt.de, Di–Fr 9–17 Uhr, Sa/So 10–17 Uhr, 6,50/2 € (auch für Heineanum und Schraube-Museum, gilt ab dem ersten Besuch ein Jahr).

Das **Vogelkundemuseum** im Heineanum gleich daneben, gegründet Mitte des 19. Jh. durch *Ferdinand Heine,* gehört zu den größten seiner Art in Europa. Zu sehen sind „Vögel der Welt", „Vögel des Harzes und seines Vorlandes" und – über bedrohte Arten – „Faszination Vogelwelt".

■ **Heineanum,** Domplatz 36, Tel. (03941) 551460, April bis Okt. Di–So 10–17 Uhr, Nov. bis März Di–So 10–16 Uhr.

Hinter dem Dom, an der Domtreppe zum verkehrsreichen Hohen Weg, steht das einstige Wohnhaus des Schriftstellers *Johann Wilhelm Ludwig Gleim* (1719–1803). Das Werk des bei Aschersleben gebürtigen Autors ist es nicht, was den Namen überdauern ließ; gelesen wird er wohl nur noch von einigen Germanisten. Als „Trommelwirbel mit Vergißmeinnicht" und „Krieg in der Gartenlaube" würdigte *Joseph Roth* in seinem Halberstadt-Feuilleton Gleims „Preußische Kriegslieder eines alten Grenadiers". Dennoch ist das **Gleimhaus** in die Literaturgeschichte eingeschrieben. In der zweiten Hälfte des 18. Jh. war „Vater Gleim" eine Instanz im literarischen Leben, als Gastgeber und Förderer von Schriftstellern im Zeitalter der Aufklärung (siehe Exkurs „Der Harz in der Literatur, Literaten im Harz").

Gleim, als Verwaltungsleiter des Domstifts recht gut situiert, empfing in seinem Fachwerkhaus *Basedow, Claudius, Herder, Anna Louisa Karsch, Klopstock, Lessing, Wieland* und viele andere; er förderte den jungen *Jean Paul* und wollte diesen gar dafür gewinnen, nach Halberstadt zu ziehen. Köstlich amüsiert haben soll er sich über dessen „Leben des Quintus Fixlein, aus funfzehn Zettelkästen gezogen" (1796). Das „Genie der Freundschaft" trug die umfangreichste Porträtsammlung der geistigen Größen des 18. Jh. zusammen: seinen **„Freundschaftstempel".** Als eines der ältesten deutschen Literaturmuseen beherbergt das Gleim-Haus neben diesen Porträts mehr als 10.000 Handschriften sowie *Gleims* Bibliothek.

■ **Gleimhaus,** Museum der deutschen Aufklärung und Forschungsstätte, Domplatz 31, Tel. (03941) 68710, www.gleimhaus.de, Mai–Okt. Di–So 10–17 Uhr, Nov.–April Di–So 10-16 Uhr, 5/3 €. Sonderausstellungen, besondere Angebote für Kinder.

▷ Am Steinhof: Fachwerk, Trabi und Café

Halberstadt

Die frühere **Dompropstei** (1592–1611) am Südrand des Platzes ist Sitz der Hochschule Harz. Daneben steht das neoromanische Postgebäude.

Der **Petershof** als ehemaliger Bischofspalast wurde 1550–1560 im Stil der Renaissance, mit einem prächtigen Portal, errichtet. Er schließt direkt an die Liebfrauenkirche an, mit der ihn vermutlich auch eine gemeinsame Baugeschichte seit dem 11. Jh. verbindet. Heute ist er Sitz der Stadtverwaltung. Ein öffentlicher Ort ist die anschließende **Peterskapelle** aus dem 14. Jh. Erstmals urkundlich erwähnt wurde sie 1195. Unter Kreuzgewölben lädt die **Stadtbibliothek „Heinrich Heine"** in ungewöhnlicher Atmosphäre zum Lesen ein. Die freundlichen Bibliothekare gestatten gern einen neugierigen Rundgang. Kinder kommen gleich ins Gefängnis: Ihre Lieblingsbücher finden sie im Untergeschoss in den ehemaligen städtischen Zellen.

Neben der Bibliothek führt die **Petersstreppe,** die schon seit 1278 einen der Zugänge zum Domplatz bildet, in die Altstadt, deren Fachwerkgassen nun der weitere Rundgang gelten soll. Wer aber zunächst auf einen Kaffee und ein Stück hausgebackenen Kuchen einkehren möchte, geht an der Liebfrauenkirche vorbei, über den Katzenplan hinunter zum Steinhof. In diesem stillen Fachwerkwinkel lädt das sympathische **Café zum Steinhof** ein, mit einer Augenweide von Caféstube und einem reizenden kleinen Garten.

Farbenfrohes Fachwerk: die Altstadt

Auch vom Steinhof (über den Grudenberg) aus erreicht man mit wenigen Schritten die **Bakenstraße** in der Altstadt, die an ihren malerischsten Stellen noch immer ländlich wirkt. Zunächst

aber bringt sich wieder die deutsche Geschichte in Erinnerung. Im Hof zwischen Bakenstraße und Judenstraße stand, für Unkundige weitgehend verborgen, die **Synagoge** der Halberstädter Jüdischen Gemeinde. Der prächtige Barockbau musste 1938 auf Weisung der Baupolizei durch die Gemeinde abgerissen werden, zurück blieben nur ein Mauerrest und die Fundamente mit Fußboden. Durch den bei Halberstadt lebenden Künstler *Olaf Wegewitz* wurde an ihrer Stelle ein „DenkOrt" geschaffen. Das **Berend-Lehmann-Museum** im ehemaligen Mikwenhaus (Ritualbad) informiert über jüdische Geschichte und Kultur.

■ **Berend-Lehmann-Museum für jüdische Geschichte und Kultur,** Judenstraße 25/26, Tel. (03941) 567050, www.moses-mendelsohn-akademie.de, Mai bis Okt. Di–So 10–17 Uhr, Nov. bis April Di–So 10–16 Uhr, 4/2 €. Geschichte der jüdischen Gemeinde Halberstadt, *Berend Lehmann* als Hofjude im europäischen Raum, Mikwenhaus.

Wo die Bakenstraße sich zu einem kleinen Platz ausweitet, münden der **Rosenwinkel,** der **Graue Hof** und Am Johanniskloster ein. Hier reihen sich nahtlos besonders prächtige Fachwerkhäuser aneinander. Der schlichte barocke Klinkerbau der **Klaussynagoge** ist Sitz der Moses-Mendelsohn-Akademie, ein Lern- und Begegnungsort in jüdischer Tradition. Das Lehrhaus wurde durch den Hofjuden *Augusts des Starken, Berend Lehmann* (1661–1730) gestiftet. Von dessen Wohnhaus ist nur das Portal erhalten, es steht einsam wie eine Skulptur an seinem Platz in der Judenstraße.

Über den intimen Rosenwinkel gelangt man zum Seidenbeutel und zur Voigtei, einer ebenfalls von Fachwerkhäusern geprägten Straße. Gleich zu Beginn geht es links zur Straße Am Kloster und dort zur **Klosterkirche St. Burchardi,** dem Aufführungsort des längsten Konzertes der Musikgeschichte: *John Cages Orgelstück* „As slow as possible" (siehe Exkurs).

Voigtei 48 ist die Adresse des **Schraube-Museums** für bürgerliche Wohnkultur um 1900. Benannt ist es nach der letzten Bewohnerin, *Margarete Schraube*. Ihre alteingesessene Halberstädter Familie prägt die Einrichtung des Hauses, die nun authentisch erlebbar ist.

■ **Schraube-Museum,** Voigtei 48, Tel. (03941) 621245, April bis Okt. Di–So 13–17 Uhr, Nov. bis März Di–So 13–16 Uhr.

Das Turmpaar des Domes weist den Rückweg zum Domplatz (10 Min.). Zuvor lohnt es sich noch, zur romanischen **Moritzkirche** (Moritzplan, über Taubenstraße, 5 Min.) zu gehen. Sie wurde Anfang des 13. Jh. erbaut und 1237 an das Augustiner-Chorherrenstift übergeben. Es ist eine hochromanische Pfeilerbasilika mit zwei Westtürmen, einem Querhaus und quadratischem Chor. Von der Ausstattung sind der spätgotische Schnitzaltar, das spätromanische Taufbecken sowie der barocke Orgelprospekt sehenswert. Am Weg zum Dom steht die gotische **Katharinenkirche** (1360) mit ihrem schlanken Dachreiter.

◁ Im Rosenwinkel stehen besonders sehenswerte Fachwerkhäuser

Neu auf alt: das Zentrum

Vom Domplatz gelangt man über die Hauptstraße Hoher Weg hinüber ins neu entstandene Zentrum. Das markanteste Bauwerk, mit dem ungleichen, durch eine Brücke verbundenen Turmpaar – Halberstadts Wahrzeichen –, ist die gotische **Martinikirche.** Sie wurde im 13./14. Jh. erbaut. Für die verschieden hohen Türme gibt es mehrere Theorien, eine besagt, dass man dem Türmer unverstellte Sicht gewährleisten wollte, damit dieser bei Feuer alarmieren konnte.

Halberstadts neues Stadtzentrum ist ab 1995 auf den Grundmauern und dem Grundriss der 1945 zerstörten und in den darauffolgenden Jahrzehnten verfallenen Altstadt erbaut worden. Dabei entstanden Wohn- und Geschäftsbauten, die sich dem historischen Gassencharakter des Viertels einordnen. 1998 wurde das neue Rathaus mit der kopierten Fassade seines Vorgängerbaus eröffnet. Das alte Halberstädter **Rathaus** von 1381 war der prächtigste gotische Profanbau der Stadt. Vor dem Rathaus steht wieder der steinerne **Roland** von 1433, das Symbol weltlicher Macht: Markt-, Münz- und Zollrecht sowie Gerichtsbarkeit.

Hinter dem Rathaus hat die **Touristeninformation** ihren Sitz, in den neuen alten Gassen kann man umherstreifen, einkaufen und einkehren.

Ins Grüne am Stadtrand

Das „Tor zum Harz" ist ein verlockendes, doch so weit muss man noch gar nicht fahren, um einen kleinen Ausflug ins Grüne zu unternehmen. Direkt am südlichen Stadtrand liegen die **Spiegelsber-**

John Cage: As slow as possible

Die romanische Klosterkirche **St. Burchardi** ist eine der ältesten Kirchen von Halberstadt. Turmlos, mit Langhaus, Querhaus und quadratischem Chor, steht sie am Rande der Altstadt auf dem weitläufigen, im Jahr 1802 unter *Napoleon* säkularisierten Klostergelände. Die Kirche diente als Brauerei, als Speicher und der Landwirtschaft, zuletzt als Schweinestall, bevor sie 1995 in der Substanz gesichert und wiederhergestellt werden konnte.

Schon durch die geschlossenen Türen und Fenster der Kirche ist ein **anhaltender Orgelton** zu vernehmen. Öffnet sich dem Gast die Kirche, betritt er nicht nur den Raum, sondern einen Klang. Es ist, als ob das Bauwerk allein aus diesem Orgelton bestünde.

Seit dem **5. September 2001** wird in dieser Kirche das Orgelstück „As slow as possible" des US-amerikanischen Komponisten *John Cage* (1912–1992) aufgeführt. „So langsam wie möglich", hatte der **Avantgardemusiker** vorgegeben, die Uraufführung in Metz 1987 dauerte 30 Minuten. In Halberstadt wird das nur acht Partiturseiten umfassende Stück über den **Zeitraum von 639 Jahren** erklingen, bis zum **Jahr 2640**. Allein die vom Komponisten an den Anfang gesetzte Pause, in der bei konventionellen Aufführungen der Organist die Hände hebt und Luft holt, dauerte in Halberstadt bereits anderthalb Jahre.

Die **Idee** zu diesem Musikprojekt entstand bei einem Orgelsymposium in Trossingen (Baden-Württemberg) im Jahr 1997. Theoretisch könne man, so der Gedanke, das Stück auf jede beliebige Zeit hin ausdehnen, praktisch so lange, wie eine Orgel durchhält und Frieden sowie die Kreativität kommender Generationen diese Aufführung ermöglichen würden. Halberstadt kam ins Gespräch, weil dort im Jahr **1361** die erste Orgel der Welt mit 12-töniger Klaviatur gebaut wurde: Damit ist Halberstadt die Geburtsstätte der modernen Musik. 639 Jahre waren es seitdem bis zum Jahr 2000, diese Zahl gab das Maß vor.

Halberstadt, wo *John Cage* nie gewesen ist, war sofort einverstanden und ist nun mit dieser privat und durch Spenden finanzierten Aufführung weltweit im Gespräch. Die Orgel wird allmählich aufgebaut, so wie die Töne eben gebraucht werden. Als Kulturfeste mit zahlreichen Besuchern werden die **„Klangwechsel"** begangen, der jüngste – von a, c, fis zu dis, ais, e – erfolgte am 5. Oktober 2013, der nächste wird erst am 5. September 2020 zu erleben sein: dann zu gis, e. Bis dahin, Tag und Nacht, erklingt dieser eine Ton. Im Jahr 2072 wird der erste Teil des Stückes abgeschlossen sein.

Besucher sind täglich außer montags willkommen (der Eintritt ist frei) und werden gebeten, sich im benachbarten Herrenhaus bei der John-Cage-Stiftung zu melden, da die Kirche zum Schutz vor Vandalismus sonst verschlossen bleibt.

■ Infos unter **www.aslp.org**.

ge, ein ehemals kahle Sandsteinklippe, die 1761 durch den Rittergutsbesitzer und Domherrn *Ernst Ludwig Christoph von Spiegel* zu einem Landschaftspark umgestaltet wurde, den er den Halberstädtern zur Erholung öffnete. Vom Aussichtsturm Belvedere hat man einen Blick auf die Stadt, das **Jagdschlösschen** ist Ausflugsgaststätte. Heimische Tiere lassen sich im **Tiergarten** beobachten.

Nördlich der Stadt erstreckt sich über 18 km der **Bergrücken Huy** (sprich: Hü; der Hohe), er erreicht bis 314 m Höhe über dem Meer. Der abwechslungsreiche Bergwald wird von mehreren Wanderwegen erschlossen. In der **Klosterkirche St. Maria** des Klosters Huysburg, das 1084 gegründet, 1804 aufgelöst und 1972 als einzige Klosterneugründung in der DDR wiederentstanden ist, begegnet Besuchern die seltene Symbiose von Romanik und Barock. Die dreischiffige Kirche wurde 1121 geweiht und erhielt im 18. Jh. ihre spätbarocke Ausstattung. Als sich 1972 die Benediktinergemeinschaft neu gründete, wurde sie von der polnischen Abtei Tynic bei Krakau unterstützt.

Schach in Ströbeck

Ein Dorf spielt Schach. Seit 1000 Jahren. Der Dorfplatz von Ströbeck (1100 Einwohner), 8 km nordwestlich von Halberstadt, heißt Platz am Schachspiel, es gibt den Schachturm, das Gasthaus zum Schachspiel und den Schachsouvenirladen. Die internationalen Schachturniere im Mai, mit Lebendschach, werden als Volksfeste gefeiert. Im Jahr 1011 soll ein adliger Gefangener des Bischofs seinen netten Bewachern im Ströbecker Wartturm das Schachspiel beigebracht haben, und schon war allen nicht mehr langweilig. Es heißt, die **Ströbecker Schachtradition** sei fast so alt wie die europäische. Kinder lernen Schach in der Grundschule. Die Eröffnung der Partie und alle Züge erfährt man in Deutschlands einzigem **Schachmuseum**. „Man trinkt Korn und Bier im Wirtshaus, schreibt seinen Namen in ein Fremdenbuch und redet vom Schach, aber auch von Politik", notierte *Joseph Roth* auf seiner Reise durch Halberstadt und Umgebung im Herbst 1930.

■ **Schachmuseum Ströbeck**, Platz am Schachspiel 97, Tel. (039427) 99850, www.schachmuseum-stroebeck.de, April bis Okt. Di–So 13–17 Uhr, Nov. bis März Di–So 13–16 Uhr, 3/1 €.

Praktische Tipps

Anreise

■ **Mit eigenem Fahrzeug:** B 79, 81, 245.
■ **Per Bahn:** Harz-Elbe-Express Magdeburg – Halle/Saale – Halberstadt – Thale/Blankenburg, Halle/Saale – Halberstadt – Vienenburg, Harz-Berlin-Express Berlin – Halberstadt – Thale/Vienenburg, Regionalexpress Halle/Saale – Halberstadt – Bad Harzburg – Goslar – Hannover. Vom Bahnhof 20 Min. Fußweg über Richard-Wagner-Straße, dann rechts auf der B 79 in Richtung der Kirchtürme ins Zentrum, weitere 5 Min. zum Domplatz.

Information

■ **Halberstadt-Information**, Hinter dem Rathaus 6, Tel. (03941) 551815, www.halberstadt.de, Mai bis Okt. Mo–Fr 10–18 Uhr, Sa 10–14 Uhr, So 10–13 Uhr, Nov. bis April Mo–Fr 10–18 Uhr, Sa 10–13 Uhr.

Quedlinburg

Die Wiege Deutschlands. In Quedlinburg trugen im Jahre 919 die deutschen Stämme dem Sachsenherzog *Heinrich* die Königskrone an. Die Fachwerkstadt ist ein lebendiges Museum deutscher und europäischer Geschichte. Als hervorragendes Ensemble deutscher Städtebaukunst mit über 1200 denkmalgeschützten Bauwerken gehört Quedlinburg zum **Weltkulturerbe.** Die Besucher aus aller Welt anziehende Kleinstadt (21.000 Einwohner) liegt an der Bode nördlich des Harzes. Sie ist Station der Harzer Schmalspurbahnen und sowohl mit dem Auto als auch mit der Regionalbahn gut zu erreichen.

In Quedlinburg **geboren** wurden *Dorothea Christiane Erxleben* (1715–1762), die erste deutsche promovierte Ärztin, der Dichter *Friedrich Gottlieb Klopstock* (1724–1803), der „Vater der Gymnastik" und Reiseschriftsteller *Johann Christoph Friedrich GutsMuths* (1759–1839) und der – neben *Alexander von Humboldt* – Begründer der wissenschaftlichen Geografie, *Carl Ritter* (1779–1859).

In der Fachwerkstadt wurde mehrere **Filme** gedreht, so die Märchen „Hans Röckle und der Teufel" (1974), und „Schneeweißchen und Rosenrot" (1979), *Rainer Simons* Till-Eulenspiegel-Film nach dem Buch von *Christa* und *Gerhard Wolf* (1975) sowie der Film „Goethe!" von 2010.

▷ Am Schlossberg in Quedlinburg

Übernachtung

1 Pension am Burchardikloster①, Röderhofer Straße 15, Tel. (03941) 573411, www.pension-halberstadt.de. Ein Neubau im Fachwerkstil, nur wenige Schritte vom John-Cage-Projekt, ruhig gelegen. Hier residiert man in hellen, großzügigen Nichtraucherzimmern.

5 Hotel Abtshof②, Abtshof 27a, Tel. (03941) 68830, www.hotelabtshof.de. Fachwerkhaus in der Altstadt, mit großzügigen Zimmern, das angeschlossene Restaurant namens **Kaffeepott** ist ab 14 Uhr geöffnet.

6 Halberstädter Hof②, Bödcherstraße, Tel. (03941) 27080, www.halberstaedter-hof.de. Fachwerkhaus in der Altstadt, modern eingerichtete Zimmer, Restaurant.

Essen und Trinken

■ **Hotelrestaurants** siehe „Übernachtung".

2 Restaurant Olive①, Bakenstraße 1, Tel. (03941) 625159, www.olive-halberstadt.de, Di–Fr 12–15 und 18–22 Uhr, Sa 18–22 Uhr. Mediterrane Küche in einem der reizvollsten Winkel der Altstadt, mit Terrasse.

3 Alt Halberstadt②, Voigtei 17–19, Tel. (03941) 600622, www.alt-halberstadt.de, Di–Fr ab 11 Uhr, So 11–16 Uhr. Uriges Lokal im Fachwerkhaus, serviert deutsche Küche und saisonale Spezialitäten. Mit Biergarten.

4 Museumscafé Hirsch, Bakenstraße 57, Tel. (03941) 583238, www.moses-mendelssohn-akademie.de, Di–So ab 11 Uhr. Jüdische Speisen aus Osteuropa und Nahost werden beim Standort der ehemaligen Barocksynagoge und des Berend-Lehmann-Museums aufgetischt. Auch vegetarische Gerichte sind im Angebot.

MEIN TIPP: 7 Café zum Steinhof①, Steinhof 2, Tel. (03941) 551815, Di–So 10–18 Uhr. Charmantes kleines Café mit einem schattigen Gärtchen. Der Kuchen ist hausgebacken.

Quedlinburg

Stadtgeschichte

Schon in der **Altsteinzeit** war die fruchtbare Landschaft des heutigen Quedlinburg besiedelt. Aus dem 8. Jh. sind mehrere Namen von Siedlungen überliefert, die längst wüst liegen. Um 835 wurde die Wipertikirche gegründet. Die **Königspfalz** des 10. Jh. wird in einer Urkunde König *Heinrichs I.* aus dem Jahr 922 erwähnt: *villa quae dicitur quitilingaburg*. *Heinrich* bestimmte diesen Ort zu seiner Grablege. Seine Witwe *Mathilde* ließ sich von ihrem und *Heinrichs* ältestem Sohn, dem neuen König *Otto I.,* die Gründung eines **Damenstifts** bestätigen. Dieses Stift auf dem Schlossberg leitete sie über 30 Jahre. 966 wurde *Ottos I.* Tochter *Mathilde (955–999)* zur Äbtissin berufen. Sie erhielt 994 durch ihren Neffen, den König und späteren Kaiser *Otto III.,* das Privileg des **Münz-, Markt- und Zollrechts** für den Marktflecken Quedlinburg. Daraufhin legte sie den Marktplatz im Bereich der heutigen Marktkirche fest, von wo aus die Siedlung rasch zum Marktplatz heranwuchs. 973 gab *Otto I. (der Große)* in Quedlinburg den größten und glanzvollsten seiner Hoftage. Bald darauf starb er.

Kaiserpfalz

Im 11. und 12. Jh. hatte Quedlinburg als Osterpfalz der deutschen Herrscherhäuser eine **hohe reichspolitische Bedeutung.** Zugleich erstarkte das städtische Gemeinwesen. Im 12. Jh. wurde neben der Altstadt die **Neustadt** gegründet, sie kam 1330 als Lehen zur Altstadt, beide Städte handelten gemeinsam als Quedlinburg. Allmählich erlangte die Stadt größere **Unabhängigkeit von der Äbtissin,** was sich im Beitritt zur **Hanse** im Jahr 1426 manifestierte. 1477 entlud sich

Nördliches Harzvorland

der Machtkampf zwischen Stadtrat und Äbtissin gewaltsam. Der Versuch, die Äbtissin aus der Stadt zu vertreiben, endete in einem für die Bürger verlustreichen **Kampf** gegen die in die Stadt gerufenen Truppen der Brüder der Äbtissin. Daraufhin musste die Stadt aus sämtlichen Bündnissen austreten, der Roland am Markthaus wurde gestürzt und zerschlagen.

Erst mit der **Reformation** endete die Macht des Stiftes, das 1539 in ein weltliches Damenstift umgewandelt wurde. Nach dem Dreißigjährigen Krieg nahm Quedlinburg eine rasanten Aufschwung, zahlreiche Fachwerkhäuser wurden errichtet und bestimmen das Stadtbild. Jedoch brachen 1676 und 1797 zwei verheerende **Brände** aus. 1698 besetzten die **Preußen** die Stadt, sie lösten 1802 das Damenstift auf.

Industralisierung mit Blumensamen

Die **Blumen- und Saatgutzucht** kam im 18. Jh. auf und brachte Quedlingburg im 19. Jh. neuen Wohlstand. Zwischen der Alt- und Neustadt und dem 1863 erbauten Bahnhof des Nordharzer Eisenbahnnetzes entstanden prächtige Villen. Die Entwicklung neuer Saatgutzuchtverfahren in Quedlinburg erlangte Weltruhm, und im frühen 20. Jh. waren Saatzuchtfirmen die größten Arbeitgeber vor Ort.

Während der **NS-Diktatur** entdeckte *Heinrich Himmler* die Geschichte der Stadt für seine Propagandainszenierungen. Zum 1000. Todestag *Heinrichs I.,* 1936, wurden St. Servati und die Krypta der Wipertikirche als „Weihestätten der SS" umgebaut und ausstaffiert. In der Stadt waren drei Außenstellen von Konzentrationslagern tätig. Am 19. April 1945 konnte die amerikanische Armee die Stadt kampflos und ohne Zerstörungen einnehmen.

Verfall und Rettung der Altstadt

Während der **DDR-Zeit** wurde in Quedlinburg, das ab 1952 zum Bezirk Halle/Saale gehörte, die Saatzuchttradition fortgeführt. Die Altstadt verfiel, nur einige ausgewählte Bauwerke wurden saniert. Planungen in den 1960er Jahren sahen sogar vor, die gesamte Altstadt abzureißen und stattdessen ein Neubauquartier zu errichten. In den 1980er Jahren waren ganze Straßenzüge abrissreif. Unmittelbar nach der friedlichen Revolution begann die **Rettung der Fachwerkstadt.** Der Bund erklärte Quedlinburg zur Modellstadt Stadtsanierung. So konnten durch Privatinitiative und Förderungen viele Häuser und ganze Straßen wiederhergestellt werden. **1994 erklärte die UNESCO Quedlinburg zum Weltkulturerbe.**

Quedlinburg begeistert Millionen Besucher, **verliert aber immer mehr Einwohner,** die dort für sich keine Perspektive sehen. Darin besteht die größte Herausforderung für die Stadt. Zwar lebt die Tradition der Saatgutzucht noch immer fort (in Quedlinburg arbeiten fünf Institute der Bundesanstalt für Züchtungsforschung an Kulturpflanzen), doch größere Investoren fehlen. Ein „Managementplan" zur „Bewahrung der Integrität und Authentizität der Welterbestätte" wurde im Jahr 2013 beschlossen. Darin wird für die Stadt unter anderem ein großes Potenzial als Reiseziel für Kulturtouristen gesehen.

Sehenswertes

Der Stadtrundgang durch ein Jahrtausend Kulturgeschichte erschließt zunächst die Altstadt mit ihren Fachwerkgassen rund um den Markt und die historische Neustadt, wendet sich dem Schlossberg zu, mit der die Stadt überragenden romanischen Stiftskirche St. Servatii, besteigt den Münzenberg, wo der Panoramablick auf Quedlinburg zu erleben ist, und kehrt schließlich auf den Markt zurück.

Bahnreisende erleben zwar zuerst das verlassene Bahnhofsgebäude und einen verschlafen wirkenden Platz davor, der nichts von dem ahnen lässt, was einen in dieser Stadt erwartet, aber der Fußweg bis zum Markt – Bahnhofstraße über die Bode, links die Heiligegeiststraße und Steinbrücke – dauert keine 15 Min.

Markt und Kornmarkt

Die für Quedlinburg charakteristischen Fachwerkhäuser verschiedener Bauepochen prägen das Bild des langgestreckten Marktplatzes. Im Zentrum steht das im Jahr 1310 erstmals erwähnte **Rathaus.**

Advent in den Höfen

Ein romantischer **Weihnachtsmarkt** ist an den ersten drei Adventswochenenden überall in der historischen Stadt zu erleben. Zum „Advent in den Höfen" öffnen sich Tore, die für Besucher sonst geschlossen sind, zu einer märchenhaften Weihnachtswelt. Künstler treten auf, Handwerker aus der Stadt und Region bieten ihre Erzeugnisse an, und was aus den Küchen duftet, ist vom Feinsten. Der Quedlinburger ist zweifellos **einer der besinnlichsten Adventsmärkte** hierzulande. Den Marktbummel kann man mit einer weihnachtlichen Stadtführung eröffnen.

■ **Infos:** www.adventsstadt.de.

Die heutige, von Efeu überwachsene Renaissancefassade entstand um 1616, weitere Umbauten erfolgten in der Gründerzeit. Sieben Stufen führen zu dem Portal mit Sitznischen, das gleichfalls 1616 erbaut wurde. Im Aufsatz über dem Portal trägt der schwarze Reichsadler als Brustschild das Quedlinburger Stadtwappen. Über allem steht die Abundantia, die römische Göttin des Überflusses.

Neben dem **Archivturm** (14. Jh.) an der südwestlichen Ecke des Rathauses steht der **Roland** als Symbol städtischer Souveränität. Die Figur wurde im Jahr 1869 aus Bruchstücken des 1477 nach einem gescheiterten Aufstand der Bürger gegen die Klosterherrschaft zerstörten Rolands restauriert. Ein Mosaik im Marktpflaster stellt den Reichsadler mit dem Quedlinburger Wappen dar.

Den Rang des Handels für das Selbstverständnis der Quedlinburger betont das westlich vom Rathaus, mit dem schlanken Giebel zum Markt stehende **Hokenhaus** (Hoken 1). Es ist ein Handelshaus aus dem 16. Jh., und wie die weiteren Häuser im Hoken (von hökern = handeln) aus den Krämerbuden des Mittelalters entstanden. Der Giebel des Hokenhauses, der spitze Archivturm des Rathauses und die hinter den Fachwerkhäusern des Hoken aufragenden Türme der Marktkirche bilden eines der meistfotografierten architektonischen Ensembles der Stadt.

Die **Marktkirche** hinter dem Rathaus befand sich inmitten der ab dem Jahr 966 entstehenden Marktsiedlung. Vom romanischen Bau ist das Westwerk erhalten. Die gotische Hallenkirche ist barock ausgestattet.

Nördlich der Marktkirche liegt der kleine, schattige **Kornmarkt**. Beachtenswert ist das Haus Kornmarkt 7 aus dem Jahr 1690. Es diente bis 1850 als Ratswaage, dann wurde der Laden im klassizistischen Stil geschaffen.

Die östlich am Rathaus vorbeiführende **Breite Straße** vereint farbenfrohe Fachwerkhäuser, deren überraschendsten sind wohl die an der Ecke zum Marktkirchhof. Es sind sieben, und allesamt zu einem gemütlichen, verwinkelten Café vereint. Im Café Roland mit seinen schattigen Straßenplätzen braucht man also mehrere Besuche, um seinen Lieblingsplatz zu finden.

Zur Hölle

Wo die Breite Straße am schmalsten ist, direkt an der Ecke zum Rathaus, führt ein gerade noch so ausreichend hoher sowie enger und langer Gang durch das Haus zum **Schuhhof**. Aufgelockert durch einen lichten, schlanken Innenhof, in dem früher die Schuhflicker arbeiteten, endet diese Gasse direkt in der Hölle. Ein kleines Hotel an diesem intimen Ort heißt folgerichtig **„Vorhof zur Hölle"**.

Die Hölle ist deutlich besser als ihr Ruf; in Quedlinburg jedenfalls erweist sie sich als **eine der einladendsten Straßen der Stadt**. Ihren Namen könnte sie der Lage zwischen der inneren und äußeren Stadtmauer im Mittelalter zu verdanken haben. Zu dem vielgestaltigen Fachwerkquartier gehören die anschließenden Straßen Pölle und Stieg. In dem kleinen Fachwerkhaus Pölle 39 wurde der Turnpädagoge und Reiseschriftsteller **Johann Christoph Friedrich GutsMuths** (1759–1839) geboren. Auf dem nach ihm benannten Platz an der Ecke

Hölle/Pölle steht ein Denkmal (1904), es zeigt den Pädagogen mit seinem Lieblingsschüler, dem späteren Mitbegründer der wissenschaftlichen Geographie, *Carl Ritter* (1779–1859).

Neustadt

Von der Pölle gelangt man über den Mühlgraben und die Straße „Zwischen den Städten" auf den Steinweg und damit in die Neustadt. Anders als der Name vermuten lässt, ist sie schon **800 Jahre alt**. Damals ließen sich Handwerker, Händler sowie Bauern aus den umliegenden Dörfern hier nieder, denn in der Altstadt war kein Platz mehr. 1330 wurde die Neustadt der Altstadt als Lehen zugeordnet, was praktisch eine Zusammenlegung war.

Der **Steinweg** war eine befestigte Handelsstraße und ist die zentrale Verkehrsader der Neustadt. Seine frühere Funktion erkennt man noch an den Seilrollen und Ladeluken in den Speicheretagen über den Wohnungen der Fachwerkhäuser. Steinweg 51 ist das Geburtshaus von **Dorothea Christiane Erxleben** (1715–1762), der ersten promovierten deutschen Ärztin (siehe Exkurs „Harzer Frauen"). Heute beherbergt das Gebäude ein intimes, charmantes Hotel mit Restaurant. Gewohnt und ihre Dissertation geschrieben hat die junge Frau wenige Schritte von hier, in der Kaplanei 10, am Neustädter Kirchhof.

Der Weg trifft am **Mathildenbrunnen** auf die **Pölkenstraße**. Die platzartige Straßenweitung rund um den Brunnen ist das Herz der Neustadt. Hier geht es kleinstädtisch geschäftig zu. Hinter der Fachwerkhausreihe ragen die Doppeltürme der gotischen **Nikolaikirche** auf. Sie ist die größte Kirche der Stadt. Vom romanischen Vorgängerbau blieben nur Rudimente erhalten. Ihre Ausstattung ist barock. Am Durchgang vom Kirchhof zum Konvent steht eines der ältesten Fachwerkhäuser dieses Viertels. Es wurde 1420 erbaut.

Auf dem **Augustinern**, dessen Name an das Neustädter Kloster erinnert, und über die enge Stobenstraße geht es zurück in die Altstadt. Auch hier sind Fachwerkhäuser zu entdecken. An der Schulstraße steht die hochgotische **Franziskanerkapelle** (14. Jh.) auf dem Gelände des einstiges Altstädter Klosters. Die Breite Straße führt nun wieder auf den Markt.

Die Word

An der schmalen Südseite des Marktes, also dem Rathaus gegenüber, zweigt südwestlich die Word ab (der Name wird deutsch gesprochen, nicht wie bei *Bill Gates*), ein im 13. Jh. trockengelegtes Gebiet entlang des Mühlgrabens. Hier steht schwarz auf weiß **eines der ältesten Fachwerkhäuser Deutschlands**, ein **Ständerbau** aus dem Jahr 1350. Charakteristisch sind die vom Sockel bis zum Dach reichenden Holzbohlenständer. Das bis 1965 noch bewohnte Haus ist nun ein **Museum** für die Fachwerkarchitektur.

■ **Fachwerkmuseum Ständerbau,** Wordgasse 3, Tel. (03946) 3828, April bis Okt. Fr–Mi 10–17 Uhr, Nov. bis März Fr–Mi 10–16 Uhr, 3/2 €. Museum im Hochständerbau aus dem 14. Jh., Geschichte der Fachwerkbaukunst vom 14.–19. Jh., Restaurierung und Rekonstruktion in Quedlinburg.

Quedlinburg

Wenige Schritte weiter öffnet sich ein Hoftor in den **Adelshof.** Das vierflügelige Anwesen liegt direkt an der Stadtmauer. Vom **Spiegelsturm** der Stadtbefestigung ist das Erdgeschoss erhalten. Inmitten des Hofes steht auf einem Sandsteinsockel ein **Taubenturm** aus dem 18. Jh. Der seit dem 13. Jh. belegte Hof hatte viele Eigentümer und stand zuletzt 20 Jahre leer, bis er 2008 wieder privat erworben wurde. Gemeinsam mit dem Bürgerverein Quedlinburg sind die neuen Eigentümer dabei, das Anwesen zu sanieren und öffentlich zu nutzen. Im Westflügel, dem Hauptgebäude, lädt bereits ein Café ein. Im Hof werden alljährlich Ritterfeste gefeiert, es gibt einen kleinen Adventsmarkt, und zum Tag des offenen Denkmals kann der Hof besichtigt werden.

■ **Adelshof,** Wordgasse 4, www.adelshof-quedlinburg.de.

Die Wordgasse führt direkt zur **Kirche St. Blasii.** Sie ist wahrscheinlich die älteste Kirche der Altstadt, denn ihr frühromanischer Turm lässt vermuten, dass sie schon um das Jahr 1000 im Zentrum einer Siedlung stand, aus der die Altstadt hervorgegangen ist. Um 1715 wurde sie im Barockstil neu errichtet. Im Saal, mit schlichtem Kastengestühl und ornamentierten Holzemporen, ziehen der barocke Kanzelalter (1723) und die an barocke Gärten erinnernde Stuckdecke die Blicke auf sich. Die Kirche ist Konzertsaal und Ausstellungsort.

An der sehenswerten Blasiistraße lädt das **Eisenbahn- und Spielzeugmuseum** Kinder jeden Alters zum Schauen, Staunen und Träumen ein. Das Fachwerkhaus Word 28, ein Speicher aus dem 17. Jh., ist sowohl Museum seiner selbst, als auch Schauwerkstatt des **Museums für Glasmalerei und Kunsthandwerk.**

■ **Eisenbahn- und Spielzeugmuseum,** Blasiistraße 22, Tel. (03946) 9019526, www.eisenbahn-spielzeug-museum.de, April bis Okt., Dez. Mo–Sa 10–17 Uhr, So, Fe 11–16 Uhr, Nov., Jan. bis März Mo–Sa 10–16 Uhr, So, Fe 11–16 Uhr. Modelleisenbahnsammlung, Spielzeug aus alten Zeiten, darunter große Puppensammlung, Spielzeugverkauf, Puppendoktor, Spielecken, Gartenbahn.

■ **Museum für Glasmalerei und Kunsthandwerk,** Word 28, Tel. (03946) 810653, Mai bis Dez. Di–Fr 10–18 Uhr, Sa, So 11–16 Uhr.

◁ Zumindest in Quedlinburg bedeutet die Ankündigung „Wir sehen uns in der Hölle" etwas Angenehmes: die Hölle ist eine der einladendsten Straßen der Stadt

Über die Hohe Straße und die Lange Gasse gelangt man nun in das Schlossbergviertel am legendären Finkenherd. Dabei passiert man linker Hand den großen Altstadtparkplatz an der Carl-Ritter-Straße, der wiederum zum **Wordpark** führt, einer Grünanlage mit Ruhebänken, für alle, die sich vom Pflaster erst einmal erholen möchten.

Finkenherd

Die verwinkelten Gassen am Schlossberg mit ihren Fachwerkhäusern laden zu einem unvergesslichen Altstadterlebnis ein. Sie sind das ganze Jahr über belebt von staunenden und entzückten Besuchern. Das mit seinem steilen Satteldach schlank aufragende Haus **Finkenherd 1** ist nicht zu verfehlen, als Kopfbau einer kurzen Häuserzeile steht es wie eine Insel zwischen zwei Gassen.

Der sagenhafte Ort, hier ist er. Am heutigen Finkenherd soll dem **Sachsenherzog Heinrich** (um 876–936) im Jahre 919 die Königskrone angetragen worden sein. Der Edelmann war unterhalb des Schlosses beim Vogelfang, seiner Lieblingsbeschäftigung. So berichtet es die haltbare Sage. Belege gibt es dafür nicht, und „jugendlich", wie mancherorts zu lesen ist, war *Heinrich* gewiss nicht mehr. Die Formulierung von der „Wahl zum deutschen König" ist ja eine arge Verkürzung eines historischen Prozesses zur Herausbildung des deutschen Reiches. Fest steht, dass Quedlinburg die Lieblingspfalz *Heinrichs des Voglers* war und dass die „Königserhebung" im Jahre 919 in der Königspfalz Fritzlar (Nordhessen) erfolgte.

Sagenhaft und wunderschön: das Haus Finkenherd 1

Quedlinburg

Nördliches Harzvorland

Zweifellos ist der Finkenherd und der anschließende kleine Platz am **Schlossberg** mit seinen Fachwerkhäusern und dem buckligen Pflaster **einer der anmutigsten Stadträume Deutschlands.** Überraschend sind die dem Schlossberg vorgelagerten Sandsteinklippen, die von einem Hohlweg durchquert werden. Zu den prächtigsten Fachwerkhäusern gehört das 1560 erbaute, als Museum geöffnete Geburtshaus des „Messias"-Dichters **Friedrich Gottlieb Klopstock**. Im **Museum** werden Leben und Werk weiterer Quedlinburger Persönlichkeiten gewürdigt, so das der Ärztin *Dorothea Christiane Erxleben*, des Turnpädagogen *Johann Christoph Friedrich GutsMuths* und des Geografen *Carl Ritter*. Am Platz laden mehrere Cafés ein.

■ **Klopstockhaus,** Schloßberg 12, Tel. (03946) 905691, www.quedlinburg.de, April bis Okt. Mi–So 10–17 Uhr, 3,50/2,50 € (Familienkarte 8 €).

Ein schmaler Durchgang führt zur **Lyonel-Feininger-Galerie** und damit aus der Renaissance geradewegs in die Klassische Moderne. Das Werk des deutsch-amerikanischen Malers und Grafikers (1871–1956) gelangte mit der Sammlung des Quedlinburger Bauhausarchitekten *Hermann Klumpp* (1902–1987) in die Stadt, die damit den weltweit bedeutendsten Bestand von Druckgrafik *Feiningers* ausstellen kann. Zudem besitzt die Galerie grafische Blätter weiterer Künstler der Klassischen Moderne und der DDR-Zeit.

■ **Lyonel-Feininger-Galerie,** Finkenherd 5a, Tel. (03946) 6895930, www.feininger-galerie.de, April bis Okt. Di–So 10–18 Uhr, Nov. bis März Di–So 10–17 Uhr, 6/4 € (bis 18 Jahre frei).

⌄ Das Klopstockhaus am Schlossberg

Schlossberg

Der Aufstieg zum Schlossberg nimmt den Schritten die Eile. Es ist ja ein außergewöhnlicher Ort, der nun betreten werden soll, der Stammsitz des ersten deutschen Königs. Auf dem Sandsteinfelsen hoch über der Stadt ragt die hochromanische **Stiftskirche St. Servatius** auf. Die monumentale Basilika wurde 1129 geweiht, hatte aber, vom Jahr 936 an, schon drei Vorgängerbauten. Sie war die Kirche des Quedlinburger Damenstifts. Die Krypta ist Grabstätte *Heinrichs I.* und seiner Gemahlin *Mathilde* sowie der ersten Äbtissinnen. In der Fürstengruft ruhen die Äbtissinnen *Anna II. zu Stolberg* und *Anna III. zu Stolberg-Wernigerode* sowie die Geliebte *Augusts des Starken* und spätere Pröbstin, *Aurora von Königsmark*. Charakteristisch für das Mittelschiff ist der als „niedersächsischer Stützenwechsel" bezeichnete Rhythmus von jeweils zwei Säulen und einem Pfeiler, deren Kapitelle reich figuriert sind.

Zwischen 1938 und 1940 hatten die Nationalsozialisten den gotischen Chor zerstört, um ihn in der romanischen Form „wiederherzustellen". Dabei wurde eine pseudoromanische Apsis errichtet. Das Bauwerk wurde auf Betreiben Himmlers als „Weihestätte der SS" missbraucht.

St. Servatius ist als Denkmal hochromanischer Architektur und deutscher Geschichte sowie als Schatzkammer erlebbar. In einem Anbau des Altarraums wird der hochrangige **Quedlinburger Domschatz** ausgestellt. Seine Geschichte reicht zurück bis in die ottonische Zeit im 10. Jh. Er umfasst Reliquien in kostbaren Behältnissen, Handschriften, Tafelmalereien, Goldschmiedearbeiten sowie Elfenbeinschnitzereien. Ein Knüpfteppich aus dem 12. Jh. gilt als der älteste erhaltene in Europa.

Quedlinburg

■ **Domschatz,** Schloßberg 1, Tel. (03946) 709900, www.domschatzquedlinburg.de, April bis Okt. Di–Sa 10–18 Uhr, So/Fe 12–18 Uhr, Nov. bis März Di–Sa 10–16 Uhr, So/Fe 12–16 Uhr, 6/4 €.

Das aus der Residenz der Stiftsdamen hervorgegangene Schloss wurde zwischen dem 16. und 18. Jh. erbaut. Im städtischen **Schlossmuseum** werden Ausstellungen zur Ur- und Frühgeschichte, zum frühen Mittelalter – im ottonischen Kellergewölbe „Auf den Spuren der Ottonen" und zur Entstehung des freiweltlichen reichsunmittelbaren Damenstifts – und zur jüngeren Stadtgeschichte gezeigt, und der Missbrauch dieser Geschichte durch die NS-Ideologie wird thematisiert. Auch adelige Prunkgemächer des 17./18. Jh. sowie eine Historische Bibliothek stehen Besuchern offen.

■ **Schlossmuseum,** Schloßberg 1, Tel. (03946) 905681, www.quedlinburg.de, April bis Okt. Di–So 10–18 Uhr, Nov. bis März Di–So 10–16 Uhr, 4/2,50 €, Schlossbergticket Museum/Stiftskirche 7 €.

Großartige Blicke über die Stadt und bis zum Höhenzug des Harzes mit dem Brocken bietet der weitflächige Terrassengarten auf dem Schlossberg.

◁ Blick zum Quedlinburger Schlossberg mit Schloss und Stiftskirche St. Servatius

Münzenberg und Wipertikirche

Nach dem Verlassen des Schlossberges führt der Stadtrundgang über die Mühlenstraße zur Wipertistraße als Teil des Ringes um die Altstadt und dort über Treppen hinauf auf den Münzenberg. Eine Treppe ist an der Grünanlage zu finden, die andere am kleinen Parkplatz.

Der Münzenberg liegt dem Schlossberg direkt gegenüber. Er war Sitz des **Marienklosters,** das 986 durch die erste Äbtissin des Quedlinburger Frauenstifts gestiftet worden war. Das Kloster bestand bis zur Einführung der Reformation. Ende des 16. Jh. besiedelten Kesselflicker, Scherenschleifer, Bettelmusikanten und Hausierer den Berg, sie bauten sich kleine, einfache Häuser in die verfallende Klosteranlage und schufen so dieses pittoresk erscheinende Viertel, das damals eben ein Armenquartier war.

Gepflasterte Gassen mit Fachwerkhäuschen laden zum Verweilen ein. Von der Terrasse des gemütlichen Cafés Münzenberg bietet sich der prächtigste **Blick auf Quedlinburg** – der majestätische Schlossberg im Zentrum, und darunter die Dächerkristalle der Altstadt.

Das Café ist zwischen April und Oktober geöffnet, ansonsten gibt es einen fast ebenso guten Standort für diesen **Stadtblick** von der Treppe daneben, einige Stufen tiefer. In der zum Teil erhaltengebliebenen ehemaligen Klosterkirche informiert ein **Museum** über die Geschichte des Münzenberges.

■ **Münzenbergmuseum,** Münzenberg 16, April bis Okt. Mo, Di, Fr–So 9–12 und 14–18 Uhr, Nov. bis März Mo, Di, Fr–So 9–12 und 14–17 Uhr. Geschichte des 986 gestifteten Marienklosters und des Siedlungsgebietes auf dem Münzenberg.

Harzer Frauen

Von den **Hexen** ist oft zuerst die Rede, wenn es um Frauen im Harz geht. Tragisch genug ist diese häufig nur noch als Folklore wahrgenommene Geschichte religiösen Terrors. Im Jahr 1484 postulierte Papst *Innozenz VII.* das „Aufspüren von Hexen" als christliche Pflicht. Die Anleitung dazu erschien 1487 im „Hexenhammer", verfasst von zwei Dominikanermönchen. Vor allem Denunziation brachte die Opfer auf den Scheiterhaufen. Zu 70 Prozent waren es Frauen, die als Hexen ermordet wurden. Der Hexenglaube ist aber viel älter, vor der großen Hysterie galt er als Aberglaube und wurde als solcher von der Kanzel herab bekämpft. Ein Denkmal für die im Harz als Hexen ermordeten Frauen und Männer gibt es nicht. In Hornburg erinnert die Anna-Landmann-Straße an die aus Osterode stammende Frau, die im Jahr 1597 Opfer des letzten dortigen Hexenprozesses wurde.

Die **Kiepen- und Botenfrauen** waren vom 16. bis 20. Jh. im Harz unterwegs. Mit ihren Körben aus geflochtener Weide, den Kiepen, transportierten sie schwere Lasten kilometerweit auf dem Rücken durch den Oberharz. Sie besorgten den Warentausch und die Kommunikation aus den Bergorten ins Vorland und trugen mit ihrem Lohn zur Existenz der Berg- und Waldarbeiterfamilien bei. So gab es „Pulverträgerinnen", die „Landgängerinnen", die in der Waldpflege tätigen „Kulturfrauen", und allen war gemein, dass sie sogar die Zeit des Gehens nutzten, um für ihre Familien zu stricken. (Lesetipp: „Kräuterweiber, Kiepenfrauen und Botengängerinnen im Harz", Goslar 1991.)

Juliane von Stolberg (1506–1580) wurde auf Schloss Stolberg geboren. Sie heiratete den Grafen *Philipp II. von Hanau-Münzenberg* und als Witwe den ebenfalls verwitweten Grafen *Wilhelm von Nassau-Dillenburg*. Mit ihm hatte sie fünf Kinder, über deren beiden ältesten sie zur Stammmutter des niederländischen Hauses Oranien wurde.

126h em

Catharina Margaretha Linck (1687–1721) war Knopfmacherin und Kattundruckerin. Sie trug Männerkleidung, schloss sich den radikalpietistischen Täufern an und wurde 1705 Soldat. Im Jahr 1717 heiratete sie, als Mann verkleidet und unter dem Namen *Anastasius Lagrantinus Rosenstengel,* ihre Geliebte *Catharina Margaretha Mühlhahn* aus Halberstadt. Bald darauf musste das Paar aufgrund von Intrigen die Stadt verlassen. In Münster gelang es, sich von Jesuiten katholisch taufen zu lassen, doch die erhoffte Unterstützung blieb aus. *Catharina Mühlhahn* kehrte allein und mittellos nach Halberstadt zurück, während *Anastasius Rosenstengel* nach Helmstedt ging und sich dort lutherisch taufen ließ. Durch die Taufpaten – die Universität und der Rat der Stadt – kam sie an einen größeren Geldbetrag. Der Versuch, die Ehefrau in das sichere Helmstedt zu holen, scheiterte. Infolge einer Intrige der Schwiegermutter wurde *Anastasius Rosenstengel* verhaftet und der „Sodomie" angeklagt. Sie wurde zum Tode verurteilt und am 8. November 1721 öffentlich mit dem Schwert hingerichtet. (Lesetipp: *Angela Steidele:* „In Männerkleidern. Das verwegene Leben der Catharina Margaretha Linck alias Anastasius Lagrantinus Rosenstengel", Köln 2004.)

Dorothea Christiana Erxleben (1715–1762) war die erste promovierte deutsche Ärztin. Als Kind interessierte sie sich besonders für die Naturwissenschaften und für Latein. Ihr Vater, Stadtphysikus in Quedlinburg, unterrichtete sie und ihren Bruder in praktischer und theoretischer Medizin und nahm sie mit zu seinen Patienten. Nachdem der Plan, gemeinsam mit ihrem Bruder zu studieren, durch dessen Einberufung zum Militär gescheitert war, bat der Vater *Friedrich den Großen,* sich für die begabte Tochter zu verwenden. Die Universität Halle wurde 1741 angewiesen, die Frau zur Promotion zuzulassen. Doch als Mutter von fünf angeheirateten und vier eigenen Kindern, die in Quedlinburg die Praxis ihres Vaters übernommen hatte, konnte *Dorothea Erxleben* erst 1752 das königliche Privileg in Anspruch nehmen. Zwei Jahre darauf legte sie ihre Dissertation vor. Sie praktizierte weiter in ihrer Heimatstadt, wo sie kurz vor ihrem 47. Geburtstag starb. Im Quedlinburger Klopstock-Museum ist ein Raum ihrem Leben gewidmet.

Elisabeth Gnauck-Kühne (1850–1917) gründete in Blankenburg ein Erziehungsinstitut für Töchter höherer Stände. Sie war eine wegweisende Programmatikerin der evangelischen und katholischen Frauenbewegung.

Minna Bollmann (1876–1935) war eine sozialdemokratische Politikerin. Sie wurde in Halberstadt geboren und arbeitete zunächst als Schneiderin. Mit ihrem Ehemann betrieb sie eine Gastwirtschaft, die der örtlichen SPD als Versammlungslokal diente. Von 1919 bis 1933 gehörte sie für die SPD der Stadtverordnetenversammlung von Halberstadt an, 1919/20 auch der Weimarer Nationalversammlung, von 1921 bis 1933 dem Preußischen Landtag. Nach dem Machtantritt der Nationalsozialisten diente das Lokal als verdeckter Treffpunkt. Angesichts der alltäglichen Bedrohung durch den NS-Terror nahm *Minna Bollmann* sich das Leben. In Halberstadt ist nach ihr eine Straße benannt.

◁ Auch, wenn im Harz die Brockenhexen überall präsent sind, so stammen doch weitaus mehr bemerkenswerte Frauen aus der Region

Architekturinteressierte sollten noch zur nahegelegenen romanischen **Wipertikirche** gehen. Sie steht am Fuße des Schlossberges, aber ebenfalls jenseits der Ringstraße. Erbaut im frühen 10. Jh., gehört sie zu den ältesten romanischen Bauwerken Deutschlands. Einen Vorgängerbau gab es schon im 9. Jh. Umgeben ist sie von einem historischen Friedhof, der nahezu ausschließlich aus Grüften besteht. Im 17. Jh. wurde die Kirche barock umgestaltet. Von den romanischen Spuren ist vor allem die Krypta zu nennen.

Der **Abteigarten** bietet sich für einen abschließenden Bummel im Grünen an. Er diente einst als Garten der Äbtissin und wurde ab 1769 in der heutigen barocken Form umgestaltet. Hier ergibt sich eine historische Blickachse von der Parkanlage des Brühl über den Abteigarten bis zum Schlossberg, die nunmehr den Rückweg in die Altstadt weist. Vom Abteigarten bis zum Markt geht man 10 Min., bis zum Bahnhof eine Viertelstunde.

Praktische Tipps

Anreise

■ **Mit eigenem Fahrzeug:** B 6, B 6n, B 79, A 14.
■ **Per Bahn:** Regionalbahn Halberstadt – Thale; Harz-Berlin-Express Berlin – Magdeburg – Halberstadt – Quedlinburg – Thale; Selketalbahn.

Information

■ **Quedlinburg-Information,** Markt 4, Tel. (03946) 905624, www.quedlinburg.de, Mai bis Okt. Mo–Fr 9.30–18.30 Uhr, Sa 9.30–15 Uhr, So 9.30–14 Uhr, Nov. bis April Mo–Fr 9.30–17 Uhr, Sa 9.30–14 Uhr (städtische Touristeninformation).
■ **Quedlinburger Stadtinformation,** Markt 3, Tel. (03946) 6895950, www.quedlinburger-stadtinformation.com, tgl. 9.30–19.30 Uhr (private Touristeninformation).

Rast am Rathaus

Quedlinburg

Übernachtung

1 Romantik Hotel am Brühl③, Billungstraße 11, Tel. (03946) 96180, www.hotelambruehl.de, April bis Dez. tgl. ab 12 Uhr, Jan. bis März tgl. ab 18 Uhr. Vier-Sterne-Hotel in einem Fachwerkhaus der Altstadt, **Weinstube,** Gartenhof.

2 Flair Hotel Schlossmühle③, Kaiser-Otto-Straße 28, Tel. (03946) 7870, www.schlossmuehle.de. Vier-Sterne-Hotel in der Altstadt am Schlossberg.

3 Appartementhaus am Brunnen②, Altetopfstraße 9/Steinweg 78, Fax (039485) 610176, www.quedlinburger-ferienwohnungen.de. Zehn komplett eingerichtete Wohnungen mit ein bis drei Zimmern in Fachwerkhäusern in der Altstadt, ideal für Familien.

5 Gästehaus am Schloss①, Finkenherd 6, Tel. (03946) 3458, www.quedlinburg-uebernachtungen.de. Fachwerkhaus im historischen Zentrum am Schlossberg, ruhig und romantisch gelegen.

6 Hotel und Brauhaus Lüdde②, Carl-Ritter-Straße 1, Tel. (03946) 901481, www.hotel-brauhaus-luedde.de. In der Altstadt mit Blick zum Schloss, Brauereiführungen, Biergarten.

7 Fachwerkhotel „Vorhof zur Hölle"③, Breite Straße 52, Tel. (03946) 919334, www.vorhofzurhoelle.de. Vier Wohnungen für zwei bis fünf Personen in einem Fachwerkhaus mitten in der Altstadt.

9 Pension Alte Druckerei②, Weberstraße 32, Tel. (03946) 9019180, www.pension-altedruckerei.de. Großzügige, helle Zimmer in einer Villa, Frühstück im einstigen Drucksaal, 10 Min. Fußweg zum Markt.

10 Hotel „Dorothea Christiane Erxleben"②, Steinweg 51, Tel. (03946) 96250, www.hotel-erxleben.de, tgl. 15–24 Uhr. Kleines, charmantes Hotel in der Neustadt, Geburtshaus der Namengeberin, sechs Doppelzimmer, Restaurant mit Hofgarten

■ **Zimmer und Wohnungen** in den Fachwerkhäusern der Altstadt, ab 20 € pro Person, Adressen über Stadtinformation und www.quedlinburg.de.

Essen und Trinken

■ **Hotelrestaurants** siehe „Übernachtung".

MEIN TIPP: 4 Café Kaiser②, Finkenherd 8, Tel. (03946) 515 552, www.pfannkuchencafe.de, Di–So 10–19 Uhr. Hühnerhof und Restaurant an geschichtsträchtigem Ort, exzellente Pfannkuchen, Salate, Rührei und Harzer Knieste (das sind halbierte Pellkartoffeln vom Backblech).

8 Café Zum Roland②, Breite Straße 1, Tel. (03946) 4532, Tel. (03946) 4532, www.cafe-roland.de, Mai bis Okt. tgl. 10–22 Uhr, Nov. bis April tgl. 10–19 Uhr. Sieben Fachwerkhäuser hinter dem Rathaus, die zu einem stimmungsvollen Café vereint wurden, mit Straßencafé.

Nördliches Harzvorland

▷ Denkmal für den Turnpädagogen und Schriftsteller Johann Christoph Friedrich GuthsMuths und seinen Lieblingsschüler Carl Ritter

Allstedt | 247

Aschersleben | 224

Eisleben, Lutherstadt | 236

Hettstedt | 229

Mansfeld | 229

Oberwiederstedt, Schloss | 233

Sangerhausen | 243

Süßer See | 241

Wippertal | 234

Mansfelder Land und Östliches Harzvorland

6

Reformation und Kupferbergbau prägen das Mansfelder Land östlich des Harzes. Im Gebirgsvorland ragen die vom Bergbau hinterlassenen Pyramiden des Industriezeitalters auf. Die Wippertalsperre ist ein verschwiegenes Natur-Refugium.

◁ Das Lutherdenkmal in Eisleben

MANSFELDER LAND UND ÖSTLICHES HARZVORLAND

Nach einem kulturhistorischen Gang durch die älteste urkundlich erwähnte Stadt von Sachsen-Anhalt, dem einstigen Askaniersitz **Aschersleben**, führt die Reise ins Mansfelder Land mit den beiden Bergbaustädten **Mansfeld** und **Hettstedt** und folgt dort den Spuren *Martin Luthers* und denen des jahrhundertelangen Kupferschieferbergbaus. Das Lutherhaus und das Schloss in Mansfeld, das Mansfeld-Museum und die museale Bergwerksbahn in Hettstedt markieren diese kontrastreiche und folgenschwere Geschichte ebenso wie die zum UNESCO-Weltkulturerbe zählenden Lutherstätten in **Lutherstadt Eisleben** und die Abraumpyramide im Berg-

NICHT VERPASSEN!

- Fahrt mit der **Wipperliese** | 234
- **Geburts- und Sterbehaus von Martin Luther** in Eisleben | 239, 241
- **Rosengarten Sangerhausen** | 246

Diese Tipps erkennt man an der gelben Hinterlegung.

Östliches Harzvorland Nord

baurevier vor der **Rosenstadt Sangerhausen.** Während diese kleinen alten Städte im Mansfelder Land vor allem geschichts- und kunstinteressierte Besucher anziehen, ist das freundliche **Tal der Wipper** mit dem Stausee und der gemächlichen Bahn Wipperliese das Revier für Wander- und Naturfreunde.

Aschersleben

In einer Flussniederung der Eine, zwischen Harz und Magdeburger Börde, liegt die **älteste urkundliche erwähnte Stadt Sachsen-Anhalts.** Wenn es im Hochharz regnet, könnte ein Ausflug nach Aschersleben auf dem Reiseplan stehen, denn die Stadt liegt im Regenschatten des Harzes. Die historische Altstadt mit Bauten der Gotik und Renaissance wird von der weitgehend erhaltenen Stadtmauer umschlossen. Dicke Mauern weist, wenig überraschend, das Gefängnis auf, aber die Türen öffnen sich zum Museum für Kriminalgeschichte. Aschersleben liegt 30 km östlich von Quedlinburg, bis Schierke sind es 66 km.

Stadtgeschichte

Nachdem die fruchtbare Gegend im Vorharz bereits während der Völkerwanderung besiedelt war, wurde im Jahr 753 der Ort **Ascegereslebe** in einer Schenkungsurkunde des Klosters Fulda erwähnt. Im 11. Jh. kam der Ort in den Besitz des Ur-Hochadelsgeschlechtes unter *Albrecht dem Bären*, das sich nach der Burg Aschersleben benannte: die **Askanier**. Sie gehörten zu den mächtigsten Fürstengeschlechtern im Heiligen Römischen Reich. 1266 erhielt Aschersleben das **Stadtrecht.** Ab 1322 wurde die Stadtmauer errichtet. Von 1326 bis 1477 gehörte die Stadt dem **Halberstädter Dreistädtebund** an, ab 1426 der Hanse. 1541 wurde die Reformation eingeführt. Drei **Pestepidemien,** 1528, 1566 und 1628, forderten Tausende Opfer. Nach den Verheerungen im Dreißigjährigen Krieg, in den Schlesischen Kriegen und während der napoleonischen Zeit erlebte die Stadt erst wieder mit der **Industrialisierung** Mitte des 19. Jh. eine Blütezeit. Neben dem Kalibergbau etablierte sich aufgrund der günstigen klimatischen Lage der Anbau von Majoran in der Ackerbürgerstadt.

Die **Nationalsozialisten** errichteten in der Stadt mehrere Rüstungsbetriebe sowie eine Außenstelle des KZ Buchenwald. Aschersleben wurde mehrfach von den Alliierten bombardiert. Während der **DDR-Zeit** bestand in der Stadt zunächst eine Zentralschule der Deutschen

◿ Der Johannistorturm

◺ Das Portal zum Turm Schmaler Heinrich

Volkspolizei, aus der die bis 1990 betriebene Offiziersschule des Ministerums des Innern hervorging.

In den 1980er Jahren verlor Aschersleben mehrere **denkmalgeschützte Gebäude,** die dem Verfall preisgegeben worden waren.

Aschersleben (28.000 Einwohner) gehört zum Salzlandkreis in Sachsen-Anhalt. Die Stadt baut auf ihrer Wirtschaftsgeschichte des Maschinenbaus und des Majoran-Anbaus auf und hat ihren Besuchern eine kleine, liebevoll restaurierte Altstadt vorzuweisen.

Sehenswertes

Drei mit Informationstafeln versehene Wege führen die Besucher Ascherslebens durch die Stadt: die Architekturroute, die Stadtbefestigungsroute und die Route „Gärten und Parks". Die Stelen sind in unterschiedlichen Farben gefasst und erleichtern so die Orientierung.

Architekturroute

Die Architekturroute **(orange)** beginnt auf dem Markt klassisch am **Rathaus.** Es wurde 1517/18 im Stil der Renaissance errichtet, der Turm stammt noch vom gotischen Vorgängerbau. Zum Markt hin schließt sich ein Erweiterungsbau von 1935 an, den im Dachgiebel Fresken zur Stadtgeschichte zieren.

Das **Birnstilsche Haus** (Markt 27) ist ein prächtiger Fachwerkbau der Renaissance von 1545, der einst zum Franziskanerkloster gehörte. An der Stelle des einstigen Klosters steht das im 18. Jh. errichtete **Logenhaus,** Sitz des **Städtischen Museums.** Ihm zur Seite ein Bauwerk der Klassischen Moderne, das **Lichtspieltheater** (1930) im Bauhaus-Stil, ausgestattet im Art déco. Die frühgotische **Heilig-Kreuz-Kirche** (Marktkirche) diente den Franziskanern. Nachdem die Mönche während der Bauernkriege geflohen waren und das Kloster zerstört wurde, blieb sie als einziges Bauwerk der Franziskaner stehen. Der Glockenturm wurde 1909 aufgesetzt.

■ **Städtisches Museum,** Markt 21, Tel. (03473) 958430, www.aschersleben-tourismus.de, Di–Fr 9–12 und 14–17 Uhr, Sa 14–17 Uhr, 2/1 €. Stadtgeschichte, Bergbau.

Das klassizistische Haus mit der **Krügerschen Apotheke** (Markt 8) ist die nächste Station, hier lohnt sich ein Blick auf die Ladeneinrichtung im Jugendstil (1905). Stolze Renaissance zeigt das **Krugmannsche Haus** mit seinem über zwei Etagen reichenden Eckerker. Nun sind die Fachwerkhäuser der ehemaligen

Gasthöfe „Goldene Sonne" und „Grüner Baum" einen Blick wert, dann die im 16. Jh. aus einem mittelalterlichen Vorgänger neuerbaute **Margarethenkirche** mit ihrer romanischen Altarmensa (Tisch). Der **Graue Hof** (13. Jh.) ist ein frühgotischer Profanbau, das älteste weltliche Haus in Aschersleben. Als Wirtschaftshof diente er dem Kloster Michaelstein (siehe Kapitel „Blankenburg"). Heute gibt's hier den Blues: der mittelalterliche Hof ist ein **Kulturzentrum** der Stadt. Am zweiten Oktoberwochenende wird das internationale Herbstbluesfestival gefeiert, mit nächtlicher Session, unvergesslich klingt die Lange Trommlernacht in diesem Gemäuer, und allabendlich öffnet die Schwarze Küche.

Mit den schwarzen Seiten des Alltags dagegen befasst sich das Gefängnis, in diesem Fall nur museal als **„Kriminal-Panoptikum".** Das trutzige Bauwerk wurde 1896 errichtet und diente bis 1982 als Untersuchungsgefängnis. Jetzt präsentiert es eine Sammlung von Hand- und Fußfesseln, Folterinstrumenten und was sonst noch der Wahrheitsfindung diente, eine Gefängniszelle und Requisiten der Kriminalfotografie.

■ **Kriminalpanoptikum,** An der Darre 11, Tel. (03473) 2265942, www.kriminalpanoptikum.de, Di–Do 14–17 Uhr, Sa/So 12–17 Uhr, 1/0,50 €. Im ehemaligen Gefängnis: Kriminalgeschichte, kuriose Kriminalfälle, Gefängnisalltag, Tatwerkzeuge, Kriminaltechnik, mittelalterliche Rechtspraxis und andere Themen rund um den Rechtsbruch.

Die Architekturroute streift immer wieder sehenswerte Bürgerhäuser aus dem 16. bis 19. Jh., so das **Lederer Bräustübel** an der Kurzen Straße beim Markt. Hier, in einem der ältesten Profanbauten der Stadt (1512), wohnte der Kürasserieleutnant und Dichter der Romantik *Friedrich de la Motte Fouqué* (1777–1843), der Schöpfer der „Undine". Weithin über der Stadt ragt der deutlich geneigte Turm der gotischen **Stephanikirche** auf. Nebenan steht die 1325 erstmals erwähnte **Lateinschule,** sie war war Ausgangsort der Reformation in Aschersleben. Besonders ansprechend sind der von Fischern an der Eine vor der Stadtmauer angelegte **Kiethof** aus dem 16.–19. Jh. und die Ackerbürgerhäuser am **Schuhstieg.**

An der Promenade vor der Stadtbefestigung, östlich des Marktes, steht das **Bestehornhaus.** Während der Graue Hof die Heimstatt für intime Kunsterlebnisse ist, steht dieses im Jahr 1908 errichtete Theater für den festlichen Auftritt. Die Verpackungsmittelfabrikanten *Otto* und *Richard Bestehorn* haben es für die Stadt als öffentliches Haus errichten lassen. Das Bühnenhaus wurde 1938 durch den renommierten Architekten *Hans Heckner* (1878–1949) erweitert. Hier gibt es noch immer ein vielfältiges Kulturprogramm.

Von hier lässt sich der Weg entlang der Stadtbefestigung oder in die Parkanlagen fortsetzen.

◁ Das Kulturzentrum Grauer Hof

Route der Stadtbefestigung

Ein städtebaulicher Schatz ist die zu großen Teilen erhalten gebliebene **Stadtmauer.** Zwar wurden im 19. Jh. zahlreiche **Tore** abgebrochen, doch blieben von den einst 51 noch 15 erhalten. So viele hat kaum eine andere deutsche Stadt. Entlang der Stadtmauer lädt die grüne **Promenade** zum Flanieren ein.

Der **Johannistorturm** ist der einzige erhaltene von fünf Tortürmen, er wurde 1380 erbaut und ist 42 m hoch. Über die Johannispromenade und die Augustuspromenade erreicht man den **Turm am Marsfeld** (1443, 26 m). Der **Liebenwahnsche Turm** (1442, 27 m) sicherte das gleichnamige, nicht mehr bestehende Tor. Anschließend sind das vierstöckige **Rondell** (1507–1583) zu sehen, der **Stumpfe Turm** (1440, 23 m) und die **Spitze Bastion** (1467). Es folgt eine der beeindruckendsten Befestigungsanlagen, die **Große Schale** (1436). Sie hat 8,5 m Durchmesser und lugt mit 12 Schießscharten ins Land. Nach dem Zwinger (1461) in der Louisenpromenade sichert die **Rechteckige Schale** (1442) nicht mehr die Stadt, aber einen Schulhof. Der Name des gut erhaltenen **Rabenturmes** (1442) deutet auf den nahen Galgen hin, stadtauswärts gibt es dann folgerichtig die Armesündergasse. Und schließlich wacht der **Schmale Heinrich** (1442, 32 m) im Norden der Stadt. Die Wetterfahne zeigt einen Kranich, der in seinen Krallen einen Stein trägt. Ein Symbol der Wachsamkeit: Schläft der Vogel ein, lässt er den Stein fallen und wird davon wieder wach.

Die **Mauer** zwischen den Türmen und Bastionen ist 8 m hoch und 1 m dick, aber die Zeit hat einige Lücken gerissen.

Route der Gärten und Parks

Nun endlich ins Grüne und ans Wasser. Einladende Parkanlagen umgeben die Altstadt. So lässt sich der Parkbummel gut mit der Besichtigung der Befestigungsanlagen verbinden, vom Markt aus sind es immer nur wenige Schritte. Zur Landesgartenschau 2010 wurden die historischen Parkanlagen neu gestaltet.

Den größten Park, die **Herrenbreite**, erleben Bahnreisende gleich zu Beginn des Stadtbesuchs, denn er erstreckt sich zwischen Bahnhof und Altstadt. Schon im 15. Jh. wurde das Gelände geebnet, es diente dann verschiedenen Zwecken, so als Exerzier- und Schießplatz und als Reitbahn, seit dem Bau des Bahnhofes 1865 als Park. Am Fontänenfeld erlebt man immer ein fröhliches Treiben. Es gibt Kinderspielplätze, einen Biergarten und Kunstinstallationen.

Der **Bestehornpark** schließt sich südlich an, er liegt auf dem Gelände der einstigen Fabriken Bestehorns. Exotisch ist es hier, wenn die japanischen Zierkirschen blühen. Am Rande des Parks hat die **Grafikstiftung Neo Rauch** ihren Sitz. Der in Aschersleben aufgewachsene, weltweit anerkannte Künstler überlässt der Stiftung von jedem seiner druckgrafischen Werke ein Exemplar, das hier ausgestellt wird. Für die Ausstellung wurde ein Industriebau des Stadtarchitekten *Hans Heckner* um einen modernen „Riegel" erweitert.

■ **Grafikstiftung Neo Rauch,** Wilhelmstraße 21–23, Tel. (03473) 9149344, www.grafikstiftung neorauch.de, Mi–So 11–17 Uhr, 3/2 €.

Der **Stadtpark** entstand auf einem ehemaligen Friedhof. Daran schließt sich das **Rosarium** aus den 1930er Jahren an. Künstlerisch und wissenschaftlich bemerkenswert ist der „**Aschersleber Globus**" des Berliner Bildhauers *Oliver Störmer,* der 2010 aufgestellt wurde. Er zeigt die „Potsdamer Kartoffel", wie die Darstellung der Ungleichgewichte im Schwerefeld der Erde bildkräftig bezeichnet wird. Die Bronzeplastik schafft eine Verbindung zur Wissenschafts- und Stadtgeschichte des 17. Jh. Damals schuf der Aschersleber Gelehrte *Adam Olearius* (1599–1671) den „Gottorfer Globus" zur Darstellung der Welt. Beide sind mit rund 3 m Höhe etwa gleich groß.

Reichlich Platz am Fluss bieten die **Eine-Terrassen.** Hier können sich die Kinder austoben, man lässt sich zum Sonnen nieder, geht ins Freibad oder genießt im Weindorf einen guten Schoppen.

Von der Burg der Askanier im Südwesten der heutigen Stadt überdauerte nur der Rest eines Wohnturmes, der nun dem Uhu des **Zoos** als Behausung dient. In dem hügeligen **Waldpark Alte Burg** leben auf 10 ha Jaguare, andere Großkatzen, Affenarten und weitere Exoten. 120 Tierarten sind hier zu Hause.

■ **Zoo Aschersleben,** Auf der Alten Burg 40, Tel. (03473) 3324, www.zoo-aschersleben.de, April bis Okt. tgl. 9–18 Uhr, Jan. bis März, Nov. tgl. 9–17 Uhr, Dez. tgl. 9–16.30 Uhr. Exoten und Einheimische im Waldpark. Begehbare Voliere, Streichelgehege, Sumpflandschaft für Jaguare, Zwergflamingokolonie. Anreise mit Linienbus 142.

Praktische Tipps

Anreise

- **Mit eigenem Fahrzeug:** A 14 (20 km), B 6, B 180, B 185.
- **Per Bahn:** Regionalexpress Halle – Goslar – Hannover sowie Regionalbahn Magdeburg – Aschersleben.

Information

- **Touristeninformation,** Hecknerstraße 6, Tel. (03473) 8409440, www.aschersleben-tourismus.de, Mo, Di, Do 10–18 Uhr, Mi, Fr 10–16 Uhr, Sa 10–13 Uhr, April bis Okt. Sa bis 15 Uhr, zudem auch So, Fe 10–15 Uhr.

Übernachtung

- **Hotel Stadt Aschersleben**②, Herrenbreite 17, Tel. (03473) 87260, www.hotel-stadt-aschersleben.com. Kleines Haus am Stadtpark Herrenbreite, Restaurant② Mo–Do 9–22 Uhr, Fr, Sa 10–15 Uhr, Schnellrestaurant Futterkiste① Mo–Fr 10–21 Uhr.

Essen und Trinken

- **Hotelrestaurants** siehe „Übernachtung".
- **MEIN TIPP:** Schwarze Küche im Grauen Hof②, Am Grauen Hof 1, Tel. (03473) 809079, www.grauerhof.de, Mo–Fr ab 18 Uhr (Mittagstisch im Bistro um 5 €, Mo–Fr 12–14 Uhr, täglich ein vegetarisches Gericht). Kunstquartier, Wein und Speisen zum Abend, vielfältige Veranstaltungen im mittelalterlichen Ambiente.
- **Weindorf auf den Eine-Terrassen**①, Mai bis Sept. Fr 17–20 Uhr, Sa, So 15–21 Uhr. Bei schönem Wetter. Informationen über Hotel Stadt Aschersleben (siehe „Übernachtung").

Hettstedt und Mansfeld

Beschauliche Städtchen in großer Geschichte sind die **Kupferbergbauorte** Mansfeld (9000 Einwohner) und Hettstedt (14.000 Einwohner). Die Stadtkerne sind vor allem Reiseziele für **kulturgeschichtlich interessierte Besucher.** Große und kleinere Kinder fahren mit der musealen **Bergwerksbahn** durch das Revier. Bequeme **Wanderwege** führen durch das Tal der Wipper, das bleibt ein Erlebnis auch für kleinere Füße, denn die **Wipperliese** kann einen Teil der Route übernehmen. Zwischen Hettstedt und Mansfeld liegen nur 7 km. Über die Harzhochstraße sind beide Städte mit den interessantesten Orten des Gebirges verbunden.

Stadtgeschichte

Die an einer Furt über die Wipper entstandene Siedlung **Hettstedt** wurde im Jahr 1046 erstmals urkundlich erwähnt. 1199 wurde dort **Kupfer** und **Silber** entdeckt. Bis Mitte des 16. Jh. erlebte die Stadt eine erste Blüte durch den Bergbau. Insbesondere die Einführung des Saigerverfahrens, mit dem Silber von Kupfer getrennt werden kann, eine Hochtechnologie der damaligen Zeit, verbesserte die Ausbeute und den Gewinn. Erst der Holzmangel im Harz und der Abfall des Silberpreises setzten dem um 1560 ein vorläufiges Ende. Nach dem Dreißigjährigen Krieg belebte sich der Bergbau wieder, da die Erfindung des Schwarzpulvers neue Technologien beim Anlegen tieferer Stollen ermöglichte. Ende des 18. Jh. wurden dann Dampfmaschinen eingesetzt. Hettstedt entwickelte sich zu einem bedeutenden Standort der **Schwerindustrie.**

Während der Märzkämpfe 1921 lag die Stadt im Zentrum des von der KPD und anderen ultralinken Kräften initiierten **Aufstandes im Mansfelder Land.** Schon die Weimarer Republik, besonders dann aber die DDR hielten den Kupferbergbau durch Subventionen am Leben. Hettstedt verzeichnet eine hohe **Arbeitslosigkeit** und **sinkende Einwohnerzahl.** Der Bergbau ist nur noch museal erlebbar.

Mansfeld erhielt 1410 die Stadtrechte. Seine Wirtschaftsgeschichte ist eng mit der von Hettstedt verbunden. **Martin Luther** verlebte in Mansfeld seine Kindheit, nachdem sich seine Eltern dort 1484 niedergelassen hatten. Sein Vater war als Hüttenmeister tätig. Somit ist Mansfeld mit der Geschichte der Reformation in Deutschland verbunden.

Stadtrundgänge

Mit dem Auto sind es nur 15 Min., mehrere Buslinien verbinden beide Städte; mit der Bahn reisend, steigt man in Klostermansfeld in die Wipperliese (Klostermansfeld – Mansfeld – Wippra) um. So lässt sich das Erlebnis der Bergbau- und Reformationsgeschichte in einer Tagestour miteinander verbinden.

Hettstedt

Ein **Denkmal** aus rötlichem Porphyr steht vor dem **Rathaus** (1913) und illustriert die Bergbaugeschichte der Stadt. Es wurde 1950 aufgestellt. An der dem Rathaus zugewandten Seite sind die legendären Bergleute *Nappian* und *Neuke* zu sehen, die um 1200 das Kupferschiefer entdeckt haben sollen. Markant sind die Türme der Stadtbefestigung. Das

›› Das Saigertor ist das Wahrzeichen Hettstedts

› Denkmal zur Bergbaugeschichte vor dem Rathaus in Hettstedt

Hettstedt und Mansfeld

Wahrzeichen der Stadt ist das **Saigertor** am Markt. Der Turm (33 m) wurde 1537 erbaut und erhielt nach einem Brand 1722 seine heutige Gestalt. An der Wipperbrücke zwischen Markt und Luisenplatz steht der **Brücktorturm**, in der Wilhelmstraße der Molmecker Torturm. Die Stadtmauer ist an einigen Stellen erhalten geblieben. Der **„Zuckerhut"** war ein Wachturm an der östlichen Stadtmauer. Seine pyramidenförmige Spitze gab ihm den Namen, gebräuchlich ist auch „Hexenturm". Doch in dem 1434 errichteten Bauwerk wurde erst im 18. Jh. ein Gefängnis eingerichtet, das bis in die 1930er Jahre seiner Bestimmung diente.

Nur der **Bergfried** blieb von der mittelalterlichen Burg Hettstedt. Er steht beim heutigen Busbahnhof, dessen Bau im Jahr 1968 der Rest der Ruine weichen musste. Der Turm ist 17 m hoch und 8 m im Durchmesser.

Hettstedts älteste Kirche ist **St. Gangolf** auf dem Kupferberg. Anfang des 13. Jh. wurde sie als Kapelle für die Bergleute errichtet. Am traditionsreichen Ort werden Orgel- und Chorkonzerte gegeben, der Tag des Bergmanns und Gartenfeste gefeiert.

Die spätgotische **Kirche St. Jakobi** wurde von 1418 bis 1517 erbaut. Als die Kirche nach fast 100 Jahren endlich fertiggestellt war, wurde in Hettstedt die Reformation eingeführt. Beim Wiederaufbau nach einem Brand 1706 erhielt sie ihre barocke Turmhaube. Die Kirche ist mit einer Renaissancekanzel und einem spätgotischen Altar ausgestattet. 1905 wurden die Fenster neu gestaltet.

Im **Barockschloss** (1721) erzählt das **Mansfeld-Museum** spannend und sehenswert von der Geschichte des Kupferbergbaus im Mansfelder Revier. Zu den Exponaten gehört der funktionsfähige Nachbau der ersten deutschen Dampfmaschine Wattscher Bauart von 1785. Technikfreunde und kulturinteressierte Besucher werden sich hier gern verlaufen. In der Umgebung des Museums kann man übrigens, am besten mit dem Rad, das Revier erkunden und mehrere **Kegelhalden** besuchen. Informationen über die **Bergbaupfade** gibt es im Museum.

■ **Mansfeld-Museum Hettstedt,** Schlossstraße 7, Tel. (03476) 200809, www.hettstedt.de, Mi–So 10–16 Uhr.

Den stilvollen Abschluss des Sehenswerten bietet – wenn es der Fahrplan gerade zulässt – eine Runde mit der **Mansfelder Bergwerksbahn.** Sie wurde 1880 in Betrieb genommen, zwei Jahre darauf auch

Hettstedt und Mansfeld

Mansfeld

Die Erinnerungsstätten des berühmtesten Mansfelders stehen nah beieinander. In **Martin Luthers Elternhaus** – ganz sicher ist die Quellenlage ja nicht, aber wahrscheinlich war es dieses – sowie in einem modernen Museumsbau wurde im Juni 2014 eine Dauerausstellung eingerichtet: "Ich bin ein Mansfeldisch Kind". Sie erzählt vom Alltag der Familie in der Stadt und zeigt dazu archäologische Fundstücke aus der Umgebung des Wohnhauses, das für die Ausstellung denkmalgerecht saniert wurde.

■ **Luthers Elternhaus,** Lutherstraße 26/29, Tel. (034782) 9193810, www.martinluther.de, April bis Okt. tgl. 10–18 Uhr, Nov. bis März Di–So 10–17 Uhr, 4/2,50 €, Kombiticket "Mansfelder Land" für 8 € gilt auch im Geburts- und Sterbehaus in Lutherstadt Eisleben.

In **Luthers Schule** ist die Stadtinformation eingerichtet. Auf dem Lutherplatz steht der **Lutherbrunnen** (1913, *Paul Juckoff*), der vom drachentötenden heiligen Georg, dem Schutzpatron der Stadt, bekrönt wird. Medaillons zeigen Bildnisse (nach *Cranach*) der Eltern *Luthers*, Reliefs illustrieren Lebensstationen des Reformators.

Inmitten der Altstadt steht die aus einem romanischen Bau hervorgegangene spätgotische **Kirche St. Georgi.** Als *Martin Luther* Kind war, wurde die einschiffige Hallenkirche gerade erbaut, von 1497 bis 1518. Der spätgotische Hauptaltar zeigt die Kreuzigung Christi, weitere Altäre die Geburt Christi und die Marienkrönung. Größtes Interesse findet aber ein Bildnis aus dem 16. Jh., das

für den Personentransport. Als Museumsbahn dampft oder dieselt sie an Sonnabenden zwischen Mai und Oktober auf historischer Strecke zwischen Klostermansfeld und Hettstedt.

■ **Mansfelder Bergwerksbahn,** Tel. (034772) 27640, www.bergwerksbahn.de. Mit Diesellok Nr. 35, jeden ersten Sa im Monat mit Dampflok Nr. 20. April bis Okt. Sa 15 Uhr ab Benndorf (Klostermannsfeld) – an 15.40 Uhr Hettstedt Kupferkammerhütte, Rückfahrt 15.55–16.35 (Fahrzeiten 2014). Unterwegs sechs Haltestellen (Halt in Paradies nur auf Verlangen!). Hin- und Rückfahrt 12/6 €.

Der Lutherbrunnen in Mansfeld

einzige zeitgenössische Ganzporträt *Luthers*. Die Emporen zeigen auf 49 bemalten Holztafeln aus dem 17. Jh. das Leben Christi.

Bei Novalis auf Oberwiederstedt

Nordöstlich von Hettstedt liegt am Harzrand das **Schloss Oberwiederstedt.** Hier wurde am 2. Mai 1772 **Friedrich Freiherr von Hardenberg** geboren. Unter dem Namen **Novalis** gilt er als einer der geistigen Wegbereiter der Romantik (siehe Exkurs „Der Harz in der Literatur"). Das Schloss ist Forschungsstätte und Sitz der Novalis-Gesellschaft. Ein **Museum** widmet sich dem großen Werk und kurzen Leben des Dichters. Als Reminiszenz an die von *Novalis* beschriebene „Blaue Blume" als Symbol der Romantik gedeiht ein Blauer Garten, in dem zwischen März und Oktober mehr als 60 verschiedene blaue Blumenarten blühen, es gibt einen Märchenrosengarten und eine junge Lindenallee. Das Literaturmuseum bietet Konzerte, Kinder- und Seniorenprogramme.

MEIN TIPP: Novalis-Museum, Forschungsstelle für Frühromantik, Schäfergasse 6, www.novalis-stiftung.de, Di–So 10–16 Uhr, 3/1,50 €.

Geburtsstätte des Dichters
Novalis: Schloss Oberwiederstedt

Im Tal der Wipper

Am Auerberg bei Stolberg liegen ihre Quellen. Um das Dorf Wippra fließt die Wipper, ein Nebenfluss der Saale, durch ein beschauliches Waldgebiet, das zu einer Wanderung einlädt. Von Mansfeld aus ist das Wippertal am besten mit der **Wipperliese** zu erreichen. So wird die hier seit 1920 verkehrende Nebenbahn genannt. Inzwischen fährt sie nur noch an den Wochenenden und Feiertagen zwischen April und Oktober. Betreiber ist der Verein „Mansfelder Bergwerksbahn". Auf ihrem bergigen Weg von rund 20 km ist sie nicht zu schnell unterwegs, sodass man als Fahrgast am Fenster die Natur genießen kann. Die grünen Berge erreichen hier zwischen 350 und 500 Höhenmeter.

- **Wipperliese Saisonbahn,** Klostermansfeld-Wippra, zwischen Karfreitag und 31. Oktober, Fahrplan und Preise unter www.wipperliese.de.

In **Klostermansfeld** ist an der Straße der Romanik die Kirche des Benediktinerklosters (1040) sehenswert. Nah am Gleis liegt der **Vatteröder Teich,** dort kann man baden und wandern. Das Dorf **Wippra** gibt es schon seit über 1000 Jahren. In der Marienkirche mit Fachwerkturm aus dem 18. Jh. steht ein Marienaltar aus der Hildesheimer Schule von 1480. Bier gibt's hier auch, das „Original Wippraer Bier" aus der **Museumsbrauerei.**

- **Museumsbrauerei Wippra,** Böttchenbachstraße 1, Tel. (034775) 21313, www.wippra-bier.de. Einmalige, produzierende Brauereianlage vom Anfang des 20. Jh., Führungen nach Anmeldung, tgl. Flaschenbierverkauf.

Eine Wegstunde hinter dem Ort liegt im dichten Wald die **Wippertalsperre.** Sie wurde 1951/52 angelegt, vor allem zum Hochwasserschutz. Um den Stausee führt ein Rundweg (grün), von dem aus man immer mal wieder Abstecher an das Ufer unternehmen oder eine herrliche Aussicht genießen kann. In Wippra startet und endet der **Harzer Naturistenstieg,** der erste **Nacktwanderweg** Deutschlands. Der Rundweg (13,5 km) ist ausgeschildert.

Praktische Tipps

Anreise

- **Mit eigenem Fahrzeug:** B 86, B 180, B 242 (Harzhochstraße).
- **Per Bahn:** Regionalexpress Magdeburg – Hettstedt – Erfurt; Saisonbahn Klostermansfeld – Mansfeld – Wippra (Wipperliese, Fahrzeit für die Gesamtstrecke 27 Min.).

Information

- **Stadtinformation Hettstedt,** Markt 1–3, Tel. (03476) 812192, www.hettstedt.de, Di 8.30–18 Uhr, Mi, Fr 8.30–13 Uhr, Do 8.30–16 Uhr.
- **Stadtinformation Mansfeld,** Junghuhnstraße 2, Tel. (034782) 90342, www.mansfeld.eu, Mo–Fr 9–12 Uhr und 13–15.30 Uhr.

▷ Blaue Bummelbahn: die Wipperliese

Übernachtung, Essen und Trinken

■ **Hotel Rammelburgblick**②, Klaußstraße (Bundesstraße 242), Tel. (034775) 7530, www.rammelburg-blick.de, tgl. ab 8 Uhr. Beliebte Ausflugsgaststätte an der Harzhochstraße, 12 km östlich von Mansfeld. Terrasse mit Aussicht auf die Burg, Kinderspielplatz, Busparkplätze, Kiosk.

■ **Pension Planteurhaus**②, Hettstedt-Walbeck, Zum Planteurhaus 1, Tel. (03476) 550202, www.planteurhaus.de. Pension in einem klassizistischen Haus im Wald und am Teich. Yoga-Urlaub, ganzheitliche Seminare, Pilgerherberge am berühmten Jakobsweg.

■ **Pension Alter König**①, Molmeck bei Hettstedt, Tel. (03476) 800892, www.alter-koenig.de. Helle, große Zimmer im historischen Gasthof, rustikales Restaurant, Biergarten an der Stadtmauer. 15 Min. Fußweg ins Stadtzentrum.

■ **Pension Schlossblick**①, Mansfeld, Junghuhnstraße 4, Tel. (0162) 4151634, www.mansfeld-pension.de. Denkmalgeschütztes Haus am Schloss, komfortable Zimmer mit Balkon.

■ **Pension Bäckerei Schulz**①, Hettstedt, Bahnhofstraße 37, Tel. (03476) 813163, www.baeckerei-schulz-hettstedt.de. Einfache, bequeme Unterkunft im Stadtzentrum. Einzel- und Doppelzimmer. Straßencafé.

■ **Feriendorf am Vatteröder Teich**①, Vatterode, Neue Straße 11, Tel. (034782) 872855, www.feriendorf-vatterode.de. Idyllisch am Waldteich gelegene Ferienhaussiedlung, kinder- und familienfreundlich, für vier Pers. 55–70 €. 4 km von Mansfeld entfernt.

Tierpark

■ **Tierpark Walbeck,** Unterdorf 1, www.tierpark-walbeck.npage.de, April bis Okt. tgl. 9–19 Uhr, Nov. bis März tgl. 9–15.30 Uhr. Einheimische Tiere, viele Angebote für Kinder, Imbisskiosk.

Lutherstadt Eisleben

In seiner Geburts- und Sterbestadt ist *Martin Luther* (1483–1546) allgegenwärtig. 2017 jährt sich zum 500. Mal die Geburtsstunde der Reformation. Die Lutherstadt Eisleben (24.500 Einwohner) mit ihren Baudenkmalen aus der Gotik und Renaissance und den originalen Lutherstätten, die zum Weltkulturerbe gehören, ist ein Reiseziel für geschichts- und kunstinteressierte Besucher aus aller Welt. Bei der Anreise fallen die Pyramiden des Kupferschieferbergbaus auf, der im Herzen des Mansfelder Landes über sieben Jahrhunderte den Alltag prägte.

Stadtgeschichte

Die Stadt ist eine von über 100 in der Gegend zwischen Elbe, Saale und Thüringer Wald, deren Name auf „-leben" endet und somit anzeigt, dass sie in der Zeit der Völkerwanderungen im 3. bis 5. Jh. gegründet wurden und das Erbe des jeweils in der ersten Silbe genannten Grundherren darstellten. Eisleben wird erstmals im Jahr 994 in einer Urkunde genannt, da verfügte es schon über die Marktprivilegien. Der Ort lag zu Füßen einer königlichen Wasserburg und an der Kreuzung zweier Handelsstraßen.

Im 11. Jh. residierte **Hermann von Luxemburg** in der Eisleber Wasserburg, er war durch die sächsischen Fürsten als Gegenkönig zu *Heinrich IV.* aufgestellt worden, was dieser sich freilich nicht bieten ließ. Schließlich scheiterte *Hermann* mit der Durchsetzung seines Thronanspruchs. Er verließ 1084 die Stadt, der Überlieferung nach quer durch die vor der Burg wuchernden Knoblauchfelder, was ihm den Spitznamen „Knoblauchkönig" eintrug. Als solcher ist er an der Nordwand des Rathau-

Östliches Harzvorland Süd

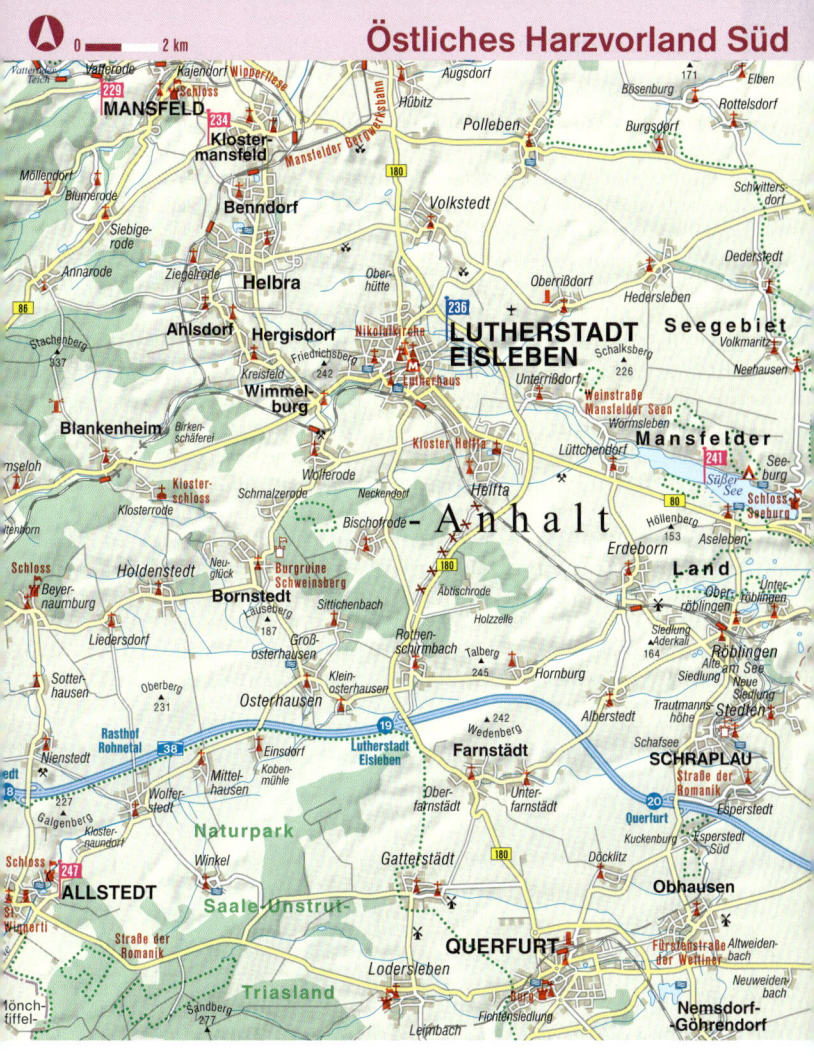

ses in Sandstein und in den Prospekten der Stadt als Abbildung zum Maskottchen aufgestiegen.

Erstmals als Stadt wird Eisleben in einer Urkunde von 1180 erwähnt. Ab 1200 begann man, bei Hettstedt Kupfererzvorkommen zu erschließen. Über sieben Jahrhunderte wird der **Bergbau** die Entwicklung und das Gesicht der Stadt prägen. 1342 wurde schon zum fünften Mal die Stadtmauer erweitert und somit das Zisterzienserinnenkloster St. Maria in das Stadtgebiet einbezogen. Das Kloster wurde in den Bauernkriegen zerstört

Lutherstadt Eisleben

und im Zuge der Reformation im Jahr 1546 aufgelöst.

In der Zeit der **Renaissance** erlebte die Stadt eine neue Blüte, die mit dem großen Stadtbrand von 1601 abbrach. 1653 gab es einen weiteren Stadtbrand, 1681 griff die Pest um sich. Die Liberalisierung des Bergbaus durch kurfürstlichen Erlass 1671 belebte die Wirtschaft erneut, es gründeten sich Bergbaugesellschaften. 1798 wurde in Eisleben eine Bergschule gegründet.

Napoleon gliederte die Stadt in sein **Königreich Westphalen** ein, nach 1813 geriet sie an die **Preußen.** Die **Industrialisierung** im 19. Jh. prägte das Mansfelder Bergbaurevier, bis in die Stadt hinein reichten die Schächte. Infolge von Erdabsenkungen mussten Häuser abgerissen werden. Anfang des 20. Jh. hatte Eisleben 25.000 Einwohner. 1921 lag die Stadt im Zentrum der **Märzkämpfe** in Mitteldeutschland, einem von extrem linken politischen Kräften initiierten Arbeiteraufstand im Hallenser und Mansfelder Revier.

Der **Zweite Weltkrieg** endete für Eisleben am 13. April 1945 mit der kampflosen Übergabe der Stadt an die amerikanischen Alliierten. Bis zum 23. Mai 1945 betrieb die Besatzungsarmee am Stadtrand ein Kriegsgefangenenlager mit bis zu 90.000 Inhaftierten, das durch seine unmenschlichen Zustände berüchtigt war. Am 2. Juli übernahm die sowjetische Armee die Stadt. 1946 erhielt Eisleben im Gedenken an den 400. Todestag *Martin Luthers* den **Beinamen „Lutherstadt".** 1969 endete der Bergbau im Mansfelder Revier. Seit 1997 gehören die beiden Lutherhäuser zum **UNESCO-Weltkulturerbe.**

Sehenswertes

Am langgestreckten **Markt** und in den umliegenden Gassen sind alle sehenswerten Orte mit wenigen Schritten erreichbar, Wegweiser erleichtern die Orientierung. Wer mit der Bahn anreist, läuft bergab am Rande des Stadtparks auf der Bahnhofstraße bis zur **Bösen Sieben,** dem aus sieben Quellen gespeisten Flüsschen, dem man zumeist gar nicht ansieht, dass es böse werden, sprich verheerende Hochwasser führen kann. Am Flussufer erreicht man den Petrikirchplatz (vom Bahnhof 15 Min.). In der dreischiffigen, spätgotischen **Hallenkirche St. Petri Pauli** (1447–1513) wurde *Martin Luther* am 11. November 1483 getauft.

Bis zu Luthers Geburtshaus in der Langen Gasse (Lutherstraße 16) sind es 2 Min. Fußweg. Hier lebte der Bergmann *Hans Luther* mit seiner Frau *Margarethe*, die am 10. November 1483 ihren Sohn *Martin* zur Welt brachte. Die junge Familie zog ein paar Monate später ins nahe Mansfeld um. Bereits 1693 wurde in dem nach einem Stadtbrand 1689 wieder aufgebauten Geburtshaus ein Museum eingerichtet. Saniert und einfühlsam mit moderner Architektur erweitert, öffnete das Museum 2007 erneut. Die Ausstellung folgt *Luthers* Kindheit und Jugend bis zum Eintritt in das Erfurter Augustinerkloster 1505. Zu sehen sind rund 250 Exponate, darunter ein Taufstein von 1518, die um 1290 entstandenen Konsolsteine mit der Darstellung der beiden legendären ersten Bergmänner des Mansfelder Landes sowie die nachempfundene Wohnung der Familie Luther.

■ **Geburtshaus von Martin Luther,** Lutherstraße 15, Tel. (03475) 602124, www.martinluther.de, April bis Okt. tgl. 10–18 Uhr, Nov. bis März Di–So 10–17 Uhr, 4/2,50 €.

Über die Lutherstraße und Badergasse gelangt man zum Markt, dessen Bild vom ernsten **Standbild** des Reformators (1883 von *Hans Siemering*, einem Schüler von *Christian Daniel Rauch*) vor dem

▷ Das Kielbogenportal des Eisfelder Rathauses

◁ Der Markt von Eisleben

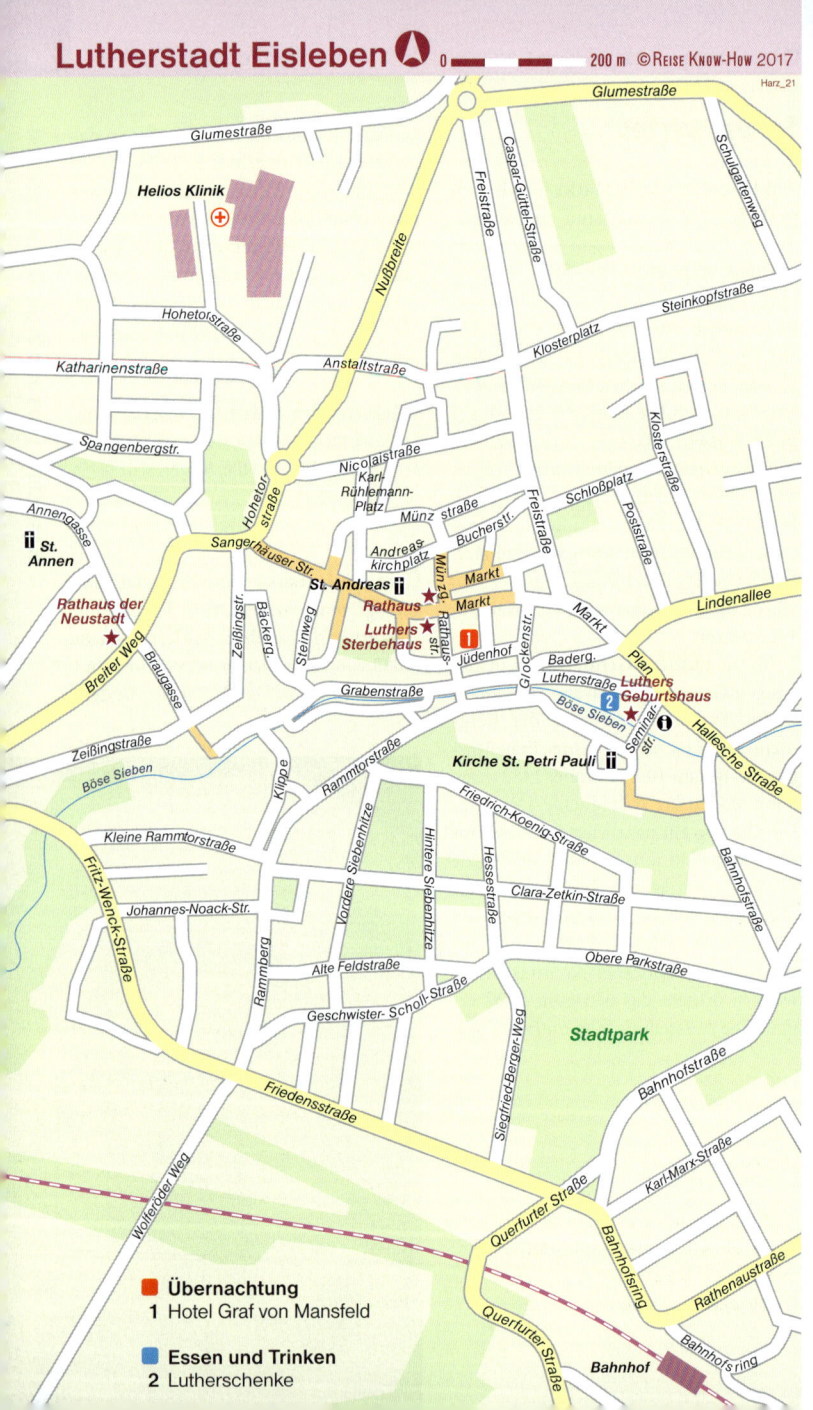

spätgotischen **Rathaus** (1519–1530) und der **Kirche St. Andreas** (1498) geprägt wird. Am Rathaus gibt es viele architektonische Details zu entdecken, so das aufwendige Kielbogenportal aus Sandstein (1516) an der Nordseite unter der Freitreppe.

Die von drei mächtigen Türmen überragte Andreaskirche enthält an der Westfassade noch romanische Elemente, ebenso unter der Orgelempore. Besonders wertvoll ist der spätgotische Flügelaltar (1520) mit der Darstellung der Marienkrönung. *Luther* hielt in dieser Kirche mehrere Predigten, die letzte zwei Tage vor seinem Tod.

Am 28. Januar 1546 war *Luther* in seine Geburtsstadt zurückgekehrt, um einen Erbstreit des Landesherren zu schlichten. Er verstarb in der Nacht zum 18. Februar im Alter von 62 Jahren in dem Haus Markt 56 (Hotel Graf von Mansfeld). Irrtümlich wurde jedoch eine Notiz in der Mansfelder Chronik über den Sterbeort auf ein anderes Haus bezogen, und so gilt nun seit Mitte des 18. Jh. Andreaskirchplatz 7 als **Luthers Sterbehaus.** Neben dem historischen Bauwerk aus der Lutherzeit wurde im Jahr 2012 ein moderner Anbau eröffnet. Das seit dem 19. Jh. bestehende Museum konnte somit erweitert werden. Zu sehen sind *Luthers* Totenmaske, die Einrichtung des Sterbehauses und weitere Exponate zur Sterbekultur in der damaligen Zeit.

■ **Sterbehaus von Martin Luther,** Andreaskirchplatz 7, Tel. (03475) 602124, www.martinluther.de, April bis Okt. tgl. 10–18 Uhr, Nov. bis März Di–So 10–17 Uhr, 4/2,50 €. Gedenkort an den Tod *Luthers* sowie Ausstellung zu seinem Leben, Werk und Wirken im Mansfelder Land.

Im Westen der Stadt liegt die im Jahr 1511 als Bergmannssiedlung gegründete **Neustadt.** Sie hatte einen eigenen Rat. Das **Rathaus Neustadt** (Ecke Breiter Weg/Annengasse, 8 Min. vom Markt) wurde 1589 im Renaissancestil fertiggestellt, ab dem 19. Jh. wurde es vor allem als Gerichtsgebäude genutzt. Als Bergmannskirche wurde im Jahre 1516 die auf einer Anhöhe errichtete **Kirche St. Annen** geweiht. Damals schloss sich das kurz zuvor gestiftete Augustinerkloster an, das aber im Jahr 1523 wieder aufgelöst wurde. St. Annen gilt als eine der schönsten Renaissancekirchen Deutschlands. Ohnegleichen ist die **Eisleber Steinbilder-Bibel** mit Szenen aus dem Alten Testament, die 1585 vom Bildhauer *Hans Thon Uttendrup* aus Münster geschaffen wurde. Sie besteht aus 29 Sandsteinreliefstafeln in der Brüstung des Chorgestühls. Der gotische Schnitzaltar datiert auf 1510/15, aus dieser Zeit sind die sechs Farbfenster, die Taufe aus dem Jahr 1622. Auf der Kassettendecke ist die Dreieinigkeit Gottes dargestellt, umgeben von den 12 Jüngern.

Das Schloss am Süßen See

Zur Erholung lädt der 12 km östlich der Stadt gelegene Süße See ein, das „Blaue Auge des Mansfelder Landes". Er entstand als Teil der Mansfelder Mulde aus unterirdischen, wasserlöslichen Salzlagern. Vom **Salzigen See** verblieben infolge des Kupferbergbaus bereits im 19. Jh. nur Pfützen. Der 250 ha große und bis zu 12 m tiefe Süße See bietet am östlichen und nordöstlichen Ufer Badestellen sowie Strandgaststätte und Campingplatz.

Schloss Seeburg am Ostufer (Bahnstation Röblingen am See, 5 km) liegt romantisch auf einer Halbinsel. Als Volks- und Fluchtburg wird sie im Jahr 743 in den Metzer Annalen des Fränkischen Reiches erwähnt. Ab dem 11. Jh. war sie Adelssitz, aus dieser Zeit sind romanische Elemente erhalten geblieben. Im 15. Jh. wurde die Burg zum Schloss umgebaut, nun ist sie Weingut, Standesamt, Schlosscafé und Sanierungsbaustelle. Rund um den See führen markierte Wander- und Radwege durch den Wald.

Praktische Tipps

Anreise

■ **Mit eigenem Fahrzeug:** A 38 (Südharzautobahn), Anschluss Eisleben, B 80, B 180.
■ **Per Bahn:** Regionalexpress Halle – Nordhausen – Kassel, Regionalbahn Halle – Lutherstadt Eisleben.

Information

■ **Touristeninformation,** Hallesche Straße 4, Tel. (03475) 602124, www.eisleben-tourist.de, Mo, Mi, Do Fr 10–17 Uhr, Di 10–18 Uhr, Sa 10–13 Uhr.

△ Luthers Geburtshaus

Übernachtung

1 Hotel Graf von Mansfeld③, Markt 56, Tel. (03475) 66300, www.hotel-eisleben.de, tgl. 17–23 Uhr. 500 Jahre altes Stadtschloss, aufwendig individuell eingerichtete Zimmer.

Essen und Trinken

2 Lutherschenke①, Lutherstraße 19, Tel. (03475) 614775, www.lutherschenke-eisleben.de, Mo–Fr 11–15 und 18–22 Uhr, Sa 11–22 Uhr, So 11–17 Uhr. Gemütliches Lokal gleich beim Geburtshaus des kulinarischen Genüssen nicht abgeneigten Reformators, böhmische Küche, böhmisches Bier, Biergarten.

Sangerhausen

Von den Gassen und Plätzen der denkmalgeschützten Altstadt von Sangerhausen öffnet sich der Blick immer wieder hinüber zur gewaltigen Abraumhalde des Kupferbergbaus. Bereits vor über 1000 Jahren wurde hier Bergbau betrieben. Ein weithin sichtbares Wahrzeichen der Stadt ist die **Abraumhalde Hohe Linde** im Norden. Sie wurde von 1956 an aufgeschüttet. 15 Mio. t Gestein bilden eine Pyramide von 145 m Höhe (zum Vergleich: Die Cheops-Pyramide in Ägypten ist 138,70 m hoch). Zweimal im Jahr, im Mai und im August, können Besucher hinaufsteigen, begleitet von Bergleuten und Bergmannskapellen, und einen fantastischen Blick über Stadt und Land erleben (3 km nördlich vom Bahnhof, etwa 30 Min. Fußweg).

Fast 300 m in die Tiefe führt die Besichtigung des **Schaubergwerkes Röhrigschacht** im Ortsteil Wettelrode (5,5 km nördlich vom Bahnhof). Die Grubenbahn fährt 1000 m weit in das Abbaufeld aus dem 19. Jh. Ein authentisches Bild des Kupferbergbaus, der hier über 800 Jahre lang betrieben wurde, vermitteln über Tage die Schachtförderanlage, Bohr- und Ladegeräte, Geräte und Maschinen der Wetterführung und Wasserhaltung als Exponate des Bergbaumuseums.

■ **Schaubergwerk und Bergbaumuseum Röhrigschacht,** Lehde, Tel. (03464) 587816, www.roehrigschacht.de, Mai, Sept. Mi–So 9.30–17 Uhr, Juni bis Aug. Di–So 9.30–17 Uhr, Seilfahrtszeiten 10, 11.15, 12.30, 13.45, 15 Uhr, 10/5 € (unter Tage), 2,50/1,50 € (über Tage).

Stadtgeschichte

Die kleine Stadt in der Goldenen Aue zwischen Südharz und Kyffhäuser (30.000 Einwohner) entstand im 6. Jh. als fränkische Gründung, aber die fruchtbare Gegend war schon in der Jungsteinzeit besiedelt. Der **Name** „Sangerhausen" erzählt, dass die Siedler den Wald durch Absengen rodeten, er wird erstmals im Urkundenverzeichnis des Klosters Fulda um 800 erwähnt und 991 durch Kaiser *Otto III.* beurkundet. Das Stadtrecht ist seit 1204 belegt. Die heutige Altstadt entstand vor allem im 15. bis 18. Jh. und blieb in weiten Teilen als geschlossenes Ensemble erhalten.

Sehenswertes

Ein Rundgang durch die Altstadt beginnt am besten am Bahnhof, dort gibt es mehrere Parkplätze. Das denkmalgeschützte **Bahnhofsgebäude** wurde 1963 errichtet. Gleich beim Bahnhof (Wegweiser) bekommt ein Mammut zahlreiche Besucher. Im **Spengler-Museum** steht das Skelett eines Steppenelefanten (oder Altmammuts) aus der Elsterkaltzeit, das 1930–1932 von dem Sangerhäusener Natur- und Heimatforscher *Gustav Adolf Spengler* (1869–1961) in Edersleben, südlich von Sangerhausen, ausgegraben wurde. Rund um diese Attraktion ist eine spannende Ausstellung zur Naturkunde, Ur- und Frühgeschichte sowie zur Stadtgeschichte zu erleben.

■ **Spengler-Museum,** Bahnhofstraße 33, Tel. (03464) 573048, www.spenglermuseum.de, Di–So 13–17 Uhr, 2/1 €. Geologie, Naturkunde vom Südharz bis zum Kyffhäuser, Einar-Schleef-Zentrum.

Am Markt

An der gotischen Marienkirche vorbei, geht es auf der Bahnhofstraße über das Flüsschen Gonna hinweg und weiter auf der Göpenstraße zum Kornmarkt und Markt. Das **Rathaus** wurde 1431–1437 erbaut und 1604 erweitert. An der östlichen Giebelwand führt eine Freitreppe in das Renaissancegebäude. Westlich des Rathauses steht die 1457–1542 erbaute **Jacobikirche.** Der von einem barocken Helm gekrönte Kirchturm weist eine deutliche Neigung nach Westen auf („der schiefe Jacob"). In dem reich ausgestatteten Sakralbau sind das Netzgewölbe des Chores, der Flügelaltar (14. Jh.) sowie das eichene Chorgestühl und der bronzene Taufkessel (16. Jh.) besonders sehenswert.

■ **Jacobikirche,** Mai bis Okt. Mo–Sa 10–12 und 14–16 Uhr, So 14–16 Uhr (im Sommer Konzerte und Ausstellungen).

Die Kylische Straße mit einigen Metern Stadtmauer und der Harz – so heißt hier eine der Altstadtgassen – laden nun zum Bummeln ein. Als imposantes Renaissancebauwerk steht am Markt das **Neue Schloss.** Es wurde 1616–1622 erbaut und war 1711–1736 Nebenresidenz des Herzogs *Carl Christian von Sachsen-Weißenfels*. Jetzt ist es Sitz des Amtsgerichts. Das **Alte Schloss** am Alten Markt entstand im 13. Jh. auf dem höchsten Gelände der Stadt. Von den Türmen ist der „Hexenturm" erhalten geblieben. Aus offenen Fenstern der Räume, die dem Landsknecht, als Zeughaus oder Gefängnis dienten, erklingt Musik; die Kreismusikschule ist hier zu Hause. Die Außenanlagen des Schlosses bieten das passende Ambiente für Konzerte und Aufführungen.

Trillerei und Ulrichkirche

Vom Alten Markt lohnt sich eine Runde durch die Rittergasse und die Trillerei. Dieses Viertel entstand zwischen 11. und 14. Jh. Die dreischiffige romanische **Ulrichkirche** ist das **älteste Bauwerk von Sangerhausen.** Sie wurde 1116–1123 errichtet, im Auftrag von Mönchen des Klosters Reinhardsbrunn (Thüringen). Als singulär unter den romanischen Bauwerken im Osten Deutschlands gilt

der aus fünf Apsiden gebildete östliche Abschluss des Kirchenbaus. Die Bauweise wird der Hirsauer Klosterbauschule zugeordnet. Markant im Sangerhauser Stadtbild ist der Vierungsturm aus dem 15. Jh. Die Ulrichkirche ist eine der Stationen auf der Straße der Romanik in Sachsen-Anhalt.

■ **Ulrichkirche,** Tel. (0160) 91654017, Mai bis Okt. Mo–Sa 10–12 und 14–16 Uhr, So 14–16 Uhr, Nov. bis April (nur nach telefonischer Anmeldung) Mo–Fr 10–16 Uhr.

Rosengarten

Den Abschluss des kleinen Rundgangs durch ein Jahrtausend Kulturgeschichte bildet ein Ausflug in die Jahreszeiten der Natur. Im Osten der Stadt erblüht der **größte Rosengarten Europas** (vom Markt 15 Min. Fußweg). Das Rosarium entstand auf Betreiben des Vereins Deutscher Rosenfreunde ab 1903 im damaligen Stadtpark. Auf 12,5 ha gedeihen 8300 Rosensorten und 350 seltene Gehölze. Die duftende Saison beginnt im Mai mit der Blüte von 500 Wildrosenarten, geöffnet ist der Park aber ganzjährig. Es gibt einen Laden für die Gartenträume daheim, ein Restaurant und ein Informationszentrum.

■ **Europa-Rosarium,** Steinberger Weg 3, Tel. (03464) 572522, www.europa-rosarium.de, April, Okt. tgl. 10–18 Uhr, Mai, Sept. tgl. 8–19 Uhr, Juni bis Aug. tgl. 8–20 Uhr, 2,50–10 €/1,50–5 €. Weltgrößte Rosensammlung, die Entwicklungsgeschichte der Rose von Wildrosenarten bis zu modernen Rosensorten.

Am Markt

Sangerhausen

Ausflug nach Allstedt

Nur 12 km südöstlich von Sangerhausen liegt das Städtchen Allstedt (8000 Einwohner), ungefähr doppelt so weit ist es dann von dort ins mitteldeutsche Weinbaugebiet Saale-Unstrut. In der Schlosskapelle von Allstedt hielt *Thomas Müntzer* 1524 seine berühmte „Fürstenpredigt" zur Unterstützung der Reformation und gegen soziale Missstände. *Goethe* schrieb auf dem Schloss an seiner „Iphigenie". **Burg Allstedt** ist aus einer romanischen Pfalz unter *Otto II.* hervorgegangen. Im Barock wurde sie zum Schloss umgebaut. Die sehenswerte Anlage gehört zur **Straße der Romanik** und beherbergt ein Geschichtsmuseum und ein Café, sie ist das kulturelle Zentrum der Stadt. Beim Stadtbummel verweilt man gern vor dem Rathaus mit gotischem Treppengiebel, am Torso der romanischen **Wigpertikirche,** in der *Müntzer* predigte, und an der rekonstruierten Stadtmühle, die zum Besichtigen und als Ferienwohnung einlädt.

Praktische Tipps

Anreise

● **Mit eigenem Fahrzeug:** A 38 (Südharzautobahn), A 71, B 80.
● **Per Bahn:** Regionalexpress Halle/Saale – Kassel, Magdeburg – Sangerhausen – Erfurt.

Information

● **Touristeninformation,** Markt 18, Tel. (03464) 19433, www.sangerhausen-tourist.de, Mai bis Sept. Mo–Fr 9–18 Uhr, Sa, Fe 10–14 Uhr, Juni/Juli auch So 10–14 Uhr, Okt. bis April Mo–Fr 10–17 Uhr, Sa 10–14 Uhr.

Übernachtung

❸ **Hotel Katharina**②, Riestedter Straße 18, Tel. (03464) 24290, www.hotelkatharina.de. Modernes Haus in der Altstadt. Zimmer mit Balkon zum Hof.
❹ **Rosen-Hotel**②, Juri-Gagarin-Straße 31, Tel. (03464) 544644, www.rosenhotel.net. Modernes Haus am Stadtrand von Sangerhausen.
❺ **Stadtmühle Allstedt**①, Allstedt, Stadtmühle 1, Tel. (034652) 12399, www.stadtmuehle-allstedt.de. Drei Ferienwohnungen in einer 300 Jahre alten, funktionsfähigen Wassermühle. Mühlenfeste am Mühlentag (Pfingstmontag) und Tag des offenen Denkmals. Das Städtchen an der thüringischen Landesgrenze liegt 12 km von Sangerhausen entfernt.

Essen und Trinken

❶ **Bergmannsklause im Bergbaumuseum Röhrigschacht**①, Wettelrode, Lehde, Tel. (03464) 5447266, www.roehrigschacht.de, Di–Do, So 10–17 Uhr, Fr, Sa 10–21 Uhr. Bergmannstypisch deftig.
❷ **Zur Schwarzen Rose**①, Rosarium, Am Rosengarten 2a, Tel. (03464) 589810, www.rosariumkulinarisch.de, Juni bis Aug. tgl. 10–20 Uhr, Mai, Sept. tgl. 10–19 Uhr, April, Okt. tgl. 10–18 Uhr, Nov. bis Anfang April Di–So 10–17 Uhr. Modernes, geräumiges Restaurant am Rosengarten. Übersichtliches, schmackhaftes Speisenangebot.

Weitere Museen

● **Spengler-Haus,** Hospitalstraße 56, Tel. (03464) 573048, www.spenglermuseum.de, So 13–17 Uhr, 2/1 €. Original eingerichtetes Wohnhaus des Tischlermeisters, Natur- und Heimatforschers *Gustav Adolf Spengler*.

- Bad Frankenhausen | 266
- Bad Lauterberg | 275
- Bad Sachsa | 273
- Barbarossahöhle | 266
- Einhornhöhle | 279
- Harzer-Hexen-Stieg | 287
- Herzberg | 278
- Hohegeiß | 274
- Kyffhäuser | 265
- Nordhausen | 258
- Osterode | 282
- Scharzfels | 279
- Sösetalsperre | 287
- Steinkirche | 281
- Stolberg | 253
- Tilleda | 266
- Walkenried, Kloster | 270
- Wieda | 274
- Zorge | 274

7 Südharz, Kyffhäuser

Die Goldenen Aue, eine fruchtbare Ebene zwischen Sangerhausen und Nordhausen, wird südlich vom Kyffhäuser begrenzt, einem Gebirgszug mit reicher Geschichte. Die Fachwerkperlen Stolberg und Osterode, das stolze Nordhausen, geheimnisvolle Klosterruinen in Walkenried, die Kurorte Bad Sachsa und Bad Lauterberg und eine der bedeutendsten Gipskarstlandschaften Europas zeichnen das liebliche Bild des Südharzes.

◁ Das monumentale Kyffhäuserdenkmal

Südharz und Kyffhäuser Ost

SÜDHARZ UND KYFFHÄUSER

Gebirge aus Gips: Weiß schimmernde Felsen und Kegel, unzählige Höhlen, Senken, Quellen, üppige Wiesen und dichte Wälder zeichnen die **Gipskarstlandschaft** des Südharzes, die zwischen Osterode und Sangerhausen von einem über 230 km langen Wanderweg durch drei Bundesländer erschlossen wird.

Die Geburtsstadt *Thomas Müntzers* liegt farbenprächtig in den Tälern der jungen Thyra und ihrer Zuflüsse. **Stolberg** ist ein Kleinod der Fachwerkarchitektur. Das war auch Nordhausen; was vom Krieg und seinen Folgen blieb, ist restauriert und in Gässchen und Altstadtwinkeln zu erleben.

Vom **Kloster Walkenried** aus erschlossen die weiß gewandeten Mönche den Harz für den Bergbau. Der „weiße Konzern" begründete damit eine über neun Jahrhunderte währende Kulturgeschichte. Gotische Ruinen und ein modernes Museum erzählen davon.

Bad Sachsa und **Bad Lauterberg** sind traditionsreiche Kurorte in den Bergen; dieser ein Kneipp-Heilbad, jener für sein Heilklima berühmt. Zahlreiche Angebote für die Gesundheit erwarten die Gäste; Luft, Licht und Wasser müssen nicht erst gebucht werden.

Ein prächtiges Fachwerkschloss erwartet die Besucher in **Herzberg** am Südwestrand des Harzes. In der Einhornhöhle und in der Steinkirche leben die Mythen des Harzgebirges.

Malerische Vielfalt der Fachwerkarchitektur ist auch im niedersächsischen **Osterode** zu erleben. Hier beginnt der Harzer-Hexen-Stieg.

Mit der deutschen Geschichte, ihren Sagen und Mythen in besonderer Weise verbunden ist das dem Harz südlich vorgelagerte **Kyffhäusergebirge**.

Der Südharz wird über die A 38 und B 243 erreicht, mit der Bahn auf der Südharzlinie von Nordhausen über Ellrich, Walkenried, Bad Sachsa, Bad Lauterberg, Herzberg nach Northeim/Göttingen.

NICHT VERPASSEN!

- Schloss Stolberg | 255
- Domkrypta Nordhausen | 261
- Das **Kyffhäuserdenkmal** | 265
- **Zisterziensermuseum Walkenried** | 270
- Der **Kurpark von Bad Lauterberg** | 276
- Die **Einhornhöhle** bei Herzberg | 279
- **Osterode** mit seiner lieblichen Altstadt | 282

Diese Tipps erkennt man an der gelben Hinterlegung.

▷ Fachwerkhäuser in der Stolberger Niedergasse

Stolberg

Das Stadtbild von Stolberg ist eines der lieblichsten des Fachwerkharzes. Farbkräftige Häuser aus dem 16. und 17. Jh. schmiegen sich in den engen grünen Tälern aneinander und bilden am Marktplatz ein hinreißendes Ensemble. Über dem Städtchen thront das Schloss. Literaturfreunde besuchen dort den Schöpfer der „Insel Felsenburg".

Stadtgeschichte

Der Ort entstand vor über einem Jahrtausend als Bergmannssiedlung. Erstmals urkundlich erwähnt wurde Stolberg im Jahr 1210. Der Theologe und Reformator *Thomas Müntzer* wurde 1498 in Stolberg geboren, er war einer der intellektuellen Köpfe des Bauernkrieges. Im Mai 1525 hatten die Auseinandersetzungen die Residenz des Grafen *zu Stolberg* erreicht. Während der Bergbau allmählich zurückging, gewann im 17. Jh. das Handwerk an Bedeutung. Die Reisenden entdeckten die malerische Stadt, aber erst 1946 wurde Stolberg Kurort. Heute ist Stolberg/Harz ein Luftkurort an der Fachwerkstraße, Historische Europastadt und als Geburtsstadt *Thomas Müntzers* eines der authentischen Reiseziele im Umfeld des Reformationsjubiläums 2017.

Sehenswertes

Dem besonderen Erlebnis des Marktplatzes nähert man sich am besten schrittweise über die Niedergasse. Dort steht ein sehenswertes Fachwerkhaus neben dem anderen, darunter fällt besonders die prächtige **Alte Münze** (Niedergasse 19) auf. Sie wurde 1535 erbaut. Mehrere Münzmeister waren hier tätig. Davon erzählt das Museum.

■ **Museum Alte Münze**, Stolberg, Niedergasse 19, Tel. (034654) 454 (Touristen-Info), Fr–So, Fe10–12.30 und 13–17 Uhr.

Durch das enge Tor des **Saigerturms** (13. Jh.) betritt man nun den von imposanten Häusern eingefassten Marktplatz. Hier laden mehrere Restaurants mit Straßenplätzen ein, auch die **Touristeninformation** hat am Markt ihren Sitz. Motorradbiker legen hier gern eine Pause ein, wenn sie auf den kurvenreichen Straßen etwa zur Rappbodetalsperre unterwegs sind.

Am Markt

Zwischen dem spitzgiebeligen **Rathaus** und einem Fachwerkwohnhaus führt eine Freitreppe zur spätgotischen **Kirche St. Martini**. Das sieht nicht nur feierlich aus, sondern hat für die Stolberger einen ganz praktischen Wert, denn im Rathaus gibt es kein Treppenhaus. Nun wurde das damals, beim Bau im Jahre 1454, gewiss nicht schusselig vergessen, wie zuweilen in Anspielung auf das fensterlose Rathaus der Schildbürger kolportiert wird. Die Treppe im Freien erfüllt immerhin seit Jahrhunderten ihre Funktion, und die Baumeister gewannen den Platz für Zimmer in dem anmutigen und in dieser Form wohl einzigartigen Ratsgebäude.

Vor dem Rathaus steht eine **Figureninstallation** zum Gedenken an *Thomas Müntzer*. Sie stammt von dem Hallenser Bildhauer *Klaus Messerschmidt* und wurde im Jahr 1989 aufgestellt, zum 500. Geburtstag des Revolutionstheologen. *Müntzer* und *Luther* haben in der Stolberger Stadtkirche gepredigt. Mit ihrem schlanken Turm neben dem Schloss und über der zusammengedrängten Stadt bildet sie das klassische Bildmotiv dieses Städtchens im Südharz. In der Sommerzeit werden in der Kirche Orgel- und Chorkonzerte aufgeführt. Derzeit und in den nächsten Jahren wird die Kirche saniert, man muss also damit rechnen, dass ein Teil immer gerade Baustelle ist.

Renaissanceschloss und „Felsenburg"

Auf einem Bergsporn über der Stadt, liegt das Schloss. Vom 13. Jh. bis 1945 war es Sitz des Grafengeschlechts *von Stolberg*. Seine Gestalt erhielt es wesentlich in der Zeit der Renaissance. Nachdem es nach dem Verkauf durch die Treuhand jahrelang leergestanden hatte, übernahm es im Jahr 2002 die Deutsche Stiftung Denkmalschutz in katastrophalem Zustand in ihr Eigentum. Inzwischen sind große Bereiche für Besucher zugänglich. Von der Terrasse öffnet sich ein Blick über die Dächer der Stadt.

Am Weg von der Kirche zum Schloss steht das Haus Am Schlossberg 5. Eine Plakette weist darauf hin, dass dort der Schriftsteller **Johann Gottfried Schnabel** (1692–vor 1760) gewohnt hat, als Verfasser der „Insel Felsenburg" einer der bedeutendsten deutschen Schriftsteller des 18. Jh. und darüber hinaus (siehe Exkurs „Der Harz in der Literatur"). *Schnabel* diente in Stolberg als Hofbarbier und Hofagent (was nicht „Spitzel" bedeutet, sondern die Zuständigkeit für das Nachrichtenwesen am Hof benennt). Sein Haus ist Sitz der Schnabel-Gesellschaft, die sich zu ihren Jahrestagungen immer in Stolberg trifft.

Im **Schlossmuseum** ist eine kleine Ausstellung über den Schriftsteller zu sehen.

■ **Schlossmuseum Stolberg,** www.stolberger-schloss.de, Di–Fr 11–16 Uhr, Sa, So, Fe 11–17 Uhr. Sanierung durch Deutsche Stiftung Denkmalschutz, Teile der Anlage aus dem 14.–17. Jh. zugänglich, Spende erwünscht. Aufstieg über Treppe neben dem Rathaus oder über Schlossstraße, auf dem Schlossgelände keine Parkmöglichkeit.

Rittergasse

Vom Marktplatz zweigt die Rittergasse ab, dort ist in der Perlenkette der Fachwerkhäuser besonders das zweigeschossige **Kleine Bürgerhaus** beachtenswert. Es wurde um 1470 erbaut. Als Museum zeigt es Mobiliar und Hausrat aus dem 17. bis 19. Jh. Es lohnt sich unbedingt, der Rittergasse noch bis an das Ende der jungen Buchenallee zu folgen und sich von der Harmonie und Detailvielfalt der Fachwerkhäuser einnehmen zu lassen.

■ **Museum Kleines Bürgerhaus,** Rittergasse 14, Tel. (034654) 454 (Touristeninformation), April bis Okt. Fr–Di 14–17 Uhr.

Fernblick vom Auerberg

Das nächstgelegene Wander- und Ausflugsziel ist der Auerberg (580 m). Ein markierter Wanderweg (4 km) führt dort zu einem Aussichtsturm der Superlative. Das **Josephskreuz** gilt als das größte eiserne Doppelkreuz der Welt. Es erinnert in seiner Bauweise an den Eiffelturm und ist sogar zwei Jahre älter als dieser. 1896 wurde der Turm eröffnet, die Wiedereröffnung nach der Restaurierung 2004 gefeiert. Die Stahlfachwerkkonstruktion ist 38 m hoch, wiegt 2460 Zentner und wird von 100.000 Nieten zusammengehalten. 200 Stufen führen auf den Gipfel, der nun wieder als Landmarke zwischen Brocken und Kyffhäuser vermittelt. Ein hölzerner Vorgän-

gerbau wurde schon im 17. Jh. erwähnt, ein weiterer bestand ab 1833 und brannte 1880 nieder.

■ **Josephskreuz,** Ostern bis Okt. Mo–Fr 10–17 Uhr, Sa, So, Fe 10–18 Uhr, Nov. bis März Mi–So 11–16 Uhr, 3/1,50 €. Bergstübl siehe unter Essen und Trinken.

Ein auch für Kinder geeigneter **Rundweg** (9 km) führt von der Stolberger Neustadt in das Zechental (rotes Kreuz) bis zur Wegkreuzung Silberner Nagel (der Name erinnert an eine Legende aus dem frühen Bergbau), zur Wegkreuzung Sieben Wege und weiter bis zum Josephskreuz. Der Rückweg folgt zunächst der „Straße der Lieder" bis zur Schutzhütte, dann (blauer Punkt) links auf den befestigten Wanderweg „Große Auerbergstraße" bis hinunter nach Stolberg.

Praktische Tipps

Anreise

■ **Mit eigenem Fahrzeug:** A 38 (Südharzautobahn) bis Abfahrt Berga, dann Landstraße; B 242 (Harzhochstraße) bis Friedrichshöhe, dann Landstraße.
■ **Per Bahn:** Regionalexpress Halle – Nordhausen bis Berga-Kelbra, dann RegionalBuslinie 450.

Information

■ **Touristeninformation Stolberg,** Markt 2, Tel. (034654) 454, www.stadt-stolberg.de, Mo–Fr 9–12.30 und 13–17 Uhr, Sa, So Fe 10–12 und 13–15 Uhr.

Übernachtung

■ **1 Gasthaus Kupfer**②, Markt 23, Tel. (034654) 10225, www.gasthaus-kupfer.de. Prächtiger Fachwerbau im Marktensemble, komfortable Zimmer im historischen Ambiente, Restaurant tgl. ab 7 Uhr.
■ **2 Weißes Roß**②, Rittergasse 5, Tel. (034654) 403, www.weisses-ross-stolberg.de. Komfortable Nichtraucherzimmer im ältesten Gasthof der Stadt. Wohnen in einer Adels- und Ritterherberge aus dem Jahre 1627.
■ **3 Hotel zum Kanzler**②, Markt 8, Tel. (034654) 205, www.zum-kanzler.de. Prächtiger Fachwerkbau im Marktensemble, komfortable Zimmer im historischen Ambiente, Restaurant tgl. ab 7 Uhr.
■ **5 Bauernstube Stolberg**①, Hintergasse 17, Tel. (034654) 389, www.bauernstube-stolberg.de. Pension und Gaststätte über den Dächern der Fachwerkstadt, Zimmer sowie Ferienwohnungen für drei bis acht Personen. Serviert wird Harzer und vegetarische Küche.

Essen und Trinken

■ **Hotelrestaurants** siehe „Übernachtung".
■ **4 Friwi-Café,** Niedergasse 21, Tel. (034654) 502, www.friwi.de, Mo, So 11–18 Uhr, Di–Sa 9–18 Uhr. Das Original in der traditionsreichen Keksfabrik im Zentrum der Stadt.
■ **6 Bergstübl Josephshöhe**①, Josephskreuz, Tel. (034654) 476, www.bergstuebl-josephkreuz.de, Mai bis Okt. tgl. 10–18 Uhr, Dez. bis April Di–So 10–16 Uhr. Ausflugsgaststätte auf dem Auerberg, Harzer Küche, an Wochenenden Grillspezialitäten.

◁ Altstadtwinkel

Nordhausen

Zwei haushohe Kornflaschen lugen aus dem Stadtbild heraus; Nordhausen ist die Quelle des edel Gebrannten, seit 1490. Sie war die Freie Reichs- und Hansestadt, eine Perle der Fachwerkarchitektur. Davon blieben der nordthüringischen Kreisstadt (42.000 Einwohner) nach Weltkrieg und Vernachlässigung nur kleine, hingebungsvoll restaurierte Winkel. Der Dom überragt mit seinen Doppeltürmen die Stadt des Doppelkorns. Von Nordhausen dampft die Harzquerbahn durch das Gebirge nach Wernigerode.

Stadtgeschichte

Die Nordhäuser Gegend war schon Jahrhunderte besiedelt, als der Ort im Jahr **927** in einer Schenkungsurkunde erstmals erwähnt wurde. Um 910 hatte **Heinrich I.** die Burg Nordhausen bauen lassen. *Heinrichs* Ehefrau *Mathilde* gründete 961 neben der Burg ein Stift und begründete damit die Geschichte des Nordhäuser Doms. Am 27. Juli 1220 wurde Nordhausen zur **Freien Reichsstadt** erhoben. 1430 trat die Stadt der Hanse bei. 1507 wurde in der Stadt erstmals **Branntwein** erzeugt und eine Tradition begründet, die bis zum heutigen Nordhäuser Doppelkorn reicht. 1523 setzte sich die **Reformation** durch. Mehrere **Brände** vernichteten schon bis Anfang des 18. Jh. große Teile der mittelalterlichen Bebauung.

1802 kam Nordhausen an **Preußen**, von 1807 bis 1813 an das napoleonische **Königreich Westphalen**, dann wieder zu Preußen. Die Grenzlage zum Königreich Hannover förderte das **Schmugglerwesen**, vor allem von Tabakwaren und Kaffee, denn diese Genussmittel wurden bei den Hannoveranern deutlich geringer besteuert. Mit der **Industrialisierung** entwickelten sich vor allem die Lebensmittelindustrie und der Maschinenbau.

Unter den **Nationalsozialisten** wurde Nordhausen ein Zentrum der **Rüstungsindustrie.** Ab 1943 mussten 60.000 Häftlinge und 10.000 ausländische Zwangsarbeiter im KZ Dora-Mittelbau an den „Vergeltungswaffen" V 1 und V 2 arbeiten.

Am 3. und 4. April 1945 wurde die Stadt durch britische **Bomber** zu 74 Prozent zerstört, vor allem in der Altstadt und den Wohngebieten; dabei kamen 8800 Menschen ums Leben. Am 11. April 1945 wurde Nordhausen kampflos an die US-amerikanische Armee übergeben. Die sowjetische Armee übernahm die Verwaltung am 2. Juli 1945.

In den 1950/60er Jahren wurden vor allem die dringend benötigten Wohnungen erbaut, dabei aber die **historische Stadtstruktur weitgehend missachtet.** Lediglich die nicht zerstörte Gegend um den Dom blieb erhalten. Nordhausen wurde 1952 dem neu gebildeten Bezirk Erfurt zugeordnet. Der VEB Nordbrand wurde zum größten Spirituosenhersteller, der VEB Tabak zum größten Zigarettenhersteller der DDR. Nach der friedlichen Revolution wurde Nordhausen wieder dem Land Thüringen zugeordnet. Mit der **Stadtgestaltung** im Zuge der Landesgartenschau 2004 gelang es, die vernachlässigte Innenstadt wiederzugewinnen und neu zu erschließen.

Sehenswertes

Nordhausen liegt terrassenförmig am Südrand des Harzes, oberhalb der Goldenen Aue, einer fruchtbaren Ebene, die sich bis zum Kyffhäuser hin erstreckt. Diese prominente Lage ist schon bei einem Rundgang durch das überschaubare Stadtzentrum mit der Altstadt vielfältig erlebbar. Auffallend sind zum Beispiel die zahlreichen Treppenwege im Zentrum.

Zwischen Bahnhof und Rathaus liegt die sanft ansteigende Wohn- und Einkaufspromenade (Bahnhof-/Rautenstraße) mit Bauten aus den letzten fünf Jahrzehnten. An diesem Weg steigt rechts der **Petersberg** auf, der für die Landesgartenschau 2004 zu einem Park mit Terrassengärten, Spielplätzen, Ritterburg und Kletterfelsen gestaltet wurde (20 Cent Eintritt am Drehkreuz) und Aussichten über die Stadt und die Goldene Aue bietet. Wahrzeichen der Stadt ist der **Petriturm** als Rest der 1945 zerstörten gotischen Petrikirche.

Vom Roland zum Tabakspeicher

Das **Alte Rathaus** (1610) mit seinem markanten achteckigen Treppenturm ist als einziges historisches Bauwerk am Marktplatz erhaltengeblieben. An der Ecke präsentiert sich (als Kopie) der 3 m hohe **Roland** (1717) mit Krone, Wappen und erhobenem Schwert als Sinnbild der Stadtfreiheit. Das Original wurde restauriert und bekam seinen Platz im Neuen Rathaus gegenüber. Den Nordhäusern gilt ihr Roland als Sinnbild für den Überlebenswillen ihrer Stadt, hat er doch einsam inmitten der Zerstörungen den Krieg überstanden. Eine steinerne Stele des Hoyerswerdaer Bildhauers *Jürgen von Woyski* (1929–2000) erinnert an die Opfer des alliierten Luftangriffs im April 1945.

Über den Lutherplatz und Poststraße gelangt man zur Bäckerstraße. Dort hat in einem 1712 erbauten Tabakschober das hochinteressante **Museum Tabakspeicher** für Handwerks- und Industriegeschichte seine Ausstellungsräume und einen sehenswerten Innenhof. Es zeigt die stadtprägenden Gewerke – Tabak- und Kautabakherstellung, Brennerei, Brauerei, Böttcherei und Kaffeerösterei – mit zahlreichen und oft bestaunenswerten Kulturgütern. Ausführlich dargestellt wird die Geschichte von Nordhäuser Produktionsbetrieben, so des Motoren-

◁ Der Roland am Nordhäuser Rathaus

und Maschinenbaus und des Schachtbaus. Historisches Handwerk ist erlebbar, und in der stadtarchäologischen Schatzkammer gleich mehrtausendjährige Geschichte.

■ **Tabakspeicher,** Bäckerstraße 20, Tel. (03631) 982737, Di–So 10–17 Uhr. Im Mai findet hier eine Kautabak-Sammlerbörse statt.

In diesem Quartier sind weitere **Fachwerkhäuser** zu entdecken, so das ehemalige Waisenhaus (Waisenstraße 7), erbaut 1707. Auffallend ist das an der Nordseite vorkragende Obergeschoss.

Romanik und Frühgotik – der Dom

Die nahe Domstraße führt zum **bedeutendsten sakralen Bauwerk der Stadt.** Die Geschichte des Doms begann mit der Errichtung eines Frauenstifts im Jahr 961 durch Königin *Mathilde* auf dem Boden einer Burganlage, die ihr von ihrem Gatten, *Heinrich I.,* als Witwensitz geschenkt worden war. Von der romanischen Klosterkirche blieben der untere Teil der Westtürme sowie Gewölbebögen im Kreuzgang erhalten, vor allem aber die dreischiffige Krypta von 1130, ein Zeugnis der Romanik. Die Krypta ist während der Öffnungszeiten des Doms frei zugänglich. Ihre Gewölbe ruhen auf Säulen mit abwechselnd verzierten Würfelkapitellen. Die Kapitelle lassen vermuten, dass hier Bauleute des Klosters Hirsau im Schwarzwald tätig waren. An der Rückwand der Krypta steht der älteste Grabstein von Nordhausen (1327).

1220, mit der Umwandlung in ein Domherrenstift, begann die frühgotische Bauetappe. Der **Chor** wurde 1267 geweiht. Drei farbige Schlusssteine zieren die Gewölbe: eine Rosette, der Adler und ein Kübelhelm mit verzierten Büffelhörnern. Die sechs lebensgroßen **Stifterfiguren** aus Sandstein (1270–1300) sind *Heinrich I.* und *Mathilde, Otto I.* und *Adelheid, Otto II.* und *Theophanu.* Zwischen 1370 und 1400 entstand das figürlich reich geschnitzte Chorgestühl. Nachdem der gotische Flügelaltar im Dreißigjährigen Krieg zerstört worden war, bekam der Dom im Jahre 1726 den jetzigen barocken Hochaltar. Sein Künstler ist unbekannt. Das Altarbild zeigt das letzte Abendmahl. Ihm zur Seite stehen vier Altarfiguren, deren obere die heilige *Mathilde* als Gründerin des Domes sowie und die heilige *Helena,* Mutter des römischen Kaisers *Konstantin,* zeigen.

1450 wurde das hochgotische Langhaus fertiggestellt. Wie schon im Chor, sind die Gewölbe mit farbigen Schlusssteinen gefasst, vorwiegend Wappenschilder. Das frühgotische Taufbecken ist um 1200 entstanden und stammt aus dem ehemaligen Kloster im nahen Ilfeld.

Von der Finkenburg zu St. Blasii

In der Barfüßerstraße blieb das Torhaus des **Barfüßerklosters** erhalten, später war es die Wohnung des Totengräbers. Von den **Fachwerkhäusern** sollen hier nur das an der Ecke Domstraße/Barfüßerstraße stehende mit gotischem Sockel und Renaissanceobergeschoss sowie die **Finkenburg** (Domstraße 23) genannt werden. An diesem Ort soll sich die Heinrichsburg befunden haben, also die Königspfalz *Heinrichs I.*

Zum **Einkehren** mit herrlicher Aussicht bis zum Harz bietet sich das **Felix** an, ein sympathisches Familienrestaurant in zwei Fachwerkhäusern, mit Galerie, Bier- und Wintergarten, Kinderspielecke und Wickelplatz. Schräg gegenüber geht's **Zum Socken**, in Nordhausens älteste Kneipe, klassisch mit bürgerlicher Küche und gemütlichem Garten.

Auf der Barfüßerstraße sieht man bald hinter den Häusern wieder Kirchtürme aufragen, die aber etwas unegal wirken. Es ist **St. Blasii**, die evangelische Hauptkirche der Stadt. Sie wurde 1490 geweiht, aber ihre beiden ungleich hohen und etwas schrägen achteckigen Türme stammen noch von der 1234 erbauten Vorgängerkirche. Sehenswert in der Kirche ist die Renaissancekanzel. Eines der prächtigsten Fachwerkhäuser der Stadt ist das **Pfarrhaus St. Blasii** (1713) an der Ecke Barfüßerstraße.

1000 Jahre Stadtgeschichte erzählt die **Flohburg** (Barfüßerstraße 6), das Stadtmuseum in einem Fachwerkhaus aus dem 16.–19. Jh. Das Haus wurde um einen modernen Anbau erweitert.

■ **Flohburg, das Nordhausen-Museum,** Barfüßerstraße 6, Tel. (03631) 4725680, Di–So 10–17 Uhr. Gotisches Fachwerkhaus mit modernem Anbau, Stadtgeschichte, historische Bohlenstube und romanischer Tiefkeller.

Für den Rückweg bietet sich die grüne **Promenade** an, zu der man über den Pferdemarkt und Hagen gelangt. Entlang der **Stadtmauer** führt ein Weg durch die Parkanlage mit Neptunbrunnen und dem neoklassizistischen **Theater** (1917), abschließend auf den Petersberg oder wieder auf die zentrale Rautenstraße mit dem Verkehrsknotenpunkt Kornmarkt.

Praktische Tipps

Anreise

■ **Mit eigenem Fahrzeug:** A 38 (Südharzautobahn), B 4, B 243.
■ **Per Bahn:** IC Leipzig – Frankfurt am Main; Regionalexpress Erfurt – Nordhausen; Regionalexpress Halle – Nordhausen (– Kassel); Regionalbahnen aus Heiligenstadt, Erfurt, Göttingen; Harzquerbahn aus Drei Annen Hohne, Wernigerode.

▷ Schräges Paar: die Türme von St. Blasii

◁ Das Torhaus des Barfüßerklosters

Nordhausen

Information

■ **Stadtinformation,** Markt 1, Tel. (03631) 696 797, www.nordhausen.de, Mo–Fr 9–18 Uhr, Sa 10–14 Uhr.
■ **Neues Rathaus,** Markt 1, Besichtigung der originalen Roland-Figur, Mo, Di 8.30–15.30 Uhr, Mi 8.30–15 Uhr, Do 8.30–18 Uhr, Fr 8.30–12 Uhr.

Übernachtung

3 Ferienwohnung im Café①, Rosengasse 10, Tel. (03631) 974940. Kleines, ehemaliges Café in der Altstadt, für 2 Pers. 42 €.
4 Ferienwohnungen Stolberger Garten①, Richard-Wagner-Straße 11, Tel. (03631) 902160, www.stolbergergarten.de. Im Zentrum mehrere Wohnungen für 2–6 Pers., Garten, ruhige Lage.

Essen und Trinken

■ **Hotelrestaurants** siehe „Übernachtung".
Mein Tipp: 1 Felix①, Restaurant und Bar, Barfüßerstraße 12, Tel. (03631) 602200, www.felix-nordhausen.de, tgl. ab 10 Uhr. Zwei Fachwerkhäuser, ein Restaurant, eine Aussicht zum Harz. Deutsche und internationale Küche. Mit Spielplatz.
2 Zum Socken①, Barfüßerstraße 23, Tel. (03631) 983436, tgl. ab 11 Uhr. Älteste noch bestehende Gaststätte in Nordhausen, rustikales Ambiente, Innenhof, Harzer Küche.

Weitere Museen

■ **IFA-Museum,** Mountaniastraße 13, Tel. (03631) 4791543, www.ifa-museum-nordhausen.de, Di, Do 10–17 Uhr, jeden zweiten und vierten Sa im Monat 10–16 Uhr, 3/1,50 €. Ein Jahrhundert Nordhäuser Maschinenbautradition, mehr als 50 originalgetreu restaurierte Exponate, darunter Gruben- und Feldbahnloks, Traktoren, Motoren.
■ **Kunsthaus Meyenburg,** Alexander-Puschkin-Straße 31, Tel. (03631) 881091, Di–So 10–17 Uhr. 1907 erbaute Villa, wechselnde Ausstellungen.
■ **KZ-Gedenkstätte Mittelbau-Dora,** Kohnsteinweg 20, Tel. (03631) 495820, www.dora.de, April bis Sept. Di–So 10–18 Uhr, Okt. bis März Di–So 10–16 Uhr. Ausstellung zur Entstehung und Funktion des Lagers, tgl. 11 und 14 Uhr kostenlose Führungen im Lagergelände und in den Stollenanlagen. Straßenbahn Linie 10 oder Harzquerbahn bis N.-Krimderode, 20 Min. Fußweg.
■ **Erlebniswelt Rabensteiner Stollen,** Ilfeld/Netzkater, Tel. (036331) 48153, www.rabensteiner-stollen.de, April bis Okt. Di–So 10–17 Uhr, Nov./Dez. Führungen So 10.45, 12 Uhr, 27. Dez. bis März Di–Do, Sa, So Führungen 10.45, 12, 13.15 Uhr, 9,50/5,50 €. Mit der Grubenbahn in drei Jahrhunderte Harzer Steinkohlebergbau, über Tage Grubenfahrzeuge und Bergbaumaschinen, 14 km nördlich von Nordhausen, Station der Harzquerbahn.

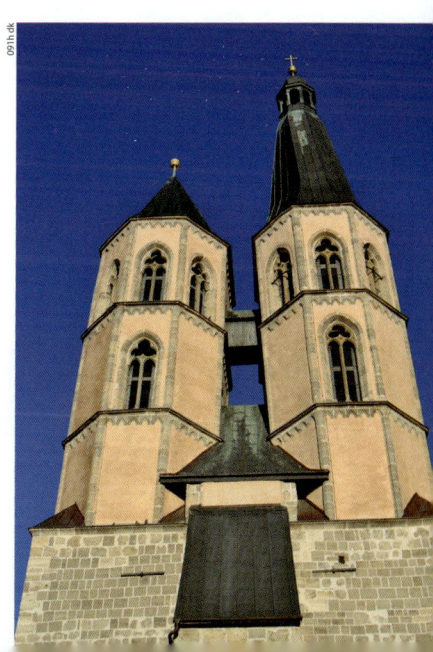

Kyffhäuser

Das gewaltige **Kyffhäusermonument** ragt aus dem thüringischen Gebirgszug heraus und blickt streng zum Harz hinüber. Deutsche Kaisergeschichte und die Bauernkriege verbinden beide Gebirge miteinander, landschaftlich ist es die fruchtbare Goldene Aue. Durch diese Ebene führen die Südharzautobahn und die Südharzstrecke der Deutschen Bahn. Für eine kulturhistorische Visite oder einen längeren Aufenthalt bietet das Kyffhäusergebirge neben Zeugnissen tausendjähriger Geschichte waldreiche Wanderwege und Thüringens kulinarische Genüsse, gern bei einem Saale-Unstrut-Wein. Das Kyffhäusergebirge liegt nur eine Autostunde von der thüringischen Landeshauptstadt Erfurt entfernt.

Kyffhäusergebirge

„Der Kyffhäuser", wie das Gebirge meistens knapp genannt wird, erstreckt sich südlich des Harzes und der Goldenen Aue bis zur Höhe des Kulpenberges (474 m). Aus der Ferne des Harzes erscheint es als langgestreckter Kamm, aus dem der höchste Punkt durch seinen Fernsehturm und das berühmte Kyffhäuserdenkmal in seiner Erhabenheit herausragen. Mit dem Auto sind dieses Denkmal, die rekonstruierte **Pfalz Tilleda** und die **Barbarossahöhle** schnell auf gut ausgeschilderten Straßen erreicht.

Bahnreisende steigen zwischen April und Oktober am besten am Bahnhof Berga/Kelbra der Südharzstrecke in den **Kyffhäuserbus**, der alle sehenswerten Orte anfährt. Wichtig ist, das Interesse an der Buslinie wenigstens zwei Stunden vor der Fahrt telefonisch anzumelden und dabei die gewünschte Haltestelle anzugeben (nähere Informationen unter „Praktische Tipps"). In der übrigen Zeit des Jahres ist das Kyffhäusergebirge für Urlauber ohne Auto praktisch unerreichbar.

Kyffhäuserdenkmal

Das 81 m hohe Kyffhäuserdenkmal wurde 1890–1896 nach dem Entwurf von *Bruno Schmitz* (Völkerschlachtdenkmal Leipzig) errichtet. Kaiser **Wilhelm I.** zu Pferde, eine Kupferskulptur von *Emil Hundrieser*, symbolisiert das von Preußen dominierte Kaiserreich als Nachfolger des mittelalterlichen Heiligen Römischen Reiches. Kaiser *Wilhelm I.* war 1888 verstorben. Ihm zu Füßen, gleichsam als die Wurzel nationalen Stolzes, erwacht **Barbarossa** grimmig mit langem Bart. Diese Skulptur schuf der in Berlin tätige Bildhauer *Nikolaus Geiger*.

Von der Terrasse des Monuments öffnet sich ein großartiger Blick über die Goldene Aue, an goldenen Tagen tritt klar der Brocken heraus. Um das Denkmal herum liegen die Ruinen der im 11. Jh. erbauten **Reichsburg Kyffhausen.** Von Deutschlands stärkster mittelalterlicher Burganlage sind sehenswerte Zeugnisse vor allem der Unterburg erhalten geblieben.

Barbarossa erwacht (offenbar schlecht gelaunt): Skulptur am Kyffhäuserdenkmal

■ **Ruinen der Reichsburg Kyffhausen und Kyffhäuserdenkmal,** Steinthaleben im Kyffhäuserland, Tel. (034651) 2780, www.kyffhäuser-tourismus.de, April bis Okt. tgl. 9.30–18 Uhr, Nov. bis März tgl. 10–17 Uhr, 6/3 €, Familienkarte 14 € (Ober- und Unterburg, Denkmals-Turm mit Reiterstandbild, Burgmuseum).

Königspfalz Tilleda

Unterhalb des Monuments, in Tilleda, illustriert das **Freilichtmuseum Königspfalz** die deutsche Geschichte vor 1000 Jahren. Unter *Heinrich I.* entstand in der ersten Hälfte des 10. Jh. die Pfalz Tilleda als Aufenthalts- und Repräsentationsort. 1174 weilte Kaiser *Barbarossa* dort, bald darauf verlor die Anlage an Bedeutung und verfiel. Archäologische Grabungen zwischen 1935 und 1979 lieferten die Grundlage für das Freilichtmuseum der Königspfalz. Auf wissenschaftlicher Grundlage rekonstruierte Wohn- und Arbeitsräume vermitteln unvergleichliche Bilder des mittelalterlichen Alltags.

■ **Freilichtmuseum Königspfalz,** Tilleda, Tel. (034651) 90268, www.pfalz-tilleda.de, April bis Okt. tgl. 10–18 Uhr, Nov. und März tgl. 10–16 Uhr, 4/3 € (mit Führung 5 €). Einzige komplett ausgegrabene und in wesentlichen Teilen rekonstruierte Pfalzanlage, hochmittelalterliche Herrschaftsresidenz des 8.–13. Jh.

Barbarossahöhle

Am südlichen Rand des Gebirges liegt Europas **einzige Schauhöhle in Anhydritgestein.** Über rund 800 m führt der Besucherweg in die Erde. Dabei wird in der „Neptungrotte", der „Lohgerberei" und im „Tanzsaal" Erdgeschichte und Geologie erlebt. Sensationell ist, dass die von den Wänden und Decken bizarr herabwachsenden, bis 4 cm dicken „Gipslappen" besichtigt werden können. Sie entstehen durch die Hydration des Anhydritgesteins zu Gips. Das ist in Europa nirgends sonst zu sehen. Das Besondere dieser Höhle ist, dass sie keinen natürlichen Eingang besitzt, der Höhlenraum bildet sich innerhalb des Gesteins durch eindringendes Wasser. Entdeckt wurde sie durch den Bergbau im 19. Jh., das ist noch erlebbar. Dagegen bleibt es den Wissenschaftlern vorbehalten, die erstaunlich artenreiche Fauna zu bewundern. Aber es ist doch gut zu wissen, dass da unten allerhand Leben vorzufinden ist, so der Ringelwurm – ein Relikt aus dem Tertiär –, die aus dem Pleistozän überlebende Lössschnecke sowie Käfer, Spinnen und noch deutlich kleineres Getier.

■ **Barbarossahöhle,** Rottleben, Mühlen 6, Tel. (034671) 54513, www.hoehle.de, April bis Okt. tgl. Führungen 10–17 Uhr, Nov. bis März Di–So Führungen 10–16 Uhr, 7,50/4 €, Familienkarte 21 €.

Bad Frankenhausen

Ein deutscher Erinnerungsort: Auf dem Schlachtberg – den Namen erhielt er aus diesem Grund – am Nordrand von Bad Frankenhausen wurde am 15. Mai 1525 die letzte große **Schlacht des Bauernkrieges** ausgetragen. Die Bauern kämpften unter Führung von *Thomas Müntzer* und erlitten eine vernichtende Niederlage. *Müntzer* wurde gefangengenommen und am 27. Mai 1525 in Mühlhausen enthauptet.

Am Ort des Gemetzels auf dem Schlachtberg steht seit 1989 im eigens dafür errichteten Museum das **Panoramabild** „Frühbürgerliche Revolution in Deutschland" des Leipziger Malers *Werner Tübke* (1929–2004, siehe hierzu auch „Clausthal-Zellerfeld, Sehenswertes"). Der Maler hat in diesem gewaltigen Bildwerk ein Abbild der Renaissance mit zahlreichen allegorischen Bildern für die zeitlosen Fragen der Menschheitsgeschichte geschaffen.

■ **Panorama-Museum,** Am Schlachtberg 9, Tel. (034671) 6190, www.panorama-museum.de, April bis Okt. Di–So 10–18 Uhr, Juli/Aug. auch Mo 13–18 Uhr, Nov. bis März Di–17 Uhr, 6/5,50 €. Größtes Monumental-Rundgemälde Deutschlands.

Die **Stadt** Bad Frankenhausen (8700 Einwohner) ist ein Kurbadeort mit einer sehenswerten, von Fachwerk geprägten Innenstadt. Außerordentlich schräg ist der Turm der gotischen **Kirche Unserer Lieben Frauen am Berge** (Bergkirche oder Oberkirche). Die Neigung beträgt schon 4,45 m, dagegen steht der Pisaer Turm kerzengerade. Nach dem schiefen Turm der Kirche in Suurhusen (Ostfriesland) ist es der **zweitschiefste Turm Deutschlands.** Ursache ist eine unter dem Turm fließende Quelle.

In der Altstädter Kirchgasse südlich der Altstadt steht die romanische, in der Barockzeit umgebaute **Kirche St. Petri** (Altstädter Kirche). In der Halbkuppel der romanischen Apsis sind im 14. Jh. geschaffene und im 19. Jh. ergänzte Fresken zu sehen.

Praktische Tipps

Anreise

■ **Mit eigenem Fahrzeug:** A 38, AS Berga oder Roßla, B 85 Richtung Bad Frankenhausen.
■ **Per Bus:** Kyffhäuserbus: Berga – Kyffhäuser – Barbarossahöhle – Bad Frankenhausen. Anrufbus nach Fahrplan, 2 Std. vor Abfahrt Tel. (0391) 5363 180. Gewünschte Haltestelle angeben. Fahrplan unter www.kyffhaeuser.de.

Information

■ **Touristeninformation Frankenhausen,** Anger 14, Tel. (034671) 71716, www.kyffhaeuser-tourismus.de, April bis Okt. Mo–Fr 9.30–18 Uhr, Sa 9.30–12.30 Uhr, So 9.30–11.30 Uhr, Nov. bis März Mo–Fr 10–17 Uhr, Sa 10–12 Uhr.

Übernachtung

■ **Burghof Kyffhäuser**②, Tel. (034651) 45222, www.burghof-kyffhaeuser.de, April bis Okt. tgl. 9–19 Uhr. Historisches Gasthaus am Fuß des Kyffhäuserdenkmals, Zwei-Bett-Zimmer, Gastwirtschaft mit Thüringer Küche und Saale-Unstrut-Weinen.
■ **Pension und Restaurant Alter Ackerbürgerhof**②, Bad Frankenhausen, Kurstraße 18, Tel. (034671) 63097, www.alter-ackerbuergerhof.de, Di–So 17–23 Uhr. Liebevoll eingerichtetes historisches Haus, regionale Küche, erlesene Weine, Biergarten.

Essen und Trinken

■ **Hotelrestaurants** siehe „Übernachtung".
■ **Restaurant Zum Schwan**①, Bad Frankenhausen, Erfurter Straße 9, Tel. (034671) 56757, www.schwan-badfrankenhausen.de, Mo, Di, Do–So 11–

Südharz und Kyffhäuser West

14 Uhr, ab 17 Uhr. Deutsche Küche, auch Vegetarisches.
- **Gaststätte Barbarossahöhle**①, Tel. (034671) 62581, www.hoehle.de, tgl. 10.30–18 Uhr. Wildspeisen aus dem Kyffhäuserwald und anderes aus der Thüringer Küche. Biergarten.

Weitere Museen

- **Regionalmuseum im Schloss Bad Frankenhausen,** Schlossstraße, Tel. (034671) 62086, www.bad-frankenhausen.de, Mi–So 10–17 Uhr, 2,50/1,50 €. Im modern ergänzten Renaissanceschloss Ausstellungen zur Geologie, Naturkunde des Kyffhäusergebietes sowie zur Stadtgeschichte.

Das Museum und die gotische Kirchruine des Klosters Walkenried

Kloster Walkenried

Wie Skulpturen stehen die Torsi der gotischen Klosterkirche auf dem weiten Klosterplatz von Walkenried. Das **Zisterzienserkloster** mit dem Kreuzgang und den Ruinen der Kirche gehört zum Weltkulturerbe. Eines der spannendsten und modernsten Museen des Harzes und eines der größten Klostermuseen Europas ist das ZisterzienserMuseum im frühgotischen Kreuzgang. Über dem dörflichen Walkenried liegt zumeist besinnliche Ruhe. Alljährlich im September wird auf dem Klostermarkt Geschichte kulinarisch gefeiert.

Geschichte

Ora et labora

Der **mittelalterliche Bergbau** im Harz fand hier sein **intellektuelles und unternehmerisches Zentrum**. Zisterziensermönche aus dem Kloster Walkenried begannen vor über 850 Jahren mit der Urbanisierung von Gegenden des südlichen, später auch nördlichen Harzes. Ab etwa 1150 betrieben sie am Rammelsberg bei Goslar Erzbergbau, bald gehörten ihnen Bergwerke und Wälder im gesamten Harz. Die weiß gewandeten Mönche waren nicht nur für Glaubensfragen zuständig, in ihrem Leitspruch „ora et labora" steht neben dem Gebet die Arbeit. Der **„Weiße Konzern"**, wie die Zisterzienser aufgrund ihrer wirtschaftlichen und finanziellen Unternehmungen genannt werden, trat als Geschäftspartner und Arbeitgeber auf, er konzentrierte das ingenieurtechnische Wissen seiner Zeit, schuf progressive Produktions- und Verwaltungsformen. Das Zisterziensermuseum thematisiert in besonderer Weise dieses „labora" im Leben der Walkenrieder Zisterziensermönche und dessen Folgen bis in die heutige Zeit.

Blütezeit in der Hochgotik

Gegründet wurde das Kloster Walkenried auf einem Gründungskonvent von 12 Mönchen und einem Abt im Jahr **1129**. Zwei Jahre zuvor war das Kloster durch *Adelheid von Walkenried* gestiftet worden. 1137 wurde die romanische Klosterkirche geweiht. Schon um 1150 betrieb das Kloster neben dem Bergbau zahlreiche Wirtschaftshöfe im Harz. 1215 begannen die Bauarbeiten für eine neue, nunmehr gotische **Kirche.** 1290 wurde sie geweiht. Sie war eine der größten Kirchen Norddeutschlands. Ihre romanische Vorgängerin wurde abgebrochen. Um 1330 wurde die Klausur fertiggestellt. Um diese Zeit zeigte der Bergbau erste Krisenanzeichen, die Mönche hielten mit Finanzgeschäften und Kapitalanlagen dagegen. Doch der **Niedergang** im 14. Jh. ließ sich nicht aufhalten. Nachdem im 13. Jh. rund 100 Mönche und über 200 Laienbrüder im Kloster tätig waren, zählte der Konvent im Jahr 1509 nur 12 Mönche und einen Abt. Überfälle während der Bauernkriege und die Reformation brachten das Ende der Zisterziensergeschichte in Walkenried. Mehr als 100 Jahre lang, bis zum Verbot 1817, wurde die zerstörte Klosterkirche als Steinbruch abgetragen. Schrittweise und unterschiedlich intensiv wurden dann die Reste des Klosters gesichert und restauriert, zielstrebig erst ab 1977. Im Jahr 2006 konnte das Museum eröffnet werden. Die Sicherungsarbeiten an der Kirchruine dauern bis heute an.

Besichtigung

Dorf und Kloster fließen ineinander über, die Anlage mit der **Ruine der Klosterkirche** und der gut erhaltenen **Klausur** kann jederzeit frei besichtigt werden. Lediglich für das **Museum** in der Klausur ist Eintritt zu zahlen.

■ **ZisterzienserMuseum Kloster Walkenried,** Tel. (05525) 9599064, www.kloster-walkenried.de, Di–So 10–17 Uhr, 6/4 €. Weltkulturerbestätte, vollständig erhaltenes Klausurgebäude aus dem 13. Jh., akustische und visuelle Inszenierungen des Mittelalters, Alltag und Wirken der Zisterzienser, Kreuzgangkonzerte und Klostermarkt, Führungen und Überraschungen für Kinder, Ostersonntag: Nacht der offenen Pforte. Klostercafé, vom Bahnhof Walkenried 10 Min. Fußweg.

Zwei **Zugänge** empfehlen sich für einen Rundgang, vom Dorf über den Pfarrplatz sowie über die Wiedigshofer Straße (K 24), am Schlosspark vorbei (Parkplatz) zur Brücke über der Wieda. Dort steht ein Wegweiser für **Wanderungen** in die nähere Umgebung, in der vor allem die vielen von den Mönchen angelegten Teiche ein lohnendes Ziel sind.

Bahnreisende gelangen vom Haltepunkt Walkenried über die Bahnhofstraße ins alte Dorf und in den Klosterbezirk, den Zugang markiert ein mit Feldsteinen gemauertes Torhaus (1822) mit Fachwerkaufsatz.

Praktische Tipps

Anreise

■ **Mit dem eigenen Fahrzeug:** B 243 und Landstraße.
■ **Per Bahn:** Regionalbahn Nordhausen – Herzberg – Göttingen (Südharzbahn), vom Haltepunkt bis zum Kloster 10 Min. Fußweg.

Information

■ **Touristeninformation Samtgemeinde Walkenried,** Zorge, Am Kurpark 4, Tel. (05586) 962991, www.walkenried-tourismus.de, Mo, Fr 9.30–17 Uhr, Di–Do 9.30–13.30 Uhr.

Übernachtung

■ **Jagdschloss Walkenried**②, Schlossstraße 15, Tel. (05525) 638, www.jagdschloss-harz.de. Ehemals herzogliches Jagdschloss von 1725 mit großem Park, großzügige, helle Zimmer, 200 m zum Kloster.
■ **Ferienwohnung Helga**①, Erlenweg 9, Tel. (05525) 2285, www.ferienwohnung-waschke.de. Geräumige, preisgünstige Ferienwohnung für fünf Personen, mit Balkon.

Essen und Trinken

■ **Klosterhof**①, Pfarrplatz 8, Tel. (05525) 823 4951, www.klosterhof-walkenried.de, Mi–Mo 15–21 Uhr. Japanische Küche im historischen Zentrum von Walkenried.

Markt

Klostermarkt am letzten Wochenende im Sept. 10–18 Uhr, Produkte aus Gärten, Küchen und Werkstätten deutscher und österreichischer Klöster. 4 €, inkl. Museumsbesuch, Kinder Eintritt frei.

▷ Der schön gelegene Ort Zorge nahe Bad Sachsa

Kurort Bad Sachsa

Tief eingeschnittene, steile Talzüge verbinden den kleinen niedersächsischen Kurort Bad Sachsa (7500 Einwohner) mit dem Südharzgebirge. Zum nahen Ravensberg (659 m) führen mehrere Wander- und Kurwege, der Berg mit dem Sendeturm ist ein beliebtes Ziel für Wintersportler und Wanderer.

Stadtgeschichte

Sachsa wurde erstmals 1219 in einer Urkunde genannt. In den 1860er Jahren begannen sich Reisende für den kleinen Ort am Sonnenhang des Gebirges zu interessieren, dessen Klima ab 1874 Kurgäste anzog. Seit 1905 ist Sachsa als **heilklimatischer Kurort** ausgezeichnet.

Sehenswertes

Zwischen dem kleinen Rondell des **Uffeplatzes** und dem Kurpark liegt die **Flaniermeile** des beschaulichen Kurortes. Beim **Rathaus,** einem Jugendstilbauwerk, steht die **Nikolaikirche,** deren romanischer Westturm (12. Jh.) das Ortsbild dominiert. Spaziergänge führen zum **Märchengrund,** einem der größten und ältesten Märchenparks Deutschlands (Sa/So 10–17 Uhr), zum benachbarten Harzfalkenhof und zum Erlebnisbad „Salztal-Paradies".

An die jüngere deutsche Geschichte erinnert das **Grenzlandmuseum Tettenborn** (4 km südlich vom Kurpark und vom Bahnhof). Hier wurde ein Abschnitt der Staatsgrenze erhalten und rekonstruiert. Die Grenzanlagen sind frei zugänglich und Station des Harzer Grenzweges (siehe „Reisetipps von A–Z, Fernwanderwege").

www.fotolia.de © travelpeter

Wieda, Zorge und Hohegeiß

In Flusstälern und einem vielgestaltigen Wandergebiet liegen die Dörfer Wieda und Zorge. Von **Wieda** wandert man in einer Stunde auf asphaltiertem Weg oder auf Nebenwegen zum **Stöberhai** (718 m, Aussichtspunkt auf 699 m), dem höchsten Berg des Südharzes. Dort stand in der Zeit der deutschen Teilung das „Gegenohr" zum Horchposten auf dem Brocken (siehe Exkurs „Der Harz im Kalten Krieg"). Im ehemaligen **Bahnhof Stöberhai** der Schmalspurbahn Walkenried – Braunlage (1899–1963) lädt eine Waldgaststätte ein. Sie liegt am Harzer Baudensteig. Pünktlich wie der Hunger findet sich allabendlich Schwarz- und Rotwild zur öffentlichen Fütterung ein.

Im Luftkurort und einstigen Eisenhüttenort **Zorge** ist es im Frühling und Sommer am schönsten auf dem **Bergwiesenweg.** Von Rundweg gibt es Abstecher zum Aussichtspunkt Brockenblick und zur „Schwangeren Jungfer". Die gewiss tragische Geschichte, an die hier ein Sühnestein erinnert, der 1696 erstmals auf Karten verzeichnet wurde, kann man nur erahnen, gesichert überliefert ist sie nicht.

Üppige Bergwiesen kleiden das Bergdorf **Hohegeiß,** und im Winter ist es weiß. Der Kurort an der B 4 ist ein Skisportzentrum des Harzes. Einige Wanderwege in Hohegeiß und Zorge folgen der ehemaligen innerdeutschen Staats- und heutigen Landesgrenze (siehe auch unter Braunlage).

▷ Blick auf Bad Lauterberg

Praktische Tipps

Anreise

■ **Mit eigenem Fahrzeug:** B 243, B 4 (Hohegeiß).
■ **Per Bahn:** Regionalexpress Nordhausen – Göttingen (Südharzbahn). Vom Haltepunkt Bad Sachsa bis Ortszentrum 2 km.

Information

■ **Touristeninformation Bad Sachsa,** Am Kurpark 6, Tel. (05523) 474990, www.bad-sachsa.de, Mo–Fr 9–17 Uhr, Sa 10–14 Uhr.

Übernachtung

■ **Hotel Romantischer Winkel**③, Bismarckstraße 23, Tel. (05523) 3040, www.romantischer-winkel.de. 5-Sterne-Wellnesshotel mit Bade- und Saunalandschaft, regionale, saisonale Küche, diverse Pauschalangebote.
■ **Göbels Vital-Hotel**③, Am Kurpark 1–3, Tel. (05523) 94380, www.goebel-hotels.com. 4-Sterne-Hotel am Rand des Kurparks in einem traditionsreichen Haus, Wintergarten-Restaurant.
■ **Villa Waldschlösschen**②, Bad Sachsa, Waldsaumweg 20, Tel. (05523) 953566, www.aw-kur.de. Einzel-, Doppelzimmer und Appartements in Jugendstilvilla am Waldrand. Wellnessangebote.
■ **Hotel und Restaurant Lindenhof**②, Bad Sachsa, Hindenburgstraße 4, Tel. (05523) 1053, www.lindenhof-badsachsade. Kleines Haus am Kurpark, rustikal eingerichtet.
■ **Jugendherberge Bad Sachsa**①, Jugendherbergsstraße 9–11, Tel. (05523) 8800, www.bad-sachsa-jugendherberge.de. Oberhalb des Ortes am Waldrand, Zwei- bis Sechsbett-Zimmer. DJH-Mitgliedschaft erforderlich.

Essen und Trinken

■ **Hotelrestaurants** siehe „Übernachtung".
■ **Waldgasthaus Bahnhof Stöberhai**②, Wieda, Tel. (05586) 8008055, www.stoeberhai-wieda.de, Di–Fr ab 12 Uhr, Sa, So ab 11 Uhr, jeweils bis Anbruch der Dunkelheit. Ausflugsziel an der ehemaligen Bahnstrecke, Harzer Küche (Wild, Fisch). Täglich abends Wildfütterung.

Weitere Museen

■ **NatUrzeitmuseum Bad Sachsa,** Am Kurpark 6, Tel. (05523) 474990, Jan. bis Okt. Mo–Fr 9–17 Uhr, Sa/Fe 10–14 Uhr, Nov./Dez. Mo–Fr 9–16 Uhr, 2,50/1 €. 290 Mio. Jahre Entwicklungsgeschichte des Südharzes, auch Saurier in Bad Sachsa. Nationalparkinformationsstelle.
■ **Heimatmuseum Sachsa,** Hindenburgstraße 6, Tel. (05523) 999436, Di 15–17 Uhr, Eintritt frei. Geschichte der Kur- und Wintersportstadt.

Bad Lauterberg

Vom Hausberg schweift der Blick über mächtige grüne Bergkuppen und das enge Tal der Oder. Der Kneipp-Kurort Bad Lauterberg schlängelt sich dem Fluss entgegen bis zum Oderstausee.

Stadtgeschichte

Die Kurstadt (10.800 Ew.) hat eine reiche **Bergbau- und Hüttengeschichte.** 1521 hatte der Lutterberger Graf die Bergfreiheit erlassen. Bergleute aus dem Erzgebirge folgten diesem Ruf und kamen in den Ort, der rasch zur Bergbausiedlung heranwuchs. Gefördert wurde vor allem Kupfererz. Trotz schwerer Zerstörungen im Dreißigjährigen Krieg konnte sich

Bad Lauterberg

die Stadt mit dieser Vita erneut behaupten. 1703 wurde die Kupferhütte, 1733 die Königshütte errichtet. Mitte des 19. Jh. endete der Kupferbergbau, bis 2007 wurde Schwerspat abgebaut.

1839 begann der Bau einer Kaltwasserheilanstalt, und um 1900 zählte man bereits soviel Kurgäste wie Einwohner. 1926 wurde die **Kneippsche Therapie** eingeführt und somit das Profil der Kurstadt geschaffen. Einen rasanten Zuzug erlebte die Stadt nach 1945 durch Vertriebene aus dem ehemaligen deutschen Osten, vor allem aus Schlesien und Pommern. Seit 1968 ist Bad Lauterberg anerkanntes Kneipp-Heilbad.

Sehenswertes

Die **Hauptstraße** zwischen Postplatz und Kirchplatz als verkehrsberuhigte Flaniermeile, der Kurpark mit seinen weiten Wiesen und der Hausberg sind die nur wenige Schritte voneinander entfernten touristischen Zentren des Kurortes. Auf der Hauptstraße gibt es zahlreiche kleine Läden, Cafés und Restaurants. Die barocke **Andreaskirche** wurde 1911/12 ausgemalt. Von der Kirche gelangt man über die Schulstraße zur **Talstation der Seilbahn.** Mit ihr schwebt man ganz gemütlich auf den **Hausberg** (420 m), auf dem Ende des 12. Jh. mit dem Bau der Burg Lutterberg die Stadtgeschichte eröffnet wurde. Vom Gipfel bietet sich ein beeindruckender Panoramablick über die Stadt an der Oder und die sie säumenden Berge. Auf der Sonnenterrasse des Restaurants bekommt dieser Anblick noch eine besondere Qualität. Der Auf- oder Abstieg lässt sich zu Fuß absolvieren (Wegweiser).

Nicht zu verfehlen ist der kurze Weg von der Hauptstraße zum **Kurpark.** Hier kann man wunderbar entspannt umhergehen, etwa zum Teich mit Blick auf den Hausberg, sich auf einer der vielen Bänke oder direkt auf den Wiesen niederlassen. Am Rande des Kurparks liegt das **Besucherbergwerk Scholmzeche & Aufrichtigkeit.** Hier wurde im 18. Jh. Eisenerz gesucht. Der Stollen wurde mit Schlägel und Eisen aufgefahren und kann bei Führungen in 250 m Länge befahren werden. Dabei lernt man bergbauliche Arbeitsplätze aus dem 19. Jh. kennen.

> Der Kurpark von Bad Lauterberg, im Hintergrund der Hausberg

Bad Lauterberg

Ein in Norddeutschland einzigartiges Industriedenkmal ist die **Königshütte** von 1733. Rund um den Hüttenbrunnen liegt die Siedlung mit ihren Arbeits- und Wohnräumen, darunter die Maschinenfabrik, Verwaltungsgebäude, Schenke und Mühle. Ein kleines **Museum** vermittelt Hintergrundinformationen zu Produktion und Alltag in der Hochofenhütte. Vom Haus des Gastes am Kurpark bis zur Königshütte sind es 1,3 km.

■ **Gießerei Königshütte „Glückauf" mit Südharzer Eisenhüttenmuseum Bad Lauterberg,** Königshütte 2, Tel. (0551) 7700683, www.koenigshuette.com, Mai bis Sept. Führungen Di 15 Uhr. Gießerei-Ensemble mit Gebäuden aus der Zeit des frühen 19. Jh., Museum zur Wirtschafts- und Sozialgeschichte des Eisenhüttenwesens in der Berghauptmannschaft Clausthal.

Der nordöstlich der Stadt im Wald gelegene **Oderstausee** ist ein mit Auto oder Fahrrad (B 27 mit Radweg) schnell erreichtes Ausflugsziel. Die Staumauer (vom Kurpark 4 km) kann überquert werden, am Ostufer gibt es einen Segler- und Ruderboothafen mit Gaststätte und Badestelle (auf eigene Gefahr).

Praktische Tipps

Anreise

■ **Mit eigenem Fahrzeug:** B 27, 243.
■ **Per Bus/Bahn:** Regionalbahn Nordhausen – Göttingen bis Bad Lauterberg/Barbis, weiter mit Regionalbus 450 (Herzberg – Sankt Andreasberg) ab Haltestelle Am Roßholz (vom Haltepunkt 350 m) bis Bad Lauterberg Postplatz (5 km).

Herzberg

Die Fachwerkpracht des Welfenschlosses, die Ruinen einer tausendjährigen Burg und zwei legendenumwobene Höhlen zeichnen die kleine Stadt Herzberg (13.000 Einwohner) aus. Sehr gut verbunden ist sie mit Osterode, Sankt Andreasberg und Bad Lauterberg.

Stadtgeschichte

Die Geschicke der einstigen **Welfenresidenz** waren über Jahrhunderte mit der **Tuch- und Leinenweberei** und dem **Brauwesen** verbunden. Vom 18. Jh. bis in den Zweiten Weltkrieg hinein war Herzberg ein Zentrum der **Waffenproduktion.** Es begann mit Gewehren für die hannoversche Infanterie und endete mit Sprengstoff. Seit 2006 trägt Herzberg den Namenszusatz **„Esperanto-Stadt".** Zahlreiche internationale Kongresse befassen sich hier am Harzrand mit der Plansprache.

Information

■ **Haus des Gastes und Nationalparkinformationsstelle Bad Lauterberg,** Ritscherstraße 4, Tel. (05524) 92040, www.badlauterberg.de, Mo–Fr 9–12 und 14–17 Uhr, Sa 9.30–12 Uhr, So/Fe 10–12 Uhr.

Übernachtung

■ **Revita**③, Sebastian-Kneipp-Promenade 56, Tel. (05524) 831, www.revita-hotel.de. Fünf-Sterne-Hotel mit 3000 m² Wellnesslandschaft, sieben Restaurants und Fitnessangeboten.
■ **Tourist-Hotel Ludwig**②, Ahnstraße 6, Tel. (05524) 4666, www.touristhotel-badlauterberg.de. Kurpensionshaus am Park mit großzügigen Zimmern.

Essen und Trinken

■ **Hotelrestaurants** siehe „Übernachtung".
■ **Gaststätte Hausberg**②, Tel. (05524) 2180, tgl. ab 10.30 Uhr, www.bg-hausberg.de. Rustikales Ausflugslokal mit Panoramablick, Harzer Küche, Flammkuchen. Zufahrt mit Seilbahn oder Shuttleservice, nicht mit eigenem Auto. Wanderweg vom Tal aus.
■ **Alt Lauterberg**②, Hauptstraße 116, Tel. (05524) 6459, www.altlauterberg.de, Do–Di 11–14 Uhr, 17–21 Uhr. Historisches Lokal mit Harzer Küche, Wild und Fisch.

Weitere Museen

■ **Spielzeugmuseum** im Haus des Gastes Bad Lauterberg, Ritscherstraße 4, Tel. (05524) 92040, Do, Sa, So 10.30–12 und 14.30–17 Uhr, Di, Mi, Fr 14.30–17 Uhr, 2,20/0,50 €. Spielzeug, Kinderbücher, Kinderkleidung aus dem 19./20. Jh.

▷ Die Steinkirche bei Scharzfeld

Sehenswertes

Scharzfels, Einhornhöhle und Steinkirche

Oberhalb der Kreuzung der Bundesstraßen 27 und 243 im Herzberger Ortsteil Scharzfeld ragt ein Zacken der **Burgruine Scharzfels** aus dem Wald. Die Burg war im 10. Jh. erbaut worden, im 17. und 18. Jh. diente sie als Staatsgefängnis, und 1761 wurde sie von französischen Besatzern gesprengt. Ansehnliche Reste sind geblieben, einkehren kann man dort oben auch.

Eine sagenhaft andere Welt betritt man in der über 5 Mio. Jahre alten **Einhornhöhle**. Hier hauste das Einhorn, so will es die Fabel; mit Sicherheit aber waren es Höhlenbären, Höhlenlöwen und Urmenschen. 1541 wurde die Höhle urkundlich erwähnt. Sie ist eine knapp 700 m lange Karsthöhle, die durch kohlensaure Verwitterung des Dolomitgesteins entstanden ist (siehe Exkurs „Die Gipskarstlandschaft Südharz") und bis zur Tiefe von 270 m geführt besichtigt werden kann. Als größte Schauhöhle im Westteil des Harzes steht das Naturdenkmal auf der Liste der Nationalen Geotope. Im Frühjahr 2014 entdeckten Wissenschaftler dahinter eine weitere Höhle, die noch erforscht wird.

■ **Einhornhöhle,** Scharzfeld, April bis Okt. Di–So 11–17 Uhr, letzte Führung 16 Uhr, 8/5 €. Warme Kleidung tragen. Die Höhle kann mit Kinderwagen und Rollstuhl befahren werden.

Das Geschichts- und das Naturdenkmal kann vom Bahnhaltepunkt Bad Lauterberg/Barbis aus besichtigt werden, Wegezeit rund eine Stunde entlang der B 243 in Barbis.

www.fotolia.de © larsmatthias

Die Gipskarstlandschaft Südharz

Während Granitgipfel und Klippen den nördlichen Harz prägen, wird das südliche Gebirge von dem hell schimmernden Gips und Dolomitgestein geformt. Wasser und Wetter haben in diesem Gestein eine **reich modellierte Landschaft** geschaffen. Als Biosphärenreservat ist sie durch strenge Kriterien der UNESCO geschützt, als Wanderlandschaft abwechslungsreich und voller Naturschönheiten und Überraschungen.

Die Gipskarstlandschaft Südharz erstreckt sich als schmales „grünweißes" Band zwischen Osterode und Mansfeld, also durch drei Bundesländer. Sie ist **einzigartig in Europa,** vereint sie doch geologische Besonderheiten mit den Lebensräumen einer Vielzahl seltener Tiere und Pflanzen. Entstanden ist sie in dem im ausgehenden Erdaltertum (vor 255 Mio. Jahren) im Flachmeer abgelagerten Gips und dem als Riffe ausgebildeten Dolomit, einem Karbonat-Gestein, das sich durch Härte und Sprödigkeit auszeichnet. Das Wasser sorgte für die Verkarstung, das heißt, die unter- und überirdische Ausformung des Gesteins durch Lösung und Verwitterung. Unzählige Höhlen, Erdfälle, Quellen, Kegel und Senken, verschwindende und wieder auftauchende Bäche gar, sind die Folge, besiedelt von einer **Fauna und Flora,** die es in dieser Vielfalt nur hier gibt. So bewirken die Erdfälle (etwa zehn im Jahr) die Ausbildung von Kleingewässern und Verlandungszonen, eine reichhaltige Vegetation mit den ihr eigenen Insekten, Lurchen und anderen Bewohnern.

So vielgestaltig und spannend diese Landschaft ist, so unerlässlich, auf den **Wanderwegen** zu bleiben, auch zur eigenen Sicherheit. Wanderungen sollten anhand guter Karten geplant werden. Der **Karstwanderweg Südharz** (Markierung: weißes Schild mit weißem K auf rotem Balken) erschließt mit 126 km Wegen zwischen Osterode, Nordhausen und Mansfeld diese Landschaft in ihrer Vielfalt. Die **Etappen:** Osterode – Herzberg – Bad Sachsa – Woffleben/Nordhausen – Kalkhütte bei Rottleberode – Großleinungen – Wettelrode bei Sangerhausen/Grillenberg.

Schon während der Bahnfahrt auf der Südharzstrecke sieht man zwischen Nordhausen und Herzberg öfters die weiß schimmernden Berge und Wände. Südlich von Osterode, bei Bad Sachsa, Walkenried, südlich von Stolberg (Uftrungen, Rottleberode) und in der Kyffhäuserregion gibt es **kleinere Wandergebiete.**

Eine der größten deutschen **Karsthöhlen** ist die **Heimkehle Uftrungen.** Sie ist 2 km lang und kann bis 600 m begangen werden. 1357 wurde sie erstmals erwähnt, seit 1920 touristisch erschlossen. Die Nationalsozialisten richteten darin 1944 eine Produktionsstätte der Junkers-Werke ein, in der Häftlinge des KZ Dora-Mittelbau arbeiten mussten. 1957 wurde die Höhle für Besucher wiedereröffnet. Durch Verkarstung ist ebenfalls die Einhornhöhle bei Scharzfeld entstanden (siehe „Herzberg").

■ **Schauhöhle Uftrungen,** An der Heimkehle 3, Tel. (034653) 305, www.hoehle-heimkehle.de, April bis Sept. Di–So 10–17 Uhr, Okt. bis März Di–So 11–16 Uhr, 4,50/2,10 €. Restaurant mit Biergarten Di–So 11–18 Uhr. Anreise: A 38, Abfahrt Berga, B 85 bis Berga, Richtung Stolberg. Regionalexpress Halle/Saale – Nordhausen bis Berga-Kelbra, weiter mit Buslinie 450 Richtung Stolberg.

■ **Kartenmaterial:** „Karstwanderweg Südharz", 1:30.000, Nordhausen 2011; „Biosphärenreservat Karstlandschaft Südharz", hg. von Biosphärenreservatsverwaltung in Roßla, 2010.

■ **Internet:** www.karstwanderweg.de. Hintergrundinformationen und die Etappen des Wanderwegs; www.bioreskarstsuedharz.de. Offizielle Seite des Reservates, mit vielen Informationen.

Gleichfalls nahe der B 27 bei Scharzfeld liegt die **Steinkirche**. Auch sie ist eine **Höhle** und wurde schon in der Steinzeit von Jägern genutzt. Im Mittelalter wurde sie zum Gebetsraum mit Friedhofsplatz gestaltet. Schon im Jahre 732 soll die Höhle als Kirche genutzt worden sein. Sagen und Legenden sind mit dieser Höhlenkirche verbunden. Sie liegt am Karstwanderweg und kann am besten zu Fuß von Scharzfeld aus (Parkplatz unter der B 27) besucht werden (Wegweiser).

Welfenschloss Herzberg

Hoch über Herzberg ist das im Jahr 1510 in den Fachwerkformen der Renaissance erbaute Schloss zu sehen. Hervorgegangen ist es aus einer **mittelalterlichen Burg der Welfen,** die bis 1866 auf dem Schloss residierten. Neben dem Amtsgericht befindet sich darin ein **Museum** mit Ausstellungen zur Schloss- und Herrschafts- sowie zur Stadt- und Wirtschaftsgeschichte. Dazu gehören die Herzberger Gewehrmanufaktur und die Schau über Mühlen in der Stadt. Auch eine Orgel des bekannten Herzberger Orgelbauers *Johann Andreas Engelhardt* ist zu sehen und zu hören.

■ **Museum Schloss Herzberg,** Tel. (05521) 4799, www.museum-schloss-herzberg.de, April bis Okt. Di–So 10–13 und 14–17 Uhr, Sa, So 11–13 und 14–17 Uhr, Nov. bis März Di–Fr 11–13 und 14–16 Uhr, Sa, So 11–13 und 14–17 Uhr.

Praktische Tipps

Anreise

■ **Mit eigenem Fahrzeug:** B 27.
■ **Per Bus:** Regionalbuslinien aus Sankt Andreasberg, Bad Lauterberg (450).
■ **Per Bahn:** Regionalbahn Nordhausen – Göttingen (Südharzstrecke), Haltepunkt „Herzberg, Schloss".

Information

■ **Touristeninformation,** Marktplatz 32, Tel. (05521) 852111, www.herzberg.de, Mo, Di, Fr 9–12 und 14–16.30 Uhr, Mi, Sa 9–12 Uhr, Do 13.30–17.30 Uhr. Auch Fahrkarten für DB und regionalen Busverkehr.

Übernachtung

■ **Hotel Englischer Hof**②, Vorstadt 8–10, Tel. (05521) 89690, www.englischer-hof.de. Fachwerkbau am Schloss, großzügige helle Zimmer.
■ **Hotel Harzer Hof**②, Scharzfeld, Harzstraße 79, Tel. (05521) 994700, www.hotel-harzerhof.de, Di–So 11.30–14 und 18–22 Uhr, Mo 18–22 Uhr. Gemütliche Zimmer, Hoftheater nach Spielplan: *Loriot* und andere, Erlebnisgastronomie.
■ **Ferienhaus Am Langfast**①, Am Langfast 6, Tel. (05521) 1717, www.feha-langfast.de. Im Lonautal direkt am Wald gelegen, große Terrasse zum Garten, zwei bis fünf Personen, vom Bahnhof Herzberg 3 km.
■ **Campingplatz am Blockhaus**①, Bremkestraße 35, Tel. (0163) 2340103, www.camping-am-blockhaus.de. Stellplätze für Dauer- und Kurzzeitcamper, im Bremketal guter Ausgangsort für Wanderungen, uriges Restaurant mit Garten.

Die Waagestraße in Osterode mit der Ratswaage

Osterode

Essen und Trinken

■ **Hotelrestaurants** siehe „Übernachtung".
■ **Café und Restaurant im Welfenschloss**②, Tel. (05521) 986986, Mi–So 11–17 Uhr, www.welfenschloss.de. Regionale Küche im Rittersaal und Turmzimmer.
■ **Schlossberghütte Burgruine Scharzfels**①, Barbis, Tel. (05524) 997099, Mi–So 11–18 Uhr, www.burgruine-scharzfels.de. Imbiss und Mittagskarte an der mittelalterlichen Ruine.

„Diese Stadt hat so und so viel Häuser, verschiedene Einwohner, worunter auch mehrere Seelen ..."; *Heine* hat wie immer recht. Als der Dichter auf seiner Harzreise morgens aufbrach nach Clausthal, womöglich auf dem Weg, der als „Harzer-Hexen-Stieg" ins Gebirge führt, schaute er von einer der ersten Höhen „nochmals in das Tal, wo Osterode mit seinen roten Dächern aus den grünen Tannenwäldern hervorguckt, wie eine Moosrose".

Der niedersächsischen Kreisstadt an der Söse (23.000 Einwohner) ist dieses **liebliche Bild** mit ihren schattigen Gassen rund um den Kornmarkt erhalten geblieben. Als **Ausgangsort für den Harzer-Hexen-Stieg** ist sie in das Wanderwegenetz eingeschrieben. Die Söse-Talsperre und der Stadtwald mit seinen Wander- und Radwegen lassen sich direkt von den farbenfrohen Fachwerkhäusern der Altstadt aus bequem erreichen. Bis Goslar sind es 32 km. Die Bahnlinie Braunschweig – Herzberg hält am Rande der Altstadt.

Stadtgeschichte

Das über 1000-jährige Osterode war im Mittelalter ein wichtiger **Handelsplatz** und Mitglied der Hanse. Zu Beginn der Neuzeit war die Stadt das Logistikzentrum für den **Erzbergbau** im Oberharz. Vom Kornspeicher am Söseufer zogen die Eseltreiber mit Getreidesäcken in die Bergstädte zu den Bergleuten. Auch die **Tuchmacherei** und **Eisenverhüttung** bestimmten das städtische Leben.

Der berühmteste Bewohner von Osterode war der Bildschnitzer und Bildhauer der Spätgotik und frühen Renaissance, **Tilman Riemenschneider** (um 1460–1531). Er wurde in Heiligenstadt im Eichsfeld geboren und verbrachte seine Kindheit und Jugend in Osterode, bevor das fränkische Würzburg zum Zentrum seines Schaffens wurde.

Sehenswertes

Mittelpunkt des städtischen Lebens ist der langgestreckte **Kornmarkt**. Hier gibt es kleine Läden, Cafés, die Post und schattige Ruhebänke. Unter den Fachwerkhäusern fällt gleich das prächtige **Rinnesche Haus** (Kornmarkt 12) auf. Es wurde um 1610 als Wohnhaus für den Juristen *Andreas Cludius* erbaut, dessen Wappen neben der Justitia über dem Torbogen zu sehen ist. Als Gasthaus „Englischer Hof" beherbergte es 1824 den Dichter *Heinrich Heine* auf dessen berühmter Harzreise.

Ratswaage und Ritterhaus

Die Marktstraße an der südöstlichen Ecke des Platzes führt zur Waagestraße und dort zum **ältesten Fachwerkhaus der Stadt.** Die Ratswaage mit dem markanten hohen Giebel wurde 1550 erbaut und diente schon als Hochzeitshaus sowie als Posthalterei. Heute lädt dort eine kleine Gaststätte ein, im Sommer besonders verlockend mit den Straßenplätzen in diesem historischen Winkel.

Weiter auf der Waagestraße, gelangt man zur Petersilienstraße und auf den Rollberg, wieder eine von Fachwerk gesäumte Straße. Nach rechts führt diese zu einem Eckhaus mit lebensgroßer Holzfigur. Nach ihr hat das **Ritterhaus** seinen Namen erhalten, es wurde 1650/60 errichtet. Beachtenswert ist das Fachwerk: Andreaskreuze mit gebogenen Armen. Aufwendige Schnitzereien sind zu entdecken, so die Rokokoverzierung des Windfangs und das Familienwappen des Wollfabrikanten *Johann Ludolph Greve*, der das Haus 1784/85 umbauen ließ. Seit 1936 befindet sich im Ritterhaus das **Heimatmuseum.** Es präsentiert die Geschichte der Stadt, mit besonderen Räumen für Kirchenkunst, darunter Kopien

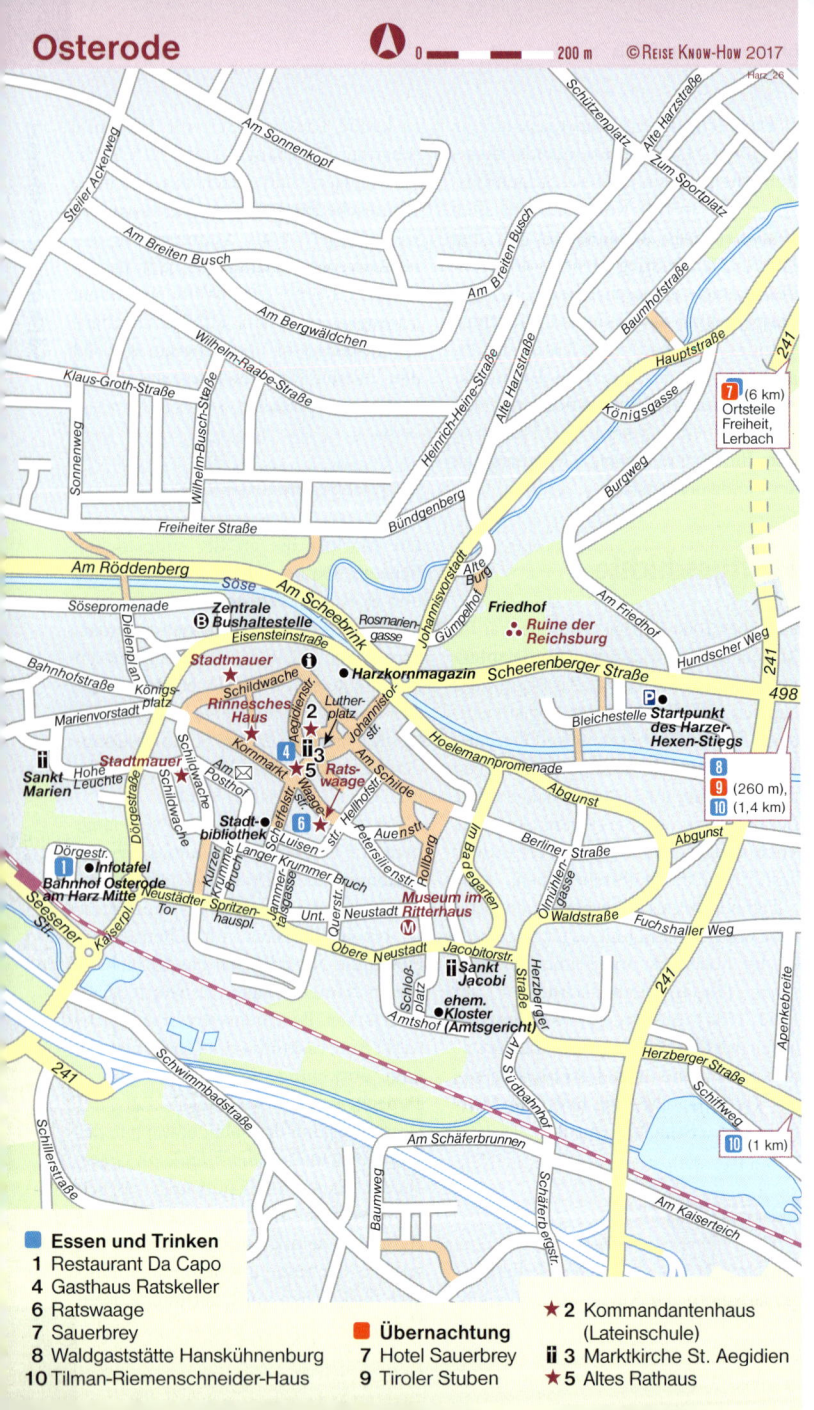

von Riemenschneider-Werken, zur Apothekengeschichte sowie zur Ur- und Frühgeschichte.

■ **Museum im Ritterhaus,** Rollberg 32/Ecke Untere Neustadt, Tel. (05522) 919793, www.museum.osterode.de, Di–Fr 10–13 und 14–17 Uhr, Sa/So 14–17 Uhr, 2,50/1,50 €.

Ein kleiner Abstecher führt über den Rollberg zum Schlossplatz mit der **Schlosskirche St. Jacobi.** Hier lag vermutlich, damals an einer kleinen Kapelle, im 12. Jh. der älteste Marktplatz von Osterode. Ab 1233 bis zur Reformation lebten hier Nonnen in einem Kloster der Zisterzienserinnen. Die Schlosskirche entstand in ihrer heutigen Form 1751/52 durch den Umbau der Klosterkirche. Sehenswert sind der Taufstein (12. Jh.), eine Mosesfigur aus dem 16. Jh., der Altar (17. Jh.) sowie das von einem französischen Kriegsgefangenen während des Zweiten Weltkrieges geschaffene Kruzifix. Vom landesherrlichen Schloss, das 1561 durch den Umbau des Klosters entstanden ist, besteht noch der Südflügel als Sitz des **Amtsgerichtes.**

Der Stadtrundgang folgt nun vom Ritterhaus der Unteren Neustadt zum Spritzenhausplatz. Hier steht ein stattliches **Ackerbürgerhaus** in Fachwerk und mit künstlerischen Details, so die hier beliebten geschnitzten Sonnenrosen und ein Kordelfries. Erbaut wurde es Mitte des 16. Jh. Ähnlich wertvolle Ackerbürgerhäuser stehen in der Oberen Neustadt.

Jammertalsgasse und Krummer Bruch

Woher aber mag die Jammertalsgasse ihren **Namen** haben? Sie führt zu der ebenfalls sehenswerten Straße Langer Krummer Bruch. Parallel zur Jammertalsgasse liegt der Kurze Krumme Bruch. Als diese Gegend zwischen der Alt- und der Neustadt bebaut werden sollte, musste erst das Sumpfgebiet, niederdeutsch Bruch, trockengelegt werden. Am Gebäude Langer Krummer Bruch 18 erinnert eine Gedenktafel an die Jüdische Gemeinde, die hier ihre Synagoge und eine Schule hatte. In der nationalsozialistischen „Reichspogromnacht" am 9. November 1938 wurde die **Synagoge** geschändet und das Inventar zerstört.

Vom Langen Krummen Bruch zweigt rechtwinklig die Scheffelstraße ab, dort steht die 1827 erbaute Luisenschule für „Höhere Töchter", später Oberschule für Mädchen, jetzt Sitz der Stadtbibliothek.

▷ Der Turm der Marktkirche

Wieder am Markt

Nach wenigen Schritten ist wieder die Marktstraße erreicht, durch die schmale Güldengasse der Martin-Luther-Platz. Die **Marktkirche St. Aegidien** überragt mit ihrem mächtigen Turm aus dem 13. Jh. die Altstadt, das Kirchenschiff wurde nach dem Stadtbrand von 1545 wieder errichtet. Sehenswert sind die bemalte Kassettendecke, der barocke Altar und der holzgeschnitzte Taufständer (1589).

Städtisches Selbstbewusstsein spricht aus dem 1552 erbauten **Alten Rathaus**, dessen prächtiger schieferverkleideter Giebel mit fünfseitigem Erker in die traditionell von Händlern und Handwerkern bewohnte Straße Am Schilde blickt. Vom Erker herab hängt an Ketten eine Walrippe, die Osterode vor Überflutungen durch die Söse bewahren soll. Die Bemalung unter dem Erker zeigt das „O" aus dem Stadtwappen und ein Füllhorn. Der Ratskeller bittet mit schattigem Garten zur Einkehr.

Es lohnt sich, um das Alte Rathaus und die Marktkirche einmal herumzulaufen, auf den kleinen Platz hinter der Kirche und in die **Aegidienstraße** zu gehen; das wohl malerischste Bauensemble der Osteroder Altstadt. Das sonnenverzierte Haus Aegidienstraße 1 ist die um 1600 erbaute Lateinschule; später diente es als Wohnhaus des Stadtkommandeurs, was ihm den Namen **„Kommandantenhaus"** eintrug.

Spätestens hier entdecken Besucher der Stadt einen weiteren städtebaulichen Schatz, die über weite Strecken noch gut erhaltene **Stadtmauer.** 1233 erstmals erwähnt, besaß sie einst vier Tore, die alle im 19. Jh. abgebrochen wurden. In dem kleinen, nachgebildeten Rundbau an der Stadtmauer bei der Aegidienstraße befindet sich die Touristeninformation.

Ein Hausdurchgang führt auf den Hof des **Harzkornmagazins,** des heutigen Sitzes der Stadtverwaltung. Zwischen 1719 und 1722 ließ das Oberbergamt diesen barocken Profanbau errichten, als Speicher für Brotgetreide, das dann in die Bergstädte des Oberharzes geliefert und den Bergleuten zu subventionierten Preisen verkauft werden konnte. Auf das historische Portal blickt man freilich nicht von der Hofseite, sondern am besten vom Fußweg an der Söse. Den Hauptgiebel ziert das Wappen des englisch-hannoverschen Königshauses, über dem Eingang ist zu lesen: „Utilitati Herciniae" (Zum Nutzen des Harzes).

Eine **Bronzeskulptur** vor dem Alten Rathaus zeigt einen **Eseltreiber** mit bepacktem Grautier. So sind damals, mit Karawanen von Eseln, die schweren Brotgetreidesäcke in den Oberharz gebracht worden.

Nun wird es Zeit, die **Söse** zu besuchen, die hier in ihrem breiten gemauerten Bett rund 5 km seit der Talsperre zurückgelegt hat. Flussabwärts kann man über die Sösepromenade gehen oder sich auf Bänken ausruhen, Kinderspielgeräte stehen dort auch. Zwischen Promenade und Innenstadtring liegt die zentrale Bushaltestelle, für die Regionalbusse nach Clausthal-Zellerfeld und Bad Grund.

Zurück in die Altstadt gelangt man über den Stadtring und die Marientorstraße, die in den Kornmarkt mündet.

▷ Fachwerkhaus an der Aegidienkirche

Zum Harzer-Hexen-Stieg

Auf einem Bergsporn nördlich der Altstadt ragt wie ein mahnender Finger die Ruine der welfischen **Reichsburg** von 1130 auf. Es sind die Reste eines Bergfrieds dieser Anlage, die schon im 16. Jh. nicht mehr genutzt wurde. *Heine* hat sie am Morgen seines Aufbruchs aus Osterode noch besucht, sie ist aber auch von Weitem nett anzusehen. Vom Harzkornmagazin sind es 10 Min. Fußweg, zunächst über die Sösebrücke, dann durch die Johannisvorstadt in Richtung des Stadtteils Freiheit, bei der Rosmaringasse nach rechts über den Friedhof.

Vom Kreisverkehr an der Sösebrücke zweigt die Scheerenberger Straße ab, mit dem Auto der direkte Weg zum Startpunkt des Harzer Hexen-Stiegs; ausgeschildert ist der Parkplatz Bleichestelle. Dort können Wanderer ihre Fahrzeuge kostenlos abstellen. Informationstafeln mit Karten geben einen Überblick des wahlweise 94 oder 107 km langen Weges. Wer den Hexen-Stieg zu Fuß erreichen möchte, geht besser am Altstädter Ufer der Söse stromaufwärts bis zur Fußgängerbrücke (markiert durch das Hexen-Symbol), überquert diese und sieht schon den Parkplatz. Der Einstieg in den Wanderweg ist durch eine überlebensgroße holzgeschnitzte Hexe gekennzeichnet (siehe Exkurs).

Wanderungen zur Sösetalsperre

Der Harzer-Hexen-Stieg eröffnet diese kleine Rundwanderung von Osterode zur **Talsperre der Söse** (8 km). Auf Schotter- und Waldwegen sind überraschende Ausblicke, die Stille des Waldes und die, je nach Füllstand, bis zu 124 ha große, von Bergen umgebene Wasserfläche zu erleben. Zunächst geht es immer der Hexe nach bis zum **Eselsplatz.** An dem historischen Rastplatz der Eseltrei-

ber steht eine Schutzhütte. Halblinks neben der Hütte führt ein markierter Pfad recht steil hinab in den Wald. Er endet an der Straße Osterode – Altenau, der rund 50 m zu folgen ist (Wegweiser), bis zum Parkplatz an der Staumauer (Haltestelle Buslinie 462, hier auch öffentliche Toiletten).

Die Talsperre wurde 1928–1931 erbaut. Sie dient als **Trinkwasserreservoir** sowie dem **Hochwasserschutz** und der **Energiegewinnung.** Baden und Wassersport sind deshalb nicht möglich, es gibt keinen Rundwanderweg um den Stausee. Der Blick über die Staumauer ist imposant. Vom anderen Ende der 485 m langen Dammkrone gibt es zum Tal hin einen markierten Weg nach Osterode. Nach rund 3 km an der Wegkreuzung dem Hinweis nach links zum Waldvogelpark folgen, um weiter durch den Wald nach Osterode zu wandern; rechts erreicht man die Landstraße, dort ist der Rückweg auf dem Rad-/Fußweg möglich (3 km).

Von der Talsperre bietet sich ein Rundweg zum Höhenzug „Auf dem Acker" an, mit Einkehr in der beliebten **Waldgaststätte Hanskühnenburg,** die 1784 schon von *Goethe* besucht wurde. „Acker" kommt hier von dem mittelhochdeutschen „agger" für Kamm, Wall. Zu Fuß oder mit dem Fahrrad geht es nach Überquerung der Dammkrone nach links bergauf bis zur Vorsperre, weiter auf die Höhe bis zur Hanskühnenburg. Das ist ein empfehlenswerter Skiwanderweg. Der Rückweg führt über **Riefensbeek** wieder an die Talsperre und dort zum Parkplatz. Diese Wanderung ist vom Parkplatz Bleichestelle in Osterode ausgewiesen, von dort sind es 23 km.

Praktische Tipps

Anreise

■ **Mit eigenem Fahrzeug:** B 243 Hildesheim – Nordhausen.
■ **Per Bahn:** Regionalbahnlinie Braunschweig – Herzberg.

Information

■ **Touristeninformation,** Eisensteinstraße 1 (an der Stadtmauer, hinter dem Kornmagazin), Tel. (05522) 318333, Mai bis Okt. Mo–Fr 9–17 Uhr, Sa 9–13 Uhr, Nov. bis April Mo–Do 9–16 Uhr, Fr 9–14 Uhr.

Übernachtung

7 7 **Hotel Sauerbrey**③, Lerbach, Friedrich-Ebert-Straße 129, Tel. (05522) 50930, www.hotel-sauerbrey.de, Mo–Fr 16–24 Uhr, Sa, So 11–23 Uhr. Familiengeführtes Haus seit 1850, komfortabel im Harztal, Restaurant, Biergarten, Harzer und saisonale Küche.

9 **Tiroler Stuben**①, Scheerenberger Straße 45, Osterode, Tel. (05522) 2022, www.tirolerstuben.de. Einfache Pension für Wanderer, Parkplätze am Haus, 450 m zum Hexen-Stieg, 1 km zur Altstadt, 2 km zum Bahnhaltepunkt.

> Die Sösetalsperre

Osterode — Südharz und Kyffhäuser

Essen und Trinken

Hotelrestaurant siehe „Übernachtung".

1 Da Capo②, Osterode, Dörgestraße 28, Tel. (05522) 9168044, www.da-capo-osterode.de, Di–Fr, So 12–14 und ab 17.30 Uhr, Sa 9.30–14 und ab 17.30 Uhr. Schnörkellos stilvoll eingerichtetes Restaurant neben der Stadthalle am Kurpark, überdachter Kaffee- und Biergarten, mehrere vegetarische Speisen im Angebot, Buffets, Lunchmenü.

4 Ratskeller②, Osterode, Martin-Luther-Platz 2, Tel. (05522) 205670, www.osterode-ratskeller.de, Do–Di 11.30–14.30 und 17.30–22.30 Uhr. Stimmungsvolles Lokal in der Altstadt, Straßenplätze im Baumschatten zwischen Altem Rathaus und Marktkirche, regionale, saisonale und südländische Küche, wochentags Mittagessen unter 10 €, Sa 11–14 Uhr Suppen-Buffet 5,55 €.

6 Ratswaage①, Waagestraße 8, Tel. (05522) 71105, www.ratswaage-osterode.de, Di–So 11–14 und ab 17 Uhr. Gemütliche Kneipe in der Altstadt, serviert werden Currywurst und Schnitzel in Varianten sowie Gemüsepfannen, wochentags Mittagstisch 5,50 €.

8 Waldgaststätte Hanskühnenburg①, www.hanskuehnenburg-im-harz.de, April bis Nov. Fr–Mi 9–17 Uhr, Dez. bis März Fr–Mi 9–16 Uhr. Genau richtig für Wanderers Rast, einfache warme und kalte Speisen, Altenauer Pils, Aussichtsturm, Station des Harzer Baudenstiegs.

10 Tilman-Riemenschneider-Haus②, Osterode, Fuchshaller Weg 79, Tel. (05522) 76282, www.tilman-haus.de, Di–So 11.30–24 Uhr. Regionale Küche über den Dächern von Osterode, Spezialitäten vom „Harzer Roten Höhenvieh", direkt an Wanderwegen, Terrasse und Wintergarten.

www.fotolia.de © paulinka41

Der Harz im Kalten Krieg

Noch am 8. April 1945 erklärte das Oberkommando der Wehrmacht den Harz zur Festung. Erst am 7. Mai kapitulierten die letzten Einheiten der Wehrmacht und Waffen-SS vor den US-amerikanischen Alliierten. Im Zuge des Potsdamer Abkommens wurden der Ostteil des Harzes und der Brocken im Juli von sowjetischen Truppen besetzt und unter **sowjetische Verwaltung** gestellt. Fortan verlief die Grenze zwischen der amerikanischen Besatzungszone – die schon bis März 1948 mit der französischen und britischen zur grenzfreien Trizone zusammengeschlossen wurde – und der sowjetischen Besatzungszone mitten durch den Harz. Mit der Formierung der beiden deutschen Staaten 1949 wurde sie zur **Staatsgrenze.**

Ab 1952 siedelten die DDR-Behörden als politisch unzuverlässig bewertete Bürger aus der grenznahen Region aus. Zunächst war es noch möglich, den Brocken zu besuchen und unter bestimmten Voraussetzungen die Grenze legal zu überqueren. Doch mit der Abriegelung der Grenze am 13. August 1961 wurden die Befestigungen im Harz ausgebaut. Eine **5 km breite Sperrzone** durfte nur noch von den scharf reglementierten Bewohnern sowie von Besuchern mit Sondergenehmigung betreten werden. Dies betraf zum Beispiel den renommierten Kurort Schierke, der gleichwohl in DDR-Reisekarten, so „Reiseland DDR" (1980), als Wintersportplatz und Urlauberort des Freien Deutschen Gewerkschaftsbundes (FDGB, Einheitsgewerkschaft) deklariert wurde.

Der Harz, das vielzitierte „deutscheste aller Gebirge", wurde von Stapelburg/Eckertal im Norden bis Ellrich/Walkenried im Süden durch Stacheldrahtzaun und Todesstreifen getrennt, der Brocken zum Militärischen Sperrgebiet er-

klärt (siehe Exkurs „Der Brocken"). In den Harzwäldern, etwa bei Halberstadt und Quedlinburg, waren Einheiten der sowjetischen Armee stationiert, dazu kamen die Standorte der Nationalen Volksarmee der DDR. Einziger Grenzübergang im Bereich des Harzes war die Bahnlinie zwischen Ellrich und Walkenried, die ausschließlich für den Güterverkehr genutzt wurde. Der nächste Personenübergang lag bei Helmstedt/Marienborn (45 km westlich von Magdeburg).

Ab 1973 wurde im Zuge der Entspannungspolitik der **„Kleine Grenzverkehr"** eingerichtet. Er ermöglichte Bundesbürgern Tagesbesuche in den grenznahen Orten der DDR. In Duderstadt im südlichen Harzvorland wurde dafür ein Grenzübergang eröffnet.

Auf dem Brocken wurden **Abhörstationen** der Sowjetunion („das westlichste Ohr Moskaus") und der DDR-Staatssicherheit eingerichtet. Das Ohr zum Osten dagegen stand ab 1967 auf dem Stöberhai bei Wieda, einer der fünf Aufklärungstürme der Bundeswehr.

Wie sich die Harzbewohner beiderseits der Mauer gefühlt haben, die den Brocken zwar immer wieder von Weitem zu sehen bekamen, aber wussten, dass er für sie unerreichbar ist und vielleicht ihr Leben lang bleiben würde, können die Menschen dort nur selbst erzählen.

Nur wenige Stunden nach dem friedlichen **Fall der Berliner Mauer** – etwa in Stapelburg am 11. November 1989, 16 Uhr – öffnete sich die den Harz teilende Grenze. Lediglich auf dem eisigen **Brocken** mussten tausende Protestwanderer am 1. Advent dafür sorgen, dass dort der Kalte Krieg beendet wird. An jene über vier Jahrzehnte erinnern noch immer **Relikte** in der Landschaft, wie die Kolonnenwege und überwachsenen Grenzstreifen. Im Grenzlandmuseum Tettenborn bei Bad Sachsa, im Grenzmuseum Sorge und im Ski- und Heimatmuseum Braunlage werden Zeitzeugnisse ausgestellt. Gedenksteine erinnern an die Öffnung der Grenze und an Opfer des Grenzregimes. Der **Harzer Grenzweg** (91,5 km) ist als markierter Wanderweg Teil des Grünen Bandes entlang der einstigen Staatsgrenze zwischen der DDR und der Bundesrepublik Deutschland.

▷ Grenzmarkierung im Eckertal

◁ Gedenksculptur an der Brücke zwischen Stapelburg und Eckertal

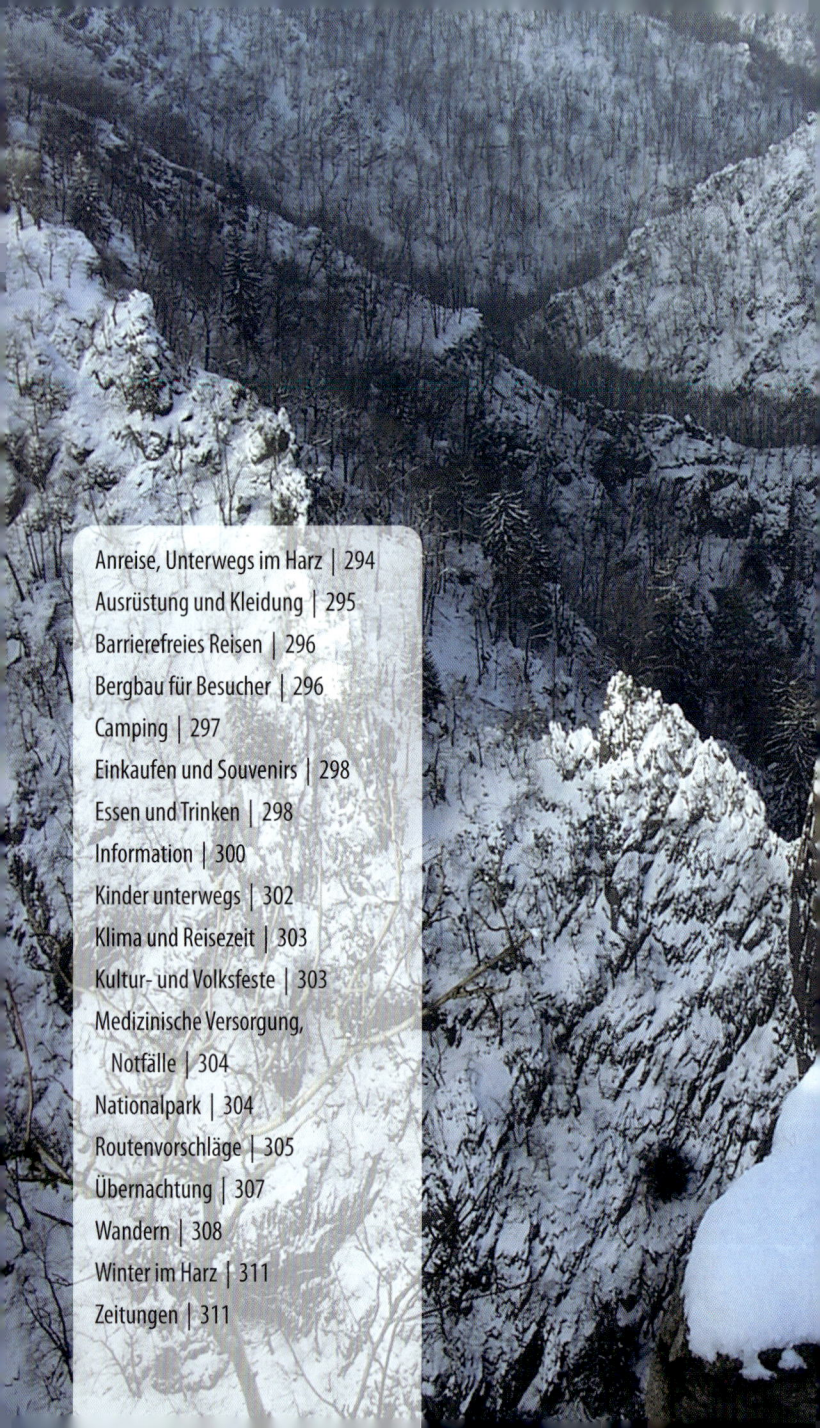

Anreise, Unterwegs im Harz | 294

Ausrüstung und Kleidung | 295

Barrierefreies Reisen | 296

Bergbau für Besucher | 296

Camping | 297

Einkaufen und Souvenirs | 298

Essen und Trinken | 298

Information | 300

Kinder unterwegs | 302

Klima und Reisezeit | 303

Kultur- und Volksfeste | 303

Medizinische Versorgung, Notfälle | 304

Nationalpark | 304

Routenvorschläge | 305

Übernachtung | 307

Wandern | 308

Winter im Harz | 311

Zeitungen | 311

8 Praktische Reisetipps von A bis Z

◁ Blick von der Rosstrappe

Anreise, Unterwegs im Harz

Flug

Die nächstgelegene **Flugplätze** sind Leipzig/Halle (123 km bis Halberstadt), Erfurt/Weimar (83 km bis Nordhausen) und Hannover-Langenhagen (98 km bis Goslar).

Auto

Mit dem Auto ist der Harz über die **Autobahnen 395 im Norden** (bis Vienenburg), die **A 14 im Osten** (Magdeburg – Halle/Saale), die **A 38 am Südrand** (Südharzautobahn, Sangerhausen – Nordhausen) und die **A7 im Westen** (Hildesheim – Göttingen) erreichbar. Das Gebirge ist vor allem durch die **Bundesstraßen** 4, 6, 27, 242 und 244 erschlossen.

Reisende **aus Österreich** nutzen die **A9** oder (durch Tschechien) **A 14**, Reisende **aus der Schweiz** die **A5** oder **A7**.

Bahn

Mit der Bahn ist der Harz aus allen Himmelsrichtungen gut erreichbar. Nächstgelegene **IC-Bahnhöfe** sind in **Niedersachsen:** Göttingen, Northeim, Hildesheim, in **Sachsen-Anhalt:** Halle/Saale, Lutherstadt Eisleben, Sangerhausen, **in Thüringen:** Nordhausen. Wichtigste Bahnhöfe für den **Regionalverkehr** sind Goslar, Wernigerode, Halberstadt, Halle/Saale und Nordhausen.

Die **Harzer Schmalspurbahnen** verkehren auf drei Strecken über 140 km und bedienen dort 40 Stationen: **Harzquerbahn** (Nordhausen – Ilfeld – Eisfelder Talmühle – Benneckenstein – Drei Annen Hohne – Wernigerode), **Selketalbahn** (Eisfelder Talmühle – Stiege – Alexisbad – Gernrode – Quedlinburg, Abzweige: Stiege – Hasselfelde, Alexisbad – Harzgerode) und **Brockenbahn** (Drei Annen Hohne – Schierke – Brocken). Informationen unter www.hsb-wr.de.

Fernbus

Das Unternehmen **Flixbus** bedient folgende Haltestellen im und am Harz: Halberstadt, Goslar, Bad Harzburg, Wernigerode, Blankenburg, Quedlinburg, Aschersleben, Osterode, Herzberg, Sangerhausen.

Reisende **aus Österreich** können u.a. die Direktverbindungen Wien-Halle/Saale oder Salzburg-Halle/Saale nutzen, weiter mit der Bahn. Für Reisende **aus der Schweiz** gibt es Verbindungen von Basel über Wien oder von Bern über München nach Halle/Saale. Alle Verbindungen unter www.flixbus.de.

▷ Wegweiser zwischen Clausthal-Zellerfeld und Wildemann

Tickets und Tarife

In Sachsen-Anhalt und Thüringen gelten gemeinsam die jeweiligen **Landestickets,** in beiden Bundesländern auch das **Sachsen-Ticket** der Deutschen Bahn. Das **Niedersachsen-Ticket** gilt auch in Bremen und Hamburg.

Einen **Verbundtarif** für das gesamte Gebirge und sein Vorland **gibt es nicht.** Die Lage des Harzes in drei Bundesländern und vier Landkreisen hat für Fahrten mit Linienbussen ein nicht immer leicht zu überblickendes Tarifsystem zur Folge.

Der Verbundtarif **Region Braunschweig** gilt in allen Nahverkehrsmitteln im **Nordwesten** des Harzes (Vienenburg, Seesen, Langelsheim, Hahnenklee, Oberharz, Braunlage/Sankt Andreasberg, Torfhaus, Bad Harzburg). Näheres unter www.vrb-online.de.

Im **Südwesten** gilt der Verkehrsverbund **Süd-Niedersachsen.** Er umfasst im Harz: Bad Grund, Osterode, Herzberg, Bad Lauterberg (www.vsn.info.de).

Zwischen den Landkreisen Osterode und Goslar gibt es den „**Übergangstarif Harz".** Er ist für Besucher gedacht, in seiner Struktur aber nicht leicht zu durchschauen. Beide Verkehrsverbünde empfehlen, sich beim Busfahrer zu informieren, welche Fahrkarte die richtige ist. Am günstigsten für Gäste ist die **Urlauberkarte.** Sie kostet 14,10 €, wenn eine gültige Kurkarte aus einem Ort im ÜT-Harz-Gebiet vorgelegt wird, und gilt für drei Tage und bis zu fünf gemeinsam reisende Personen (was auf der Kurkarte vermerkt sein muss).

Der **Nordosten** des Gebirges (Wernigerode, Halberstadt, Quedlinburg) wird von den Harzer Verkehrsbetrieben (www.hvb-harz.de) in der **Verkehrs- und Tarifgemeinschaft Ostharz** (VTO) befahren, das heißt, im HVB gilt der VTO. Für Urlauber lukrativ ist das **Harzer Urlaubs-Ticket (HATIX).** Mit dem Meldeschein des Gastgebers in den teilnehmenden (also praktisch allen) Urlaubsorten kann man die Linienbusse während des Urlaubs (Kurtaxe gezahlt) frei nutzen. Detaillierte Informationen unter www.hatix.info.de.

Ausrüstung und Kleidung

Für die Wanderungen im Harz genügt **normale Wanderbekleidung.** Zur ständigen Ausrüstung gehören regenfeste Kleidung und feste Schuhe. Auf dem **Brocken** und anderen Gipfeln kann es deutlich kälter und windiger sein als im Tal. Darauf sollten sich Wanderer einstellen (Kopfbedeckung, Windjacke).

Barrierefreies Reisen

Mehrere **Hotels** und **Pensionen** sind behindertengerecht ausgestattet und warten zudem mit Angeboten auf für Reisende, deren Mobilität eingeschränkt ist. Informationen gibt es in den Fremdenverkehrsämtern sowie unter:

- www.harzinfo.de
- www.harz-online.de/barrierefrei
- www.runa-reisen.de
- www.behindertenreisen.de

Der **Wandererbus „Ilsetaler"** Wernigerode – Drei Annen Hohne verkehrt als Niederflurbus mit zusätzlicher Klapprampe, ebenso die **Linienbusse** von Bad Harzburg zum Molkenhaus und zur Rabenklippe. **Rollstuhlgerecht** sind das Brockenhaus (Anfahrt mit Schmalspurbahn, drei Tage vorher anmelden), das Nationalparkhaus Torfhaus und die Waldgaststätte Rehberger Grabenhaus (siehe „Sankt Andreasberg").

Bergbau für Besucher

In den Städten des Oberharzes, im Rammelsberg von Goslar, in Elbingerode, Straßberg und Sangerhausen vermitteln **Besucherbergwerke** die reiche Geschichte des Bergbaus im Harz. Eines der bedeutendsten deutschen Bergbaumuseen lädt in Zellerfeld zu einem Besuch ein.

Die Besucherbergwerke können in der Regel **im Rahmen von Führungen** besichtigt werden. Bergmännische Schutzbekleidung erhalten die Besucher vor Ort. Zuvor muss jeder sich selbst darauf einrichten, dass unter Tage eine konstante Temperatur von 8–11 °C und eine hohe Luftfeuchtigkeit herrschen. Wanderschuhe und strapazierfähige, wärmende Bekleidung sind Vorausset-

Ein Muss für alle Bergbau-Interessierten ist das ehemalige Erzbergwerk Rammelsberg.

zung für die Fahrt in den Schacht. Mit „Fahrt" wird im Bergbau übrigens jede Fortbewegung unter Tage bezeichnet, also auch die zu Fuß.

Zahlreiche **Zeugnisse des Bergbaus** sind **über Tage** zu sehen. Darauf wird, ebenso wie auf die Bergwerke, in den Ortsbeschreibungen hingewiesen. Hervorzuheben sind hier das zum Weltkulturerbe zählende Oberharzer Wasserregal (siehe Exkurs), die Anlagen bei Elbingerode und die Schachthalde „Hohe Linde" bei Sangerhausen.

Ein sehr umfangreiches Angebot an bergmännischer **Fachliteratur** und an **Souvenirs** halten das Bergbaumuseum Zellerfeld sowie das Bergwerksmuseum Rammelsberg bereit. Broschüren und Minerale werden natürlich auch andernorts angeboten.

Camping

Einige Campingplätze werden in diesem Buch in den **„Praktischen Tipps"** der **Ortsbeschreibungen** genannt, weitere Adressen sind über die **Fremdenverkehrsämter** zu erfahren.

Am Rande mehrerer Städte, zum Beispiel in Quedlinburg, werden **Wohnwagen-Stellplätze** angeboten. Eine Übersicht gibt es auf der Website www.harz-paradies.de. Höchstgelegener Campingplatz des Harzes ist „Am Stern" zwischen Schierke und Elend (siehe „Unterharz, Zwischen Sorge und Elend").

◹ Bergmannshaus in Goslar

Einkaufen und Souvenirs

Neben den kulinarischen Köstlichkeiten und guten Tropfen sind als Souvenirs vor allem die **Brockenhexen** beliebt, die es in allen Abstufungen zwischen Kunsthandwerk und Kitsch gibt. Weit verbreitet sind **Töpferwaren.** Im Oberharz und in den anderen Bergbaurevieren gibt es Harzer **Mineralien** zu kaufen.

Zu den besten Souvenirs gehören immer noch **Bücher,** die man in die Hand nehmen kann. Es sind zahlreiche Bildbände sowie Bücher zur Geschichte, Harzkrimis und Kinderbücher mit Bezug zum Harz erschienen. Anhand einer guten **Wanderkarte** kann man sich daheim nochmal an die schönsten und anstrengendsten Touren erinnern.

Essen und Trinken

Die traditionelle Harzer Küche kommt aus dem Alltag naturnaher, schwerer körperlicher Arbeit der Bergleute, Köhler und Waldarbeiter. Da kommt **Deftiges** auf den Teller, und ein Stück Fleisch gehört dazu, am liebsten ein Schnitzel. So wird von vielen Lokalen „deftige Harzer Küche" angeboten. Die besseren darunter beziehen ihr Fleisch, das Gemüse und die Kartoffeln von regionalen Erzeugern, die Pilze und Wildkräuter aus dem Harzer Wald.

Wer diese landläufig „gutbürgerlich" genannte Küche mag, findet in den Harzorten und den Gebirgsbauden eine gute Auswahl. Beliebt sind **Fischgerichte,** am besten natürlich dort, wo zum Beispiel frische Forelle aus den Gebirgsbächen angeboten wird.

Essen und Trinken

Vegetarische Küche, die mehr bietet als einen Salat oder Spaghetti mit Tomatensauce, ist noch etwas Exotisches im Gebirge, wenngleich es Lokale gibt, die einfallsreicher agieren.

Harzer Spezialitäten

In einigen Gaststätten gibt es Fleisch- und Wurstwaren von heimischem Wild sowie vom **„Harzer Roten Höhenvieh",** einer wieder erfolgreich gezüchteten alten Rinderrasse.

Harzer Käse ist ein Sauermilch-Magerkäse, so deftig im Geschmack, wie man sich den Harzwald gern vorstellt. Charakteristisch ist seine glatte, goldgelbe bis rötliche Oberfläche. Er reift mit Hilfe von Mikroorganismen von außen nach innen, das heißt, er hat jung einen weißlichen, krümeligen Kern, und wenn der Käse „durch" ist, hat sich sein pikantes Aroma voll ausgebildet.

Heute kommt diese in jeder Kaufhalle erhältliche Alltagsspezialität gar nicht mehr aus dem Harz, sondern zum Beispiel aus Sachsen. „Harzer Käse" ist keine geschützte Bezeichnung. Egal, passt trotzdem auf jeden Harzer Speiseteller. Dazu Graubrot, Zwiebeln und ein Harzer Bier. Meistens kommt noch dick Schmalz auf das Brot, damit hat sich das dann auch mit dem Mager-Käse erledigt, was die Kalorien betrifft. Harzer Käse wird aber auch zu Salaten oder Pfannengerichten verarbeitet, so zur Harzer Bauernpfanne (mit Kartoffeln, Zwiebeln, Speck, Knoblauch und Kümmel).

Singen kann der Käse nicht! Zwar wird er umgangssprachlich seiner Form wegen auch gern **„Harzer Roller"** genannt, doch eigentlich ist dieser Begriff einer besonders musikalischen Rasse von Kanarienvögeln vorbehalten, die in den Harzer Erzbergbaurevieren, besonders in Sankt Andreasberg, für den Verkauf gezüchtet wurden und deren Gesang „rollend" ist. (Mehr dazu unter „Sankt Andreasberg, Exkursion in Bergbaugeschichte"). Diesen Gesang gibt es nun auch auf CD oder als mp3-Datei. Somit ist es möglich, einen Harzer Roller sowohl zu hören als auch zu essen.

Beim **Bier** ist die Auswahl nicht üppig, kein Vergleich mit der anderen großen deutschen Erzbergbauregion, dem sächsischen Erzgebirge. Überall präsent ist das **Hasseröder Pilsener.** Die Brauerei in Wernigerode gehört zum weltgrößten Braukonzern. Ein feines Harzer Traditionsbier ist das **Altenauer** aus dem Oberharz. Die Brauerei wird betrieben von der Klostergutsbrauerei Wöltingerode. Museale Köstlichkeit ist das **Wipperaer Bier** aus der Traditionsbrauerei im Wippertal bei Mansfeld. Hier wird noch wie vor 100 Jahren gebraut. Das Bier in den nostalgischen Bügelflaschen gibt es in einigen Kaufhallen und Getränkemärkten in Sachsen-Anhalt und Niedersachsen. Zu Goslar gehört die obergärige **Gose.** Das alkoholfreie Clausthaler aber kommt nicht mehr aus der Bergstadt, es wird in Frankfurt am Main gebraut.

Harzer **Spirituosen** sind der **Schierker Feuerstein,** ein Kräuterlikör, den ein Apotheker erfunden hat (folglich Medizin?), **Harzgeist** aus Wernigerode, der **Nordhäuser Doppelkorn** sowie Liköre und Brände aus **Gernrode.** Und Harzer **Whisky** gibt es auch: aus der kleinsten

◁ Im Landhaus Zu den Rothen Forellen in Ilsenburg ist man als Gourmet gut aufgehoben

Spirituosenmanufaktur Norddeutschlands, der Hammerschmiede in Zorge.

Mineralwasser und Limonade kommen aus **Blankenburg** (Regensteiner) und aus dem **Okertal.**

Für Kuchen und Gebäck lohnt sich immer der Weg in die örtlichen Konditoreien und Bäckereien. Berühmt sind die Kekse, Lebkuchen und Waffeln aus dem **Friwi-Werk** in Stolberg.

Information

Die Adressen der örtlichen und regionalen **Informationsstellen** werden am Ende der Ortsbeschreibungen unter „Praktische Tipps" aufgeführt. Dort können Unterkünfte, Führungen, Wanderungen und andere touristische Leistungen recherchiert und gebucht werden.

Der länderübergreifende **Harzer Tourismusverband** sitzt in Goslar. Durch ihn wird die aktuellste und informativste Website für die gesamte Harzregion redigiert.

Preiskategorien für Restaurants in diesem Reiseführer

① Auswahl von Hauptgerichten bis 10 Euro
② Auswahl von Hauptgerichten über 10 Euro

Den Schierker Feuerstein kann man auch trinken

Information

■ **Harzer Tourismusverband e.V.,** Marktstraße 45, 38640 Goslar, Tel. (05321) 34040, www.harzinfo.de.

Internet

■ **www.harzinfo.de:** Harzer Tourismusverband, Goslar, sehr informativ über Harzorte, Unterkünfte, Angebote, die komplette Ergänzung zu diesem Reiseführer.

■ **www.nationalpark-harz.de:** Nationalparkverwaltung, Natur schützen und erleben, Information über die Besucherzentren, Veranstaltungskalender, Unterkünfte.

■ **www.harztourist.de:** Wernigerode, Urlaubsplanung für das gesamte Gebirge, Brockencam.

■ **www.oberharz.de:** Reiseportal für den Oberharz.

■ **www.harz-ski.de:** das Wintersportportal.

■ **www.harz-online.de:** privates Urlaubs- und Freizeitportal.

■ **www.harzlife.de:** privater Online-Reiseführer.

■ **www.hsb-wr.de:** offizielle Seite der Harzer Schmalspurbahnen.

■ **www.harzer-wandernadel.de:** offizielle Seite des Wanderangebotes mit Verzeichnis und Fotos aller Stempelstellen.

■ **www.hamburg-heide-harz.de:** sehr unterhaltsame private Seite eines Wanderers und Fotografen.

■ **www.jensunterwegs.de:** informative private Seite eines Wanderers, kommentiertes Verzeichnis mit Fotos aller Stempelstellen der Harzer Wandernadel.

⌄ Gondelfahrt à la Harz: Sessellift zur Rosstrappe

Kinder unterwegs

Der Harz ist in allen Gebirgsregionen ein spannendes, abwechslungsreiches und anregendes Ferienland. Eine Auswahl von Vorschlägen für den Urlaub mit Kindern wird in den Ortsbeschreibungen gegeben. Hier noch eine kleine Liste mit Ideen und Angeboten.

- Umsonst und draußen: **Wanderungen** aller Art und in jeder Jahreszeit.
- **Geführte Wanderungen für Kinder** durch die Nationalparkwacht.
- **Löwenzahn-Entdeckerpfad** in Drei Annen Hohne.
- **Hochseilgärten** in Ilsenburg, Sankt Andreasberg und Thale.
- **Erlebniswelt Thale** mit Kabinenbahn und Sessellift.
- **Brockenbad,** Wernigerode.
- **Freibad Albertine,** Harzgerode.
- **Bergschwimmbad,** Altenbrak.
- **Erlebnisbad Salztalparadies,** Bad Sachsa.
- **Vitamar-Bad,** Bad Lauterberg.
- **Freizeit- und Sportzentrum Halberstadt.**
- **NatUrzeitmuseum,** Bad Sachsa.
- **Iberger Tropfsteinhöhle,** Bad Sachsa.
- **Besucherbergwerke** (siehe auch „Erlebbarer Bergbau").
- Fahrt mit der **Harzer Schmalspurbahn, Rübelandbahn, Mansfelder Bergwerksbahn, Tagesförderbahn Clausthal-Zellerfeld.**

Im Hochseilgarten von Thale

Klima und Reisezeit

Der Harz ist **zu jeder Jahreszeit** als Erholungs- und Wanderregion besuchbar. Noch immer zeigen sich die Jahreszeiten mit allen Vorzügen und Tücken. **Sonnigste Reisezeit** ist Juni/Juli, dann werden z.B. in Wernigerode um 24 °C mit täglich rund sieben Sonnenstunden erwartet. Im Januar sinkt die Temperatur auch im Vorland oft auf unter 3 °C. Im Westharz, im Oberharz und im Hochharz sind das ganze Jahr über kräftigere **Niederschläge** zu erwarten, dagegen ist es im Ostharz und Mansfelder Land trockener und sonniger. Die Durchschnittstemperatur auf dem Brocken liegt bei 4 °C, Tendenz steigend. Als Faustregel gilt, dass es im Unterharz im Jahresdurchschnitt etwas wärmer und trockener ist als im kühlen, feuchten Oberharz.

Kultur- und Volksfeste

- **Osterfeuer** in vielen Gebirgsorten.
- **Walpurgisspektakel** am 30. April in Bad Grund, Benneckenstein, Braunlage, Hahnenklee, Sankt Andreasberg, Schierke, Stiege, Thale, Wernigerode (Schloss) und an anderen Orten.
- **Ballenstedter Blütenzauber** im Mai.
- **Goslarer Bierfest** im Mai.
- **Holzfällerfest** Ende Mai in Schierke.
- **Mitteldeutscher Töpfermarkt** zu Pfingsten in Wernigerode.

Eine Fahrt mit der Brockenbahn ist zu jeder Jahreszeit ein Erlebnis

- **Finkenmanöver** Anfang Juni in Benneckenstein.
- **Rolandfest** im Juni in Nordhausen.
- **Quad- und ATV-Treffen** im Juni in Hasselfelde.
- **Ilsenburger Forellenfest** im Juni.
- **Rocken am Brocken,** Ende Juli in Elend.
- **Harzer Klostersommer,** Klosterfest im August auf Michaelstein bei Blankenburg.
- **Altstadtfest** im August in Wernigerode.
- **Schierker Kuhball** im September in Schierke.
- **Kaisermarkt** im Oktober in Goslar.
- Wernigeröder Wintermarkt und weitere **Weihnachts- und Adventsmärkte.**
- **Harzer KulturWinter,** Röhrigschacht Wettelrode bei Sangerhausen.
- **Advent in den Höfen** in Quedlinburg.
- Alle Feste, Märkte und Termine unter **www.harzinfo.de** und in den Touristeninformationen.

Medizinische Versorgung, Notfälle

- **Notruf:** 110 (Polizei).
- **Notruf:** 112 (Feuerwehr, Rettungsleitstelle, Notarzt).
- **www.aponet.de, www.apotheken.de** (Apothekennotdienst, nur Postleitzahl eingeben). Über den Apothekennotdienst informiert auch die jeweilige Lokalseite der örtlichen Tageszeitung.
- **Apothekennotdienst-Hotline** 0800 0022833.
- **Ärztlicher Bereitschaftsdienst:** 116117

> Wanderweg auf dem Hohnekamm bei Schierke

Nationalpark

Innerhalb des gekennzeichneten Bereiches des Nationalparks gelten die für diese höchste Schutzkategorie der Natur üblichen Regeln. Deren grundlegende lautet: **Wegegebot.** Innerhalb des Nationalparks können alle erkennbaren Wege, innerhalb der Kernzone alle ausgewiesenen Wege begangen werden, und die anderen folglich nicht.

Weitere einfach zu befolgende **Regeln** lauten: Nichts liegenlassen und nichts mitnehmen. Die Überbleibsel des Picknicks gehören wieder in den Rucksack, auch jeglicher weiterer Müll wird daheim entsorgt. Pflanzen und Pflanzenteile (also auch Pilze und Beeren) sowie Tiere dürfen nicht entfernt werden. Offene Feuer (von Februar bis Oktober auch Zigaretten) sind verboten. Hunde sind anzuleinen. Nicht gestattet ist das Campen außerhalb der ausgewiesenen Plätze.

Nationalpark-Besucherzentren

- **Altenau:** Nationalpark-Besucherzentrum Torfhaus, Torfhaus 38b, Tel. (05320) 331790, www.torfhaus.info, April bis Okt. tgl. 9–17 Uhr, Nov. bis März Di–So 10–16 Uhr, Eintritt frei. Multimediale, barrierefreie Ausstellung über die Natur des Harzes, für Kinder Baumhöhle und Forscherecke.
- **Bad Harzburg:** Haus der Natur mit Luchs-Info, Nordhäuser Straße 2b, Tel. (05322) 784337, www.haus-der-natur-harz.de, Di–So 10–17 Uhr, 3/1 €, Familien 7 €. Interaktive Walderlebnisausstellung, viele Angebote für Kinder.

- **Bad Lauterberg:** Nationalpark-Informationsstelle im Haus des Gastes, Ritscherstraße 4, Tel. (05524) 92040.
- **Brockenhaus,** Tel. (039455) 50005, www.nationalpark-brockenhaus.de, tgl. 9.30–17 Uhr, 4/2 €. Ausstellung „Augen auf und durch" – Reise durch die Vielfalt des Harzes.
- **Drei Annen Hohne:** Natur-Erlebniszentrum Hohne Hof, Tel. (039455) 8640, tgl. 10–16.30 Uhr, Eintritt frei. Anregungen für Wanderungen, Spielanlagen auf dem Hof, kleines Café, behindertengerechtes WC.
- **Ilsenburg:** Nationalparkhaus Ilsetal, Ilsetal 5, Tel. (039452) 89494, tgl. 8.30–16.30 Uhr, Eintritt frei. Direkt am Wandererparkplatz, Ausstellung zum Ilsetal, Naturfilme, Ausgangspunkt für geführte Wanderungen, wechselnde Fotoausstellungen.

Routenvorschläge

Auto und Motorrad

Die „Route 66" des Harzes ist die Bundesstraße 242, bekannt als **Harzhochstraße.** Sie verbindet über 124 km die Städte Seesen im Westen und Mansfeld im Osten. Dabei passiert sie alle Landschaftsbilder des Harzes, bedeutende Städte und Ausflugsorte: Bad Grund, Clausthal-Zellerfeld, den Sperberhaier Damm (Weltkulturerbe), die Stieglitzecke (828 m) als höchsten Punkt dieser Straße, den Oderteich (Weltkulturerbe),

Braunlage, Sorge, Tanne, Hasselfelde, Trautenstein, Stiege, Güntersberge, Alexisbad, Harzgerode, schließlich das Mansfelder Land.

Mit kleinen Abzweigungen von dieser Route erreicht man Wildemann, Altenau, Sankt Andreasberg, Benneckenstein, Stolberg und das Tal der Wippra.

Attraktiv, besonders für Biker, ist die kurven- und aussichtsreiche **Bundesstraße 27** von Herzberg über Bad Lauterberg, den Oderstausee, Sankt Andreasberg, Braunlage, Elend, Elbingerode, Rübeland, Abzweig zur Rappbodetalsperre und Blankenburg (Gesamtstrecke 62 km).

Als Nord-Süd-Trasse empfiehlt sich die **Bundesstraße 4** von Bad Harzburg (Anschluss B 6, Autobahn 395) über Torfhaus, Oderteich, Braunlage, Hohegeiß, Netzkater, Ilfeld, Nordhausen (Gesamtstrecke 60 km).

Jede beliebige Autofahrt zwischen zwei Orten im und am Harz dauert (bei normalem Verkehrsaufkommen) höchstens 90 Min.

Verkehrsmittel und Fotomodell: die Brockenbahn

Bahn

Die besten Verbindungen für gebirgsnahe Touren bietet der **Harz-Elbe-Express** (HEX) der Veolia auf den Strecken (Auswahl der Unterwegshalte):

■ Magdeburg – Halberstadt – Quedlinburg – Thale.
■ Halle/Saale – Sandersleben – Aschersleben – Halberstadt – Wernigerode – Ilsenburg – Vienenburg – Goslar.

Im Gebirge verkehren die **Harzer Schmalspurbahnen.** Umsteigebahnhöfe von der Normalspur sind Quedlinburg, Wernigerode, Nordhausen (siehe auch „Anreise"). So ist es zum Beispiel möglich, von Halle/Saale mit dem Regionalexpress nach Nordhausen zu fahren (ca. 80 Min.), dort in die Schmalspurbahn umzusteigen und mit Umstieg in Eisfeld Talmühle nach Wernigerode zu dampfen (3 Std.), von dort wieder mit Regionalexpress nach Halle/Saale zu fahren (ca. 80 Min.). **Tickets** dafür: Thüringen-, Sachsen-Anhalt- oder Sachsen-Ticket und HSB-Ticket.

Fahrrad

Die vom **ADFC** herausgegebene **Regionalkarte „Harz"** (1:75.000) gibt detaillierte Routenvorschläge und Infos zur Strecke. Günstige **Ausgangsorte** für die Anreise mit der Bahn und anschließende Radtour sind die gebirgsnahen Stationen Bad Harzburg und Ilsenburg, weiterhin Oker, Osterode, Thale und Vienenburg. In den Zügen der Harzer Schmalspurbahnen werden Fahrräder **gratis mitgenommen,** wenn es die Auslastung des Zuges zulässt.

Über 70 km führt die Radtour am **Grünen Band** (Naturschutzgebiete entlang des ehemaligen Eisernen Vorhangs) von Ilsenburg über Bad Harzburg, Osterwieck nach Hornburg (mittlerer Schwierigkeitsgrad).

Mountainbiker finden außerhalb der Kernzone des Nationalparks unzählige Strecken für ihren Sport. Ausführliche Informationen findet man auf www.volksbank-arena-harz.de und www.harzinfo.de. **Bikerparks** sind der Rosstrappendownhill Thale, Bikeparks Braunlage und Hahnenklee, Bike-Alpinum Schulenberg und MSB-X-Trail Sankt Andreasberg.

Preiskategorien für Unterkünfte in diesem Reiseführer

Die Angaben beziehen sich dabei stets auf die Unterbringung für zwei Personen in einem Doppelzimmer in der Hauptsaison inkl. Frühstück.

① bis 60 €
② 60–90 €
③ über 90 €

Übernachtung

Vom Privatquartier bis zum Fünf-Sterne-Hotel (Goslar, Ilsenburg, Bad Lauterberg, Bad Sachsa) steht eine breite Palette an Unterkünften zur Auswahl. Eine umfassende **Übersicht** bieten die vom Harzer Tourismusverband in Goslar herausgegebenen Prospekte sowie dessen Website www.harzinfo.de. Weitere praktikable Webadressen siehe „Information, Internet". Eine Auswahl von Adressen ist unter den Ortsbeschreibungen zu finden. Dazu gehören auch Campingplätze, Wanderer- und Jugendunterkünfte.

Die **Preiskategorien der Unterkünfte** siehe Kasten.

Am beliebtesten sind **Ferienwohnungen** und **Ferienhäuser.** Davon gibt es eine gute Auswahl schon für weniger als 60 € pro Nacht für zwei Personen.

Die **Kurtaxe** von 1,50–2,50 € pro Person/Tag wird von den Vermietern zusammen mit dem Übernachtungspreis erhoben und an die jeweiligen Kommunen weitergereicht. In den Landkreisen Harz (Halberstadt, Wernigerode, Quedlinburg), Goslar und Osterode berechtigt die Zahlung der Kurtaxe zur kostenlosen Benutzung der **Buslinien** des jeweiligen Verkehrsverbundes während des Aufenthalts (siehe „Anreise, Unterwegs im Harz"). Zudem gibt es weitere Vergünstigungen, über die bei der Zahlung der Kurtaxe informiert wird.

Unter www.harzinfo.de sind **„Qualitätsgastgeber Wanderbares Deutschland"** aufgelistet, die Auswahl kann nach Übernachtungspreis vorgenommen werden. Das Prädikat zeichnet besonders wandererfreundliche Gastgeber aus.

Wandern

Planen und Packen

Ein dichtes Netz **markierter Wege** ermöglicht sowohl ausgedehnte Tageswanderungen als auch kürzere Spaziergänge im Grünen. Zur Auswahl stehen über 8000 km, von leicht bis anspruchsvoll. Einige ausgewählte Wanderungen werden in diesem Buch vorgestellt. Weitere lassen sich anhand von **Wanderkarten** planen. Dabei sollten Karten im Maßstab 1:25.000 bis 1:50.000 zu Rate gezogen werden. Kostenlose Faltblätter mit Vorschlägen sind in den Touristeninformationen erhältlich.

Grundsätzlich sollte für jede Wanderung **ausreichend Proviant** mitgenommen werden, dazu gehören unbedingt alkoholfreie Getränke (siehe Exkurs „Der Harz im Regen"), auch dann, wenn der Besuch einer Gaststätte geplant ist. Zudem ist es sehr wichtig, sich mit der Bekleidung auf **Wetterwechsel** einzustellen, insbesondere bei Wanderungen im Hochharz. Außerdem gehören **Pflaster** und die persönliche Medizin in den Rucksack. Praktisch ist eine Reflektorfolie für Autoscheiben als **Sitzunterlage,** und ein kleines Handtuch dabei zu haben kann nicht schaden.

Markierungen

Eine Besonderheit des Wandergebietes Harz ist die **Art der Markierung** von Wanderwegen. Anders als in den meisten anderen Gegenden erfolgt sie hier weniger mit dem System von blauen, roten, grünen und gelben Querbalken auf weißem Grund, das ja zugleich eine Hierarchie der Wege kennzeichnet und entlang der Wege fortgesetzt wird, sondern vorwiegend nur mit **Wegweisern an den**

Wegkreuzungen und -gabelungen, illustriert mit einer Vielzahl von Bildern und Logos. Innerhalb dieser Abschnitte zwischen Wegweisern wird die Markierung nur selten wiederholt.

Das ist in der Regel ausreichend, aber eben nicht immer. Es kommt vor, dass ein Wegweiser zwar das Ziel anzeigt, in der vom hölzernen Zeigefinger angewiesenen Richtung aber zwei Wege zur Auswahl stehen. Für die richtige Entscheidung ist eine genaue Karte erforderlich, oder man verlässt sich auf seine Intuition und hofft auf des Rätsels Lösung an der nächsten Kreuzung, auf die Gefahr hin, umkehren zu müssen.

⌂ Kloster Walkenried ist ein Etappenziel des Harzer Baudensteigs

◁ Wegweiser am Bahnhof Schierke

Fernwanderwege

▪ **Harzer-Hexen-Stieg,** 94–107 km, Osterode – Brocken/Brockenumgehung – Thale, Markierung: **weiße Hexe auf grün** (siehe Exkurs), www.harzer-hexen-stieg.de.

▪ **Selketalstieg,** 72 km, Stiege – Harzgerode – Ballenstedt – Quedlinburg, Markierung: **braun mit stilisierter Burg Falkenstein,** www.selketalstieg.de.

▪ **Harzer Grenzweg,** 91 km, Grenzturm Rhoden – Vienenburg – Brocken – Sorge – Bad Sachsa, Grenzmuseum Tettenborn, Markierung: **Grünes Band auf Deutschlandkarte,** www.gruenes-band-harz.de.

▪ **Harzer Försterstieg,** 60 km, Goslar, Kaiserpfalz – Bad Grund – Riefensbeerk-Kamschlaken, Kohlungsplatz, Markierung: **Eichenblatt,** www.försterstieg.de.

▪ **Harzer Baudensteig,** 97 km, Bad Grund, Hübichplatz – Hanskühnenburg – Walkenried, Zisterzienserkloster, Markierung: **braun mit zwei Bauden am Weg,** www.harzerbaudensteig.de.

8

- **Kaiserweg,** 90 km, Bad Harzburg, Antoniusplatz – Zisterzienserkloster Walkenried – Kyffhäuser – Tilleda, Königspfalz, Markierung: **Kaiserkrone,** www.harzregion.de.
- **Karstwanderweg Südharz,** 233 km, Landkreise Osterode – Nordhausen – Mansfelder Land – Kyffhäuserregion, Markierung: **roter Querbalken mit weißem K auf weißem Quadrat,** www.karstwanderweg.de.

Winter im Harz

Die Höhenlagen des Harzes gelten noch immer als relativ schneesicher. **Wintersport** ist dann in seiner ganzen Vielfalt erlebbar. Zentren sind die Bergstädte des Oberharzes, vor allem Sankt Andreasberg und Altenau, sowie Braunlage, Benneckenstein, Hahnenklee, Hohegeiß und Schierke. Es gibt 500 km gespurte Loipen, Skiabfahrts- und Rodelhänge.

Zeitungen

- **Goslarsche Zeitung:** Goslar, Lokalseiten Bad Harzburg, Oberharz, Braunlage.
- **Mitteldeutsche Zeitung:** Halle/Saale, Lokalseiten Quedlinburg.
- **Volksstimme:** Magdeburg, Lokalseiten Halberstadt, Wernigerode.
- **Thüringer Allgemeine:** Erfurt, Lokalseiten Nordhausen.

Ein eisiges Vergnügen: Langlauf am Brocken

- Architektur | 322
- Bildende Kunst | 324
- Flora und Fauna | 316
- Geografie und Geologie | 314
- Geschichte und Wirtschaft | 318
- Klima | 315
- Literatur | 324
- Mundarten | 321
- Musik und Theater | 325
- Sitten und Bräuche | 320
- Umwelt- und Naturschutz | 317

9 Land und Leute

◁ Der Harz: Fichten, Ebereschen und Granit

Geografie und Geologie

Der Harz ist ein **deutsches Mittelgebirge,** das die Bundesländer Sachsen/Anhalt, Niedersachsen und Thüringen verbindet. Er ist 110 km lang und 30–40 km breit. Mit dem Brocken (1141 m) als höchstem Berg ist er das **höchste Gebirge Norddeutschlands.** Zum Vergleich: Die Schwäbische Alb ist etwa genau so breit, aber etwas länger (180 km) und niedriger (1015 m). Nach der höchsten Erhebung sortiert, steht der Harz in der Liste der deutschen Mittelgebirge nach Schwarzwald (1493 m), Bayerischem Wald (1455 m) und Erzgebirge (1234 m) an vierter Stelle.

Am und im Gebirge liegen im Westen die **Landkreise** Goslar (138.000 Einwohner) und Osterode am Harz (75.000 Einwohner), im Norden der Landkreis Harz (244.000 Einwohner), im Osten der Landkreis Mansfeld-Südharz (144.000 Einwohner) und im Süden der Landkreis Nordhausen (86.000 Einwohner).

Naturräumlich gliedert sich das Gebirge in den **Hochharz** um den Brocken, mit Bergen ab 800 m, den **Ober- oder Westharz** mit Bergen ab 600 m und den **Unter- oder Ostharz** mit Bergen ab 400 m. Der Begriff „Oberharz" bezeichnet zugleich die historisch begründete Einheit der **sieben Bergstädte** Clausthal, Zellerfeld, Altenau, Sankt Andreasberg, Bad Grund, Wildemann und Lautenthal. Gebräuchlich ist auch eine naturräumliche Gliederung in Ober-, Hoch, Mittel- und Unterharz sowie Östliche Harzabdachung.

Das Gebirge wird von Granit, Tonschiefer, Grauwacke und im Süden von Gips und Dolomit gebildet. Es gilt als das **geologisch vielfältigste deutsche Mittelgebirge.** Entstanden ist der Harz im **Oberkarbon** vor 320 bis 300 Mio. Jahren. Er ist ein Pultschollengebirge, das von Westen nach Nordosten recht steil, nach Süden allmählich abflachend ausgeformt ist. Salopp gesagt, ist es ein gemischter „Gesteinsbrocken" aus dem Erdaltertum, der vor allem durch Ablagerung (Sedimentation) entstand und durch Zerstörung und Abtragung (Erosion) seine heutige Form erhielt.

Charakteristisch für die landschaftliche Vielfalt des Harzes sind die steilen **Bergketten,** die **Blockhalden** auf den Hängen, **Hochebenen** mit Mooren und Klippen sowie lange, schmale **Kerbtäler.**

Nach dem Brocken ist der nächsthöhere touristisch relevante **Gipfel** der Wurmberg (971 m) in Niedersachsen. Zwischen beiden Gipfeln liegen die brockennahen Heinrichshöhe (1045 m), Königsberg (1033 m) und Kleiner Brocken (1018 m). Weitere bedeutende Erhebungen sind der Bruchberg (927 m) und die Achtermannshöhe (924 m) in

> Der Brocken gilt als die Wetterküche des Harzes

Klima

Niedersachsen, Großer Winterberg (906 m) und Hohnekamm (900 m) in Sachsen-Anhalt, Rehberg (893 m) und Quitschenberg (881 m) sowie der Höhenzug Auf dem Acker (865 m), wiederum in Niedersachsen. Höchster Berg im Thüringer Teil des Harzes ist der Große Ehrenberg (635 m).

Die wichtigsten **Flüsse** sind die Söse, Innerste, Grane, Oker und Ilse (Oberharz), Holtemme, Warme und Kalte Bode, Selke (Unterharz). In zwei Dutzend **Talsperren** (mit Vorsperren) wird das Wasser von Harzer Flüssen gestaut. Sie dienen der Trinkwasserversorgung, dem Hochwasserschutz und der Energiegewinnung. Hinzu kommen rund 30 bis heute intakte **Stauteiche** des für den Bergbau angelegten Oberharzer Wasserregals (siehe Exkurs).

Häufige Wetterwechsel, größere Niederschläge und etwas niedrigere Temperaturen kennzeichnen den Mittelgebirgscharakter des Harzes. Der **Brocken** ist die **Wetterküche** des Gebirges. Während an seiner Nordwestflanke deutlich häufiger Niederschläge (bis 1600 mm im Jahr) fallen als im Flachland, liegen der Osten und Süden im Regenschatten (bis 600 mm). **Quedlinburg** gilt als die trockenste Stadt Deutschlands. Die globale Klimaerwärmung ist im Harz mit einem Temperaturanstieg von 1 °C in den letzten 100 Jahren feststellbar. Die jahresdurchschnittliche Temperatur auf dem Brocken beträgt mittlerweile 4 °C.

Flora und Fauna

Pflanzenwelt

Fichtenwälder dominieren die höchsten Lagen des Harzes, ab 800 m, dazu Ebereschen, Birken und Weiden. Sehr vielfältig und besonders auf dem Brocken von seltenen Pflanzen geprägt ist die **Moos- und Flechtenflora**. Kräftige **Farnteppiche** und vielfältige **Pilze** gedeihen in den Wäldern des Hochharzes.

Zu den **außergewöhnlichen Pflanzen auf dem Brocken** gehören das gelb blühende Brockenhabichtskraut, die violette Bergheide, die in Deutschland nur hier vorkommende, aus Asien stammende Brockenanemone mit weißen Blütenblättern und gelbem Herzen sowie der ausdauernde Tannenbärlapp. Rund die Hälfte der in Deutschland beheimateten Moosarten gedeiht auch in den höheren Lagen des Harzes.

Auch die **mittleren Lagen** zwischen 700 und 800 m werden durch Fichten bestimmt, eine Folge der für den Bergbau angelegten Monokulturen (siehe Exkurs „Zwischen Baum und Borke"). Der natürliche Mischwald, vor allem Rotbuche und Bergahorn, kehren allmählich zurück. An den Harzrändern wachsen vor allem Buchenwälder, auch Eichen, Ebereschen und Birken.

Blumen und Kräuter in farbenprächtiger Zahl gedeihen auf den **Bergwiesen**. Hier sind die Bärwurz, die Perückenflockenblume, das Knabenkraut und weitere Kräuter beachtenswert. Die Nationalparkverwaltung weist darauf hin, dass diese interessanten Pflanzen auch am

Wegrand zu entdecken sind, denn gerade dort, an lichten Standorten, finden sie beste Lebensbedingungen. Pflanzenfreunde müssen also nicht die Wege verlassen und Pflanzen zertreten, um an diesen Naturschätzen teilzuhaben. Ein lebendiges „Museum" der Mittel- und Hochgebirgsflora bietet der **Brockengarten** auf dem Berggipfel.

Für das Ökosystem existenziell und für die Forschung hoch spannend, weil noch mit einigen ungeklärten Fragen verbunden, sind die **Insekten** des Harzes, darunter manche, die als Spezialisten für extreme Lebensräume gelten, so die Schneemücke in den Brockenhalden und die aus der Arktis stammende Smaragdlibelle.

Tierwelt

Entsprechend **vielgestaltig** ist die Tierwelt. Rothirsch, Reh und Wildschwein sind hier zuhause. Zur Erfolgsgeschichte wurde die seit dem Jahr 2000 betriebene Wiederansiedlung des **Luchses** im Harz. Gut eingerichtet hat sich die scheue **Europäische Wildkatze.**

In den **Buchenwäldern** brüten der seltene Schwarzspecht und der Schwarzstorch. Auerhuhn, Raufußkauz, Sperlingskauz sowie eine artenreiche Singvogelwelt sind in den **Bergmischwäldern** zu Hause. Hier ist für Naturfreunde, die sich nicht zu den Spezialisten zählen, sondern einfach Tiere und Pflanzen im Freien entdecken und erleben möchten, die beste Gegend, sich überraschen und bezaubern zu lassen, und das, ohne die Wege verlassen zu müssen.

An den **Blockhalden** fühlt sich der Wanderfalke wohl, der nun wieder im Harz brütet. Hier befindet sich eines der wenigen isolierten Brutvorkommen der Ringdrossel. Sie brauchen die Abwechslung von locker bewaldeten Blockhalden und Hochmooren.

◁ Was wäre der Harz mit seinen Hexen ohne den geheimnisumwitterten Fliegenpilz?

Umwelt- und Naturschutz

Im Jahr 2006 wurden die beiden Nationalparks Harz (Niedersachsen) und Hochharz (Sachsen/Anhalt) als **Nationalpark Harz** unter einheitliche Verwaltung gestellt. Damit genießen rund 25 ha des Gebirges den höchsten Schutzstatus. Zudem gibt es drei Naturparks mit mehreren Landschafts- und Naturschutzgebieten sowie im Süden das Biosphärenreservat Gipskarstlandschaft Südharz (siehe auch gleichnamigen Exkurs). Im Nationalpark gilt die übliche Regel, dass in der Kernzone alle gekennzeichneten Wege und in den weiteren Zonen alle erkennbaren Wege begangen werden dürfen – und die anderen folglich nicht (siehe hierzu auch „Praktische Reisetipps von A bis Z, Wandern").

Im Brockenhaus und den anderen **Nationalparkhäusern** (siehe Praktische Tipps in den Ortskapiteln) werden umfassende Informationen über Natur und Umweltschutz besucherfreundlich dargeboten. Wanderungen mit den Nationalparkrangern ermöglichen das fachkundige Naturerlebnis vor Ort.

Geschichte und Wirtschaft

Bereits in der **Urzeit** vor 700.000 Jahren waren die Harzränder besiedelt, wurde im Wald gejagt. In der **Bronzezeit** siedelten keltische Stämme am Harz. Frühester Bergbau wird für die Zeit um das Jahr 300 datiert, aber schon in der Bronzezeit vermutet. Erstmals beurkundet wird der Harzgau im Jahr 814, der Name ist auf „Wald" zurückzuführen.

Karl der Große erklärte den Harz zum Reichsbannwald, das heißt, die Nutzung war dem Landesherren vorbehalten. Ab dem **9. Jahrhundert** entstanden durch Rodung mehrere Siedlungen, die noch heute an der Namensendung „-rode" erkennbar sind (beispielsweise Harzgerode, Wernigerode). Herausragende Bedeutung im Heiligen Römischen Reich unter der Herrschaft der Ottonen erlangten **Königspfalzen** Goslar und Quedlinburg (siehe jeweilige Ortsbeschreibung). Während Goslar als die zentrale Pfalz des Reiches galt, wurde Quedlinburg als Osterpfalz aufgesucht. Über die Hoftage gerieten beide Orte mehrfach zu Zentren der Reichspolitik.

Im 12. Jh. begannen die Zisterziensermönche aus dem Kloster Walkenried, den **Bergbau** systematisch auszuweiten und dafür große Teile des Waldes zu erwerben. Über 200 Jahre prägt der Erzbergbau die Wirtschaft und Kulturlandschaft des Harzes. Erst das allmähliche Versiegen der bekannten Erzvorkommen, der Holzmangel und nicht zuletzt die europäische Pestepidemie um 1350 setzten dem ein vorläufiges Ende. Anfang des 16. Jh. wurde der Bergbau vielerorts wieder aufgenommen. Dazu wurden mittels der Privilegien der vom Landesherren erlassenen **Bergfreiheit** vor allem aus dem Erzgebirge erfahrene Arbeitskräfte angeworben. Zu diesen Privilegien gehörten Gewerbefreiheit, Religionsfreiheit, Steuerfreiheit (bis auf den Bergzehnt an den Landesherren), eigene Gerichtsbarkeit und die Befreiung vom Militärdienst. Halberstadt, Quedlinburg und Aschersleben schlossen sich 1326 zum **Halberstädter Dreistädtebund** zusammen, der rund 150 Jahre bestand. Neben Goslar und Osterode wurden sie auch Mitglieder der **Hanse.**

Vom Beginn des 13. Jh. an residierte das **Hochadelsgeschlecht zu Stolberg**, eines der einflussreichsten im Heiligen Römischen Reich, auf Schloss Stolberg im Südharz. 1429 konnte es auch die Grafschaft Wernigerode im Nordharz erwerben. 1645 erfolgte eine Teilung der Erblinien in *Stolberg-Wernigerode* und *Stolberg-Stolberg,* die sich später weiter verzweigte. Im 18. Jh. musste sich das Haus *Stolberg-Wernigerode* dem Königreich Preußen sowie das aus Stolberg-Stolberg hervorgegangene Haus *Stolberg-Roßla* dem Kurfürstentum Sachsen unterordnen.

Das Mansfelder Land und die Kyffhäuserregion waren Zentren des **Bauernkrieges 1524/25**. In Frankenhausen wurde dessen letzte entscheidende Schlacht geschlagen. Während des **Dreißigjährigen Krieges** wurden große Teile des Harzes verwüstet und entvölkert. Zugleich verschlangen die zahlreichen Gruben und Hütten so viel Holz, dass ab 1700 der Harzwald großflächig abgeholzt wurde (siehe Exkurs „Zwischen Baum und Borke"). In diese Zeit fällt die

erste Verordnung zum Wald- und Naturschutz im Harz. 1718 erließ der Stolberger Graf *Christian Ernst* eine Verfügung, die das Zerstören des Brockenwaldes unter Strafe stellte.

Der Harz wurde nun immer stärker zum Reiseziel für **Naturfreunde,** insbesondere Dichter und Maler (siehe Exkurs „Der Harz in der Literatur, Literaten im Harz").

Im 19. Jh. erlebten die Städte im Harzvorland einen tiefgreifenden Wandel durch die **Industrialisierung,** zugleich gewann der **Tourismus** eine rasant wachsende Bedeutung. 1899 wurde gegen die Bedenken aus Sicht des Naturschutzes die Brockenbahn in Betrieb genommen. Vor dem Ersten Weltkrieg gab es Initiativen zum Schutz des Gebirges, der in etwa mit dem heutigen Nationalparkstatus vergleichbar wäre. Sowohl diese als auch weitere Bemühungen in den 1930er Jahren scheiterten jeweils an den folgenden Weltkriegen.

Während der **NS-Zeit** wurde der Harz zu einem Rüstungsstandort ausgebaut. Dazu zählten kriegswichtige Betriebe in den Städten, in denen Zwangsarbeiter beschäftigt wurden, und die Außenstellen mehrerer Konzentrationslager, so des KZ Mittelbau-Dora bei Nordhausen.

Gedenkstein für den Harz-Wanderer Heinrich Heine bei Ilsenburg

Das Oberkommando der Wehrmacht erklärte noch am 8. April 1945 den Harz zur Festung. Obwohl der Harz durch Truppen der US-Armee eingenommen wurde, übernahm ab Juni/Juli 1945 die sowjetische Armee vom Brocken an östlich die Verwaltung. Somit verlief die Zonengrenze und ab 1949 bis 1990 die **deutsch-deutsche Staatsgrenze** quer durch den Harz (siehe Exkurs „Der Harz im Kalten Krieg").

Mit der Auflösung der Länder als Verwaltungsstruktur in der **DDR** im Jahr 1952, infolge der II. SED-Parteikonferenz, die den „planmäßigen Aufbau des Sozialismus" beschloss, und der Einrichtung von 14 Bezirken sowie der Hauptstadt Berlin als zentral geleitete Struktur wurden die Harzorte den Bezirken Magdeburg (Halberstadt, Wernigerode), Halle/Saale (Aschersleben, Eisleben, Quedlinburg) und Erfurt (Nordhausen, Sondershausen) zugeordnet (in Klammern stehen jeweils die Kreise). Der Harz westlich der Staatsgrenze gehört zum Bundesland Niedersachsen.

Seit der **Wiedervereinigung** ist der Harz wieder grenzenlos erlebbar. Die Bundesländer Sachsen/Anhalt und Thüringen wurden wiedergegründet. Der Tourismus gewinnt weiter an Bedeutung, wobei die Übernachtungen – jährlich rund 6 Mio. in Hotels und anderen gewerblichen Unterkünften – immer noch unter den Erwartungen der Tourismuswirtschaft und der Politik bleiben, und das beiderseits der einstigen Mauer. Entwicklungschancen werden, laut „Zukunftskonzept Tourismus Harz 2015" des Harzer Verkehrsverbandes, unter anderem in größeren Hotels, höherer Qualität sowie „Leuchtturmprojekten" im Premiumsegment gesehen.

Zunehmend ist der Harz als das „deutscheste Gebirge", so das *Heine* entlehnte geflügelte Wort, das Reiseziel ausländischer Besucher. Goslar, Quedlinburg und der Brocken stehen international an erster Stelle im Harztourismus.

Sitten und Bräuche

Die mit dem Hexenglauben verbundenen Feste und Bräuche um die **Walpurgisnacht** (30. April) sind längst deutschlandweit bekannt. Hexen und Teufel tanzen dann auf ihren Besen, lassen den lieben Gott alt aussehen und vertreiben den Winter.

Am Ostersonnabend brennen auf den Bergen die **Osterfeuer**, die das Böse vertreiben und die Dorfleute zusammenrücken lassen. Aus dem Bergbau kommt die Pfingsttradition des **Finkenmanövers** in Thale, Benneckenstein und Hohegeiß, ein Sangeswettbewerb der Finken, die einst den Bergmann in die Tiefen begleiteten. In Wildemann und Sankt Andreasberg wird am Pfingstmontag (wenn es das Wetter hergibt) das **Vieh ausgetrieben.** So beginnt die Saison auf der Weide.

Einige weitere Feste werden in den Harzdörfern ähnlich wie andernorts in Deutschland, aber eben doch wieder etwas anders gefeiert. Dazu zählen Dorf-, Köhler- und Schützenfeste.

▷ In Wildemann wird Pfingstsonntag am Bergbauernhof „Klein Tirol" das Vieh auf die Weide getrieben

Mundarten

Erzgebirgler fühlen sich im Oberharz plötzlich wie daheim. Die Ansiedlung von Bergleuten aus dem sächsischen **Erzgebirge** im 16. Jh. prägte dort eine Mundart aus, die bis heute gepflegt wird. Eine Vorstellung davon vermittelt der Wildemanner Mundartweg, etwa mit dieser Station: „Frida, wuhnt dein neier Freind immer noch in dn Haisel mit dn Blick offs Gefängnis?" – „Nä", saht es treihartzich, „jetzt wuhnt har mit Aussicht off sänn Haisel"! Das würde nicht nur jede Frieda im erzgebirgischen Johanngeorgenstadt oder Zwickau nicht wesentlich anders formuliert haben. Die **erzgebirgische Sprachinsel im Oberharz** hält sich ausdauernd zwischen den Meeren. Das Oberharzerische wird dabei zum Ewerharzerischen.

Die so reichhaltige wie komplizierte **Mundartlandschaft** des Harzes ist mit wenigen Strichen nicht zu skizzieren. In keiner anderen deutschen Gebirgslandschaft gibt es eine derartige sprachliche Vielfalt. Deshalb zunächst tröstend: Hochdeutsch geht immer, auch in allen nur denkbaren Näherungsformen wird es verstanden, gewürdigt und beantwortet. Den meisten Besuchern begegnen die makellosen Mundarten doch nur noch in selteneren Augenblicken, etwa an der Bushaltestelle, beim Bäcker oder Zahnarzt. Man höre sich vor Ort um. Es gibt auch Mundartgruppen, die dieses Kulturerbe pflegen.

Allgemein lässt sich der Harz in ein von Hochdeutsch und ein von Niederdeutsch geprägtes Gebiet teilen. Niederdeutsch, hier das Ostfälische als **Harzer Platt** (das sich unterscheidet vom mecklenburgischen oder vorpommerschen Platt), wird im nordwestlichen Harz und

Architektur

dessen Vorland gesprochen, nördlich der gedachten Linie Bad Lauterberg – Aschersleben. Was wohl zuerst auffällt, ist die Wandlung des g zum j; den Leuten jefällts in Jernrode. Das hört man so aber auch in Halle/Saale. Dagegen wird es in dieser Qualität nur noch selten zu erleben sein: „Gespräke, sau dei Ilsenbörger hohen Oebeners am twintigsten Octower un ock etlige Dae drop in 1768. Jahre holen hebbet, un drumme drükken lahten : dat dei Sahke, davon sei esproken, önen und ören Nahkomen bekant bliewen möge." Das ist der Titel eines in Wernigerode verlegten barocken Buches, das in der Universitäts- und Landesbibliothek Sachsen/Anhalt liegt und online gelesen werden kann.

In der tausendjährigen Kulturlandschaft sind Baudenkmale aus der Zeit der **Romanik** bis zum Historismus erhalten geblieben. Zu den ältesten Bauwerken zählen die Krypta der Wipertikirche in Quedlinburg, die Krypta des Nordhäuser Doms und die Stiftskirche in Gernrode sowie die Ulrichskapelle der Kaiserpfalz in Goslar. Romanische Bauwerke von europäischem Rang sind auch die Liebfrauenkirche Halberstadt und die Stiftskirche St. Servatii in Quedlinburg. Meisterwerke der **Gotik** sind der Halberstädter Dom, das Rathaus von Goslar und das Zisterzienserkloster Walkenried. Zu den Perlen der **Renaissance** in Deutschland gehören im Harz das Schloss Quedlinburg, das Rathaus von Nordhausen und die Altstadt von Horn-

◁ Rosetten an einem Fachwerkhaus in Stolberg

▷ Das Siemenshaus in Goslar

Architektur

burg. **Barocke Pracht** ist in den Schlössern und Parks Blankenburg und Ballenstedt zu erleben, ebenso in der Marktkirche von Clausthal. Bedeutendstes Bauwerk des **Historismus** ist das Schloss Wernigerode. Die klassische architektonische **Moderne** hat rund um den Brocken nie recht Fundament gewonnen, zu nennen sind das Lichtspieltheater in Aschersleben und die Elisabethkirche in Ballenstedt.

Charakteristisch für die Städte sind die **Fachwerkhäuser** in ihrer schier unbeschreiblichen Vielfalt und Schönheit. Im Fachwerkbau werden das fränkische, das alemannische und das niedersächsische Fachwerk unterschieden, letzteres dominiert auch den Harz und zeichnet sich durch besonders reiche Schmuckformen aus. Die Fachwerkhäuser wurden zuerst in der Ständerbauweise errichtet, dabei reichen die lasttragenden Ständer vom Sockel bis zum Dach. Ältestes Denkmal dieser Bauweise im Harz ist der Ständerbau (Fachwerkmuseum) von 1350 in Quedlinburg. In der Spätgotik und Renaissance wandelte sich die Konstruktion zur Geschossbauweise, so konnten vorkragende Geschosse gebaut werden. Die Ständerfüße und Balkenköpfe boten sich für farbenfrohe Bemalungen oder plastische Verzierungen an, Brüstungsfelder und Blendarkaden wurden ausgemalt oder mit geometrischen Schnitzereien verziert: Sterne, Sonnen, Friese von Fächerrosetten. Alle diese Formen können in den Fachwerkstädten des Harzes in großer Zahl und Vielfalt bewundert werden. Im Barock kam Verschalung (Verkleidung) auf, gern mit dem im Harz vorrätigen Schiefer. Auch Giebel und Mansardendächer bestimmten nun das Antlitz der Fachwerkhäuser. Fachwerkstädte sind Quedlinburg, Wer-

nigerode, Stolberg, Osterode, Goslar, Hornburg und Osterwiek. Architektonisch außergewöhnlich interessant sind zudem Nordhausen und Halberstadt.

Typische Bauten der **Oberharzer Volksarchitektur** sind die in Reihe errichteten, niedrigen holz- oder schieferverkleideten Bergmannshäuser in Zellerfeld, Sankt Andreasberg und Altenau. Einziger ornamentaler Schmuck sind hier in der Regel die farbig bemalten Schnitzereien in der Tür, die besonders in Clausthal und Zellerfeld zu entdecken sind. Der klassische Rhythmus dieser Bergmannshäuser lautet: drei Fenster – Tür – ein oder drei Fenster – Tür – drei Fenster. Innerhalb des Hauses abgeteilte Wohnungen wurden, wenn möglich, vermietet.

Literatur

Über den Ehrenplatz des Harzes in der deutschen Literaturgeschichte informiert der **Exkurs** „Der Harz in der Literatur, Literaten im Harz". **Literaturmuseen** sind das Klopstock-Haus in Quedlinburg, das Novalis-Museum in Oberwiederstedt bei Mansfeld und das Gleim-Haus in Halberstadt. Unter dem Stichwort „Harz" bietet der aktuelle Buchhandel mehr als 900 Titel. Eine kleine Auswahl wird im Anhang empfohlen.

Bildende Kunst

Neben den Literaten kamen die Maler und Zeichner in den Harz: *Caspar David Friedrich, Carl Gustav Carus, Carl Blechen* und *Ludwig Richter*. Die wichtigsten **Kunstmuseen** sind die Lyonel-Feininger-Galerie in Quedlinburg, das Mönchehaus Museum Goslar und das Kunsthaus Meyenburg in Nordhausen.

Der im vorpommerschen Greifswald gebürtige und in Dresden beheimatete **Caspar David Friedrich** (1774–1840) unternahm 1811 von Ballenstedt aus eine Harzreise, auf der Skizzen mit Bleistift sowie Radierungen entstanden. Eines seiner Hauptwerke und das bekannteste Gemälde mit einem Harzmotiv ist „Der Watzmann" (1825, Alte Nationalgalerie Berlin) – im Vordergrund der Alpenlandschaft ragt unverkennbar der Trudenstein auf. „Das Kreuz im Gebirge" (1822, Schlossmuseum Gotha) dagegen zeigt nicht, wie öfter angenommen, den Ilsenstein – dort wurde das eiserne Kreuz erst drei Jahre nach *Friedrichs* Harzreise errichtet.

Carl Blechen (1798–1840), Professor für Landschaftsmalerei an der Berliner Kunstakademie, ein Wegbereiter des Impressionismus, unternahm 1833 eine Harzreise. *Hermann Zschoche* („Caspar David Friedrich im Harz", Dresden 2000) zufolge lassen sich rund 50 Arbeiten *Blechens* mit dieser Reise in Verbindung bringen. Schon im Titel deutlich, landschaftlich aber nicht eindeutig zuzuordnen, ist „Berggipfel im Harz", das mit seinen „explodierenden Formen" *(Börsch-Supan)* in glühendem Licht weit über seine Entstehungszeit hinausweist.

Musik und Theater

In den meisten großen **Kirchen** werden Orgel- und andere Konzerte gegeben. Die John-Cage-Aufführung in der Burchardikirche Halberstadt erfährt weltweites Interesse (siehe Exkurs „John Cage – As slow as possible").

Erlesene Kammermusik bieten die **Braunlager Maikonzerte,** sie erklangen im Jahr 2014 zum neunten Mal in der Trinitatiskirche Braunlage, der Martinikirche Sankt Andreasberg sowie in Hotels der Stadt.

Von Klassik bis Jazz reicht das Programm des renommierten **Internationalen Musikfests Goslar.** Junge Musiker und solche von internationalem Rang lassen hier einige der besten und überraschenden Seiten der Musikgeschichte erklingen. 2014 fand das Festival zum zwölften Mal statt.

Der Pflege klassischer Kirchenmusik hat sich der **Quedlinburger Musiksommer** verschrieben – 2015 zum 35. Mal. Die Stadt beruft sich auf ihre reiche Musikgeschichte, so auf den in Benneckenstein gebürtigen und in Quedlinburg und Halberstadt tätigen Musiktheoretiker *Andreas Werckmeister* (1645–1706) sowie auf den gebürtigen Quedlinburger Komponisten *Johann Heinrich Rolle* (1716–1785).

Ob wohl eines (Winter-)Tages auf dem Brocken die Alt-Rhapsodie von *Johannes Brahms* nach der „Harzreise im Winter" von *Johann Wolfgang Goethe* aufgeführt wird? Im Freien, an der Brockenuhr?

Eine der schönsten **Naturbühnen** Deutschlands ist das **Bergtheater Thale.** Die bedeutendsten Bühnen des Harzes bieten das Theater Nordhausen (Drei-Sparten-Theater) und das in der Region vielfältig auftretende **Städtebundtheater Nordhausen.** Sehens- und erlebenswert ist das Schlosstheater Ballenstedt.

Seit 2007 findet das Festival **„Rocken am Brocken"** (auch „Rocken am Brocken in Elend bei Sorge"), ein dreitägiges Freiluftvergnügen, jährlich Tausende Besucher.

> Auch in der Kirche St. Cyriakus in Gernrode finden regelmäßig Konzerte statt

Autor | 336
Literaturtipps | 328
Register | 331

10 Anhang

An der Teufelsmauer

Literaturtipps

Belletristik

- *Heinrich Heine:* **Die Harzreise 1824.** Mehrere Ausgaben, auch antiquarisch in der bewährten klassischen Rechtschreibung, z.B. Reclam, Leipzig 1972.
- *Hans-Christian Andersen:* **Schattenbilder von einer Reise in den Harz.** Insel Verlag, Frankfurt am Main 2002. Nach der noch nicht durch den Autor geglätteten Erstausgabe.
- *Joseph von Eichendorff:* **Harzwanderung.** Husum Verlag 2010. Bildband.
- *Johann Christian Kestner:* **Reise auf den Harz.** Wehrhahn Verlag, Hannover 2013. Tagebuch einer Reise 1763/64.
- *Georgios M. Bizyenos:* **Die Folgen der alten Geschichte.** Peust & Gutschmidt Verlag, Göttingen 2006. Harznovelle von 1884, deutsch und griechisch.
- *Hans Joachim Polleichtner* (Hg.): **Dichter am Harz.** Verlag hohesufer, Hannover 2012. Anthologie literarischer Harztexte.
- *Thomas Rosenlöcher:* **Die Wiederentdeckung des Gehens beim Wandern.** Edition suhrkamp, Berlin 2011. Eine Harzreise zur deutschen Wiedervereinigung.
- *Jana Thiele:* **Gebrauchsanweisung für den Harz.** Piper-Verlag, München 2014.

Kulturgeschichte

- *Hermann Zschoche:* **Caspar David Friedrich im Harz.** Verlag der Kunst, Dresden 2008.
- *Christian F. Schröder:* **Abhandlungen vom Brocken und dem übrigen alpinischen Gebürge des Harzes.** Schmidt-Buch Verlag, Wernigerode 2014. Reprint der Ausgabe von 1785.
- *Rainer Müller, Hans-Joachim Franzke:* **Oberharz. Tiefe Gruben und hohe Rücken.** Verlag Quelle & Meyer, Wiebelsheim 2014. Geologisch-kulturgeschichtliche Exkursion.
- *Wilfried Liessmann:* **Historischer Bergbau im Harz.** Verlag Springer, Berlin 2010. Kurzführer durch die Bergbaugeschichte.

Wanderkarten

- **Rad- und Wanderkarte „Zum Brocken",** 1:25.000, mit Ortsplänen. Karthographische Kommunale Verlagsanstalt, Nordhausen.
- **Wander- und Freizeitkarten Der mittlere Harz, Der Oberharz, Der Ostharz, Der Südharz,** 1:30.000, Schmidt-Buch-Verlag, Wernigerode.
- **Rad- und Wanderkarte Biosphärenreservat Karstlandschaft Südharz,** 1:25.000, Verwaltung des Biosphärenreservates.
- **Wander-, Ski- und Radwanderkarte Nationalpark Harz,** 1:35.000, Barthel Verlag, Borsdorf.
- **Der Harz in 4 Teilen (Oberharz, Mittlerer Harz, Ostharz, Südharz),** 1:30.000, Schmidt Buch Verlag, Wernigerode.
- **Luchs-Wanderkarten** aus dem Schmidt Buch Verlag Wernigerode: Selketal, Bodetal, Klosterwanderweg, Bad Harzburg, Bad Lauterberg, Elbingerode und Rübeland, Bad Sachsa, Sankt Andreasberg, Altenau, 1:25.000 – 1:30.000.

So sind sie, die ...
Neu bei REISE KNOW-HOW:
Die Fremdenversteher

Die Reihe, die kulturellen Unterschieden unterhaltsam auf den Grund geht.

Mit britischem Humor vom Feinsten, Mut zur Lücke, einem lockeren Umgang mit der politischen Korrektheit – aber immer: feinsinnig und auf den Punkt.

Am Ende ist klar: So sind sie eben, die Anderen!

Die Fremdenversteher: Deutsche Ausgabe der englischen Xenophobe's® Guides.

108 Seiten | 8,90 Euro [D]

www.reise-know-how.de   Reisen? We know how!

Göttingen
Tag und Nacht

Einkaufsbummel | Cafés | Atmosphäre
Stadt- und Themenführungen ...

Tourist-Information
Altes Rathaus, Markt 9, 37073 Göttingen
Telefon 0551/4 99 80-0, tourismus@goettingen.de
www.goettingen-tourismus.de, f Mein Göttingen
Mo - Fr 9.30 - 18, Sa 10 - 18, So (Apr - Okt) 10 - 14 Uhr

Register

19-Lachter-Stollen 83

Abzucht 116
Achtermann 49, 51
Ahrensklint 41
Albertturm 80
Alexisbad 158
Alkohol 300
Allstedt 247
Altenau 88
Amphitheater 146
Andersen, Hans Christian 55
Anhydrit 266
Anreise 294
Apothekennotdienst 304
Architektur 322
Ärzte 304
Aschersleben 224
Auerberg 256
Ausrüstung 295
Autofahren 294, 305

Bad Frankenhausen 266
Bad Grund 78
Bad Harzburg 19
Bad Lauterberg 275
Bad Sachsa 273
Bahn 137, 184, 294, 306
Bahnmuseum 154
Ballenstedt 162
Barbarossa 265
Barbarossahöhle 266
Barock-Architektur 323
Barrierefreiheit 296
Bauernkrieg 318
Baumannshöhle 136
Behinderte 296
Behrens, Georg Henning 53
Benneckenstein 132
Bergbau 65, 73, 296, 318
Bergbau-Lehrpfad 86
Bergbaumuseum
  Rammelsberg 117
Berge 314
Bergmannshäuser 324
Bergstädte 314
Bergwerksmuseum 72, 158
Bergwerksmuseum Grube
  Samson 96
Bier 89, 115, 299
Bikerparks 307
Bizyenos, Georgios 59
Blankenburg 186
Blechen, Carl 324
Blockhalden 314
Bocksberg 122
Bode 128
Bodetal 141, 144
Bodewasserfall 51
Bogenschießen 147
Bollmann, Minna 217
Borkenkäfer 48
Borkenkäferpfad 45
Bräuche 320
Braunlage 50
Braunlager Maikonzerte 325
Brocken 29, 32, 35, 36, 315
Brocken, Kleiner 33
Brockenbahn 35, 294
Brockenbett 41
Brockenfeldmoor 91
Brockengespenst 37
Brockenkinder 42
Bronzezeit 318
Büchenberg 135
Burg Anhalt 160
Burg Falkenstein 160
Burg Regenstein 189
Bürger, Gottfried August 56

Cage, John 202
Camping 297
Carillon 121
Carler Teich 73
Carlswerk 159
Clausthal-Zellerfeld 67
Clemens II. 172

Damm 172
Dannenberg,
  Erich Christian Heinrich 57
DDR 290, 320
DDR-Design 186
DDR-Museum 149
Drahtseil 71
Drahtzug 158
Drei Annen Hohne 35
Dreißigjähriger Krieg 318

Ecker-Stausee 23
Eckertal 45
Einhornhöhle 279
Einkaufen 298
Eisenbahnmuseum 25
Eisleben 236
Elbingerode 135
Elend 128
Erxleben,
  Dorothea Christiana 217
Essen 298
Eulenspiegel Teich 73

Fachwerk 323
Fahrkunst 97
Fahrrad 307
Fahrzeugindustriemuseum 132
Falkenstein 160
Fauna 317
Feigenbaumklippe 119
Feininger, Lyonel 213
Ferienwohnungen 307
Fernwanderwege 309
Feste 303
Festival 325
Feuersteinklippen 49
Feuerwehrmuseum 186

Finkenherd 212
Finkenmanöver 320
Flixbus 294
Flora 316
Flug 294
Flüsse 315
Fontane, Theodor 59
Formicarium 21
Frankenberg 116
Frauen 216
Freilichtmuseum 190
Freizeitbad 141, 302
Freizeitparks 149, 302
Fremdenverkehrsamt 300
Friedrich, Caspar David 324
Friedrichsbrunn 144

Galerien 324
Geerdts, Hans Jürgen 61
Gegensteine 163
Geografie 314
Geologie 120, 314
Gernrode 149
Geschichte 290, 318
Gestein 79, 120, 314
Gipskarstlandschaft
    Südharz 280
Glasebach 158
Glasmalerei 211
Gleim, Johann Wilhelm
    Ludwig 53, 198
Gnauck-Kühne, Elisabeth 217
Goethe, Johann Wolfgang 54
Goetheweg 91
Gose 115, 299
Goslar 106
Gotik 322
Granestausee 119
Grenzlandmuseum Sorge 130
Grenzlandmuseum
    Tettenborn 273
Großvater (Fels) 189
Grottenolm 137

Grube Samson 96
Güntersberge 157
GutsMuths, Johann Christoph
    Friedrich 209

Hagelstange, Rudolf 60
Hahnenklee-Bockswiese 121
Hahnenkleeklippen 101
Halberstadt 192
Halberstädter
    Dreistädtebund 318
Handicap, Menschen mit 296
Hanse 318
Hardenberg,
    Friedrich Freiherr von 56, 233
Harzer Baudensteig 309
Harzer Bergtheaters 146
Harzer Försterstieg 309
Harzer Grenzweg 309
Harzer Platt 321
Harzer Roller 299
Harzer Roller (Kanarienvogel) 97
Harzer-Hexen-Stieg
    150, 287, 309
Harzgerode 163
Harzhochstraße 305
Harzquerbahn 184, 294
Harzüberquerungen 24
Hasselfelde 138
Heilwasser 23
Heimkehle Uftrungen 280
Heine, Heinrich 55
Heinrich IV. 107
Heinrich-Heine-Weg 32
Hermann von Luxemburg 236
Hermannshöhle 137
Herzberg 278
Hettstedt 229, 230
Hexen 175, 216
Hexentanzplatz 146
Highlights 10
Historismus 323
Hochharz 35, 314

Hohe Linde 243
Hohegeiß 50, 274
Höhlen 79, 136, 266, 281
Höhlenbär 136
Hohnekamm 43
Hornburg 170, 172
Hotels 307
Hübichenstein 80
Hüttenmuseum 29, 143, 159
Huy 203

Iberg 79, 80
Ilsefälle 32
Ilsenburg 29
Ilsenstein 39
Ilsetal 43
Information 300
Innerste-Stausee 86
Insekten 317
Internet 301

Jermerstein 51
Johanniskirche 183
Josephskreuz 256
Judentum 200

Kaiserpfalz 205
Kaiserpfalz Goslar 113, 114
Kaiserring 111
Kaiserweg 311
Kalte Bode 128
Kalter Krieg 290
Kanarienvögel 97
Kapitelsberg 130
Karstwanderweg Südharz 311
Kartenmaterial 308
Käse 299
Kästeklippen 119
Kerbtäler 314
Kinder 302
Kirsch, Sarah 61
Kleidung 295
Klettern 119

Klima 37, 303, 315
Klint 178
Klippenlauf 165
Klopstock,
    Friedrich Gottlieb 56, 213
Kloster Drübeck 31
Kloster Ilsenburg 30
Kloster Michaelstein 190
Kloster Walkenried 270
Kloster Wendhusen 147
Kloster Wöltingerode 25
Klostermansfeld 234
Klosterwanderweg 30
Knesebeck 78
Knick 172
Koch, Robert 70
Köhlermuseum 133
Königshütte 129
Königshütte „Glückauf 277
Königspfalz Tilleda 266
Königspfalzen 318
Konradsburg 165
Kräuterlikör 49
Kräuterpark 88
Kriminalmuseum 226
Kügelgen, Wilhelm von 57
Kunst 111, 213, 263, 324
Kunsthandwerk 72
Kunstmuseen 324
Kuriositätenmuseum 157
Kurtaxe 307
Kyffhäuser 265
KZ-Gedenkstätte Mittelbau-Dora 263

Landkarten 308, 328
Landkreise 314
Langelsheim 87
Laube, Heinrich 58
Lautenthal 85
Lautenthals Glück 86
Lehmann, Henni 59
Lichtwer, Magnus Gottfried 56

Liebfrauenkirche 181, 197
Linck, Catharina Margaretha 217
Literatur 53, 160, 255, 324, 328
Löns, Hermann 60
Luchs 317
Luftfahrtmuseum 186
Luther, Martin 232, 236,
    239, 241
Lutherstadt Eisleben 236

Mägdesprung 159
Mägdetrappe 159
Malerei 213, 324
Mammut 244
Mandelholz-Talsperre 129
Mansfeld 229, 232
Mansfelder Land 222
Märchental 79
Markierungen Wanderwege 308
Märkte 304
Märzkämpfe 238
Michaelstein 190
Mineraliensammlung 69
Mittelalter 108
Motorrad 305
Mountainbike 89, 91, 307
Mundarten 321
Müntzer, Thomas 253
Münzenberg 215
Musäus, Johann Karl August 56
Musik 190, 202, 325

Nachhaltigkeit 10
Nationalpark 304, 317
Nationalsozialismus 319
Naturbühnen 325
Naturschutz 304, 317
Neubert, Willi 143
Niederschlag 303, 315
Nordhausen 258
Nordic Walking 89
Notruf 304
Novalis 56, 233

Oberharz 314
Oberwiederstedt 233
Oderstausee 277
Odertal 98
Oderteich 77, 98
Okerstausee 89
Okertal 119
Osterode 282
Osterteich 163
Ostharz 314
Ottiliae-Schacht 74
Ottofelsen 41

Pfauenteiche 73
Pflanzenwelt 316
Platt 321
Politik 290
Praetorius, Johannes 53
Proviant 308
Pullman City 138

Quedlinburg 204
Quedlinburger
    Musiksommer 325
Quitschenberg 91

Rabensteiner Stollen 263
Radauwasserfall 23
Radfahren 307
Rammelsberg 117
Rappbodetalsperre 131, 133
Rathstiefster Stollen 118
Rauch, Neo 228
Regenstein 189
Regentage 102
Regionen 314
Rehberger Graben 76, 98
Reisezeit 303
Renaissance-Architektur 322
Repgow, Eike von 160
Riefensbeek 288
Riemenschneider, Tilman 283
Rocken am Brocken 325

Röhringschacht 243
Romanik 322
Romkerhaller Wasserfall 89
Rosen 246
Roßtrappe 145
Rothehütte 129
Routenvorschläge 305
Rübeland 136

Sachsenspiegel 160
Sagen 145, 159
Sangerhausen 243
Sankt Andreasberg 93
Schach 203
Schacht Knesebeck 78
Schacht Ottiliae 74
Scharfensteinklippe 23
Scharzfels 279
Schenkenberg 156
Schierke 49
Schierker Feuerstein 49, 300
Schinkel, Karl Friedrich 158
Schloss Seeburg 242
Schloss Wernigerode 180
Schlossberg 214
Schmalspurbahnen 184, 294, 306
Schmidt, Arno 60
Schmiede 182
Schnabel, Johann Gottfried 56, 255
Scholmzeche & Aufrichtigkeit 276
Schulenberg 89
Schulze, Georg 59
Seeburg 242
Selketal 155
Selketalbahn 139, 156, 294
Selketalstieg 309
Silberhütte 158
Sitten 320
Sommerrodelbahn 95
Sonnenberg 95

Sorge 129
Sösetalsperre 287
Souvenirs 298
Speisen 298
Spengler, Gustav Adolf 244
Sperberhaier Damm 77
Spezialitäten 25, 49, 72, 299
Spiegelsberge 201
Spielzeugmuseum 211, 278
Spirituosen 25, 49, 300
Sprache 321
Stabkirche 121
Stauteiche 315
Steinbilder-Bibel 241
Steinerne Renne 41
Steinkirche 281
Stiege 156
Stieger Heide 157
Stöberhai 274
Stolberg 253
Stolberg (Adelsgeschlecht) 318
Stolberg, Juliane von 216
Straßberg 158
Ströbeck 203
Südharz 252
Süßer See 241

Talsperren 315
Tanne (Ort) 130
Tarife Verkehrsmittel 295
Temperatur 303, 315
Tettenborn 273
Teufelsmauer 163, 189
Teufelsstieg 23
Teufelstal 79
Thale 141
Theater 325
Tierwelt 317
Tilleda 266
Töpferwaren 298, 303
Torfhaus 90
Tourismus 300, 320
Treppenstein 119

Treseburg 144
Trillerei 244
Trinken 298
Tropfsteinhöhle 79, 136
Trudenstein 41

Übernachtung 307
Uftrungen 280
Uhrenmuseum 78, 144
Ulrichkirche 244
Unterharz 314

Vatteröder Teich 234
Vienenburg 25
Vogelkundemuseum 198

Wälder 317
Walkenried 270
Walpurgishalle 146
Walpurgisnacht 146, 303, 320
Wandern 308, 328
Wandernadel 140
Warme Bode 128
Wasserfall 23, 51, 89, 129
Wasserregal Oberharzer 73, 76
Websites 301
Wegweiser 308
Weihnachtsmarkt 25, 208
Wendefurth-Talsperre 135
Wendhusen 147
Wernigerode 175
Westernstadt 138
Westharz 314
Wetter 303, 315
Wezel, Johann Carl 56
Whisky 300
Wieda 274
Wiedervereinigung 320
Wiesenblütenfest 95
Wildemann 82
Wildfütterung 23, 98, 275
Wildgehege 25
Wildkatze 317

Wilhelm I. 265	Wippra 234	**Z**eitungen 311
Winter 311	Wirtschaft 318	Zellerfeld 71
Wintersport 50, 95, 144, 311	Wohnwagen-Stellplätze 297	Zelten 297
Wipertikirche 215	Wolff, Julius 59	Zeterklippe 44
Wipper 234	Wollsackverwitterung 120	Zinnfigurenmuseum 123
Wipperliese 234	Wöltingerode 25	Zoo 228, 235
Wippertalsperre 234	Wurmberg 50	Zorge 274

Wir bitten um Ihre Mithilfe

Dieser Reiseführer ist gespickt mit unzähligen Adressen, Preisen, Tipps und Infos. Nur vor Ort kann überprüft werden, was noch stimmt, was sich verändert hat, ob Preise gestiegen oder gefallen sind, ob ein Hotel, ein Restaurant immer noch empfehlenswert ist oder nicht, ob ein Ziel noch erreichbar ist oder nicht, ob es eine lohnende Alternative gibt usw.

Unsere Autoren sind zwar stetig unterwegs und erstellen ca. alle zwei Jahre eine komplette Aktualisierung, aber auf die Mithilfe von Reisenden können sie nicht verzichten.

Darum: Schreiben Sie uns, was sich geändert hat, was besser sein könnte, was gestrichen bzw. ergänzt werden soll. Nur so bleibt dieses Buch immer aktuell und zuverlässig. Wenn sich die Infos direkt auf das Buch beziehen, würde uns eine Seitenangabe die Arbeit sehr erleichtern. Gut verwertbare Informationen belohnt wir mit einem Sprachführer Ihrer Wahl aus der über 220 Bände umfassenden Reihe „Kauderwelsch". Bitte schreiben Sie an:

REISE KNOW-HOW Verlag
Peter Rump GmbH | Postfach 140666 | 33626 Bielefeld
oder per E-Mail an: info@reise-know-how.de
Danke!

Der Autor

Detlef Krell, Jahrgang 1958, lebt in Dresden. Er ist Mitinhaber des Neisse Verlages und Mitherausgeber und Redakteur der deutsch-polnischen Vierteljahreszeitschrift „Silesia Nova" (www.neisseverlag.de).